2010년대편 **4**권

한국 현대사 산책

2010년대편 **4권**

한국현대사산책

증오와 혐오의 시대

강준만 지음

인물과
사상사

제1부 2016년

제1장 ── 북한 핵실험과 개성공단 중단

제2장 ── 박근혜의 '국회 심판'과 '배신자 응징'

제3장 ── 박근혜를 심판한 4·13 총선

제4장 ── 새누리당 쇄신의 기회를 망친 '친박 패권주의'

제2부   2017년

제1장 —— 박근혜, "날 끌어내리려 오래전부터 기획된 느낌"

2016 『연합뉴스』 10대 국내 뉴스 ▼

1   최순실 국정농단 파문과 박근혜 대통령 탄핵

2   '위대한 촛불집회'…시민혁명 이뤘다

3   김정은 핵도발과 개성공단 폐쇄…집단 탈북 사태

4   4·13 총선 집권여당 참패…16년 만의 여소야대 국회

5   부정청탁금지법(김영란법) 전격 시행

6   사드 배치 논란과 중국 반발

7   인공지능 알파고와 이세돌의 세기의 대국

8   한진해운 청산과 조선해운산업 구조조정

9   전현직 판검사의 민낯 드러난 법조비리 수사

10   경주 지진…한반도 지진 안전지대 아니다

2016 『연합뉴스』 10대 국제 뉴스 ▼

1   '아웃사이더' 도널드 트럼프, 제45대 미국 대통령 당선

2   G-2 미중美中 신냉전…세계질서 재편

3   급변 동북아 정세…한반도 격랑의 시대로

4   영국, 43년 만에 유럽연합 탈퇴 '브렉시트'

5   반기득권 민심 분출에 우파·포퓰리즘 득세

6   니스·브뤼셀·올랜도 테러…소프트타깃 테러 공포

7   소두증 지카바이러스 공포 지구촌 엄습

8   반이민 정서 확산…인종·종교 갈등과 반목 고조

9   쿠바 공산혁명 지도자 피델 카스트로 타계

10   '귀를 위한 시詩' 밥 딜런 노벨 문학상 수상

제1장

북한 핵실험과
개성공단 중단

"대통령이 더이상 어떻게 해야 되겠나"

2016년 1월 6일 북한이 사전 예고 없이 4차 핵실험을 강행했다. 2013년 2월 3차 핵실험을 한 이후 2년 11개월 만이었다. 이날 열린 국가안전보장회의NSC에서 박근혜는 북한의 핵 도발에 대해 강력한 수단을 총동원하라고 지시했고, 이에 따라 군 당국은 1월 8일 2015년 '8·25 합의' 이후 5개월간 중단했던 대북 확성기 방송을 전면 재개했다.

1월 11일 청와대는 박근혜가 13일 오전 '북핵 담화'를 발표하고 신년 기자회견을 가질 예정이라고 발표했다. 담화가 북한에 대해 강력한 메시지를 밝히면서 국민들의 단합을 호소할 것으로 예상된 가운데 관심사는 담화 형식으로 쏠렸다. 그간 진행된 대국민 담화가 이른바 '짜고 치는 고스톱' 형식으로 진행되어왔기 때문이다.[1]

북한의 4차 핵실험에 따른 안보·경제 위기와 관련해 마련한 대국민 담화였지만 13일 기자회견에서 박근혜는 예상과 달리 북핵과 안보 문제보다는 경제 문제, 특히 노동 개혁 법안과 경제 법안 처리에 대부분의 시간을 할애했다.

오전 10시 30분부터 진행된 기자회견 초반부에 박근혜는 우리 경제의 위기 상황을 전하고 국회에서 지연되는 법안 처리를 촉구하는 대목부터는 톤이 고조되었으며 절박한 심정을 대변하듯 두 손을 모으거나, 단상을 살짝 내리치는 등 제스처도 다양하게 구사했다. 특히 "욕을 먹어도, 매일 잠을 자지 못해도, 국민들을 위해 최선을 다할 수 있으면 어떤 비난과 성토도 받아들이겠다. 그러니 국민 여러분께서 힘을 모아달라"고 대국민 동참을 호소하는 마지막 대목에서 감정이 북받친 듯 잠시 울먹이기도 했다.[2]

이날 담화에서 박근혜는 여전히 국회와 정치권을 비난하는 데에도 공을 들였다. 담화에서 국회는 17차례, 정치는 9차례 등장했다. 박근혜는 정치권을 향해 "이번에도 (법안을) 통과시켜주지 않고 계속 방치한다면 국회는 국민을 대신하는 민의의 전당이 아닌 개인의 정치를 추구한다는 비판에서 벗어나지 못할 것"이라는 등 강력히 성토했다.[3]

오전 11시쯤부터 68분 동안 이어진 질의응답에서 박근혜는 국회와 경제 관련 질문과 답변이 오갈 때마다 연달아 깊은 한숨을 내쉬었다. 규제프리존 특별법 제정 방침을 설명할 땐 "아휴, 근데 뭐 지금 같은 국회에 어느 세월에 되겠습니까. 참 (법) 만들기도 겁나요"라고 허탈해했다. 그는 국회와 야당을 향해 법안 통과를 얼마나 호소했는지를 길게 열거한 뒤 "이런 상황에서 대통령과 행정부가 더이상 어떻게 해야 되겠느냐는 질문을 드리고 싶은 심정"이라고 역질문을 던져 답답한 심경을 드러냈다.[4]

" '헌법보다 의리'라는 친박親朴들"

박근혜의 1·13 담화에 대해선 보수언론들조차 비판하고 나섰다. 보수언론은 북한의 핵실험에 대한 대응에서부터 국회와 정치권을 비판한 것까지 모두 부정적인 반응을 보였다. 1월 14일 『조선일보』는 「북핵北核 대책은 안 보이고 국회·노동계 비판만 한 국민 담화」라는 사설에서 "전체 담화 중 북핵 관련 내용은 20%에 못 미쳤다. 나머지 대부분은 노동·경제 문제에 집중됐다. 새로운 북핵 대책을 기대했던 국민으로서는 실망스러울 수밖에 없다"면서 '국회 심판론'에 집중한 것을 비판했다.[5]

4·13 총선이 2개월여 앞으로 다가온 가운데 친박 정치인들은 박근혜의 '국회 심판' 의지를 관철시키는 데에 앞장섰다. 2월 4일 새누리당 의원 최경환은 경기도 분당 두 지역구를 잇따라 찾았다. 분당을에선 친박親朴 현역 의원을, 분당갑에선 비박非朴 현역 의원에게 도전하는 친박 도전자를 당내 경선에서 뽑아달라고 했다. 보름여 전 경제부총리에서 물러난 뒤 이른바 '진박眞朴 지원 행보'라는 것을 계속해온 최경환은 2월 들어서만도 대구·경북과 부산·경남·경기 지역의 특정 후보 선거사무실 개소식을 돌며 '이 사람이야말로 진박'이라는 식의 '인증認證 발언'을 되풀이하고 있었다. 3일에는 대구에 출마한 전 행자부 장관 정종섭이 "의리를 지키고 마음을 바꾸지 않는다"는 뜻의 글을 쓰자 최경환은 그것이 진실한 사람이라는 의미라고 말하기까지 했다.

유승민이 출마 선언을 하면서 "모든 권력은 국민으로부터 나온다"고 말하자, 친박 핵심 의원 조원진은 유승민을 겨냥해 "헌법보다 의리가 먼저", "헌법보다 인간관계"라는 말까지 했다. 『조선일보』는 「 '헌법보다

北核 대책은 안 보이고 국회·노동계 비판만 한 국민 담화

박근혜 대통령이 13일 북한의 4차 핵실험에 따른 안보 및 경제 위기와 관련해 대국민 담화를 발표하고 기자회견을 했다. 1시간 40분가량 진행된 이날 담화·회견에서 박 대통령은 애초 예상과 달리 북핵과 안보 문제보다는 경제 문제, 특히 노동 개혁 법안과 경제 법안 처리에 대부분 시간을 할애했다.

박 대통령은 모두(冒頭)에 "안보·경제가 동시에 위기를 맞는 비상 상황에 직면했다"고 했다. 지극히 옳은 진단이다. 그러나 이어 내놓은 북핵 해결 방안은 그동안 정부의 대응 조치에서 아무것도 진전된 게 없었다. 북핵 불용 원칙만 강조했을 뿐, 대북 확성기 방송 재개와 B52 전략폭격기 등 미국 전략 자산 전개 외에 추가 대응책은 보이지 않았다. 북 도발이 있을 때마다 한·미 당국이 내놓았던 단골 메뉴를 되풀이한 것이다.

최근 새누리당 등이 제기한 '핵(核) 무장'과 '전술핵 재배치' 주장에 대해서도 "한반도에 핵이 있어선 안 된다"고 선을 그었다. 한·미 상호방위조약에 따른 미국의 '핵우산 제공'이라는 기존 방침에서 한 치도 벗어나지 않았다. 고고도 미사일 방어(THAAD) 체계의 주한 미군 배치에 "북한 핵·미사일 위협을 감안해 검토하겠다"는 원론적 답변에 그쳤다.

박 대통령은 중국에 대해 "어려울 때 손잡아 주는 것이 최상의 파트너"라며 "(대북 제재에) 중국의 적극적인 역할을 기대한다"고 했다. 하지만 대화를 통한 해결을 강조하며 정상 간 통화나 군사 핫라인 접촉에 응하지 않고 있는 중국을 어떻게 끌어들일지에 대해선 구체적 답이 없었다. 결국 역대 최상이라는 한·중 관계를 활용할 방안도, 미국의 좀 더 적극적인 대응을 끌어낼 전략도 제시하지 못한 것이다.

전체 담화 중 북핵 관련 내용은 20%에 못 미쳤다. 나머지 대부분은 노동·경제 문제에 집중됐다. 새로운 북핵 대책을 기대했던 국민으로서는 실망스러울 수밖에 없다. 어려운 경제 상황은 사실 어제오늘 문제는 아니다. 북한 핵실험 직후 한 담화라면 북핵 해법 제시에 중점을 둬야 했다. 대통령이 국정 우선순위를 잘못 설정한 것 같다는 인상을 주고 말았다.

경제 분야 담화 내용도 기대에 못 미치기는 마찬가지다. 박 대통령은 노동 개혁 법안과 서비스산업발전기본법, 기업활력제고특별법의 필요성과 경제적 효과에 대해 법안 설명하듯 날이 얘기했다. 국무회의나 청와대 회의 때마다 수시로 했던 말이다. 박 대통령은 노사정 합의 파기를 시사한 노동계를 비판하고, 국회에 대해서는 "민의의 전당이 아니라 개인 정치를 추구한다"고 했다. 국회의 기능을 바로잡도록 국민이 직접 나서 달라고도 했다. '국회 심판론'을 다시 꺼내 든 것이다.

노동계와 야당의 반대로 노동·경제 법안이 발목 잡혀 있는 데 대한 안타까운 심정을 모르는 바는 아니다. 하지만 대통령이 야당·노동계 지도자들과 허심탄회한 대화 한번 제대로 하지 않으면서 계속 '야당 탓, 노동계 탓'을 하는 모습은 바람직해 보이지 않는다. 박 대통령은 중국발 경제 위기와 저(低)성장 등 더욱 근본적인 경제 문제에 대해선 별다른 언급도 하지 않았다. 국회에서 법안 몇 건이 처리된다고 우리 경제가 잘 풀리고 일자리가 해결될 것도 아니다. 지나치게 법안 처리에만 매달려 있다는 인상이다.

국민은 이번에 북핵 위협에서 벗어날 수 있는, 좀 더 적극적인 해법을 듣고 싶었을 것이다. 야당과 노동계 비판만이 아니라 이들을 설득해 이끌어가는 모습도 기대했을 것이다. 하지만 이번 담화는 이런 국민의 바람에 한참 미치지 못했다.

박근혜는 기자회견에서 북핵과 안보 문제보다는 노동 개혁 법안과 경제 법안 처리에 대부분의 시간을 할애했다. 이에 대해 보수언론조차 비판을 했다. (『조선일보』, 2016년 1월 14일)

의리'라는 친박親朴들, 국민 뭐로 보고 그런 말 내뱉나」는 사설에서 "아무리 정치판이라고 해도 할 말과 못 할 말이 있다. 국회의원이라는 사람이 어떻게 이런 낯 뜨거운 말까지 할 수 있는 것인지 자괴감이 들게 한다"고 개탄했다.[6]

개성공단 전면 중단 선언

2월 7일 북한이 장거리 로켓을 발사하자 남북 간 긴장이 고조된 가운데 2월 10일 정부는 개성공단 중단을 전격 선언했다. 이날 오후 5시 통일부 장관 홍용표는 서울 세종로 정부서울청사에서 열린 긴급 브리핑에서 '개성공단 전면 중단 관련 정부 성명'을 통해 "정부는 더이상 개성공단 자금이 북한의 핵과 미사일 개발에 이용되는 것을 막고 우리 기업들이 희생되지 않도록 하기 위해 개성공단을 전면 중단하기로 결정했다"고 밝혔다.

홍용표는 "남북한이 공동 발전할 수 있도록 북한의 거듭된 도발과 극한 정세에도 불구하고 개성공단을 유지하기 위해 노력해왔다. 그러나 결국 북한의 핵무기와 장거리 미사일 고도화에 악용된 결과가 됐다"고 말했다. 정부는 성명 발표에 맞춰 북쪽에 개성공단 전면 중단을 통보했다.[7]

이날 정부는 중단을 선언했지만 '핵무기 등 대량살상무기 개발에 따른 국제사회의 우려 해소'를 재개 조건으로 달아 사실상 폐쇄를 한 것이나 마찬가지였다. 남북 교류의 상징이었던 개성공단이 2004년 첫 가동 이후 12년 만에 사실상 폐쇄 절차를 밟게 된 것이다.

정부가 북한의 장거리 로켓 발사를 이유로 개성공단 가동을 전면 중단시키자 개성공단 입주 기업들은 이날 '개성공단 전면 중단에 대한 우리의 입장'이라는 제목의 성명을 발표해 정부의 일방적 발표에 강하게 반발했다. 이들은 "정부가 전시 상황도 아닌데 설 연휴에 개성공단 전면 중단 결정을 일방적으로 통보한 데 대해 전혀 납득할 수 없는 부당한 조치라고 생각한다"고 말했다.

개성공단기업협회 회장 정기섭은 이날 오후 서울 종로구 삼청동 남북회담본부에서 통일부 장관 홍용표와 면담을 끝낸 직후 기자들과 만나 "정부가 개성공단 가동 전면 중단 결정을 재고해주길 요청한다. 공단 가동이 전면 중단되면 기업들이 입게 될 피해는 어떤 방법으로도 회복이 안 된다"면서 "2013년 4월 개성공단 가동이 중단됐다가 9월 남북 합의에 따라 가동이 재개됐을 당시 정부가 정세에 영향 받지 않고 개성공단이 운영되도록 하겠다고 약속해놓고도 이제 와서 이를 뒤집었다"고 비판했다.

입주 기업 대표들은 피해 보상과 경영 정상화를 위한 정부 대책도 미흡하다고 입을 모았다. 정부는 개성공단 입주 기업들에 남북경제협력보험금을 지급하고 남북협력기금 특별대출을 제공하겠다고 밝히면서도 "구체적인 지원책은 앞으로 마련할 계획"이라고 말했다. 이에 대해 한 입주 업체 관계자는 "이번에는 정부로부터 보상을 얼마나 받을지가 관건이 아니라, 업체들이 망하지 않도록 하는 방안을 찾는 데 몰두해야 할 상황"이라고 절박함을 드러냈다. 이 관계자는 "124개 입주 기업의 개성공단 주재원 800여 명에 남쪽 본사 인력 2,000여 명을 합쳐 3,000여 명의 급여 부담과 고용 유지도 큰 문제다. 2013년 지원받았던 특별경영안정자금도 올해 6월 중소기업진흥공단에 상환해야 하고 연말에는 수출입은행에 상환해야 하는데 어떻게 갚아야 할지 걱정"이라고 토로했다.[8]

" '대책 없는' 정부의 개성공단 손실 보전 대책"

2월 11일 북한은 박근혜 정부가 개성공단 전면 중단을 발표한 지 24시간 만에 개성공단을 전면 폐쇄하고 군사지역으로 선포했다. 이날 북한의 대남기구인 조국평화통일위원회는 남측 인원 전원을 추방하고 개성공단 자산을 동결했으며, 남북 간 통로로 유일하게 남아 있던 판문

점 연락 채널도 폐쇄 조치했다.[9]

2월 12일 정부는 개성공단 가동 중단으로 피해를 입은 입주 기업에 기존 대출 원리금의 상환을 유예해주고 남북경제협력보험에 가입한 기업들에 보험금을 즉시 지급하는 내용의 긴급 지원 대책을 발표했지만, 있으나 마나한 빈 껍데기에 불과했다.

이날 서울 여의도 중소기업중앙회에서 열린 개성공단기업협회 비상총회에서 개성공단기업협회장 정기섭은 "긴급 경영안정자금 지원, 대출 상환 유예 등 금융 지원 내용이 3년 전 폐쇄됐을 때와 똑같다"며 "합당한 보상과 책임을 다 해야지 '돈 빌려준다' '세금 좀 미뤄준다'는 것은 답이 아니다"고 목소리를 높였다. 특히 입주 기업들은 개성공단에서 원·부자재와 제품들을 갖고 나오지 못한 것에 대해 정부 책임론을 제기했다.

정기섭은 "정부가 갑작스럽게 개성공단 전면 중단을 일방적으로 기업에 통보했고 11일부터 출입을 통제했다"며 "제품 반출을 위해 1,000명 이상이 출경 신청했지만 11일 개성공단으로 들어간 인원은 몇 명 되지 않는다"고 주장했다. 그는 "북한의 자산동결 조치로 원·부자재와 제품을 반출하지 못했다고 하는데 1차 책임은 정부가 일처리를 잘못했기 때문"이라며 "중단 조치가 내려진 당일 통일부 장관과 간담회 때 입주 기업의 피해를 줄일 수 있는 시간을 달라고 했지만 전혀 이행되지 않았다"고 덧붙였다. 이날 기업 대표단은 "개성공단에서 재고 물품을 반출할 수 있도록 정부가 대북 접촉을 해달라"고 하소연했지만 정부 측에서 난색을 표한 것으로 알려졌다.[10]

『한겨레』(2016년 2월 12일)는 「'대책 없는' 정부의 개성공단 손실 보

박근혜 정부가 개성공단 전면 중단을 발표하자, 입주 기업들은 원·부자재와 제품들을 갖고 나오지 © 연합뉴스
못한 것에 대해 정부 책임론을 제기했다. 1월 6일 오후 개성공단 입주 기업 차량들이 제품을 싣고 파
주시 통일대교를 빠져나오고 있다.

전 대책」이라는 사설에서 "기업들은 자칫 존립이 위태로운 지경에 처했
는데, 정부 대책은 허술하고 무책임하다. 말미를 거의 주지 않은 정부의
통보로 입주 기업들은 완성품과 원자재를 거의 갖고 나오지 못했다. 정
부와 민간의 투자액은 1조 원 남짓인데, 북쪽은 모든 자산을 즉시 동결
했다"며 다음과 같이 말했다.

　"여러 불확실성을 무릅쓰고 남북 긴장 완화에 기여해온 공단 입주
기업들은 억울할 뿐이다. 2013년 8·14 '개성공단 정상화를 위한 합의'
에서 남과 북은 '어떠한 경우에도 정세의 영향을 받음이 없이 남측 인원
의 안정적 통행, 북측 근로자의 정상 출근, 기업 재산의 보호 등 공단의

정상적 운영을 보장한다'고 했다. 기업들은 이 합의를 신뢰했을 터인데, 정부는 '고도의 정치적 판단'으로 공단 가동을 중단했다. 그래 놓고 아무 잘못이 없는 입주 기업들한테 '딱하다'고만 할 것인지 정부가 분명하게 답해야 한다."[11]

　민주당 의원 문재인은 2월 15일 국회 국방위원회에서 국방부 장관 한민구에게 "개성공단 폐쇄 결정에 반대한다"면서 "단순한 반대가 아니라 정말 화가 난다. 참으로 어리석고 한심한 조치라고 생각한다"고 주장했다. 이런 반대 주장에 대해 개성공단을 그대로 운영할 시, 자칫 우리 근로자가 북한의 인질이 될 수 있다는 우려도 제기되었기 때문이라는 반론이 나오기도 했다.[12]

제2장

박근혜의 '국회 심판'과 '배신자 응징'

"이렇게 노골적으로 선거에 개입해도 되나"

2016년 2월 하순, 박근혜의 주요 관심사는 여전히 '국회 심판'과 '배신자 응징'이었다. 2월 24일 청와대 충무실에서 열린 제8차 국민경제 자문회의에서 박근혜는 국회를 비판하는 대목에서 손날로 책상을 10여 차례 쿵쿵 내리치는 등 '분노'를 감추지 못했다. 박근혜는 "국회가 (법안을) 다 막아놓고 어떻게 국민한테 또 지지를 호소할 수 있느냐 이거죠"라며 목소리를 높인 뒤, 고개를 숙이고 한숨을 내쉬었고 10초간 흥분을 가라앉힌 뒤 발언을 이어가기도 했다.[13]

'배신자 응징'은 박근혜의 지시를 받은 친박 의원들의 몫이었다. 2월 25일 부산·울산·경남을 시작으로 시작된 영남 지역 공천 신청자 면접을 두고 새누리당 안팎에선 의원 실명이 적힌 살생부가 나도는 등 흉흉한 분위기가 감돌았다.[14] 2월 26일 비박계 의원인 정두언은 "25일 김 대표의 측근이 '김무성 대표가 친박 핵심으로부터 현역 의원 40여 명 물갈이 요구 명단을 받았는데 거기에 당신 이름이 들어 있다'고 했다"고 밝혀 살생부 논란에 불을 지폈다. 이와 관련해 당 안팎에선 '청와대와 친박 핵심 관계자들이 공천관리위원장에게 꼭 당선되어야 할 의원 110명 정도 명단을 넘겼다', '살생부에 오른 의원은 비박계가 25명, 친박계는 10여 명이다' 등의 소문까지 나돌았다.[15]

3월 8일 새누리당 친박계 핵심 의원 윤상현이 대표인 김무성을 욕설과 함께 원색적으로 비난한 내용이 담긴 녹취 파일이 공개되었다. 채널A가 공개한 이 녹취 파일에 따르면, 윤상현은 지인에게 전화를 걸어 "김무성 죽여버리게. 죽여버려 이 ××. (비박계 등) 다 죽여. 그래서 전화했어"라고 발언했다. 윤상현은 또 "내가 당에서 가장 먼저 그런 ××부터 솎아내라고. 솎아내서 공천에서 떨어뜨려버려 한 거여"라고도 했다. 윤상현이 해당 발언을 한 날은 김무성과 정두언 사이에 살생부 관련 대화가 오고 간 2월 27일 밤이었다.[16]

3월 10일 박근혜는 자신의 '정치적 고향'인 대구를 방문했다. 대구·경북 창조경제혁신센터 성과 보고회 참석이 명목이었지만 사실상 대구·경북에 출마한 '진박 후보'들에게 힘을 실어주기 위한 방문이었다. 총선을 불과 한 달여 앞둔 데다 대통령 정무특보 출신인 친박 실세 윤상현의 '김무성 찍어내기' 발언 등 새누리당 친박들의 공천 개입 파문이 극에 달한 와중에서 대구를 방문했기 때문이다. 게다가 이날 박근혜는 대구·경북 창조경제혁신센터 성과 보고회, 대구국제섬유박람회 전시장, 대구육상진흥센터 등을 차례로 찾았는데, 이 지역들은 진박 후보들이 각종 여론조사에서 비박 현역 의원들에게 고전하고 있거나, 정치적

상징성이 큰 곳이었다.[17]

『조선일보』는 「청와대가 이렇게 노골적으로 선거에 개입해도 되나」는 사설에서 "지금 여권에선 황당무계한 계파 싸움이 벌어지고 있다. 그 와중에 현기환 정무수석이 이한구 공천관리위원장을 만났다는 의혹도 제기됐다. 거기에 대통령의 대구·경북 방문으로 인해 당내 패싸움에 대통령까지 당사자로 뛰어드는 꼴이 되고 말았다. 청와대가 당내 경선과 총선에 노골적으로 개입하고 있다는 비판을 피할 수 없게 됐다"고 했다.[18]

"독재국가에서나 있을 '공천 학살'"

박근혜는 '배신자 응징'에 집착한 나머지 사실상 자멸의 길을 치닫고 있었다. 3월 15일 밤 새누리당 공천관리위원회가 공천자 명단을 발표했는데, 박근혜 정부 3년 동안 박근혜에게 비판적인 목소리를 냈던 의원들이 우수수 낙천되었으니 말이다. 이날 공천으로 사실상 비박계는 초토화되었고, '유승민계'도 궤멸되었다.[19] 엄청난 공천 후폭풍이 발생하지 않을 수 없었다.

3월 16일 이재오 의원의 지지자 200여 명은 서울 여의도 새누리당 당사 앞에 몰려와서 '이재오를 살려내라', '국민 공천 한다더니 까고 보니 보복 공천', '바른 소리 잘한다고 공천 배제 웬 말이냐' 등의 손팻말을 들고 거칠게 항의했다. 친이계로 유승민과 가까운 재선 의원 조해진은 기자회견에서 "밀실에서 정해진 살생부에 따라 마구잡이 난도질하고 정치생명을 죽이는 것이 투명한 공천인가", "역대 최악의 밀실 공천, 집단 학살 공천, 정당 민주주의 압살 공천"이라고 날을 세웠다.[20]

'청와대의 보복 공천', '공천 학살', '완장 찬 친박'들의 도 넘은 공천 개입이라는 비판이 쏟아졌지만, 박근혜는 아랑곳하지 않았다. 이날 박근혜는 부산 창조경제혁신센터 성과 보고회 참석을 명분으로 내세우고 부산에 출마한 '진박 후보'들에게 힘을 싣기 위해 부산을 찾았다.『경향신문』은「대통령의 선거, 대통령에 의한 공천, 대통령을 위한 나라」라는 사설에서 "새누리당의 이번 공천은 한마디로 박근혜 대통령에게 무조건 충성하지 않는 사람이 누구인지를 찾아내 제거하는 과정에 다름 아니었다"고 했다.[21]

　　『한겨레』는「독재국가에서나 있을 박 대통령의 '공천 학살'」이라는 사설에서 "과거에도 공천 갈등이 불거지고 청와대 개입이 논란된 적이 있지만, '대통령 눈 밖에 났다'는 이유 하나만으로 이렇게 현역 의원들을 무더기로 공천에서 배제한 사례는 찾기 힘들다"며 "이 당의 유일한 원칙과 기준은 바로 '박근혜 대통령의 뜻'이다. 이걸 군말 없이 집행하는 공천관리위원회(위원장 이한구)는 말 그대로 여왕의 시종일 뿐 정당의 공식 기구라고 할 수조차 없다"고 했다.[22]

　　보수신문들도 박근혜의 '공천 학살'에 경악했다. "이번 새누리당 공천은 한마디로 대통령 눈 밖에 난 사람들이 거의 모두 축출당한 결과라 할 수 있다. 설마 했던 일이 현실이 되고 있는 것이다." "새누리당은 대통령에게 밉보인 사람을 잘라내기 위해 수단 방법을 가리지 않는다는 인상을 남기고 말았다."(『조선일보』 3월 16일) "새누리당의 정체성이란 것이 박 대통령 말을 잘 듣느냐 아니냐에 달린 것이라면 더이상 공당公黨이 아니다."(『조선일보』 3월 17일)

　　"시중에는 '한 번 찍은 사람은 반드시 잘라내는 박 대통령이 정말 무섭다'는 얘기가 파다하다.""그 누구도 박 대통령에게 찍힐 경우 정치적 미래가 없다면 공천의 공정성 여부를 떠나 정치 혐오마저 불러일으킨다. 새누리당이 이러고도 국회 180석, 아니 과반수 의석을 노린다면 도둑놈 심보다."(『동아일보』 3월 16일) "그러지 않아도 시중에는 '이번 총선은 박근혜 선거'라느니, '공천이 아니라 박천朴薦'이라는 얘기가 파다하다."(『동아일보』 3월 17일)

『한겨레』 선임기자 성한용은 「새누리판 '찍히면 죽는다'… '비박 학살'의 진짜 이유」라는 칼럼에서 '설마 했던 일', '정말 무섭다', '공천이 아니라 박천' 등의 표현으로는 뭔가 좀 부족하다는 생각을 하고 있던 차에 어느 누리꾼의 다음 촌평이 눈에 띄였다고 했다. "생각이 다르다는 이유로 다 쳐냈다. 박근혜 대통령이 김정은과 뭐가 다른가."[23]

박근혜의 집요한 '유승민 죽이기'

3월 17일 새누리당 의원 진영은 공천에서 탈락하자 탈당을 선언하면서 "오직 국민 편에서 일하겠다는 국민과 약속을 지키려 했던 지난날의 선택이 저에게 이처럼 쓰라린 보복을 안겨주었습니다"고 했다. 진영은 '쓰라린 보복이 무엇을 의미하느냐'는 기자들의 질문에 "가슴 아픈 일이라 설명 안 하겠다. 다 아실 것"이라고 했다. 진영이 말한 "쓰라린 보복"은 박근혜 정부 초대 보건복지부 장관 시절이던 2013년 9월 청와대의 기초연금 대선공약 수정 방침에 대해 항명성 사퇴를 한 것에 대한 보복이라는 의미로 해석되었다.[24]

보복 공천 논란 때문인지 박근혜가 과거 자신이 보복 공천의 희생자라면서 했던 발언들이 다시 주목받았다. 박근혜는 2008년 제18대 총선 당시 친이계가 주도한 공천에서 친박계 의원들이 무더기로 잘려 나가자 기자회견이나 측근의 입을 통해 이렇게 말했다. "단지 '나'를 도왔다는 이유로 탈락시킨 것은 사적 감정으로 표적 공천을 한 것으로밖에 볼 수 없다", "'승자' 쪽에서 마음대로 하는 것이 법이 된다는 이야기 아니겠느냐", "공천에서 정치 보복이 있다면 시스템을 붕괴시키고 정치 문화를 완전히 후퇴시키는 일이다."

이와 관련해 『한국일보』는 3월 22일자 「"보복 공천 비난하던 박朴, 스스로 원칙 허물어" 비판 무성」에서 "'보복 공천'이 최대 논란이라는 점에서 새누리당의 이번 공천은 2008년 18대 총선 때와 판박이다"면서 "'나'를 유승민 새누리당 의원으로, '승자'를 청와대로 바꾸면 새누리당의 요즘 상황과 정확히 들어맞는다. 8년 전 '계파의 이해가 아닌 정치 발전의 문제'라고 호소한 박 대통령의 진정성을 믿었던 지지자들이 배신감을 느끼는 대목이다"고 말했다.[25]

3월 23일 새누리당 4·13 총선 공천의 최대 관심사였던 유승민이 탈당과 무소속 출마를 선언했다. 총선 후보 등록 개시일 하루 전인 이날 밤까지도 새누리당이 자신의 공천 여부를 결정하지 않는 '고사 작전'을 이어가자 결단을 내린 것이다. 그는 이날 밤 지역구 사무실에서 기자회견을 열어 "새누리당이 공천에 대해 지금 이 순간까지 보여준 모습은 정의도 민주주의도, 상식과 원칙도 아닌 부끄럽고 시대착오적인 정치 보복"이라며 "저의 오랜 정든 집을 잠시 떠나 정의를 위해 출마하겠다"고 밝혔다. 그는 당 공천관리위원회가 자신의 공천을 미루며 문제 삼은 정체성 문제와 관련해 "정체성 시비는 개혁의 뜻을 저와 함께한 죄밖에 없

새누리당의 공천에 대해 '배신자 응징', '청와대의 보복 공천', '공천 학살' 등 비판이 쏟아졌다. 특히 비박계는 초토화, 유승민계는 궤멸되었다. 유승민 의원이 대구 동구 자신의 의원 사무실에서 탈당 기자회견을 하고 있다.

는 의원들을 쫓아내기 위한 핑계에 불과했다"며 "공천을 주도한 그들에게 정체성 고민은 애당초 없었고, 진박(진실한 친박), 비박이라는 편가르기만 있었을 뿐"이라고 비판했다.

이어 유승민은 2015년 국회법 파동 때 청와대·친박계의 '찍어내기'로 물러날 때 언급한 헌법 1조 2항("모든 권력은 국민으로부터 나온다")을 다시 언급하며 "어떤 권력도 국민을 이길 수는 없다"고 강조했다. 이어 "저와 뜻을 같이했다는 이유로 경선 기회조차 박탈당한 동지들을 생각하면 가슴이 미어진다"며 "제가 동지들과 함께 당으로 돌아와 보수개혁의 꿈을 꼭 이룰 수 있도록 국민 여러분의 뜨거운 지지를 부탁드린다"고 밝혔다.[26]

북한의 '백두혈통', 남한의 '친박 타령'

3월 24일 새누리당 대표 김무성은 유승민·이재오의 지역구 등 5개 선거구에 대해서는 공천관리위원회의 결정을 최고위원회가 의결하지 않겠다고 선언했다. 김무성은 전날 유승민이 "시대착오적 정치 보복"이라며 박근혜를 겨냥해 탈당 무소속 출마의 변으로 내걸었던 '정의가 아니다. 민주주의가 아니다'를 그대로 인용하며 "당이 가해자, 피해자로 나뉘었다. 당을 억울하게 떠난 동지가 남긴 '정의가 아니고 민주주의 아니다'라는 말이 가슴에 비수로 꽂혔다"고 말했다. 이날 김무성은 박근혜 측 근들의 공천장에 직인 찍는 것을 거부하고 자신의 지역구인 부산으로 내려갔다. 이른바 '옥새 투쟁'에 돌입한 것이다. 이로써 대통령과 집권 여당 대표가 정면으로 맞서는 상황이 발생했다.[27]

3월 25일 김무성의 옥새 투쟁이 끝났다. 이날 새누리당은 최고위원 회의를 열어 전날 김무성이 의결 보류를 선언한 지역구 6곳 가운데 대구의 동갑(정종섭), 달성(추경호), 수성을(이인선) 3곳의 공천안을 의결했지만 이재오, 유승민, 김영순이 낙천해 각각 무소속 출마한 서울 은평을(유재길)과 대구 동을(이재만), 서울 송파을(유영하) 3곳의 공천안은 상정을 하지 않았다. 이날의 결과는 친박계와 비박계의 이른바 대타협에 따른 결과였다.[28]

보복 공천 논란 속에서도 친박계의 추태는 계속되었다. 3월 28일 새누리당은 탈당한 유승민 등 대구의 무소속 출마 의원들에게 "박근혜 대통령의 '존영尊影(사진을 높여 부르는 말)'을 반납하라"는 공문을 보냈다. 대구 달서병이 지역구인 친박계 의원 조원진은 이날 문자 메시지를 돌려 "유승민, (대통령) 사진을 계속 사무실에 걸어두겠다는 것은 가장 졸렬한 행동"이라며 "무시를 넘어 대통령을 조롱하는 것"이라고 거칠게 비난했다. 조원진은 또 "용서해달라고 해놓고 배신하고 권력에 (의해) 쫓겨났다고 하고는 사진은 걸어놓겠다고 한다"며 "대통령에 대한 최소한의 예의는 갖추어야 한다"고 했다.

이에 대해 한 의원실 관계자는 "대통령을 향한 과도한 아부이자 옹졸함의 극치"라고 했다. 의원들은 사진 반납을 모두 거부했다. 이 사실이 알려지자 당내에서도 "도리어 대통령이 공천을 했음을 방증하는 것 아니냐", "대구의 민도를 무시하고 오로지 '진박 마케팅'에만 의존하겠다는 유치한 발상" 등의 비판이 나왔다.[29]

사실상 박근혜가 보인 이런 일련의 정치 행태는 4년 전에 보인 통합 행보와는 크게 다른 것이었다. 훗날 정치컨설턴트 박성민이 다음과 같이 지적했듯이 말이다. "2012년 박근혜는 총선과 대선에서 이명박 대통령과 '차별화'에도 성공하고 '당의 변화'도 이끌면서 '보수 통합'도 해냈다. TK(대구·경북)와 충청 두 곳을 고향으로 인식하게 만든 박근혜는 충청도를 기반으로 한 선진통일당(국민중심연합과 자유선진당 통합 정당)을 흡수 통합했다. 이명박 대통령의 탈당도 요구하지 않았다. '경제민주화'를 상징하는 김종인과 '청년 세대'를 상징하는 이준석 영입으로 중도 이미지도 구축했다. 박근혜는 세 마리 토끼를 모두 잡았다."[30]

류경식당 종업원 집단 탈북 사건

　2016년 4월 7일 중국 저장성浙江省 닝보寧波의 북한 류경식당에서 일하던 북한 종업원 13명이 집단 탈출해 국내에 입국했다. 4월 12일 전 통일부 장관 정세현은 CBS 라디오 〈김현정의 뉴스쇼〉 인터뷰에서 "총 선을 앞두고 탈북 발표를 하는 것은 누가 봐도 선거용일 것이다"고 주장 했다. 이 의혹 제기를 비롯해, 이 사건은 이후 두고두고 이런저런 다양한 논란을 빚게 된다.

　2018년 5월 10일 JTBC 〈이규연의 스포트라이트〉는 류경식당 지 배인이었던 허강일(38)을 인터뷰하며 이 사건이 국정원에 의한 '기획 탈북'이라고 보도했다. 허강일은 방송을 통해 "국정원이 여종업원 모두 를 데리고 한국에 오면 훈장과 포상을 준다는 말을 했다"며, 이 때문에 종업원들을 협박해 함께 탈북했다고 주장했다.[31]

　5월 14일 「탈북 여女 종업원들 "방송사서 사는 곳까지 찾아와…신변 위협 느낀다"」는『조선일보』기사에 따르면, 탈북 여 종업원들은 자신들의 거주지가 언론에 알려진 것에 크게 놀라면서 극도의 불안감을 호소했으며, 방송 내용에 대해서도 자신들의 발언 취지와는 다르게 편집되었다고 주장한 것으로 알려졌다.

2020년 5월 21일『조선일보』는「"윤미향 부부, 위안부 쉼터서 '류경식당' 북北 종업원 월북 권유"」라는 기사에서 허강일을 인터뷰한 내용을 보도했다. 해당 보도에서 허강일은 "한국정신대문제대책협의회(정대협)와 민변 관계자들이 2018년 서울 마포와 경기도 안성의 '위안부' 피해자 쉼터로 나와 류경식당 출신 탈북 종업원 일부를 초청해 북한으로 돌아갈 것을 권유했다"며 "그 권유를 받아들이지 않자 후원 명분으로 돈을 줬다"고 주장했다. 이에 민변과 정대협은 "사실이 아니다"고 반박했지만,[32] 진실 공방은 한동안 계속되었다.

2020년 5월 23일『조선일보』는「"민변의 월북 권유 거절한 뒤 위협 느껴 망명"」이라는 기사에서 허강일이 2019년 3월 해외(미국)로 망명한 사실이 뒤늦게 알려졌다고 보도했다. 한국에서 안전을 보장받지 못한다고 판단했고, 망명 대상국도 이를 받아들였다는 것이다.[33] 지배인을 제외한 20대 종업원 12명은 이후 원하던 대로 대부분 대학에 특례 입학했으나 학업을 따라가지 못해서 자퇴했고 2명은 벌써 결혼해서 아이를 출산까지 하고 남한에 정착한 것으로 알려졌다.[34]

2023년 9월 28일 탈북 종업원 12명 중 1명인 이지안은 MBN〈뉴스7〉에 출연해 한국 정부가 기획한 납치 의혹에 대해 다음과 같이 말했다. "종업원들의 자발적 의도라기보다는 허강일 식당 지배인이 독단으로 이미 계획한 것이기 때문에 충분히 그럴 여지가 있다고 봅니다. 그리고 닝보가 북한으로부터 멀리 떨어진 지역이고, 그곳에 북한 식당이 하나밖에 없었기 때문에 상황에 밀려 어쩔 수 없는 부분도 있었습니다."[35]

제3장

박근혜를 심판한
4·13 총선

문재인, "호남 지지 못 받으면 대선 불출마·정계 은퇴"

새누리당이 보복 공천 논란으로 내홍을 앓는 상황에서도 새누리당이 제20대 총선(2016년 4월 13일)에서 전체 의석의 절반 이상을 확보할 것이라는 게 일반적인 시각이었다. 안철수가 2015년 12월 13일 새정치민주연합을 탈당하고 나중에 동반 탈당한 호남권 의원들과 2016년 2월 2일 국민의당을 창당했던바, 야권 분열에 이어 야권 연대마저 무산되면서 선거 구도가 '1여다야'로 형성되었기 때문이다(국민의당은 창당 46일 만인 3월 18일 더불어민주당 공천에서 탈락한 정호준, 부좌현 의원을 영입하면서 21석을 확보해 국회 원내교섭단체 구성에 성공했다).

진보적 성향의 언론들은 새누리당의 압승으로 국회선진화법을 무력화시킬 수 있는 '공룡 여당'이 출현할 것이라는 우려를 제기했다. 예컨대 『한겨레』는 4월 4일자 사설 「분열의 야권, 기어이 여당에 '압승' 안길 텐가」에서 "야권 후보 단일화가 사실상 물 건너감에 따라 새누리당 압승 가능성도 커졌다. 각종 여론조사에서 '정권 심판론'이 더욱 높아지는데도, 심판론을 담아낼 그릇이 깨어진 탓에 새누리당에 압승을 갖다 바치는 기형적 상황이 현실로 굳어지는 양상이다"고 개탄했다.[36]

『경향신문』은 4월 4일자 「180석 넘는 '공룡 여당' 예고」에서 "20대 국회의원 선거가 '1여다야' 구도로 치러지면서 새누리당의 단독 국회 운영 가능 의석인 180석 확보가 현실로 거론되고 있다"면서 "여야 각 당 분석과 여론조사를 종합한 결과 지금 판세대로라면 새누리당은 이번 총선에서 '165석+a'를 가져갈 가능성이 있는 것으로 나타났다. 초경합 지역 40여 곳을 감안하면 180석까지 넘볼 수 있다는 관측이 나온다"고 했다.[37]

4월 8일 민주당 대표 문재인은 광주 충장로에서 '거리 기자회견'을 열어 "(호남에서) 저에 대한 지지를 거두시겠다면 저는 미련 없이 정치 일선에서 물러나겠다. 대선에도 도전하지 않겠다"고 밝혔다. 그는 "호남의 정신을 담지 못하는 야당 후보는 이미 그 자격을 상실한 것과 같다"며 "진정한 호남의 뜻이라면 저는 저에 대한 심판조차 기쁜 마음으로 받아들이겠다"고 말했다. 그는 "호남 분들의 전폭적 지지를 밑거름 삼았던 제가 여러분에게 한 번도 제대로 승리의 기쁨을 돌려드리지 못했다"며 "못난 문재인이 왔다. 여러분에게 직접 야단을 맞고, 직접 질타를 듣기 위해서, 안 된다는 당을 설득해 이제야 왔다"며 몸을 낮추었다.

문재인은 참여정부와 자신이 호남을 홀대했다는 주장을 반박하는데 회견의 상당 부분을 할애했다. 그는 "저에게 덧씌워진 '호남 홀대', '호남 차별'이라는 오해는 부디 거두어주시라. 그 말만큼은 제 인생을 송

2016년 총선에서 문재인은 "호남 지지 못 받으면 대선 불출마·정계 은퇴"를 하겠다고 배수진을 쳤다. 문재인 대표가 4월 11일 전남 광양시 중마동에서 우윤근 후보의 지지를 호소하고 있다.

두리째 부정하는 치욕이고 아픔"이라며 "노무현 전 대통령과 참여정부에 대한 모욕이다. 저와 당과 호남의 분열을 바라는 사람들의 거짓말에 휘둘리지 말아주시라. 그것만은 절대 인정하지 않겠다"고 강조했다. 당내에선 전망이 엇갈렸다. 한 당직자는 "문 전 대표가 진정성 있는 모습을 보였으니 호남 유권자들이 넓은 마음으로 받아주지 않겠냐"고 말했다. 그러나 또 다른 당직자는 "분위기를 반전시키기엔 너무 늦었다. 호남의 문재인 지지자들이 결집하는 효과 정도일 것"이라고 말했다.[38]

더민주 123석, 새누리 122석, 국민의당 38석

4월 10일 『한겨레』가 한길리서치, 오피니언라이브, 아젠다센터 등 5곳의 여론조사 전문기관의 예측을 모아본 결과 새누리당의 예상 의석은 155~170석, 민주당은 80~99석, 국민의당은 25~35석으로 나타났다. 정의당은 6~8석, 무소속 당선자는 6~12석을 차지할 것으로 예상되었다. 민주당도 사흘 앞으로 다가온 4·13 총선에서 새누리당이 180석을 가져가며 '거대 여당'이 출현할 것이라는 전망을 내놓았다.[39]

이렇듯 모든 전문가도 새누리당이 무난히 과반 의석을 차지할 것이라고 전망했으며, 민주당은 야권 분열 속 국민의당 부상과 호남 약세 등의 악재 탓에 100석 넘기기가 어려울 것으로 예상했다. 선거 전날까지도 새누리당 160석 이상, 민주당 100석 이하로 전망되었지만 결과는 전혀 딴판으로 나타났다.

최종 투표율 58%를 기록한 2016년 4·13 총선에서 민주당은 123석, 새누리당은 122석, 국민의당은 38석, 정의당은 6석, 무소속은 11석을 차지해 민주당이 원내 1당이 되었다. 이로 인해 16년 만에 '여소야대', 20년 만에 '3당 체제'가 성립되었다. 지역구 의석수는 민주당 110석, 새누리당 105석, 국민의당 25석, 정의당 2석, 무소속 11석이었다.

민주당은 총 49석이 걸린 서울에서 35석, 의석수가 60개로 가장 많은 경기 지역에서도 40석을 챙기는 등 최대 격전지로 꼽혔던 수도권에서 완승했다. 특히 강남을에선 민주당 후보 전현희가 새누리당 후보 김종훈을 상대로 승리해 새누리당의 '강남벨트'를 무너뜨렸다. 정당 투표율에서는 새누리당 33.5%, 국민의당 26.7%, 더민주 25.5%, 정의당

7.2%를 기록했다. 새누리당은 253곳 중 188곳(74.3%)에서 1위를 기록했으며, 국민의당은 52개 지역구에서 1위, 더민주당은 13곳에서 1위를 차지했다.

민주당 싱크탱크인 민주연구원 부원장을 지낸 최병천은 민주당이 거둔 '뜻밖의 승리'엔 4가지 요인이 작용했다고 분석했다. 첫째, 보수의 분열이다. 둘째, 2030세대의 투표율 급상승이다. 셋째, 2030세대의 민주당 몰빵 지지다. 넷째, 문재인·김종인 투톱 체제의 과감한 중도 확장 전략이었다. 그는 "민주당의 총선 승리는 민주당 자력으로 이긴 것으로 보기 어렵다"며 "보수 분열에 대한 반사이익과 약점 보완을 통한 중도 확장 전략이 결합됐기 때문에 가능했다"는 총평을 내렸다.[40]

4·13 총선의 최대 화제 중 하나는 국민의당이었다. 여당과 제1야당 이외의 정당이 총선에서 원내교섭단체(20석) 이상 의석을 얻은 것은 1996년 제15대 총선에서 자유민주연합 이후 20년 만의 일이었기 때문이다. 문재인은 "호남 지지 못 받으면 대선 불출마·정계 은퇴"를 하겠다고 배수진을 쳤지만, 국민의당은 호남에서 총 28개 선거구 중 23곳가량을 이겼고, 수도권 몇 곳에서도 당선자를 냈다. 이후 문재인을 향해 "호남 지지를 못 받았는데 대선 불출마·정계 은퇴는 어떻게 된 거냐?"는 추궁이 뒤따른다. 문재인은 나중에 "호남의 지지를 받고 싶은 간절한 마음이었다"고 둘러대지만,[41] 스타일을 구긴 건 분명했다.

"박근혜와 친박의 오만에 대한 국민적 심판"

한국의 거의 모든 선거가 그렇듯이, 4·13 총선 역시 '응징 선거'였다. 『동아일보』는 4월 14일자 1면 제목을 「성난 민심 '선거의 여왕'을 심판했다」로 달고 "'선거의 여왕'으로 불린 박근혜 대통령이 노 전 대통령 탄핵 때의 성적표를 받아든 것은 충격적"이라고 했다.[42] 『동아일보』는 또 사설 「여당 참패, 박근혜 대통령 확 바뀌라는 국민의 명령이다」에선 "기득권에 빠져 국정은 도외시하고 자신들의 안위만 염두에 둔 '웰빙 새누리당'에 국민이 철퇴를 내린 것"이라며 "특히 친박(친박근혜) 충성분자를 꽂아 넣기 위해 '총선 결과에 개의치 않겠다'는 역대 최악의 막장 공천은 전통적인 지지층의 이반을 불러왔다"고 했다.[43]

『조선일보』는 4월 14일자 사설 「박근혜 대통령과 친박親朴의 오만에 대한 국민적 심판이다」에서 "이 결과에 대한 책임은 박근혜 대통령과 진박眞朴이라는 사람들이 질 수밖에 없다. 박 대통령과 대통령을 둘러싼 사람들이 새누리당에 책임을 미루려 한다면 민심은 더 멀어질 것이다"면서 다음과 같이 말했다.

"박 대통령은 작년 5월 자신의 말을 충실히 따르지 않는다는 이유로 유승민 당시 원내대표를 '배신자'로 지목해 끌어내렸다. 진박이라는 사람들은 이번 공천을 주도하면서 유 전 원내대표와 가까운 사람들을 단지 그 이유 하나만으로 모두 잘라냈다. 도대체 왜 이렇게까지 거칠게 하는지 알 수 없다는 말이 쏟아졌지만 그것에 아랑곳하지 않고 자신들의 눈 밖에 난 사람들을 몰아냈다. 유권자를 한 줄로 세울 수 있다는 오만이 아니었다면 도저히 할 수 없는 일이었다."[44]

『중앙일보』는 4월 14일자 사설 「중간평가에서 참패한 여권…국민 이기는 권력 없다」에서 "유권자의 분노는 직접적으로는 오만하고 졸렬한 막장극이었던 지난 2~3월의 새누리당 공천 파동에서 비롯됐다. 이른바 친박 핵심세력은 박 대통령의 시대착오적인 배신자론을 맹목적으로 추종해 멀쩡한 유승민 의원 등에게 어설픈 표적 칼날을 휘둘렀다. 그들은 힘과 권력만 있으면 무슨 일이든 해치울 수 있다는 패권주의적 자세에서 벗어나지 못했다"고 했다.[45]

새누리당은 총선에서 참패했지만, 친박계는 소기의 목적을 달성한 것으로 나타났다. 『한국일보』 4월 17일자 「새누리 총선 대패에도 당내 입지 더 넓힌 친박」에 따르면, 4·13 총선에서 당선된 새누리당의 지역구(105명)와 비례대표(17명) 당선자 122명을 계파별로 집계한 결과 친박계가 절반인 50%(61명)에 육박한 것으로 파악되었다. 이는 부당 컷오프(공천 배제)에 반발해 탈당 사태가 있기 직전을 기준으로 친박계 비중이 40%(63명)였던 제19대 국회 때보다 늘어난 수치였다. 그래서 새누리당 내에서는 "잘못은 친박계가 하고 화살은 수도권의 비박계가 맞았다"는 이야기도 나왔다.[46]

김종인에게 읍소했던 문재인의 배신인가?

민주당이 거둔 뜻밖의 승리엔 4년 전 새누리당의 총선 승리에 큰 기여를 했던 김종인을 민주당이 영입한 효과가 컸다. 김종인 영입을 위해 민주당 대표 문재인은 그야말로 눈물겨운 노력을 기울였다. 제20대 총선을 넉 달 앞둔 2016년 벽두에 문재인은 김종인의 집에 다짜고짜 쳐들어갔다. "난 당신 볼 일 없으니 가시오!"라고 뿌리치는 김종인을 무시한 채 거실 소파에 눌러앉아 "우리 당 비대위원장이 되달라"며 읍소했다. 새벽 1시가 넘도록 끈질기게 버텼다고 한다.

김종인의 고집도 대단했지만, 문재인의 고집이 한 수 위였던 것 같다. 오랜 기다림 끝에 문재인이 결국 김종인을 민주당의 선거대책위원장으로 영입하는 데에 성공했으니 말이다. 그게 1월 14일이었다. 이후 2개월여간 김종인은 민주당의 '싸가지 없는' 이미지를 쇄신하는 데에 큰 기여를 했다. 이젠 소기의 '김종인 효과'를 보았다고 판단했던 걸까? 민주당이 '비례 2번 준다'는 약속을 뒤집고 '10번대'를 제안하자 김종인이 당무를 거부하고 칩거하는 사건이 벌어졌다. 김종인의 부인 김미경의 증언을 들어보자.

　　"선거 보름 앞둔 때였다. 문 대통령이 급하니까 집에 다시 왔다. 또 그 거실 소파에 앉아 읍소하더라. 남편은 화가 나 말을 안 하니까 나만 쳐다보며 '사모님 제가 약속한 것, 거의 다 들어드렸지 않습니까' 하더라. 실은 약속 안 지킨 게 얼마나 많은데. 그래서 내가 문 대통령에게 약속 위반 사례를 30분 넘게 줄줄이 얘기했다. 그러자 얼굴이 벌게지면서 '이제 와 어떡합니까?' 하더라. '2번 주기로 했으면 그렇게 하세요'라고 일갈했다. 그러면서 '김종인에 2번이 웬말이냐'며 남편을 맹공했던 조국 욕을 좀 했다. 그러자 그날 밤 조국이 갑자기 '김종인에 2번 주는 건 괜찮다'고 SNS에 쓰더라. 내 참……."[47]

　　민주당 인사들이 '셀프 공천'이라는 모욕적인 표현까지 만들어 김종인을 비난하거나 조롱했을 때, 문재인은 무엇을 하고 있었던가? 김종인은 『영원한 권력은 없다: 대통령들의 지략가 김종인 회고록』(2020)에서 "내가 모멸감을 느끼는 부분은 우선 이것이다"며 다음과 같이 말한다.

　　"밤늦게 우리 집까지 찾아와 '위기에 빠진 당을 구해달라' 부탁했던 사람, 선거 승리만을 위해 민주당에 가지는 않겠다고 하니까 '비례대표

민주당이 거둔 승리는 김종인 영입에 있었다. 특히 그는 민주당의 '싸가지 없는' 이미지를 쇄신하는 데에 큰 기여를 했다. 강남구 선릉역 사거리에서 피켓을 목에 걸고 투표 참여 캠페인을 하는 김종인.

를 하시면서 당을 계속 맡아 달라'고 이야기했던 사람이 그런 일이 발생하자 전후 사정을 설명하지 않고 나 몰라라 입을 닫은 채 은근히 그 사태를 즐기는 태도를 취하는 것이다. 그것이 나를 더욱 슬프고 분노하게 만들었다. 애초에 정치인의 말을 온전히 믿지 않았지만, 들어오고 나갈 때의 태도가 다르다더니, 인간적인 배신감마저 느꼈다. 이런 건 정치 동의를 떠난 기본적인 인성의 문제다."[48]

민주당은 김종인 덕분에 제20대 총선에서 원내 1당에 오르는 대박을 쳤다. 그런데 총선 끝나자마자 "문 대통령이 입을 싹 씻더라"고 김종인은 회고했다. "총선 뒤 1주일이 넘도록 연락 한 번 안하더라. 보다 못해 '저녁 먹자'고 불렀다. 대뜸 '당대표 출마하실 겁니까?' 묻더라. 어이가 없어서 '여보쇼! 내가 대표하려고 민주당 오겠다 했소?'라고 쏘아붙였다."[49]

이 만남을 두고서도 양측에서 서로 다른 말이 나왔다. 만찬 이후 문재인 측은 "현실적으로 당대표 추대가 불가능하지 않겠느냐는 의견을 전달했고, 김 위원장도 '당권에 관심이 없다'고 답했다"는 이야기를 언론에 전했다. 이에 대해 김종인은 "말을 만들어서 한다"며 "문재인 대표와 대화할 때는 녹음기를 켜놔야 한다"고 했다. 이에 대해 "문재인 대표의 두루뭉술 화법을 꼬집은 것이었다"는 해석이 나오기도 했다.[50]

" '싸가지 없는' 친박, 보수 시민의 역적 됐다"

박근혜와 친박계에겐 국가보다는 새누리당, 새누리당보다는 친박 패권이 더 중요한 것처럼 보였다. 총선에서 패한 후에도 친박계는 아무런 성찰 없이 여전히 당권에 욕심을 내고 있었으니 말이다. 『중앙일보』는 4월 18일자 사설 「반성 않는 친박, 아직도 정신 못 차렸나」는 " '공천 내전'의 주축 세력이었던 친박親朴계가 자성하지 않은 채 과거의 행태로 복귀하는 모습은 답답한 노릇이 아닐 수 없다. 도대체 언제 정신을 차릴지 한심할 따름이다"면서 다음과 같이 말했다. "진정 대통령을 위한다면 감언甘言이 아닌 고언苦言으로 바른길을 갈 수 있도록 도와야 한다. 친박계는 온 국민이 싸늘한 눈초리로 지켜보고 있음을 알아야 한다. 선거가 끝났다고 구태를 반복하는 건 그 누구를 위해서도 바람직하지 않다."[51]

『조선일보』는 4월 18일자 사설 「골육상쟁 끝에 참패 자초한 친박親朴, 이제 당권 못 잡아 안달하나」는 "총선이 끝난 지 나흘 만에 새누리당의 집안 싸움이 재연되고 있다. 선거 참패 책임과 지도부 구성을 놓고 친박과 비박이 다시 힘겨루기에 들어간 것이다. 호된 민심의 회초리를 맞고서도 고질적인 계파 싸움을 그만두지 못하는 한심한 모습이다"면서 다음과 같이 말했다.

"친박은 그동안의 국정 운영 실패와 공천 막장극에 대해 진솔한 사죄부터 하는 것이 도리다. 친박들은 선거 직전엔 표를 얻자고 길바닥에 넙죽 엎드려 속 보이는 '사죄 쇼'를 벌였다. 그러더니 진짜 사죄를 해야 할 지금, 때를 만난 듯 당권 다툼에 나서려는 모습을 보이는 것은 적절치 못한 일이다. 청와대도 지난 14일 남의 집 불구경하는 듯한 내용을 담은 단 두 줄짜리 논평으로 총선 참패를 어물쩍 덮으려 했다. 권력에 중독된 나머지 아직도 민심의 회초리가 따갑게 느껴지지 않는 모양이다. 집권 세력의 이런 행태가 단지 새누리당의 비극에서 끝나지 않고 나라의 비극으로 번질까 걱정이다."[52]

『동아일보』 논설실장 김순덕은 4월 18일자 칼럼 「'싸가지 없는' 친박, 보수 시민의 역적 됐다」에서 "총선 결과보다 박 대통령의 성공이 중요하다던 그들이 이젠 싸가지 없이 당권 쟁탈전에 나서는 걸 보면 정말 대통령과 당과 국가에 관심이나 있는지 의문"이라면서 다음과 같이 말했다.

"싸가지 없는 진보에 넌더리를 냈던 사람들이 이번에는 대통령의 권세를 업고 하늘을 쓰고 도리질했던 친박의 싸가지 없음을 표로, 또 기권으로 심판했다. 웰빙 보수 세력이 배가 부르다 못해 싸가지까지 없어진 친박, 그래서 다음 번 정권은 좌파로 넘어갈 것을 걱정하게 만든 이들이 보수 시민에게는 역적과 다름없다."[53]

제4장

새누리당 쇄신의 기회를 망친 '친박 패권주의'

"청와대가 세월호 반대 집회 열라고 지시했다"

2016년 4월 11일 『시사저널』은 대한민국어버이연합(어버이연합)이 세월호 반대 집회에 북한이탈주민(탈북자)을 '일당 알바'로 동원한 의혹이 담긴 '어버이연합 집회 회계장부'를 폭로했다. 이 장부에 따르면, 어버이연합은 해당 기간 동안 집회에 총 1,259명의 탈북자를 동원했다. 알바 일당은 2만 원으로, 장부상 총 2,518만 원을 지출했다.

월별로 보면 2014년 4월 480만 원, 5월 1,698만 원, 6월 1,684만 원, 7월 1,466만 원, 8월 1,000만 원, 9월 664만 원, 10월 484만 원, 11월 638만 원이었다. 어버이연합은 해당 기간에 총 39차례의 세월호 반대 집회를 열었으며, 집회에 동원된 탈북자는 평균 50~80명 수준이었다. 어버이연합은 5월에는 5건, '유민 아빠' 김영오 씨가 세월호특별법 제정을 요구하며 단식에 돌입한 7월 9건, 9월 15건 등 세월호 반대 집회 횟수를 늘렸다.

『시사저널』은 또 탈북자를 모집하고 일당을 지급하는 '총책'이 있고, 그 밑에는 지부장 6~7명이 탈북자 밀집 지역인 인천·광명·송파·가양·양천·상계·중계 등을 관리한다고 보도했다. 보도에 따르면 해당 장부에는 일당을 지급하고 동원한 탈북자들의 숫자, 개개인의 이름과 계좌번호, 지급한 일당 액수와 날짜까지 세세하게 기록되어 있었다.

이와 관련해 '4·16연대'는 "세월호 반대 집회에 '일당 알바'가 대규모로 동원된 것은 가히 충격적"이라며 "이 자금이 어디에서 나온 것인지 분명히 밝히고 응당의 처분을 받아야 한다"고 말했다. 이어 "어버이연합은 세월호 문제를 얘기하는 것 자체를 정치적 의도가 있는 것으로 몰아가며 세월호 반대 집회를 열어 세월호 가족들의 상처에 소금을 붓는 것처럼 커다란 고통을 줬다"며 "즉각 세월호 피해자 가족들과 국민 앞에 사죄해야 한다"고 말했다.[54]

4월 19일 JTBC가 추선희 어버이연합 사무총장의 차명계좌로 의심되는 계좌에 전국경제인연합회(전경련) 이름으로 2014년 9월, 11월, 12월 세 차례에 걸쳐 1억 2,000만 원 정도가 입금되었다고 보도했다. 어버이연합의 탈북자 집회 동원에 전경련의 돈이 쓰였다는 것이다. 김용화 탈북난민인권연합 회장도 『한겨레』와의 통화에서 "어버이연합으로부터 몇 차례 돈을 받아, 그 돈을 주고 탈북자를 집회에 동원한 적이 있는데, 이 돈이 전경련에서 나온 돈으로 알고 있었다"고 말했다. 탈북난민인권연합은 이 밖에도 퇴직 경찰관 단체인 재향경우회에서 500만 원을 받아 집회에 나온 탈북자들에게 지급한 것으로 확인되었다.[55]

4월 20일 『시사저널』은 어버이연합 핵심 인사 ㄱ씨의 증언을 인용해 "청와대에서 (어버이연합에) 집회를 열어달라고 지시했다"고 보도했다. 이 기사에 따르면, (지난해 12월 28일 이루어진) 한일 위안부 합의안 체결과 관련해 올해 초 청와대 쪽에서 어버이연합에 지지 집회를 지시했지만 어버이연합에서 이를 거부했다. ㄱ씨는 청와대의 지시를 거부한 이유와 관련해 "집회를 했다가는 역풍이 일 것이라고 여겼"고 "애국보수단체의 역할과도 맞지 않는다고 판단했다"고 설명했다. 그는 청와대의 '집회 지시'를 전달한 인물로 청와대 정무수석실 국민소통비서관실의 ㅎ행정관을 지목했다.[56]

'어버이연합·청와대·국정원·전경련' 4각 커넥션

4월 26일 박근혜는 45개 언론사 편집·보도국장과의 오찬 간담회에서 "(청와대 행정관이) '지시를 했느냐, 안 했느냐'는 과정을 제가 죽 봤다"면서 "사실이 아니라고 그렇게 분명히 보고를 받았다"고 말했다. 박근혜는 또 어버이연합의 활동에 대해선 "시민단체가 이것 하는데 이게 어쩌냐 저쩌냐 하는 것을 대통령이 이렇다 저렇다 하고 평가하는 것도 좀 바람직하지 않다고 생각한다"면서 "다 자신들의 어떤 가치와 추구하는 바가 있기 때문에 많은 단체들이 다양한 활동을 하는데, 대통령이 막 공개적으로 이야기하는 것은 바람직하지 않다"고 말했다.[57]

4월 27일 『시사저널』은 "청와대의 보수 집회 개최 지시에 대한 증언을 접한 후 수차례 확인 작업을 거쳤다"며 어버이연합 사무총장 추선희와 탈북어버이연합 대표 김미화가 나눈 대화 일부를 공개했다. 이날 『시사저널』이 공개한 지난 4월 20일 녹취록을 보면 "허 행정관이 지시를 한 건 맞잖아요. 팩트fact잖아요"라는 기자의 질문에 추선희는 "말 그대로 지금 이 시민단체들 다 걔(허 행정관) 손에 의해서 움직이는 건 맞지"라고 답했다. 그는 "다른 단체에서도 다 아는 내용이라는 거죠?"라는 기자의 질문에도 "다 알지 걔네들. 지네들끼리도 경쟁 붙였으니까"라고 답했다.[58]

5월 3일 민주당은 청와대, 국정원, 전경련, 어버이연합 사이에 '4각 커넥션'이 있다고 보고, 이를 규명하기 위해 국회 상임위 개최를 비롯, 국민의당 등 다른 야당과의 공조도 적극 검토하겠다고 밝혔다. '어버이연합 등 불법자금지원 의혹규명 진상조사 TF' 위원장인 민주당 원내수석부대표 이춘석은 "대통령은 사실이 아니라고 보고받았다고 한마디 했고 청와대는 침묵으로 일관하고 있다. 여당도 상임위 개최 요구에 답변하지 않고 검찰은 수사권을 손에 쥐고 가만히 앉아 있다"며 "마치 아무 일도 없다는 듯 모두 침묵하는 이 순간이 증거 인멸과 말맞추기를 위한 시간이 아닌지 의심이 든다"고 말했다.[59]

미리 이야기를 하자면, 2017년 2월 1일 '최순실 게이트'를 수사한 박영수 특검팀은 청와대가 2014년 1월 15개 보수우익단체 명단과 지원 금액까지 적힌 이른바 '화이트리스트'를 작성해 전국경제인연합회에 직접 전달했다고 밝혔다. 특검팀에 따르면, 청와대 정무수석실의 신동철 전 비서관은 2014년 1월께 국민행동본부·어버이연합·애국단체총협의회·고엽제전우회 등 15개 보수우익단체 명단과 그 옆에 지원 금액까지 적은 리스트를 최홍재 전 행정관을 통해 전경련에 전달했다. 최홍재는 전경련 관계자를 만나 '청와대 요청사항인데 검토해달라'며 명단을 준 것으로 알려졌다.

당시 청와대는 단체당 2억 원 정도로 총 30억 원 규모의 돈을 요청했다. 이때 전경련은 자신들이 자금을 지원한 단체가 친정부 집회를 벌여 문제가 될 경우 불똥이 튈 것을 우려해 청와대가 지원을 요청한 15개 단체 중 국가 또는 지방자치단체 보조를 받는 한국자유총연맹·재향군인회·재향경우회 등 3개 단체 지원에 대해선 난색을 표했지만 청와대는 문제가 될 수 있는 단체를 오히려 추가하는 등 막무가내로 지원을 요청했다. 결국 청와대가 지원을 요청한 보수단체는 12개로 추려졌다.

특검팀은 김기춘 전 비서실장이 블랙리스트와 마찬가지로 화이트리스트 작업도 주도한 것으로 보았다. 김종덕 전 문화체육관광부 장관, 신동철·정관주 전 비서관의 공소장을 보면, 김기춘은 2014년 3~4월 무렵 신 전 비서관에게 "좌파에 대한 지원은 많은데 우파에 대한 지원은 너무 없다. 중앙정부라도 나서서 지원해야 한다"며 정부의 민간 지원 실태에 대해 질책했고, "정권이 바뀌었는데도 좌파들은 잘 먹고 잘사는 데 비해 우파는 배고프다. 잘해보자"고 했다.[60]

"KBS 보도 검열한 KBS 사장, 간섭한 홍보수석"

5월 11일 『미디어오늘』은 전 KBS 보도국장 김시곤이 자신의 징계 무효소송 중인 법정에 제출한 비망록을 확보해 폭로했다. 이 비망록은 자신의 보도국장직 수행 지침과 전 사장 길환영에 대한 평가, 길환영이 개입해 9시 뉴스 편집안이 바뀐 내역(표)으로 구성되어 있었다. 김시곤은 길환영이 매일 오후 5시경 팩스로 가편집안(큐시트)을 받은 뒤 30여 분 뒤 전화 통화로 수정 사항을 요구했다고 말했다.

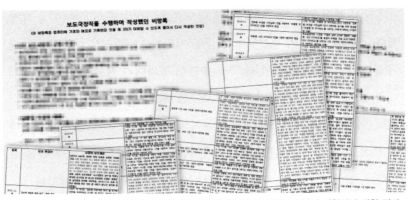

김시곤의 비망록은 그가 보도국장 재임 시절에 보도국장직 수행 지침, 전 사장 길환영에 대한 평가, 길환영이 개입해 9시 뉴스 편집안이 바뀐 내역으로 구성되어 있었다.

비망록에 따르면, 길환영이 큐시트에 추가로 뉴스를 넣으라고 지시한 사례는 모두 7건, 삭제하라고 지시한 것은 3건, 애초 배치한 비슷한 유형의 뉴스 꼭지 수를 늘리라는 지시는 4건, 줄이라는 지시 1건, 큐시트 순서를 앞쪽에 배치하라는 지시 5건, 뒤쪽으로 빼라는 지시 4건 등 모두 24건이었다. 이 밖에 김시곤이 길환영의 큐시트 수정 요구를 거부하거나 설득해 원안을 고수한 사례가 5건, 방송 이후 사장이 김시곤에게 항의한 사례 1건, 청와대가 항의한 사례 1건, 뉴스 방향성 지시(또는 의견) 관련 기록 2건 등이었다. 큐시트에 이른바 '넣으라-빼라', '올려라-내려라', '늘려라-줄여라' 등 크게 6가지 요구를 했다는 것이다.[61]

5월 11일 김시곤은 『한겨레』 인터뷰에서 "공영방송사에서 사장이 지시를 할 수는 있지만, 문제는 지시 내용이다. 전반적으로 정부·여당과 청와대에 유리한 것은 '만들어서라도 해라', '순서를 올려라', '늘려라'이고, 불리한 것은 '내려라', '줄여라'와 '빼라' 등 6가지 가운데 하나로

일관성 있게 내려왔다. 상식에서 너무 벗어나 기록하기 시작했다"고 말했다.[62]

5월 12일 『미디어오늘』은 "이정현 새누리당 의원이 청와대 홍보수석 시절 KBS 보도국장에 직접 전화해 박근혜 대통령 관련 청와대 내부 행사 소식이 뉴스 맨 뒷부분에 방송된 것에 불만을 표시하는 전화를 걸었다고 김시곤 전 KBS 보도국장이 폭로했다"면서 "이에 따라 청와대 고위관계자가 KBS 뉴스 배치 순서에까지 관여하려 한 것 아니냐는 의문이 나오고 있다"고 말했다.

이 기사에 따르면, KBS는 지난 2013년 10월 27일 〈뉴스9〉 '청와대 안뜰서 아리랑 공연'이라는 청와대 내부 행사 소식을 뉴스의 맨 마지막 순서인 16번째 리포트로 방송했다. KBS는 이날 이것뿐 아니라 박근혜가 코리안시리즈에서 깜짝 시구를 했다는 내용도 뉴스의 5번째 꼭지로 방송하기도 했다. 그런데 이날 방송이 나간 뒤 이정현이 당시 KBS 보도국장 김시곤에게 직접 전화를 걸어왔다. 김시곤은 "저녁 무렵 이정현 홍보수석이 전화를 걸어와 '청와대 안뜰서 아리랑 공연'을 맨 마지막에 편집한 것은 문제 있는 것 아니냐고 불만을 토로하길래 내가 맨 뒤에 편집하는 것은 이른바 빽톱으로 오히려 시청자들의 주목도가 높아서 홀대하는 것이 아니라고 설명했다"고 말했다. 그는 "이 얘기를 정치부장에게 전하자 정치부장은 이정현에게 전화해 '앞으로 사장이나 보도국장에게 직접 전화하지 말고 정치부장에게 얘기하라'고 항의했다며 내게 전했다"고 비망록에 적었다.[63](이정현은 문재인 정부로 교체된 이후 2017년 12월 19일 방송법 위반 혐의로 형사고발당했던 것이 기소되어 수사를 받게 되었다. 2018년 12월 14일 1심 법원은 징역 1년, 집행유예 2년의 판결을 내렸다. 2019년

10월 28일, 2심 법원은 벌금 1,000만 원을 선고했고, 2020년 1월 16일 대법원이 2심 판결을 확정했다. 이는 방송법 조항이 만들어진 지 33년 만에 처음으로 형사 처벌을 받는 사례가 되었다.)[64]

새누리당, 쇄신의 기회는 있었건만

새누리당은 어떻게 하고 있었던가? 총선 패배 후 강해진 쇄신 압박 분위기에 힘입어 어느 계파에도 속하지 않은 정진석이 5월 3일 원내대표로 선출되었다. 제19대 원외 인사로 총선 참패의 책임에서 비교적 자유로울 수 있었던 그는 경선에서 나경원과 박빙 승부를 벌일 것이라던 당초 예상과 달리 총 119표 중 69표를 얻어 43표를 얻는 데 그친 나경원을 26표 차로 여유 있게 따돌리며 새누리당 출범 후 초유의 '원외 당선인' 신분으로 집권 여당 사령탑에 올랐다.

지도부가 공중분해된 상황인지라 5월 10일 정진석이 원내대표로서, 후임 당대표가 선출되기 이전까지 비상대책위원장을 겸직하게 되었다. 혁신위를 별도 기구로 만들겠다고 약속한 정진석은 험지인 서울 양천을에서 3선에 성공한 쇄신파 김용태를 혁신위원장으로 내정하면서 이혜훈, 김세연, 김영우 등 중도적 소장파를 비대위원으로 포진시켰다.

그러자 바로 다음 날인 5월 16일 김선동·김태흠·이장우·박덕흠 등 친박계 초·재선 당선자 20명은 국회에서 기자회견을 열어 "이번 혁신위원장·비대위원 인선안은 계파를 초월하라는 시대정신에 어울리지 않는다"면서 인선안 철회를 요구했다. 혁신위원장에 내정된 김용태는 물론 비대위원 10명 중 7명이 비박계 인사로 선임된 것을 문제 삼은 것이다.

이들은 일주일 전 비박계가 1명만 들어간 원내지도부가 발표되었을 때는 '계파 안배' 같은 말을 꺼내지도 않았다. 결국 김용태는 혁신위원장직을 사퇴했고 비대위 구성도 무산되었다. 그 대신 혁신비대위라는 조직이 생겨 친박계가 옹립한 경북 청도 출신 원로 법조인 김희옥이 위원장직을 맡아 69일을 '무난히' 보냈다.[65]

7월 18일 『조선일보』는 「우병우 민정수석의 처가妻家 부동산…넥슨, 5년 전 1,326억 원에 사줬다」는 1면 머리기사에서 이른바 '진경준 게이트'와 관련해 "우병우 청와대 민정수석의 장인인 이상달 전 정강중기·건설 회장이 자신의 네 딸에게 상속한 서울 강남역 부근 1,300억 원대 부동산을 넥슨코리아가 매입해줬던 것"으로 확인되었다고 보도했다.[66]

넥슨 주식을 특혜 거래해 120여 억 원의 수익을 올린 진경준이 이른바 '진경준 게이트'로 구속된 가운데 우병우 처가가 보유한 땅을 넥슨이 매입했고 이 과정에 진경준이 개입했다는 의혹이었다. 이로 인해 '진경준 게이트'는 '우병우 스캔들'로 비화되었다.

7월 19일엔 우병우가 정식 수임계를 내지 않고 법조 비리로 구속된 홍만표 변호사와 함께 전 네이처리퍼블릭 대표 정운호 등의 변론을 맡았다는 의혹이 제기되었다. 이에 대해 우병우는 "나에 관한 이러저러한 소문이 서초동에 돌고 있다는 소리를 들었지만 제기된 의혹은 모두 사실이 아니다"며 "일일이 답변할 가치를 느끼지 못한다"고 말했다.[67]

우병우 스캔들이 터지자 박근혜의 '우병우 구하기'가 시작되었다. 7월 21일 박근혜는 청와대에서 주재한 국가안전보장회의NSC에서 "요즘 저도 무수한 비난과 저항을 받고 있는데 지금 이 저항에서 대통령이 흔들

우병우 민정수석의 妻家 부동산 넥슨, 5년전 1326억원에 사줬다

부동산 침체로 2년 넘게 안팔려
500억 상속세 못내 애먹던 상황
진경준, 偶·넥슨 거래 알선 의혹

우병우(49) 청와대 민정수석의 장인인 이상달 전 정강중기·건설 회장이 자신의 네 딸에게 상속한 서울 강남역 부근 1300억원대 부동산을 넥슨코리아가 매입했던 것으로 17일 확인됐다.

넥슨코리아는 진경준(49·구속) 검사장에게 주식을 공짜로 줘 126억원의 주식 대박을 터트리게 해준 혐의로 검찰의 수사를 받고 있는 김정주 NXC(넥슨 지주 회사) 대표가 세운 회사다. 우 수석의 아내(48) 등은 2008년 7월 부친이 사망하자 상속세 납부 등을 위해 이 부동산을 팔려고 내놨지만 2년 넘게 팔리지 않으면서 거액의 상속세 문제로 고민했다고 한다. 이 부동산을 2011년 넥슨코리아가 사들였다는 것이다. 넥슨은 1년 4개월 뒤이 부동산을 매각했다.

이들을 두고 법조계 안팎에서 넥슨 김 대표와 대학 시절부터 절친한 사이였던 진경준 검사장의 주선으로 부동산 거래가 이뤄진 것 아니냐는 의혹이 제기되고 있다. 진 검사장은 우 수석의 서울대 법대·사법연수원 2년 후배로 평소 가까운 사이였다고 한다.

우 수석은 2015년 2월 진 검사장이 차

우병우 민정수석 진경준 검사장 김정주 대표

관급인 검사장으로 승진할 때 인사(人事) 검증을 담당하는 청와대 민정수석실의 책임자였다. 넥슨이 우 수석 처가의 '강남역 상속 부동산'을 매입해준 일 때문에 우 수석이 진 검사장의 넥슨 주식 보유를 문제삼지 않은 것 아니냐는 의혹이 나오고 있다.

본지가 입수한 등기부 등본을 보면 넥슨코리아는 2011년 3월 18일 서울 강남구 역삼동 825-20과 21, 31, 34 등 일대 4필지의 토지와 건물을 1325억9600여만원에 우 수석의 아내 등 4자매로부터 매입한 것으로 돼 있다. 토지는 4필지 합쳐 면적이 3371.8㎡(약 1020평)이다.

A2면에 계속
이명진·최재훈 기자

강남역에서 30m 거리 '금싸라기' 우병우 청와대 민정수석의 아내와 자매들이 상속받아 넥슨코리아에 매각한 부지 위에 새로 지어진 '강남역 센트럴푸르지오시티'의 모습(가운데 붉은색 건물). 이 부지에는 애초 3~5층짜리 건물과 자동차 정비업체의 여관, 상점 등이 있었으나 2015년 대우건설이 지상 19층·지하 8층 건물을 신축했다. 건물은 강남역 1번 출구에서 불과 30여m 떨어져 있다.

『조선일보』는 넥슨 주식을 특혜 거래해 120여 억 원의 수익을 올린 진경준이 구속된 가운데 우병우 처가가 보유한 땅을 넥슨이 매입했고 이 과정에 진경준이 개입했다는 의혹을 보도했다. (『조선일보』, 2016년 7월 19일)

리면 나라가 불안해진다"면서 "여기 계신 여러분도 소명의 시간까지 의로운 일에는 비난을 피해가지 마시고 고난을 벗 삼아 당당히 소신을 지켜가시기 바란다"고 강조했다.

이 말은 각종 의혹에 시달리는 우병우를 교체하지 않겠다는 뜻을 분명히 하고 청와대를 겨냥한 비판 여론을 정면 돌파하겠다는 뜻을 밝힌 것으로 해석되었다. 이런 이유 때문에 국가안보 컨트롤타워 격인 NSC가 우병우를 비호하는 자리가 된 것이란 비판마저 제기되었다. 비위 의

혹에 휘말린 참모를 구하기 위해 '안보'를 이용했다는 것이다.[68]

이제 곧 제6장에서 자세히 보게 되겠지만, TV조선은 「청靑 안종범 수석, 500억 모금 개입 의혹」 리포트(7월 26일)를 비롯한 청와대 비리 의혹 기사를 내보냄으로써 『조선일보』에 대한 박근혜의 의구심과 분노를 자극했을지도 모르겠다. 이런 상황일수록 박근혜는 투명 행정, 아니 적어도 그렇게 보일 수 있는 개혁적 자세를 보이는 쪽으로 나아가야 했건만, 박근혜가 택한 길은 '친박 패권주의'의 유지 또는 강화였다. 이후 벌어진 일에 대해 훗날 정치 칼럼니스트 윤태곤은 다음과 같이 회고했다.

"정기국회를 앞둔 8월 9일, 새누리당 전당대회에선 박근혜 정부에서 정무수석과 홍보수석을 지낸 친박 중의 친박 이정현이 당대표로 선출됐다. 최고위원 경선에서도 네 자리 중 세 자리를 친박이 차지했다. 강성 친박으로 불리던 조원진과 이장우가 1위와 2위였다.……당이 그렇게 재편되는 동안 청와대도 비슷하게 흘러갔다. 총선 패배의 책임을 지고 이병기 비서실장이 사퇴하고 원만한 인품의 소유자인 이원종이 들어왔지만 75세인 그는 우병우 민정수석, 김재원 정무수석, 안종범 정책수석 등 친박 핵심들에 둘러싸인 신세였다."

이어 윤태곤은 "5월 정진석 비대위의 좌절에서부터 8월 이정현 대표 선출까지 걸린 시간은 세 달이 채 안 된다. 청와대의 지휘와 친박계의 일사불란함이 만든 그 세 달이 박근혜 정부의 운명을 결정지었다"고 했다.[69] 물론 이제 우리가 곧 보게 될 비극적인 운명이었다.

구의역 스크린도어
사망 사고

2016년 5월 28일 서울 지하철 2호선 구의역 내선순환 승강장에서 스크린도어를 혼자 수리하던 외주업체 직원(간접고용 비정규직)인 김군(19)이 출발하던 전동열차에 치어 사망했다. 스크린도어 수리 작업은 2인 1조로 진행해야 한다는 안전 수칙이 지켜지지 않았던 열악한 작업 환경과 이 청년의 유품이 되어버린 먹지 못한 가방 속 컵라면은 많은 이를 슬프게 한 동시에 분노하게 만들었다. 비정규직 수리노동자들의 월급은 144만 원인 반면 상대적으로 손쉬운 일만 맡는 서울메트로 정규직은 400만 원 안팎의 고임금을 받는다는 사실이 알려지면서, 이른바 '1등 국민, 2등 국민'론이 나오기도 했다.

사고 발생 이후 몇몇 추모객이 사고 발생 장소인 구의역 9-4번 승강장을 찾아 스크린도어 벽면에 '편히 쉬세요' 등의 내용이 적힌 포스트잇을 붙이거나 국화를 놔두었다. 서울메트로는 안전 등 이유로 포스트잇과

국화를 치웠으나, 사망자를 추모하고 싶다는 문의가 빗발쳐 구의역 대합실에 추모 공간을 따로 마련하기로 했다. 그러나 시민들은 9-4번 승강장 스크린도어에 포스트잇을 붙이고, 승강장에 추모 물품을 놓아 9-4번 승강장이 자연스럽게 추모 공간이 되었다. 사망자의 소지품 중 컵라면이 발견되어, 추모객들이 구의역 승강장과 대합실 등 추모 장소에 음식을 놔두기도 했다.

이 사고의 여파로 6월 6일 서울메트로는 경영지원본부장과 기술본부장 등 임원 2명의 사표를 수리하고, 스크린도어 업무에 책임이 있는 설비 처장, 전자사업소장, 승강장 스크린도어 관리팀장과 사고 당시 구의역 현장을 관리한 구의역장, 구의역 담당 직원 등 총 5명을 직위 해제했다고 밝혔다. 이 사고에 대해 서울메트로를 담당하고 있는 서울시의 총책임자였던 서울시장 박원순은 사과의 뜻을 밝혔다.

이 사고와 관련, 2020년 12월 국토교통부 장관 후보자 변창흠의 '망언 파동'이 있었다. 변창흠이 2016년 서울주택도시공사 사장 시절 "업체 직원이 실수로 죽은 것"이라며 "사실 아무것도 아닌데 걔(김군)만 조금만 신경 썼었으면 아무 일도 없는 것처럼 될 수 있었는데 이만큼 된 것"이라고 말한 사실이 알려져 논란이 되었던 사건이다. 그는 "정말 아무것도 아닌 일 때문에 사람이 죽은 것이고, 이게 시정 전체를 흔들었다"고도 했다.[70]

진보적 지식인이었던 그가 왜 이런 어이 없는 말을 했을까? 정치적 부족주의 때문이었을 가능성이 높다. 그가 교수였고 계속 교수직에 머무를 생각이었다면, 그는 서울 구의역 스크린도어 사고에 대해 결코 그렇게 말하지 않았을 것이다. 서울시는 부족집단이 아니건만, 그는 많은 정치인이 그렇듯 공적 사건마저 자신의 정치적 부족에 대한 유불리를 따져서 판단하는 부족주의의 일원이 되어 있었던 건 아닐까?

제5장

국내에서 더 격렬했던 '사드 갈등'

북한의 4차 핵실험이 촉발한 사드 배치

미국은 박근혜의 대통령 임기 초부터 사드THAAD(고고도 미사일 방어체계) 배치를 요청했다. 날로 고도화되는 북한의 미사일 도발에서 주한미군 등 주요 전력을 지키려면 수도권 외에 방어가 어려운 기존 패트리엇 미사일로는 부족하기 때문에 한반도 남부에 사드를 추가로 배치해야 한다는 입장이었다. 주한미군이 사드를 배치하면 한국도 탄도미사일 방어력을 대폭 증강할 수 있다는 이유로 우리 군도 환영했다.

하지만 중국의 반발이 워낙 강해 한국 정부의 입장은 '3노NO', 즉 '요청받은 적 없고, 협의한 적 없고, 결정한 적 없다'였다. 박근혜는 회고록에서 "하지만 북한의 4차 핵실험(2016년 1월 6일)이 분위기를 완전히 바꿔놓았다. 북한의 핵미사일은 이제 현실적인 위협으로 받아들여야 했다. 이제 사드 배치는 더이상 미루기 어렵다고 판단했다"고 말했다.

1월 6일 핵실험 직후, 박근혜는 이런 문제들을 논의하기 위해 중국 국가주석 시진핑과 통화를 시도했지만 연결이 쉽게 되지 않았다. 박근혜는 "시진핑과 통화가 된 것은 핵실험으로부터 한 달가량이 지난 2월 5일이었다. 시진핑은 '대화와 협상'이 중요하다는 입장을 보였다. 북한은 4차 핵실험에 이어 2월 3일 지구 관측 위성을 발사하겠다고 전격 발표하는 등 일촉즉발의 위기감이 고조되고 있던 상황이었다. 말이 지구 관측 위성이지 사실상 대륙간탄도미사일을 준비하고 있다는 통보였다"며 다음과 같이 말했다.

"북한의 도발 폭주를 저지하기 위해선 중국의 적극적 자세가 꼭 필요했는데, 시 주석의 답변은 나의 기대에 미치지 못했다. 이런 가운데 북한은 2월 7일 오전에도 평안북도 철산군 동창리에서 광명성호 로켓을 발사했다. 설 연휴 아침이었다. 우리도 더는 묵과할 수 없는 상황이 됐다. 이날 한·미 양국은 국방부 정책실장의 브리핑을 통해 사드 배치 논의를 공식화했다. 다만 중국의 반발을 고려해 북한을 견제하는 용도로만 운용될 것이라는 점을 분명히 했다. 2월 8일 한·미 양국은 사드 배치를 확정하고 부지 물색에 들어갔다."[71]

2016년 초여름 사드 배치를 두고 후보지로 거론된 지역과 지자체가 사생결단식 반대 시위를 벌이면서 전국이 몸살을 앓았다. 7월 초 사드의 칠곡 배치설이 불거지자 백선기 칠곡군수는 7월 9일 군민 3,000여 명이 참가한 사드 반대 집회에서 "국가위기 상황 때마다 칠곡군을 안보의 희생양으로만 몰아가는 현실에 13만 군민들은 분노를 금치 못하고 있다"며 삭발했다. 이를 신호탄으로 경기 평택, 전북 군산, 충북 음성, 강원 원주, 경남 양산에서 시민사회단체로 구성된 대책위원회들이 출범식,

7월 초 사드의 칠곡 배치설이 불거지자 백선기 칠곡군수는 사드 반대 집회에서 삭발했다. 이를 신호 탄으로 경기 평택, 전북 군산, 충북 음성, 강원 원주, 경남 양산 등에서도 시위와 기자회견 등이 이어졌다.

시위, 기자회견 등을 이어갔다. "미군기지 공여 등 국가안보를 위해 수십 년 희생을 감수했다"(평택), "중국과의 관계 악화 등으로 새만금 개발에 차질이 생긴다"(군산) 등 성난 목소리들이 넘쳐흘렀다.[72]

야권은 무책임한 선동으로 그런 분노를 부채질하고 나섰다. 예컨대, 성남시장 이재명은 7월 11일 소셜미디어에 "사드에 반대하는 여섯 가지 이유"를 열거하면서 "사드 전자파는 인체에 치명적인 영향을 준다"고 썼다.[73] (2023년 6월 "사드 전자파가 안전 기준 대비 530분의 1에 못 미치며 휴대폰 기지국보다 안전하다"는 환경영향평가가 나오자 이젠 민주당 대표가 된 이재명은 "안전하다니 다행"이라고 했다.)[74]

경북 성주로 결정된 사드 배치 지역

7월 13일 한미 양국은 경북 성주에 사드를 배치하기로 공식 발표했다. 군 당국은 군사적 효용성과 주민 안전, 포대 배치 토지를 조기에 확보할 수 있는지 등을 두루 고려한 결정이라고 말했지만 정부는 어떤 기준으로 후보지를 선정했는지는 공개를 거부했다. 군 당국의 발표는 그간 사드 배치의 필요성을 강조해왔던 이유와도 동떨어져 있다는 비판이 제기되었다. 사드가 성주에 배치되면 서울과 경기도 북부권은 사드 요격 사거리인 200킬로미터 바깥에 있게 되기 때문에 국민의 안전을 위해 사드를 배치한다는 정부의 주장은 무색해졌다는 것이다. 이런 비판에 대해 박근혜는 회고록에 다음과 같이 썼다.

"사드의 방어망을 극대화하려면 국토에서 너무 위로도, 너무 아래로도 치우쳐서는 안 되고, 바다에 인접하는 것도 실효성이 떨어졌다. 그리고 경북 성주에는 일명 '성주 포대'라고 불리는 호크 미사일 발사대와 레이더 등이 이미 배치돼 있는 만큼 최적지로 꼽혔다. 일각에서는 한 차례의 주민 공청회도 없이 진행됐다고 비판했다. 하지만 사드는 국익과 안보 차원에서 반드시 해야 하는 일이었고, 이왕 한다면 조속히 실행에 옮겨야 한다고 판단했다."[75]

사드에 대한 중국의 반발은 충분히 예견되었던 것이지만, 우선 당장 가시적으로 거세게 드러난 건 국내의 지역적·정치적 반발과 갈등이었다. 야당은 한미 군 당국이 경북 성주를 사드 배치 지역으로 확정 발표한 데 대해 "졸속 결정", "안보 도박"이라며 강력히 비판했다. 민주당 대변인 이재경은 구두 논평에서 "사드 배치 결정부터 부지 선정에 이르기까지 졸속"이라며 "왜 이렇게 졸속적으로 급하게 했는지 설명해야 한다"
고 주장했다.[76]

대구·경북 지역의 여야 국회의원 21명은 경북 성주로 사드 배치 지
역이 결정되자 입지 선정 기준을 투명하게 공개하고 합당한 보상 대책
을 내놔야 한다며 반발했다. 새누리당 의원 이완영(경북 칠곡·성주·고령),
이철우(경북 김천), 이만희(경북 영천·청도)는 국회에서 기자회견을 열어
"사드 배치 결정에 대해 시·도민이 충분히 납득할 수 있어야 하고, 배치
지역 역시 한반도 방어의 최적지임을 전 국민이 인정할 수 있어야 한다"
며 정부의 일방적 결정을 비판했다.[77]

사드가 성주 배치로 발표가 나자 성주 군민들은 상경 투쟁을 벌였
다. 성주군수 김항곤과 '성주 사드 배치 반대 범군민 비상대책위원장' 이
재복 등 성주 군민 300여 명은 이날 오후 서울 용산구 국방부 청사에 방
문해 결정에 대한 철회를 촉구했다. 김항곤은 "오늘 3시 사드 배치 지역
으로 경북 성주가 최종 결론난 보도를 보고 5만 군민은 경악을 감출 수
가 없다"며 "어떻게 해서 우리 지역이 사드 배치 최적지로 선정이 됐는
지 중앙정부의 일방적 행정행위로 인해 우리 군민들은 지금 치를 떨고
있다"고 비판했다.[78]

박근혜, "속이 타들어가는 심정"

7월 14일 박근혜는 청와대에서 주재한 국가안전보장회의에서 사
드 배치 논란과 관련해 "검토 결과, 성주가 최적의 후보지라는 판단이
나오게 됐다. 우려한다는 것이 이상할 정도로 우려할 필요가 없는 안전

한 지역"이라고 말했다. 이날 박근혜는 "오늘날 대한민국의 안보는 커다란 도전에 직면해 있다. 이해당사자 간의 충돌과 반목으로 경쟁이 나서 국가와 국민의 안위를 잃어버린다면 더이상 대한민국은 존재하지 않을 것"이라며 "지금은 사드 배치와 관련한 불필요한 논쟁을 멈출 때"라고 주장했다.

박근혜는 또 "정부는 성주 기지에 사드를 배치하는 과정에서 지역 주민들의 의견을 경청하고 소통을 계속해 나가야 한다"며 "국가 안위를 위해 지역을 할애해준 주민들에게 보답해야 한다고 본다"고 말했다.[79] 이날 박근혜는 일방적으로 자기가 하고 싶은 말만 한 채 제11차 아시아·유럽 정상회의ASEM 참석차 몽골로 출국했다.

『경향신문』은 7월 15일자 사설 「사드 갈등 부추겨놓고 "불필요한 논쟁 멈추라"는 대통령」에서 "박근혜 대통령이 시민과 '소통'하는 방법은 대체로 몇 가지 단어로 요약된다. 훈시, 겁박, 불통, 독선, 일방통행"이라고 비난했다.[80] 『한겨레』는 7월 15일자 사설 「박 대통령, 사드마저 불통과 일방통행인가」에서 "사드 배치를 둘러싼 다양한 반응과 주장을 '불필요한 논쟁'으로 몰아세운 것은 박 대통령의 독선과 일방통행식 국정 운영 방식이 전혀 바뀌지 않았음을 보여준다"면서 "논쟁을 멈추는 것은 옳지도 않고, 현실적으로 가능하지도 않은 것을 왜 박 대통령만 모르는지 안타깝다"고 비난했다.[81]

8월 2일 박근혜는 청와대에서 주재한 국무회의에서 "사드 배치를 둘러싼 갈등이 멈추지 않고 있어서 속이 타들어가는 심정"이라며 "사드 배치는 국가와 국민의 안위가 달린 문제로 바꿀 수도 없는 문제"라고 사드 배치 강행 의사를 거듭 확인했다. 박근혜는 이날 "저도 가슴 시릴 만큼 아프게 부모님을 잃었다. 이제 저에게 남은 유일한 소명은 대통령으로서, 나아가 나라와 국민을 각종 위협으로부터 안전하게 지켜내는 것"이라며 '감성'에 호소하기도 했다.[82]

『경향신문』은 8월 3일자 사설 「다시 드러난 박 대통령의 사드 문제 설득 능력의 한계」에서 "논란적 이슈에 대한 상대의 의견이 나오면 그 의미를 숙고한 뒤 반영해 답변하는 게 아니라 아무것도 듣지 못한 것처럼 애초 발언을 그대로 반복한다. 논의 상대를 무시하는 일이다. 국무회의를 통해 각료에게 지시하는 형식의 간접 소통을 고집하는 권위주의적 태도도 그 연장선에 있다"고 비판했다.[83]

'사드 반대 성주 군민 촛불집회'의 괴담송

그러나 박근혜만 일방적으로 탓하기는 어려운 일이었다. 사드 반대 세력의 '괴담' 선동이 지나쳤기 때문이다. 그들은 "사드 전자파가 성주 참외를 오염시킨다"는 괴담을 퍼뜨렸고, 선동에 넘어간 일부 주민은 참외밭을 갈아엎고 머리띠를 둘렀다.[84] 이런 선동에 일부 민주당 의원들까지 가세했다.

"외로운 밤이면 밤마다 사드의 전자파는 싫어/강력한 전자파 밑에서 내 몸이 튀겨질 것 같아.""사드 반대할 때 나를 불러줘 언제든지 달려갈게/낮에도 좋아 밤에도 좋아 무조건 무조건이야." 8월 3일 '사드 반대 성주 군민 촛불집회'에서 울려 퍼진 괴담송들이었다.

일반 대중의 귀에 익은 가요들을 개사한 것인데, 표창원·손혜원·김한정·김현권·소병훈·박주민 등 당시 현역 민주당 의원 6명과 다음 국

사드 반대 세력은 "사드 전자파가 성주 참외를 오염시킨다"는 괴담을 퍼뜨렸고, 일부 민주당 의원들은 사드 괴담송을 부르며 선동에 가담했다. 가발을 쓰고 춤을 추며 사드 괴담송을 부르는 민주당 의원들.

회에 입성하게 되는 예비의원 김홍걸이 탬버린을 치며 열창했다. 공연을 마친 뒤 손혜원은 소셜미디어에 "성주 군민들을 위해 몸을 던졌다. 사드 반대를 위해 앞으로도 뭐든지 하겠다"고 했고, 표창원은 "성주 군민들의 절박한 모습에 눈물이 났다"고 했다.

이 촛불집회에 대해 훗날(2024년 6월) 『조선일보』 논설주간 김창균은 "구독자 95만 명 오마이TV가 촬영한 방송 속에서 민주당 7인방은 청중들의 환호에 감격한 모습이었다. 유원지 야간 무대에서 흥이 오른 중년 취객들을 떠올리게 한다"며 다음과 같이 말했다.

"사드 반대 운동 성지 역할을 해온 성주군 초전면 소성리 마을회관의 농성 천막이 지난주 철거됐다. 8년 전 6,000명에 달했던 사드 반대 집회자수는 올 들어 10명 내외로 줄었다고 한다. 사드 전자파에 튀겨진 다던 성주 참외는 지난해 매출 6,000억 원으로 역대 최대치를 기록했다. 마을 주민들은 '사드 광풍을 부추기던 외부 사람들은 떠났다'고 했다. '성주와 운명을 함께하겠다'던 민주당 괴담송 7인방도 자취를 감췄다."[85]

이 촛불집회 다음 날인 8월 4일 박근혜는 새누리당 대구·경북 지역 초선 의원들, 성주 지역 의원 이완영과 만난 자리에서 "성주군에서 추천하는 새 지역이 있다면 면밀하게 조사해 검토하겠다"면서 사드를 경북 성주군의 다른 지역에 배치하는 방안을 검토할 수 있다고 밝혔다. 이에 『경향신문』은 「대통령의 사드 배치 이전 검토 발언, 국정이 장난인가」는 사설에서 "부지 선정에 문제가 없다는 정부의 입장을 180도 뒤집은 것이다. 국민의 생명과 직결된 안보 사안을 두고 조삼모사식 행태를 보인다는 게 놀랍다. 이는 사드 성주 배치 결정이 졸속으로 이뤄졌음을 자인한 것과 다를 바 없다"고 비판했다.[86]

영국 주재 북한 대사관에서 대사인 현학봉에 이은 2인자였던 공사 태영호가 가족들을 데리고 2016년 7월 영국 공군기지, 독일 람슈타인을 거쳐 8월 17일 한국에 입국했다. 그간 탈북한 북한 외교관 중에서는 최고위급에 해당했다. 그의 망명은 북한 지도층의 내부 동요를 말해주는 사건이었지만, 서울은 그걸 음미할 겨를도 없이 사드 문제로 몸살을 앓았다. 이에 대해 박근혜는 회고록에 다음과 같이 썼다.

"경북 성주로 확정된 후로도 부지 선정은 순탄치 않았다. 결국 롯데 측의 배려로 2016년 9월 30일 경북 성주군 초전면에 위치한 롯데 스카이힐 골프장 부지를 확보하면서 한숨을 돌릴 수 있었다. 국방부 소유 부동산과 교환하는 방식이었다. 이 때문에 중국에 진출했던 롯데는 경제적 보복 조치를 당하는 등 엄청난 손해를 감수하게 됐다. 그렇게 손해보게 될 것을 알면서도 롯데 측은 '기업으로서 국가를 위해 우리가 할 수 있는 건 해야 한다'는 신념을 강하게 보여줬다. 롯데가 용기 있는 결정을 해준 것에 대해 지금도 감사한 마음을 갖고 있다."[87]

중국의 전방위적 '사드 보복'

중국의 '사드 보복'이 11월부터 본격화되었다. 10월 중순만 해도 주한 중국대사 추궈훙邱國洪은 재계단체 주최 강연에서 "한미관계의 어떤 요소가 중국에 영향을 주면 중국 정부가 필요한 조치를 취하는 것이 정상"이라며 한중 정부 간 공식 교류와 군사 분야 교류에 사드의 영향이 있을 수 있다고 했지만 "만약 중한 양국관계 때문에 중국과 (경제) 협력하는 과정에서 문제가 생기면 저에게 말씀해달라. 바로 해결해 드리겠다"고 호언했다. 이는 사드 갈등이 한국 기업의 대對중국 사업에 영향을 미치지 않을 것이니 안심하라는 취지로 읽혔다.

그랬던 중국이 최순실 사태로 한국이 리더십 공백과 국정 혼란에 빠진 상황에서 문화·경제 영역에서 노골적인 압박을 가하기 시작한 것이다. 중국은 11월부터 한류 연예인 출연을 금지하는 '금한령禁韓令'을 내렸고, 사드 배치 최종 부지가 롯데 성주 골프장으로 결정되자 부지를 제공했다는 이유로 롯데의 중국 사업장에 대한 세무조사에 나서는 등 압박의 전선을 문화에서 경제 영역으로까지 확장했다.

이에 아주대학교 중국정책연구소장 김흥규는 12월 6일 "중국의 보복은 이제 시작이라고 봐야 하며, 일시적인 사안이 아니라 앞으로 강화하고 악화할 문제"라며 "한국의 사드 배치 결정 과정에서 시진핑 주석이 자신의 권위가 손상됐다는 생각을 하기 때문에 중국이 유화적으로 나올 것으로 기대하기 쉽지 않을 것"이라고 말했다. 그는 "내년 한국의 새 정부가 구성된다면 사드의 본래 목적과 함께 중국의 우려도 반영하는 방식으로 절충점을 찾아나가는 노력이 필요하고, 사드가 중국을 겨냥하지 않는다는 점에 대한 제도적 보증도 필요할 수 있다"고 말했다.[88]

12월 20일 민주당 대선후보 중 한 사람으로 급부상한 성남시장 이재명이 『중앙일보』 인터뷰에서 그간 사드 체계를 반대해온 것과는 다른 입장을 내놓았다. "미국과 협의가 된 사안이니 일방적인 폐기는 불가능하고 무책임하다. KAMD(한국형 미사일방어체계) 완성 시까지 시한부 배치 방안을 고려해야 한다. 한·일 정보보호협정GSOMIA도 MD의 일환이다. 이 또한 일방적 폐기는 불가능하니 1년마다 갱신하는 조항을 원용해 1년 뒤 중단시키면 된다."[89]

이 발언이 논란이 되자 이재명은 페이스북에 올린 해명 글에서 "중앙일보 기사는 사드 설치가 끝난 후의 현실적 대책에 관한 이야기"라며, "종북몰이를 무릅쓰고 초기부터 성주군 사드 반대 집회 지지 방문까지 하며 지금까지 해온 변함없는 입장"은 "사드는 철회되어야 하며, 차기 정부로 넘긴 후 재검토를 하는 것"이라는 점을 재차 강조했다. 하지만 "현 정부의 거부로 실제 설치된 후라면 한미관계의 특성상 일방적 폐기가 어려우니, 미국과의 협의를 통해 ① 단기적으로는 훈련 시 및 필요시에 한해 이동 배치하고 ② 장기적으로 KAMD가 완성되면 철수하는 것이 맞다"고 주장했다.

이에 평화네트워크 대표 정욱식은 『프레시안』에 기고한 「이재명의 〈중앙〉 인터뷰를 보고, 우려한다: 사드, 일단 들어오면 '붙박이' 된다」는 글을 통해 "심사숙고 끝에 나온 입장이지만, 적절하지도 현실적이지도 못한 것으로 보인다. 우선 이러한 발언은 사드 반대 동력을 위축시킬 우려가 있다"며 다음과 같이 주장했다.

"사드 배치 완료시 대책을 마련키란 대단히 어렵다. 그래서 이러한 가정에 기반을 둔 입장 표명은 가급적 안 하는 게 좋다. 그래도 입장 표명이 필요하다면 '조속한 철수를 목표로 미국과 협의하겠다'고 밝히는 것이 더 낫다. 사드 배치 강행 시 초래될 엄청난 손실과 위험은 미국과의 담판도 주저하지 않겠다는 리더십의 결의를 필요로 하기 때문이다."[90]

제6장

언론이 열어젖힌
'박근혜·최순실 게이트'의 서막

'박근혜·최순실 게이트'의 서막을 연 TV조선

2016년 7월 26일 TV조선은 「청靑 안종범 수석, 500억 모금 개입 의혹」 리포트를 내보냄으로써 이제 곧 불거질 '박근혜·최순실 게이트'의 서막을 열기 시작했다. 이런 내용이었다. "미르재단 설립 두 달 만에 대기업에서 500억 원 가까운 돈을 모았는데, 안종범 대통령 정책조정 수석비서관이 모금 과정에 깊숙이 개입한 정황이 드러났다. 삼성, 현대, SK, LG, 롯데 등 자산 총액 5조 원 이상 16개 그룹 30개 기업이 미르재단에 돈을 냈는데, 설립 두 달 만에 486억 원을 모았다."

TV조선은 7월 27일엔 "안 수석 말고도 미르재단에 영향력을 행사한 막후 실력자가 있었다. 현 정부 들어 문화계 황태자로 급부상한 CF 감독 차은택"이라고 보도하는 등 7월 28일까지 3일에 걸쳐 모두 8꼭지의 기사로 미르재단 보도를 했다. 8월 2일엔 "전경련이 중간에 나서 기

TV조선은 「청 안종범 수석, 500억 모금 개입 의혹」을 시작으로 「K스포츠·미르 대통령 행사 동원」, 「미르와 K스포츠 행사마다 등장하는 박 대통령」 등의 리포트를 내보내며 '박근혜·최순실 게이트' 의 서막을 열기 시작했다.

업 돈을 모아준 곳은 미르뿐만이 아니었다. K스포츠라는 체육재단법인에도 380억 원 넘게 거둬준 것으로 확인됐다"고 보도했다.[91]

이후에도 TV조선은 「K스포츠·미르 대통령 행사 동원」(8월 4일), 「미르재단, 대통령 순방 TF에 참여…비선 조직이었나」(8월 11일), 「미르와 K스포츠 행사마다 등장하는 박 대통령」(8월 12일) 등의 기사를 내보내는 등 점점 더 과감해졌다. 그럼에도 다른 언론은 이런 기사들의 의미를 제대로 알지 못하고 있었다. 당시 관련 보도팀을 이끌던 TV조선 기획취재부장 이진동은 『이렇게 시작되었다: 박근혜-최순실, 스캔들에서 게이트까지』(2018)에 다음과 같이 썼다.

"당시 기자들의 관심은 비리 의혹이 연일 보도되고 있던 우병우 민정수석의 퇴진 여부에 온통 모아졌고, 미르·K재단에 대해선 관심 밖이었다. 청와대 출입 기자들도 자신들과는 관련 없는 '전경련의 일'로 보는 경향이 있었다. 심지어 TV조선 내부에서조차 '기사도 안 되는 걸 연일 밀어붙이고 있다'고 뒤에서 불평하는 일부 기자들도 있었다."[92]

'우병우 구하기 사태' 후폭풍

8월 16일 박근혜는 문화체육관광부·농림축산식품부·환경부 등 3개 부처의 장관을 바꾸는 소폭 개각을 단행했지만 관심이 집중되었던 청와대 민정수석 우병우는 자리를 지켰다. 이날 개각에서 박근혜는 문체부 장관에는 조윤선 전 여성가족부 장관, 농식품부 장관에는 김재수 한국농수산식품유통공사 사장, 환경부 장관에는 조경규 국무조정실 2차장을 각각 인선했다.[93] 전형적인 돌려막기 인사였다.

8월 18일 우병우를 감찰해온 이석수 특별감찰관이 우병우를 검찰에 수사 의뢰했다. 의경 아들의 보직 배치에 영향력을 행사하고(직권남용) 가족회사 (주)정강을 통해 차량 지원을 받는 등 회삿돈을 횡령한 혐의였다. 현직 청와대 민정수석이 비리 혐의로 검찰 수사를 받게 된 초유의 사태를 맞이했지만 청와대는 오히려 적반하장의 태도를 취했다.

8월 19일 김성우 청와대 홍보수석은 춘추관에서 발표한 '이석수 특별감찰관의 수사 의뢰에 대한 청와대 입장'에서 이석수 특별감찰관의 감찰 내용 '누설' 의혹을 제기하며 "특별감찰관의 본분을 저버린 중대한 위법행위이고 국기를 흔드는 일"이라며 이석수를 정면 겨냥하고 나섰다. 김성우는 "국기를 흔드는 이런 일이 반복돼서는 안 되기 때문에 어떤 감찰 내용이 특정 언론에 왜 어떻게 유출되었는지 밝혀져야 한다"고 말했다. 그는 "특별감찰관은 어떤 경로로 누구와 접촉했으며 그 배후에 어떤 의도가 숨겨져 있는지 밝혀져야 한다"고 촉구해 사실상 검찰에 이석수 특별감찰관에 대한 '수사 가이드라인'을 제시했다. 이석수가 우병우를 검찰에 수사 의뢰한 데 대해 '이석수 흔들기'로 '우병우 살리기'에 나선 셈이었다.[94]

8월 21일 청와대는 우병우를 둘러싼 도덕성 의혹에 대해 "이를 입증할 결정적 증거가 나온 게 없다"면서 "그 본질은 집권 후반기 대통령과 정권을 흔들어 식물정부를 만들겠다는 데 있다"고 주장했다.[95] 우병우 의혹을 근거 없는 '우병우 죽이기'이자, 청와대를 향한 정치 공세로 규정한 것이다.

8월 23일 『중앙일보』 5면엔 「부패 기득권·좌파세력 합작한 대통령 흔들기가 본질」이라는 큼지막한 기사가 실렸다. 이에 대해 이진동은 『이렇게 시작되었다』에 "그 기사를 보는 순간, 탄식 같은 한숨이 삐져 나왔다. 준비된 기사들의 운명이 순탄치 않을 것 같다는 예감 때문이었다. 정국이 긴박하게 돌아갈 것 같았다"며 다음과 같이 썼다.

"이후엔 정국이 급격히 '조선일보와 청와대의 싸움' 국면으로 흘렀다.……실제로 다른 언론들의 반응을 보면 그런 '게임'의 틀에서 바라보고 있었다. 권력에 대한 언론의 정당한 비판이나 감시로 인식돼야 동참을 유발할 수 있는데, 일종의 공격 '카드'로 간주되면 나머지는 그저 싸움 구경이나 하게 되는 것이다.……어쩔 수 없이 '숨고르기'가 필요한 상황을 받아들여야만 했다."[96]

『조선일보』 주필 송희영 사건

　　개인적 도덕성 의혹에도 굳건하게 사퇴 여론을 버텨내며 '신적 존재'라는 비아냥까지 들었던 우병우는 '최순실 게이트'가 터지면서 10월 30일 청와대를 떠나지만, 그를 둘러싼 갈등이 남긴 후유증은 상상을 초월할 정도로 크고 광범위했다.

　　8월 29일 새누리당의 친박계 의원 김진태는 국회 정론관에서 대우조선해양 남상태 전 사장 연임 로비 의혹 등 '박수환 게이트'에 연루된 언론인 실명을 공개하며 검찰 수사를 촉구하고 나섰다. 그는 "그 유명 언론인은 『조선일보』 송희영 주필"이라며 "송 주필이 2011년 대우조선해양으로부터 2억 원 상당의 접대를 받았다"고 주장했다.

　　김진태에 따르면, 송희영은 워크아웃 중인 대우조선해양 임직원들과 로비스트로 추정되는 뉴스 커뮤니케이션(일명 뉴스컴) 대표 박수환, 산업은행 민유성 전 은행장과 함께 전세 제트기를 타고 이탈리아 나폴리에서 그리스 산토리니를 여행했으며, 그 대가로 대우조선해양과 관련하여 우호적인 사설을 지면에 연달아 실었다.

　　김진태는 "주인 없는 회사에서 방만 경영으로 나중에 회사가 문을 닫을지도 모르는 형편인데 언론인으로 이를 꾸짖지는 못할망정 호화판 향응에 주인공이 되었다는 것은 어떻게 생각하느냐"며 "검찰의 엄정한 수사를 촉구한다"고 밝혔다. 그는 송희영의 부인이 2009년 8월 17일 거제 옥포조선소에서 쌍둥이배(노던 재스퍼, 노던 주빌레) 명명식에 참석해 밧줄을 잘랐다면서 "선박 명명식에는 선주의 아내나 딸 등 관련 있는 여성을 초대하는데 송희영 씨의 배우자는 조선사와 무슨 관련이 있단

말이냐. 조선일보 논설실장의 배우자가 대우조선 대형 컨테이너선 명명식까지 해야 하느냐"고 말했다.[97]

보수 정권과 보수언론이 이렇게까지 싸우다니, 이게 도대체 무슨 일이란 말인가? 이명박 정부와 박근혜 정부의 근본적인 성격 차이 때문이었을까? 『미디어오늘』 기자 정철운은 「'공주님' 심기 건드리면 보수언론도 철저히 '응징': 흥정이 가능했던 이명박, 흥정할 생각 없는 박근혜…박근혜 정부의 '보수신문 탄압사史'」라는 기사에서 "이명박 정부는 조선·중앙·동아일보와 매일경제에 종합편성채널을 선물로 안겼다. 공영방송을 탄압하는 사이 종편에는 각종 특혜를 안겼다. '피아' 구분이 명확했던 이명박 정부에서 청와대가 보수신문을 상대로 소송에 나선 적은 없었다"며 다음과 같이 주장했다.

"그러나 박근혜 정부는 달랐다. 청와대는 현재 못마땅한 보수신문을 길들이기 위해 친박계 여당 의원과 익명의 청와대 관계자를 앞세워 '폭로 정치'에 나서고 있다는 비판을 받고 있다. 2013년 박근혜 정부 최대 위기였던 국가정보원 대선 개입에 의한 부정선거 논란을 '검찰총장 혼외 자식' 보도로 잠재운 것이 조선일보였다. 3년 뒤 그 조선일보를 청와대 수석(우병우) 하나를 비판했다는 이유로 청와대가 '부패 기득권 세력'으로 조준한 장면은 그래서 상징적이다. 밀월관계로 여겨졌던 '보수 정부와 보수신문이 맞붙은 것은 이례적'(한국일보)이라는 지적이 나온 것도 그런 이유다."

이어 정철운은 이렇게 말했다. "조선일보는 방상훈 사장의 최측근이었던 송희영 주필이 사퇴할 만큼 거센 검찰 수사의 압박 속에 긴장했다. 우병우 민정수석 처가의 강남 땅 의혹을 최초 보도했던 조선일보 기자의 스마트폰은 검찰에 의해 압수됐고, 또 다른 조선일보 기자는 우병우 민정수석 차량 차적 조회를 경찰에 부탁했던 것이 드러나 불구속 입건됐다. '밤의 대통령'으로 불렸던 '1등 신문'이 국민의정부·참여정부도 아닌 박근혜 정부에서 민·형사소송보다 위험하고 곤혹스런 상황에 몰렸다."[98]

이진동은 "밖에선 『조선일보』와 TV조선이 한몸으로 엮여 매일 기사를 조율하는 것처럼 알지만, 전혀 아니다.……분명한 건 『조선일보』도 그렇고, TV조선도 그렇고 양측이 뭘 협의하거나 조율한 바는 전혀 없었다는 것이다. 그런데 복기해서 보니 (그간의) 상황들이 『조선일보』나 TV조선 서로가 알 수 없는 상태에서 각각 따로 보도된 것이지만 밖에선 마치 준비된 작전처럼 해석될 여지가 있겠다는 생각이 들었다"며 다음과 같이 말했다.

"진보 쪽에선 '보수 정권 재창출을 위한 조선일보의 전략'이라며 음모론을 확산시켰다. 지라시 등엔 '조선일보의 전략' 어쩌고저쩌고 하는 '설'이 자주 등장한 언뜻 보면 그럴듯하지만 쓴웃음이 나오는 일이 많다. 이 경우도 그랬다. 청와대는 청와대대로 이런 음모론과 비슷한 시각에서 '조선일보의 대통령 흔들기'라며 총공세를 폈다."[99]

언론에 처음 등장한 '최순실'이란 이름

'박근혜·최순실 게이트' 보도는 사실상 TV조선의 독무대였다. 9월 2일 『한겨레』 기자 김의겸은 TV조선 기획취재부장 이진동을 만나 솔직한 자세로 도움을 요청했다. 둘이 대낮부터 소주 9병을 마시면서 뜻이

통했는지, 김의겸은 이진동에게서 귀중한 취재 정보를 많이 얻었다. 이진동은 "최순실이 뒤에 있는 건 맞다"는 걸 확인해주었고, 나중에 전 미르재단 사무총장 이성한의 연락처까지 알려주었다.[100]

그로부터 18일 후인 9월 20일 『한겨레』는 「'권력의 냄새' 스멀…실세는 정윤회가 아니라 최순실」이라는 1면 기사에서 입소문으로 떠돌던 박근혜의 '비선 실세' 최순실을 현실의 영역으로 끌어냈다. 『한겨레』는 「대기업 돈 288억 걷은 K스포츠재단 이사장이 최순실의 단골 마사지센터장」이라는 다른 기사를 통해선 2016년 1월 출범한 K스포츠재단은 이보다 불과 두 달 반 앞서 2015년 12월 출범한 재단법인 미르의 복사판이라고 보도했다.

이 기사는 그 근거로 두 재단의 설립 과정과 창립총회 회의록 등이 쌍둥이처럼 닮았다는 것을 지적했다. 두 재단 모두 통상 일주일 정도 걸리는 다른 재단과 달리 설립 신청 다음 날에 곧바로 문화체육관광부에서 설립 허가를 받았으며, 두 재단의 '창립총회 회의록'은 회의 순서와 안건, 등장인물까지 거의 똑같은 판박이라는 것이었다. 이 기사는 재단의 성격을 드러내는 동시에 가장 중요한 정관의 목적 또한 유사하다고 했다. 설립 목적에 미르가 "문화라는 매개"라고 기재한 것을 K스포츠재단은 "체육이라는 매개"라는 표현으로 바꾼 정도가 다를 뿐이라는 것이다.

이 기사는 또 두 재단의 돈줄 역시 같다며 전국경제인연합회(전경련)를 앞세운 표면적 모금 과정도 똑같다고 했다. 두 재단엔 각각 19개 기업이 참여했는데, 양쪽에 돈을 댄 곳은 모두 국내 굴지의 기업들이라는 것이다. 이 기사에 따르면, 공기업을 뺀 자산 기준 상위 10대 그룹인 삼성, 현대차, SK, LG, 롯데, 포스코, GS, 한화가 두 재단에 모두 출연하

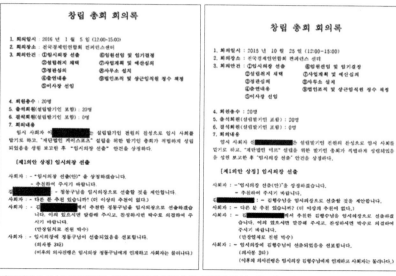

미르재단과 K스포츠재단은 설립 과정과 창립총회 회의록 등이 쌍둥이처럼 닮았다. 특히 두 재단의 '창립총회 회의록'은 회의 순서와 안건, 등장인물까지 거의 똑같은 판박이였다.

기로 약속했으며, 이렇게 해서 두 기업이 모은 돈이 800억 원에 가깝다고 했다. 이 기사는 재단 모금 과정에 안종범 청와대 정책조정수석(당시 경제수석)이 깊이 개입한 정황이 있다는 의혹이 일고 있지만 안종범은 이를 부인하고 있다고 했다. 하지만 거액을 출연한 기업체의 재무담당 관계자는 "우리에게 모금 과정을 취재하려고 하지 마라. 정권 차원에서 이뤄진 일에 대해서는 우리에게 입이 없다"고 말해 박근혜 정부의 개입을 시사했다.[101]

또 『한겨레』는 K스포츠재단 이사장 자리에 최순실이 자신이 단골로 드나들던 스포츠마사지센터 원장을 앉힌 것으로 드러났다면서 박근혜 비선 실세인 최순실이 K스포츠재단 설립과 운영에 깊숙이 개입한 정

황이 드러났다고 보도했다. 이 기사는 또 최순실이 올해 초부터 자신이
잘 아는 주변의 체육인들에게 K스포츠재단의 취지를 설명하며 재단 이
사장 등의 자리를 제안한 것으로 확인되었다고 전했다.[102] 전직 청와대
관계자는 『한겨레』와 인터뷰에서 "권력의 핵심 실세는 정윤회가 아니라
최순실이다. 정윤회는 그저 데릴사위 같은 역할을 했을 뿐이다"고 했으
며, 청와대 내부 관계자는 "문고리 3인방은 생살이고, 최순실은 오장육
부다. 생살은 피가 나도 도려낼 수 있지만 오장육부에는 목숨이 달려 있
다"고 말했다.[103]

정동춘은 '최순실 마사지사'였는가?

이진동은 『이렇게 시작되었다』에서 사실상 자신과 협업관계를 맺
은 『한겨레』의 기사를 평하면서 "정동춘이 '최순실 마사지사'였다는 건
전혀 눈치 못 챘다"며 "내가 궁금했던 건 우리 취재팀이 어디서 펑크를
냈을까였다"고 썼다.[104]

그러나 정동춘은 약 5개월 후(2017년 2월 11일) 서울 청계광장에서
열린 '탄핵반대 국민대회'에 연사로 나서 자신이 '마사지사'로 보도된
데에 억울함을 토로했다. 그는 자신이 서울대학교 사범대 체육교육학과
를 나와 석사와 박사를 마치고 특수 스포츠 재활센터를 운영하고 있다
고 밝히면서 "어떻게 사람을 마사지사로 전락시키는가, 이렇게 사람을
병신 쓰레기로 만들어놨다"고 분노했다.[105]

조갑제닷컴의 객원기자 우종창도 『대통령을 묻어버린 거짓의 산』
(2019)에서 "한겨레신문의 이 보도는 최서원(최순실) 사건의 실체를 왜

곡한 날조 기사다. 최서원과 K스포츠재단 이사장 정동춘을 마사지센터
의 손님과 주인으로 취급했는데, 이는 사실이 아니기 때문이다.……정동
춘은 서울대 대학원에 진학해 석사, 박사 학위를 받았다. 박사논문은 스
포츠 의학 분야다.……쓴 책도 여러 권이고 논문도 수십 편이다"라면서
다음과 같이 주장했다.

　　"이런 사실을 알고 있으면서도 한겨레신문 기자들은 K스포츠재단의
2대 이사장 정동춘이 마치 마사지센터 주인인 것처럼 부정적이고 편파
적인 내용의 기사를 쓰고 제목을 달았다.……이 기사는 최서원과 박근혜
대통령의 이미지를 나쁘게 만드는 데 중요한 역할을 했다. 최서원의 단골
마사지센터 센터장이 K스포츠재단의 이사장이라는 제목의 기사에서 풍
기는 아름답지 못하고 역겹다는 느낌이 최서원을 통해 대통령에게 전이
되었다.……체육학 박사 정동춘은 하루아침에 퇴폐업소 운영주인 것처
럼 국민에게 알려졌다."[106] (2020년 10월 12일 서울중앙지법 민사합의14부[재
판장 김병철]는 정동춘이 자신을 '마사지 센터장'이라고 표현해 명예를 훼손했다
며 『한겨레』 기자 15명을 상대로 2억 4,000만 원의 손해배상을 청구한 소송에서
원고 패소 판결했다. 재판부는 "[이 사건 보도는] 독자들에게 복잡한 사실관계를
알기 쉽게 전달하기 위한 의도로 원고의 이력 및 이 사건 센터의 성격과 유사하다
고 판단되는 '마사지' '스포츠마사지'라는 용어를 채택한 것으로 보인다"며 "원고
가 임상운동사, 건강운동지도사, 스포츠재활운동사 자격증 등을 기초로 이 사건 센
터를 개설한 점을 고려한다고 해도 전체 맥락에서 보도 내용의 중요 부분이 진실
과 합치하지 않는다고 볼 수 없다"고 판시했다. 재판부는 "이 사건 각 기사의 보도
내용이 허위라고 하더라도, 아래에서 보는 사실관계 내지 사정에 비춰볼 때 그 허
위의 사실이 원고의 사회적 가치 내지 평가를 저하시키는 내용이 아니므로 명예훼

손이 성립한다고 볼 수 없다"고 했다.)[107]

"TV조선 덕분에 『한겨레』 특종이 가능했다"

문제의 『한겨레』 기사가 나온 날 민주당과 국민의당, 정의당 등 야3당
은 국회 국정감사에서 박근혜의 비선 실세가 개입된 미르재단과 K스포
츠재단 의혹을 '제2의 일해재단'이라고 규정했다. 민주당 원내부대표
오영훈은 이날 "각종 특혜와 위법 정황이 드러난 미르재단과 K스포츠재
단이 모금한 900억 원이 불법 비자금이 되지 않도록 국감을 통해 의혹
을 명확하게 밝힐 것"이라면서 "오늘 언론 보도를 보면, 정권의 실세가
지목한 최측근이 K스포츠의 이사장으로 선정되는 등 (정권의) 개입 정황
이 드러났다. 이런데도 새누리당은 이 의혹을 밝히는 데 필요한 증인 채
택을 한 명도 수용할 수 없다는 행태를 보이고 있는데, 이는 손바닥으로
하늘을 가리는 국민 우롱하는 처사"라고 말했다.[108]

야당의 공격에 새누리당은 "아직 확인되지 않은 정치 공세에 불과
하고 기업의 자율적 모금은 정치권에서 왈가왈부할 일이 아니다"며 미
르재단과 K스포츠재단 설립·모금과 관련한 모든 증인의 채택에 반대했
다. 최순실의 미르재단·K스포츠재단 관여 의혹이 불거지면서 9월 21일
국회 교육문화체육관광위원회의 국정감사 증인 채택 협상이 코앞으로
다가온 국감의 뜨거운 쟁점으로 부상했다. 야당은 최순실 등 핵심 관련
자 중 일부라도 증인 채택을 해야 한다는 입장이었지만, 새누리당은 "민
간 기업의 일"이라며 "1명도 안 된다"고 방어막을 쳤다. 야당은 국감을
앞두고 불거진 미르재단·K스포츠재단 의혹과 관련해 기부금 모금에 영

향력을 행사한 의혹을 받고 있는 청와대 안종범 정책조정수석과 이승철 전국경제인연합회 부회장, 두 재단의 전·현직 이사장, 재단 출연금을 댄 상위 4개 그룹(삼성·현대자동차·SK·LG) 임원 등을 증인으로 신청했지만 새누리당의 반대로 증인을 한 명도 채택하지 못했다.[109]

9월 22일 박근혜는 "비상 시기에 난무하는 비방과 확인되지 않는 폭로성 발언들은 우리 사회를 뒤흔들고 혼란을 가중시키는 결과를 초래하게 될 것"이라고 말했다. 야권에서 미르·K스포츠 재단 관련 의혹을 제기하고 있는 것을 겨냥한 발언으로 풀이되었다.[110] 『경향신문』은 9월 23일자 사설에서 "그동안 청와대 대변인이 '근거 없는 부당한 정치 공세'라며 부인하더니 이젠 대통령이 나서서 역공세를 취하고 있는 것이다. 최고지도자가 자신에게 이렇게까지 관대할 수 있는지 이해가 가지 않는다"고 비판했다.[111]

『한겨레』의 특종엔 TV조선의 덕이 컸다. 『한겨레』 기자 김의겸은 "TV조선 덕분에 특종이 가능하게 됐다"면서 "TV조선도 배후에 최순실이 있다는 걸 알고 있었던 것 같다"고 말했다.[112] 김의겸은 9월 29일 「조선일보 방상훈 사장님께」라는 칼럼에서 "취재를 하면 할수록 조선의 보도가 훌륭하다는 걸 깨닫게 됐습니다. 취재 그물은 호수를 다 덮도록 넓게 쳤는데도 그물코는 피라미 한 마리 빠져나갈 틈 없이 촘촘했습니다. 7월 27일이 첫 보도인데 이미 4월부터 취재에 들어갔더군요. 재단의 어느 관계자는 저희 기자를 보자마자 버럭 화를 내며 도망치기도 했습니다. 조선 기자들이 얼마나 집요하게 달라붙었으면 그랬겠습니까"라면서 다음과 같이 말했다.

"그런데 언제부턴가 조선이 침묵하기 시작했습니다. 송희영 주필 사건 이후 처신하기가 어려워졌겠죠. 게다가 내년 3월에는 종편 재허가를 받아야 하니 청와대의 눈치를 볼 수밖에 없을 겁니다. 하지만 못내 아쉬운 건 조선이 취재해놓고 내보내지 못한 내용입니다. 저희가 조선의 뒤를 좇다보니 '잃어버린 고리'가 두세 개 존재한다는 걸 알게 됐습니다. 사건의 전체 모자이크를 끼워맞출 수 있는 '결정타'들이죠. 조선이 물증을 확보한 듯한데 보도는 실종됐습니다. 기사는 언제 햇빛을 보게 될까요. 나중에 박근혜 대통령이 힘 빠졌을 때라면 가치가 있을까요?……사장님이 당당할 때 권력도 감히 조선을 함부로 대하지 못할 겁니다. 환절기에 건강 조심하십시오."[113]

9월 30일 『한겨레』는 1면 머리기사로 「대기업 문건에 "미르재단 청와대가 주관"」, 3면에 「18개 그룹 50여 명, 허겁지겁 '집합'…가짜 서류에 도장 찍기 4시간」이라는 기사를 게재했다. 약 1년 전인 2015년 10월 25일부터 27일까지 3일 동안 미르재단의 탄생 과정을 재현해낸 기사였다. 이는 전경련에 치명적인 기사였기에, 전경련은 바로 이날 미르재단과 K스포츠재단을 해체하고 새로운 통합 재단을 만들기로 했다고 발표했다. 10월 1일 『한겨레』는 1면에 「"미르·K 문건 없애라" "재단 해체" 잇단 증거 인멸」이라는 기사를 내보냈다.[114]

"부모를 잘 둔 것도 능력"이란 말의 파장

나중에 촛불집회를 통해 민심의 분노가 폭발한 이면엔 당시 광범위한 설득력을 얻고 있던 '흙수저론'으로 대변되는 세습 자본주의에 대한 강한 문제의식이 있었다. 계급이 세습되고 있는 현실은 막연한 불만의 수준을 넘어 사회과학적 연구를 통해 입증된 것이었기에,[115] 사실상 문제 제기의 폭발을 기다리고 있던 상황이었다. 폭발을 촉발한 건 최순실의 딸 정유라의 이화여대 부정입학 의혹이었다.

이미 이화여대 학생들은 7월 28일 학교 측의 평생교육 단과대학(미래라이프대학) 설립 계획에 반대하며 '본관 점거 농성'을 수십 일간 지속해온 상황에서 『경향신문』은 9월 23일 삼성이 정유라를 위해 독일에 승마장을 구입해 제공하는 등 특혜 의혹을 제기했다. 9월 27일 『한겨레』는 1면에 「딸 지도교수까지 바꾼 '최순실의 힘'」, 5면에 「최순실 도 넘은 개입… '승마하는 딸' 고비마다 특혜 논란」이라는 기사를 통해 정유라 학사 특혜 의혹을 제기했다. 이 기사들은 "이대생들의 시위에 기름을 끼얹었고, 최순실 사태에 대한 국민들의 공분을 일으키는 단초가 됐다".[116]

10월 12일 『한겨레』는 "3년 전 최순실 씨 딸의 승마 문제와 관련해 박근혜 대통령이 '나쁜 사람'이라고 지칭해 좌천됐던 문화체육관광부 국장과 과장이 최근 강제로 공직에서 물러난 것으로 확인됐다"고 보도했다. 『한겨레』는 "이들의 사퇴에는 박 대통령이 '이 사람들이 아직도 있어요?'라며 공직에 남아 있는 걸 문제 삼은 게 결정적인 작용을 한 것으로 알려졌다"고 보도했다.[117]

10월 13일 『경향신문』이 더 파헤쳐보니 정유라가 입학할 당시 승마특기생전형이 생겼고 입학처장이 "금메달을 가져온 학생을 뽑으라"고 지시했다. 해당 전형 서류 마감은 9월 14일, 정유라가 아시안게임에서 금메달을 받은 날은 9월 20일이었다. 이렇게 해서 정유라는 수험생 95명을 제치고 단 6명뿐인 체육특기생 합격자 명단에 이름을 올렸다.[118]

같은 날 『CBS 노컷뉴스』 보도로 정유라가 이화여대에 제출한 리포

정유라가 이화여대에 입학할 당시 승마특기생전형이 생겼는데, 해당 전형 서류 마감은 9월 14일, 정유라가 아시안게임에서 금메달을 받은 날은 9월 20일이었다. 2014년 인천 아시안게임 승마 마장마술 단체전에 출전했던 정유라.

트가 공개되었다. 인터넷 블로그를 짜깁기해 "마음속에 메트로놈 하나 놓고 달그닥 훅 하면 된다"고 쓴 리포트였지만 B학점을 받았고, 교수가 정유라에게 쩔쩔 매는 모습까지 공개되며 특혜 의혹이 폭발했다. 이화여대와 각종 온라인 커뮤니티는 '달그닥 훅'과 특혜 입학을 풍자하는 대자보로 가득 찼다.[119]

10월 19일 인터넷에서는 정유라가 2014년 말 소셜네트워크서비스SNS에 쓴 것으로 추정되는 글이 뜨거운 논란을 불러일으켰다. 이런 내용이었다. "능력 없으면 니네 부모를 원망해. 있는 우리 부모 가지고 감 놔라 배놔라 하지 말고. 돈도 실력이야. 불만이면 종목을 갈아타야지. 남의 욕하기 바쁘니 아무리 다른 거 한들 어디 성공하겠니?" 이 글의 작성 시점은 정유라가 2014년 9월 인천 아시안게임에서 승마 국가대표 선수로 발탁되어 단체전에서 금메달을 따고, 이화여대 수시 체육특기자 전형에서 합격한 직후였다.[120]

바로 이날 TV조선은 정유라에게 제적 경고를 했다가 지도교수에서 교체된 이화여대 체육과학부 교수 함정혜 인터뷰를 내보냈다. 함정혜는 "최씨가 전화를 걸어와 교수 같지도 않은 이런 뭐 같은 게 다 있냐고 말했다"고 밝혔다. 당시 학장은 함정혜에게 "정윤회 씨 부인이니 잘하라"고 말했다고 전해졌다. 함정혜는 "저는 정씨가 자퇴했으면 좋겠다. 그게 가장 옳은 답"이라고 말했다. 이화여대 총장 최경희가 모든 논란에 책임을 지고 물러난 것도 바로 이날이었다.[121]

10월 19일 이전까진 최순실 게이트는 박근혜의 지지율에 영향을 미치는 요소가 아니었다. 9월 26일 김영란법이 실시되자 대통령 지지율이 소폭 상승했고, 10월 3일 박근혜가 북한 국민을 상대로 탈북을 권유하는 발언을 하자 지지율이 더 상승하기도 했다.[122] 11월 중에 나온 다음과 같은 4건의 기사는 민심의 폭발엔 이화여대의 역할이 컸다는 걸 잘 말해준다 하겠다.

① "나는 100만 시민과 함께 '박근혜 퇴진'을 외친 중고생들의 마음에 주목했다. 연필 대신 촛불을 들고 '이게 나라냐'고 울부짖는 아이들에게 부끄러웠다. 그들의 상처는 깊고 깊었다. 특히 최순실 딸 정유라의 '특혜 인생'을 향한 분노는 혼박昏朴에 대한 그것 이상이었다."[123]

② "입시 중압감에 짓눌린 또래들이 피 말리는 나날을 보내고 있을 때 누군가는 '비선 실세' 엄마 덕분에 대학의 관문을 '프리패스' 했다. 대학생이 된 뒤에도 출석과 성적 관리 등 비정상적 특혜가 이어졌으니 대학생들의 분노가 하늘을 찌른다. 일부 수험생은 오늘 촛불시위를 앞두고 '이제는 고3이 나선다. 수능 끝 하야 시작'이라며 잔뜩 벼르고 있다."[124]

③ "고교생들은 정유라의 고교 장기결석보다는 참여하지도 않은 국어 수업 수행평가에서 만점을 받은 데 분노했다. 그의 국어 실력은 이화여대에 제출한 리포트와 페이스북에 올린 글에서 잘 드러난다. 수업과 야간자율학습에 파김치가 된 몸을 일으켜 수행평가를 한 학생들은 시쳇말로 꼭지가 돈다."[125]

④ "40년간 최씨 일가가 저지른 불법과 비리는 단군 이래 최고라 해도 지나치지 않다. 특히 백년대계인 교육 현장을 망가뜨리고, 입시만은 공정할 거라 믿었던 학생들의 꿈을 빼앗은 죄는 그 무엇에도 비교할 수 없다."[126]

어버이연합 "TV조선 시청 거부, 하지만 사랑한다"

TV조선의 활약에 가장 곤혹스러워한 사람들은 이른바 '애국보수' 세력이었다. 2016년 10월 19일 오후 3시께 어버이연합 회원 100여 명은 서울 중구 TV조선 본사 앞에서 집회를 열고 "내란을 선동하는 김갑수 출연을 당장 금지시키라"며 "그렇지 않을 경우 우리는 TV조선 시청 거부 운동으로 강력하게 맞설 것임을 밝힌다"고 주장했다. 시인이자 시사평론가인 김갑수는 당시 TV조선 시사토크 프로그램 〈강적들〉에 출연

중이었다.

어버이연합이 문제 삼은 발언은 10월 15일 열린 정청래 전 더불어민주당 의원의 출판기념회에서 나왔다. 당시 김갑수는 "정권이 바뀌면 국정원장을 이재명 성남시장이 맡아야 한다"며 "대선 승리 후 국가정보원장이 작살낼 놈을 작살내는 역할을 해야 한다"고 말했다. 이어 김갑수는 대선을 앞두고 야권 유력 후보의 암살 가능성을 제기해 논란이 되었다. 김갑수는 "문제는 대선이 있을까라는 것"이라며 "생각하기 싫지만 유력 후보의 암살이 있을 수도 있다"고 말했다.

어버이연합은 성명서에서 "우리는 정치 보복을 의미하는 김갑수의 발언이 단순히 김갑수 개인의 생각이라고 보지 않는다"며 "이는 야권의 평소 생각이 표출된 것으로, 이들이 정권을 잡을 경우 상상 못할 갑질이 자행될 것임을 짐작할 수 있다"고 주장했다. 이들은 "야권이 권력을 쥔 후 '작살'낼 대상에는 우리 같은 보수 시민단체들은 물론이고 보수언론까지 포함돼 있을 것"이라며 "그런데 보수언론이라고 할 수 있는 TV조선이 문제의 발언을 한 김갑수를 출연시키는 것에 아연실색하지 않을 수 없다"고 말했다.

그러면서도 이들은 TV조선에 대한 애정의 끈을 놓진 않았다. 어버이연합 사무총장 추선희는 수염을 기른 모습으로 나타나 "보수신문으로는 조선일보, 중앙일보, 동아일보가 있다"며 "중앙일보는 손석희가 사장으로 들어와서 JTBC를 적화시켰다. 국민들을 선동하고 있다"고 말했다. 추선희는 "마지막 남은 보루가 TV조선과 채널A다. 우리는 그동안 TV조선을 지키기 위해 많은 노력을 해왔는데 출연료를 주면서 김갑수를 출연시키는 것을 용납할 수 없다"며 목소리를 높였다. 이에 지팡이를 든

7080대 고령의 회원들도 "퇴출하라"며 함께 응답했다.

이어 추선희는 "TV조선이 김갑수를 출연시키는 대신에 특종을 해줬으면 좋겠다"며 "지금 대한민국에 간첩이 왔다갔다 하고 있다. 이런 특종을 해달라"고 말했다. 어버이연합 회원들은 집회 마지막에 "그래도 TV조선을 사랑해야 한다"며 "TV조선 힘내라"고 외쳤다. 김갑수는 결국 〈강적들〉에서 하차하게 되는데, TV조선 홍보팀은 『미디어오늘』과 통화에서 "어버이연합 항의 때문은 아니고 외부 발언 논란으로 인해서 이미 하차 논의 중인 상황이었다"고 밝혔다.[127]

이재명이 국정원장에 적격인지는 알 수 없지만, 지지자들을 규합하는 데엔 발군의 실력을 갖고 있다는 건 분명했다. 10월 23일 이재명은 서울 세종문화회관 세종홀에서 손가락혁명군을 위한 '작당모의' 토크콘서트를 열었다. 행사장에 몰려온 약 3,000명의 시민은 "나가자, 싸우자, 이기자" 구호를 외치며 이재명을 향해 환호를 보냈다. 일부 지지자들은 "이제는 이재명이다, 나라를 구할 이재명이다" 문구가 적힌 플래카드를 흔들기도 했다. 지금껏 SNS 공간에서 활동했던 손가락혁명군들이 본격적으로 세를 불리기 시작한 것이다.[128]

언론과 멀어진 것에 대한 박근혜의 후회

보수정부와 보수신문이 맞붙은 이례적 갈등은 이후 전개될 '박근혜·최순실 게이트'와 박근혜 탄핵에 어떤 영향을 미쳤을까? 그 누구도 답하기 어려운 질문이지만, 영향이 전혀 없었다고 단언하긴 어려울 것이다. 정철운의 기사 제목처럼 정말 "흥정이 가능했던 이명박, 흥정할 생각

없는 박근혜"라는 차이 때문에 이런 일이 벌어진 걸까?

여당 의원에 의해 자신의 이름이 밝혀진 바로 그날 『조선일보』 주필 직을 사퇴한 송희영은 지난 2007~2015년 박수환에게서 대우조선해양에 유리한 기사를 써달라는 청탁을 받고, 재물 또는 재산상 이익을 얻은 혐의 등으로 기소되었다. 그밖에도 남상태 전 대우조선해양 대표에게서 회사와 본인에 우호적인 칼럼·사설을 써달라는 청탁을 받고, 2011년 9월 8박 9일간 유럽 여행을 하며 항공권·숙박비·식비·전세기·호화요트 등 3,973만 원 상당의 재산상 이익을 취득한 혐의, 이후 남상태 후임인 고재호 전 대표에게도 우호적 여론 형성을 위한 청탁을 받아 2012~2014년 5차례에 걸쳐 현금·골프 라운딩·백화점 상품권·유람선 관광 비용 등 1,728만 원 상당을 받은 혐의도 있었다.

재판부는 1심에서 그에게 징역 6개월에 집행유예 1년을 선고했으나, 2020년 1월 2심에서 "부정한 청탁을 받았다고 볼 증거가 없다"며 1심 유죄판결을 파기하고 전부 무죄를 선고했다. 그러나 2024년 3월 12일 대법원 1부(주심 김선수 대법관)는 송희영의 배임수재 혐의에 전부 무죄를 선고한 원심을 깨고 이 사건을 서울고등법원으로 돌려보냈다.

대법원은 "남 전 대표가 묵시적으로나마 송 전 주필에게 우호적 여론 형성에 관한 청탁을 했고, 송 전 주필은 그러한 청탁에 대한 대가라는 사정을 알면서 약 3,973만 원 상당의 유럽 여행 비용을 취득했다고 봐야 한다"고 판단했다. 나아가 "언론의 공정성, 객관성, 언론인의 청렴성, 불가매수성 등에 비추어 언론인이 특정인이나 특정 기업으로부터 경제적 이익을 제공받으면서 우호적 여론 형성 등에 관한 청탁을 받는 것은 사회상규 또는 신의성실의 원칙에 반하는 '부정한 청탁'에 해당한다"고

판단했다.[129]

우병우는 어찌 되었는가? 전 『월간조선』 기자 우종창은 『어둠과 위선의 기록: 박근혜 탄핵백서』(2021)에서 "조선일보 (우병우 관련) 기사는 명백한 오보다. 이는 조선일보가 첫 보도를 한 지 4년 후인 2020년에 1면, 2면 등 2개 면에 걸쳐 정정보도를 했다는 점에서 확인할 수 있다"며 "그러나 조선일보 기사로 인해 민정수석 우병우의 활동에 제약이 걸리면서 청와대와 연결된 국가정보원, 검찰, 경찰, 국세청 등 사정기관의 정보는 사실상 차단될 수밖에 없었다"고 했다.[130]

박근혜는 회고록에서 어렴풋하게나마 후회스럽다는 심정을 피력했다. 그는 "이후 우 수석은 관련 검찰 수사를 받으면서 세 번이나 영장이 청구된 끝에 2017년 12월에 결국 구속됐고, 대법원에서 불법사찰 혐의로 징역 1년의 확정 판결을 받았다. 하지만 애초에 언론에서 문제를 삼았던 처가 부동산 거래 등 개인 비리 문제는 결국 아무것도 사실로 판명난 게 없다고 들었다"며 다음과 같이 말했다.

"돌이켜보면 우 수석을 지키기 위해 정권이 큰 출혈을 겪었다고 생각한다.……국정 동력을 고민하던 청와대 입장에선 언론의 도움이 절실했는데, 우 수석 문제로 오히려 언론과의 거리가 더욱 멀어지게 됐다. 우 수석이야 억울하겠지만 민정수석이 워낙 민감한 자리이니 일단 그 자리에서 물러난 뒤 민간인 신분에서 결백을 입증했으면 어땠을까. 물론 당시엔 나도 그런 생각을 하지 못했다."[131]

온라인 당원이 결정한 민주당 전당대회

    2016년 8월 27일 열린 민주당 전당대회에서 5선 의원 추미애가 54.03%의 득표율로 당선되었다. 그는 전당대회장 연설에서 "오늘, 참 운명 같은 날입니다. 21년 전, 1995년 8월 27일 광주에서 판사를 하다 김대중DJ 대통령을 만나 입당원서 쓴 날이 바로 오늘입니다"라면서 "노무현 대통령에게 진 마음의 빚, 당대표가 돼 대선 승리로 갚겠다"고 했다.

    경선 초기에는 인천시장을 지낸 송영길과 양강 체제로 경선이 진행될 것이라 예상되었지만, 송영길이 예상 밖의 예선 탈락을 하면서, 이종걸 의원과 김상곤 전 경기도 교육감을 상대로 경쟁을 펼쳤다. 추미애의 최대 약점은 노무현 탄핵 경력이었다. 추미애는 8월 12일 CBS 라디오 〈김현정의 뉴스쇼〉 인터뷰에서 당시 자신이 찬성표를 던졌던 것에 대해 "분명 잘못한 것이고 제 정치 인생 중에 가장 큰 실수고 과오"라며 "진심으로 여러 차례 사과했지만 아무리 사과한다 해도 어디 그게 갚아지겠느냐"고 고개 숙였다.

그는 그러면서 "그 당시에 삼보일배로 국민들에게 사죄도 드리고, 정치와 절연한 채 멀리 떠나 있을 때 (노무현) 대통령님은 세 번씩이나 사람을 보내서 장관직 제의를 했다"고 말했다. 이어 "꼭 무릎이 아프지 않냐, 언제 돌아올 거냐며 안부를 물어주셨다"며 "서로를 향한 분노와 분열의 상처가 아직 남아 있기 때문에 이번 기회에 저는 온몸을 바쳐 통합으로 갚아야 한다는 강한 책무를 느낀다"고 강조했다.[132]

문재인의 지지를 얻은 추미애는 친문 진영이 대거 몰려 있다고 평가되는 권리당원 투표에서 61.66%의 압도적 득표율을 올렸으며, 전통적인 호남 출신 당원들이 많은 비중을 차지하는 대의원 투표에서도 51.53%의 득표율로 과반 지지를 넘겼고, 당원 여론조사 55.15%, 국민 여론조사 45.52%를 기록하면서 더불어민주당을 떠받치는 양대 기둥인 친문·호남의 지지를 모두 받아 당선되었다.[133]

민주당에선 8·27 전당대회로 대선을 관리하는 지도부가 주류 중심으로 짜여진 것에 대해 '이제 대선 경선은 치를 필요도 없는 것 아니냐'는 목소리가 나왔다. 문재인에게 극히 유리한 구도가 되었다는 것인데, 관심은 온라인 권리당원제로 쏠렸다. 8·27 전당대회에서는 대부분 친親문재인 성향으로 알려진 온라인 권리당원들이 열성적으로 투표에 참여했고, 이것이 당락을 갈랐다는 분석이 지배적이었기 때문이다. 이들은 탈당 사태가 벌어지던 2015년 말부터 집중적으로 입당한 온라인 당원 중 6개월 이상 당비를 낸 이들이었다.[134]

문재인은 당대표 시절인 2015년 온라인 당원제를 도입해 2년 만에 당원 수를 24만 명에서 71만 명으로 크게 늘리며 당 장악에 성공했다는 평가를 받았는데, 이는 '문재인 모델'로 불리며 벤치마킹의 대상이 되었다. 훗날(2024년 4월) 민주당 대표 이재명이 "더불어민주당은 권리당원을 배로 늘려서 당원 중심의 대중정당으로 전환할 필요가 있다"고 주장하자, 당내에선 "이 대표가 대권가도를 위해 '문재인 모델'을 참고하는 것"이라는 분석이 나왔다.[135]

한진해운 청산, 어리석은 오판

국내 1위 원양선사였던 한진해운이 장기 업황 부진의 여파를 이겨 내지 못하고 8월 말 결국 법원에 법정관리를 신청하면서 해운업계를 충격에 빠뜨렸다. 이는 글로벌 물류 대란을 촉발한 데다 국내 해운업계에 막대한 피해가 발생하면서 정부의 해운업 구조조정에 대한 회의론으로 이어졌다. 법정관리를 신청한 지 3개월 만에야 한진해운 선박 141척의 하역 작업이 모두 완료되면서 물류 대란은 일단락되었지만, 한진해운은 물적·인적 자산이 뿔뿔이 흩어지고 청산가치가 더 높다는 회계법인의 실사 결과가 나오면서 사실상 청산 수순에 들어갔다.[136]

한진해운은 결국 2017년 2월 17일 법원의 파산산고로 해체되었다. 훗날(2020년 11월) 『한국일보』 논설위원 장인철은 "기업이 침몰하는 순간까지도 이어진 오너 일가의 모럴해저드와 무능이 지탄을 받았다. 그럼에도 산업정책 면에서는 5대양 6대주에 걸친 한진해운의 운송망과 해운동맹 기득권을 어떻게든 살려야 한다는 요구가 많았다"며 이렇게 말한다. "하지만 박근혜 정부는 어설픈 '시장원리'만 내세우며 끝내 파산을 선택함으로써 세계 5위로 꼽힌 한국 해운업의 근간을 스스로 무너뜨린 큰 실책을 범하고 말았다. 요즘 운임 상승에, 수출품을 싣고 나갈 배편조차 없어 업계가 난리라고 한다. 한진해운의 빈자리가 아쉽고 또 아쉽다."[137]

전 해양수산부 장관 김영춘도 훗날(2020년 12월) "당시 나는 국내 1등 기업인 한진해운을 죽이지 말고, 2등 기업이면서 한진해운과 마찬가지로 계속 적자를 보고 있는 현대상선과 합쳐서 공기업으로 만든 다음에 일단 살려내자고, 그리고 이를 구조조정하여 적당한 시기에 다시 시장에 매각하자고 제안했다"며 다음과 같이 말했다.

"그런데 박근혜 정부는 1등 기업인 한진해운을 없애버리고 한진해운의 반밖에 안 되는 선복량을 가진 현대상선을 살리는 구조조정을 했다. 그런 엉터리 구조조정이 어디 있는가. 1년 후 해수부 장관이 되고 외국의 해운업체 사람들을 만났을 때, 그들이 말하기를, 한진해운을 파산시킨 한국 정부의 결정에 대해 전 세계의 해운업계가 다 경악했다고, 당연히 한진해운을 살리고 그 중심으로 재편할 줄 알았더니 한국 정부는 거꾸로 하더라고, 도대체 어떻게 된 일이었느냐고, 무슨 내부 사정이 있었던 것이냐고 물을 정도였다."[138]

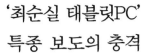

'최순실 태블릿PC' 특종 보도의 충격

"봉건시대에나 있을 일"이라고 했는데

JTBC는 손석희가 독일에서 늦은 여름휴가를 보내고 일주일 만에 〈뉴스룸〉에 복귀한 10월 17일부터 박근혜·최순실 게이트 보도를 주도하기 시작했다.[139] 10월 18일 JTBC는 "최순실 씨가 K스포츠재단 설립 하루 전 '더블루K'라는 스포츠 마케팅 회사를 세웠고 이 회사는 K스포츠재단을 배경으로 돈벌이를 해왔던 것으로 확인되었다. K스포츠재단 직원이 최씨 회사인 '더블루K'에 매일같이 출근하며 사실상 최씨를 수행했다는 정황도 확인됐다"고 보도했다.

10월 19일 JTBC는 "최순실 씨의 핵심 측근 고영태 씨의 증언 중에 특히 눈길을 끄는 것은 최순실 씨가 박근혜 대통령의 연설문을 손보는 일까지 했다는 것이었다"고 보도했다. 고영태는 박근혜가 대통령 당선인 시절부터 들고 다닌 핸드백 가방을 만든 사람이었다. 그는 "회장이 제일 좋아하는 건 연설문 고치는 일", "연설문을 고쳐놓고 문제가 생기면 애먼 사람을 불러다 혼낸다"고 말했다.

이를 두고 10월 21일 『조선일보』는 "정치권에선 박 대통령 연설문에서 이상한 부분이 가끔 나온 것이 그 영향(최순실 연설문 수정) 때문 아니냐는 의문이 계속 이어졌다"며 의혹을 증폭시켰다. 『조선일보』는 '간절하게 원하면 전 우주가 나서서 도와준다'(2015년 어린이날 행사)와 같은 발언을 예로 들며 "대통령 연설문 단어로는 쉽게 생각하기 힘든 말이었다"고 전했다.

청와대 비서실장 이원종은 "봉건시대에나 있을 일"이라며 무시했지만, 박근혜의 생각은 달랐다. 박근혜는 10월 24일 오전 국회 시정연설에 등장해 매우 뜬금없이 개헌을 하겠다고 발표했다. 모든 이슈를 빨아들이는 개헌 논의를 통해 최순실 국정농단 프레임을 무력화시키려는 의도였다. 실제로 이날 KBS와 MBC 메인 뉴스는 개헌 리포트로 가득했다. 다른 언론사도 사정은 비슷했다.

그러나 이날 저녁 흐름은 완전히 뒤바뀌었으며 국민적 분노가 폭발하기 시작한 사건이 벌어졌으니, 그건 바로 최순실이 박근혜의 연설문을 미리 받아보고 첨삭했다는 사실을 밝힌 JTBC의 '최순실 태블릿PC' 특종 보도였다. JTBC는 "박근혜 정부의 국정 철학이 가장 잘 녹아 있다고 평가받는 2014년 3월 독일 드레스덴 연설문을 최순실 씨가 하루 전에 받아본 것으로 확인됐다"고 보도했다. 비선 실세 국정농단의 '명백한' 물증이 나타난 첫 장면이었다. JTBC는 "2012년 12월 31일 공개된 박 대통령 당선 첫 신년사도 최씨는 공식적으로 공개되기 하루 전에 받아본 것으로 드러났다"며 "최씨에게 건네진 연설문은 최씨를 거친 뒤에 내

JTBC는 '최순실 태블릿PC' 특종 보도를 통해 최순실이 박근혜의 연설문을 미리 받아보고 첨삭했다는 사실을 최초로 보도했다.

용이 달라지는 경우가 대부분이었다"고 보도했다.[140]

　　수많은 사람을 경악시킨 JTBC의 '최순실 태블릿PC' 특종 보도는 어떤 사람들에겐 억누르기 힘든 감동이었던가 보다. 이날 밤 10시 35분 민주당 전 의원 정청래는 자신의 트위터에 "나는 그동안 종편 출연을 거부해왔다. 출생의 비밀과 편향성에 들러리 서서 그들의 정통성에 면죄부를 주고 싶지 않았다. 그러나 요즘 JTBC의 보도는 언론으로서 사명을 다하고 있다. JTBC의 출연 요청이 있으면 이제 응하겠다. 수고 많다"고 글을 남겼다.

　　3년 전 페이스북에 올린 'JTBC 손석희 앵커가 불러도 안 나가는 이유'라는 글에서 "손석희 보도부문 사장도 단물이 다 빠지면 언젠가 쫓겨날 것"이라고 독설을 날렸던 정청래가 JTBC 보도에 감동을 먹은 것이다. 미리 말하자면, 정청래의 JTBC 출연은 2017년 1월 19일 〈썰전〉을 통해 이루어진다. 그는 "JTBC의 태블릿PC 보도를 보면서 종편의 탄생을 부정적으로 봤지만 탄생 후 좋은 역할을 할 수 있구나 싶어 나왔다"고 했다.[141]

JTBC 보도에 자극받은 『한겨레』의 '오버'

JTBC의 '최순실 태블릿PC' 특종 보도 다음 날인 25일 아침 박근혜는 국민 앞에 고개를 숙이고 사과했으며, 개헌 이야기는 하루도 안 돼 자취를 감추고 말았다. 박근혜의 개헌 카드는 JTBC 보도를 감지하고 부랴부랴 던진 것이라는 주장이 등장한 것도 무리는 아니었다.[142]

26일 저녁 창사 이래 최고 시청률을 기록한 JTBC 〈뉴스룸〉은 10월 26일 방송에서 8.5%의 시청률(유료방송가구 기준)로 전날 기록(8.085%)을 갈아치웠다. 동시간대 MBC 〈뉴스데스크〉(4.8%)와 SBS 〈8뉴스〉(4.2%)는 JTBC 〈뉴스룸〉의 절반 수준 시청률을 기록했다. 종합편성채널 메인 뉴스가 지상파 메인 뉴스를 시청률로 압도한 첫 번째 사례였다.[143]

JTBC 보도에 자극받은 『한겨레』은 이미 한 달 전에 취재를 끝내고도 사실 확인이 되지 않아 보도하지 않았던 기사를 포함해 25일 1면, 4면, 5면 등 3개 면에 걸쳐 최순실 관련 기사를 보도했다. 1면 톱기사 제목은 「최순실, 정호성에 매일 가져온 대통령 자료로 비선 모임」(인터넷판은 「최순실이 박 대통령에 이래라저래라 시키는 구조」), 4면 톱기사 제목은 「최순실 "언니 옆에서 의리 지키니까 내가 이만큼 받잖아"」, 5면 톱기사 제목은 「대통령, 청와대 수석들에 미르 총장 얘기 들어보라고 말해」였다.

이 기사들은 1개월 전 전 미르재단 사무총장 이성한과의 '비보도'

전제 인터뷰에 크게 의존한 것이었는데, 나중에『한겨레』도 인정했듯이 '커다란 오보'가 꽤 섞여 들어간 것이었다.[144] 우종창은 "한겨레신문의 이 기사는 대통령을 '최순실의 꼭두각시'인 것처럼 묘사"한 '허위기사'라고 주장했는데,[145] 그 정도까지는 아니었을망정『한겨레』가 속된 말로 '오버'했으며, 독자들에게 준 효과가 '박근혜는 꼭두각시' 낙인이었다는 건 분명했다.『한겨레』특별취재반의 취재 후기라고 할『최순실 게이트: 기자들, 대통령을 끌어내리다』(2017)는 이 기사들의 효과에 대해 다음과 같이 썼다.

> 한겨레 기사를 읽은 독자들은 "이 나라의 대통령은 최순실이었나"라는 탄식을 댓글에 쏟아부었다.……김어준은 10월 26일 자신이 진행하는 팟캐스트 파파이스에서 "방송(JTBC)에서 '최씨의 대통령 연설 수정'이 있다면, 활자에선 '최순실이 대통령한테 이래라저래라 시키는 구조'라는 한겨레 기사가 작금의 사건을 가장 잘 드러낸 보도였다"라고 평했다.[146]

반면 우종창은 "나는 30만 페이지에 달하는 대통령 사건의 수사 및 재판 기록을 읽으면서 중요한 사실 하나를 알게 되었다"며 이렇게 주장했다. "대부분의 검사들은 언론과 촛불이 일으킨 무자비한 광란과 선동에 편승하여, 언론에 보도된 각종 가짜뉴스들을 중요 증거인 양 신주 모시듯 대했으나, 일부 극소수 검사들은 조사 과정에서 의문을 품고 있었음을 나는 검찰 조서에서 확인했다.……아부한 검사들은 거의 다 좋은 자리를 차지했고, 약간 어정쩡한 입장을 보인 검사들은 영전도 좌천도 아닌 어정쩡한 자리에 배치됐다. 의문을 강하게 제기한 검사들은 예외

없이 한직으로 쫓겨났고, 그중의 일부는 아예 검찰을 떠났다."[147]

'최초로 박근혜 하야를 주장한 대권 주자'?

하나씩 드러나기 시작한 '박근혜 게이트'에 분노한 민심의 가장 큰 수혜자는 성남시장 이재명이었다. 10월 29일 광화문광장과 서울광장 사이에 있는 청계광장에 2만 명이 모여 촛불집회를 열었다. 이 촛불집회의 주인공은 이재명이었다. 그는 이 집회에서 한 연설로 '최초로 박근혜 하야를 주장한 대권 주자'라는 타이틀을 얻으면서 대선후보로서 탄력을 받기 시작했으니 말이다. 그는 이 집회에서 다음과 같이 주장했다.

"박근혜는 국민이 맡긴 무한 책임의 권력을 근본을 알 수 없는 저잣거리 아녀자에게 던져주고 말았습니다. 박근혜는 이미 대통령으로서의 권위를 잃었습니다. 박근혜는 이미 이 나라를 지도할 기본적인 소양과 자질조차도 전혀 없다는 사실을 국민 앞에 스스로 자백했습니다. 박근혜는 이미 대통령이 아닙니다. 즉각 형식적 권력을 버리고 하야해야 합니다. 아니 사퇴해야 합니다. 탄핵이 아니라 지금 당장 집으로 돌아가십시오."[148]

현장에서 이 연설에 깊은 감명을 받은 백승대는 훗날 『이재명, 한다면 한다: 디테일이 강한 유능한 진보』(2021)라는 책에서 이렇게 회고했다. "촛불광장에서 수많은 사람이 박근혜 퇴진을 외치고 있을 때 문재인 당대표를 비롯한 민주당 국회의원들이 '대통령은 국정에서 손 떼라' 팻말을 들고 앉아 있던 모습은 지금까지 (대통령이 된 지금까지) 내가 본 문재인 모습 중 가장 비루했던 모습이었다."[149]

'최초로 박근혜 하야를 주장한 대권 주자'라는 타이틀은 이재명에

10월 29일 청계광장에서 열린 촛불집회에서 이재명은 '최초로 박근혜 하야를 주장한 대권 주자'라는 타이틀을 얻게 되었다.

겐 인기를 급상승시킨 영예로운 훈장과도 같았는데, 훗날(2022년 2월) 출간된 『이재명, 허구의 신화: 이재명의 대표적인 '업적'을 검증한다』는 책은 전혀 다른 이야기를 들려준다. 이재명은 이 발언을 하기 보름 전인 10월 14일 〈김어준의 파파이스〉에 출연해 '박근혜 탄핵 불가론'을 다음과 같이 역설했다는 것이다.

　　"국회에서 의결될 가능성 제로. 거기다 역량을 소진할 순 없어요. 그러면 이게 헌법재판소에서 가결됐다고 통과되냐? 제로. 현실성이 없잖아요.……실현 불가능한 탄핵 얘기만 하면 기분만……기분이나 좋을까? 나중에 되도 않는 거 했다고 성질만 나겠지."150

　　『이재명, 허구의 신화』는 박근혜의 '하야'를 가장 먼저 말한 정치인

은 정의당의 이정미, '탄핵'을 가장 먼저 말한 정치인은 박원순이고 노회
찬과 심상정이 다음인데, 이재명 지지자들 사이에선 이상한 '허구의 신
화가' 만들어졌다고 말한다. 이 책은 이재명은 "분위기가 바뀌자 잽싸게
여론에 숟가락 얹기에 나선 것"일 뿐이라며 다음과 같이 말했다.

"당시 이재명의 입장을 정리하면, 10월 14일부터 11월 2일까지 불
과 3주도 안 되는 동안 '탄핵 불가→즉시 하야하고 탄핵 절차 돌입→탄
핵보다는 즉시 하야→하야 요구가 아니라 탄핵하고 구속할 때'로 어지
러울 정도로 변화무쌍하게 바뀐다."151

5%로 곤두박질친 박근혜 지지도

10월 30일 '법무·검찰을 한 손에 틀어쥐고 있던' 민정수석 우병우
가 청와대를 떠났다. 이게 의미하는 건 무엇이었을까? 『한겨레』 특별취
재반은 『최순실 게이트: 기자들, 대통령을 끌어내리다』(2017)에 이렇게
썼다. "불과 며칠 전만 해도 이석수 특감이 수사 의뢰한 사건과 관련해
검찰총장에게 전화를 걸어 '왜 내 처가 검찰 조사를 받아야 하느냐'며
강력히 항의했던 그가 드디어 권좌에서 내려온 것이다. 그의 주술 아
닌 주술에 사로잡혀 있던 검찰이 이제 정반대 방향으로 내달리기 시작
했다."152

당시 『한겨레』 기자 강희철을 만난 어느 전직 검사는 깊은 한숨을
내쉬며 이렇게 말했다고 한다. "정상적인 사고를 가진 사람이라면, 10월
30일 이전과 이후의 검찰이 같은 조직이라는 걸 납득할 수 있을까. 검찰
을 '하이에나'라고 한 조응천의 말은 항변의 여지가 없는 거 아닐까."153

바로 이날 독일에서 귀국한 최순실은 다음 날인 10월 31일 검찰에 출석했고 당일 심야에 긴급체포되었다. 11월 2일 박근혜는 노무현 청와대 정책실장 출신의 김병준을 총리로 지명하며 국정농단 정국 돌파를 시도했다. 하지만 당시 민주당 원내대표 우상호의 『민주당 1999-2024』(2024)에 따르면, "참여정부에서 일한 적도 있는 인물이니 야당에서도 중립적 인사로 받아들일 것이라고 기대한 모양인데, 어림도 없는 일이었다".[154] 바로 이날 『한겨레』 기자 김의겸은 '오마이뉴스TV' 팟캐스트에 출연해 『오마이뉴스』 기자 장윤선과 다음과 같은 대화를 나누었다.

> **장윤선** 검찰에서는 이 태블릿PC가 마치 독일에서 온 걸로 검찰발 보도가 쭉 나왔었는데요. 또 JTBC는 최순실의 사무실이라고만 했다, 최순실이 쓰던 사무실에서 발견됐다고만 썼다, 어떤 게 진실이냐? 이런 논란이 있기도 했어요.
>
> **김의겸** 저는 사실을 압니다만, 다른 언론 매체에서 일어난 일이기 때문에 제가 말하는 것은 예의에 어긋나는 것 같고요. 제가 알고 있는 바로는 국내에서 받은 것이고, 주운 게 아니고 받은 것이다. 그것만은 제가 장담할 수 있습니다. 그리고 그걸……네, 거기까지 말씀드리지요.
>
> **장윤선** 많은 말씀을 해주셨습니다. 주운 게 아니고 받은 것이다. 여러분 어떤 의미인지 아시겠지요?[155]

이 팟캐스트가 나간 뒤에 이른바 '태블릿PC 조작설'은 더 힘을 얻었다. 손석희는 김의겸에게 항의의 뜻을 전하고 사과를 받았는데, 김의겸의 해명은 이런 것이었다고 한다. "『한겨레』 취재팀이 (최순실이 쓰던 사무실의) 건물 관리인인 노광일 씨를 만나보니 '손 사장을 믿고, JTBC에만 사무실 문을 열어주었다'는 것이고, 그래서 직설적 표현이 아닌 은유적·상징적 표현으로서 '주운 게 아니라 받은 것'이라고 표현했다는 것이었다. 그렇다면 그는 그 방송에서 최소한 '주운 게 아니라 받은 것이나 마찬가지'라고 했어야 했다."[156]

11월 3일 오후 11시쯤 최순실이 직권남용권리행사방해(공범)와 사기미수 혐의로 구속수감되었으며, 11월 4일 한국갤럽 조사에서 박근혜의 지지도는 5%로 곤두박질쳤다. 『미디어오늘』 기자 조윤호는 박근혜의 굳건했던 콘크리트 지지율은 "이화여대가 흔들고 '태블릿PC'가 박살냈다"고 썼다.[157] 11월 5일 광화문광장에 모인 4만여 명(경찰 추산)은 대부분 평범한 시민이었다. 머리가 희끗희끗한 노인, 어린아이를 목말 태우고 나온 젊은 부부, 교복을 입고 나온 중·고등학생도 있었다. 『조선일보』 기자 오윤희는 다음과 같이 썼다.

"이들을 광화문으로 모이게 한 것은 비선秘線 실세의 꼭두각시 노릇을 한 대통령과 거기에 동조하거나 모르쇠로 일관했던 정치인들을 향한 분노였다. 하루하루 열심히 살아가는 것을 허무하게 만들어버린 최순실 일가를 향한 분노였고, 그런 일을 가능하게 만든 이 사회를 향한 분노였다. 그 분노의 힘이 그들을 광화문광장으로 이끌었다."[158]

11월 6일 최순실과 공모해 대기업들에서 800억 원 상당의 미르·K스포츠재단 출연금을 강제 모금한 혐의(직권남용권리행사방해) 등으로 전 청와대 정책조정수석 안종범, 청와대 내부 문건 유출 혐의(공무상 비밀누설)로 전 부속비서관 정호성이 구속수감되었다. 11월 9일 미국 대통령 선거에선 '막말의 대가'인 도널드 트럼프가 제45대 대통령으로 당선되었지만, 한국에선 대통령, 아니 대통령제 자체가 거센 혼돈의 소용돌이에 휘말려 들어가고 있었다.

'김영한 비망록' 정국의 개막

11월 10일 TV조선은 문화계 블랙리스트의 정황이 담긴 「예술계 좌파 책동, 투쟁적 대응해야」, 사법부와 시민단체 통제 정황을 담은 「법조계도 길들이려 했나」, 「시민단체도 입맛대로 이용」과 「대한민국 좌우한 '왕실장' 김기춘」 등 5꼭지의 아이템으로 이른바 '김영한 비망록' 정국의 포문을 열었다.

50일 전(2016년 8월 21일) 지병인 간암으로 사망한 전 청와대 민정수석 김영한의 업무일지(2014년 6월~2015년 1월)엔 비서실장 김기춘의 청와대 운영 방식과 밖에 알려져서는 안 될 정권의 내밀한 이야기들이 상세히 기록되어 있었다. 이는 이진동이 김영한의 노모를 찾아가 신뢰를 얻은 끝에 입수한 것이었다.[159]

『한겨레』 특별취재반은 『최순실 게이트: 기자들, 대통령을 끌어내리다』(2017)에서 이 업무일지의 가치에 대해 이렇게 말했다. "결국 유족이 모든 언론에 공개한 김영한의 업무일지는 그 자체로 기사의 '보고'가 돼주었다. 대체로 음습하거나 전근대적이고, 이따금 우스꽝스럽기까지한 박근혜·청와대의 내막을 그는 놀라울 정도의 꼼꼼함으로 세밀히 기록해놓았다. 이만한 '실록'이 또 있을까 싶었다."[160]

11월 11일 최순실의 최측근으로 '문화계 황태자'로 군림하던 차은택이 강요 및 직권남용, 횡령, 알선수재 등의 혐의로 구속되었다. 11월 12일 3차 광화문광장 촛불집회엔 처음으로 100만 명이 넘는 사람이 모였다. 아니 일부 언론이 그렇게들 보도했는데, 조갑제닷컴의 객원기자 우종창은 그게 다 엄청나게 부풀려진 숫자라고 주장했다. 이런 반론은 희소하므로 그의 주장을 소개하는 게 공정할 것 같다. 그는 "(12일) 열리지도 않았던 대학로 시위가 열렸다고 보도한 방송들이 이제는 집회 참여 인원까지 10배에서 20배로 과장했다"며 다음과 같이 주장했다.

"2016년 탄핵 정국 당시, 대한민국에 언론의 광풍狂風이 휘몰아쳤다. 날조 보도는 예사였고, 이를 바로잡아 줘야 할 데스크나 부장이나 편집국장의 존재는 보이지 않았다. 한 기자가 선동적으로 쓴 허위 기사를 다른 기자가 베끼고, 그 기사가 여러 매체에 보도되면서 거짓이 진실로 둔갑했다. 쓴 기사에 문제가 생기면, 베낀 기자들은 '이미 보도된 기사를 인용했다'며 책임을 회피했다."[161]

사실 집회 인원수 추정은 촛불집회 내내 논란이 되었는데, 언론에 보도된 것처럼 그렇게까지 많진 않았다는 걸로 이해하면 되겠다. 인원 동원엔 이재명 지지자들이 가장 열성을 보였던 것 같다. 성남 지역의 손가락혁명군들이 모인 한 밴드(회원 876명) 모임은 광화문광장 촛불집회 공지를 올렸다. 공지는 "이재명 시장이 태극기를 가져오라고 했다. 박근혜 탄핵 촛불집회를 태극기로 가득 채우자"고 독려하는 내용이었다.[162]

KBS·MBC 기자들이 촛불집회에서 당한 수난

11월 13일 『미디어오늘』 기자 김도연은 "2008년 광우병 촛불집회 현장에서 시민들의 가장 큰 성원을 받았던 언론사는 MBC였다. 〈PD 수첩〉 '광우병 편'의 영향이 컸지만 스타 기자와 PD, 그들의 노력과 '성역 없는 비판'에 대한 신뢰가 컸기 때문이었다. KBS도 정연주 사장 시절 '탐사보도 명가'라는 평가를 받으며 영향력 1위·신뢰도 1위를 굳건하게 지켰다. 공영방송이 전성기를 구가하던 시기였다"며 다음과 같이 말했다.

> 8년이 지난 지금, JTBC가 이들의 자리를 대체했다.……지난 12일 박근혜 대통령 하야 촉구 100만 촛불집회에서 시민들은 JTBC에 또다시 열광했다. JTBC 차량이 지나갈 때마다 시민들은 박수와 환호를 보냈다.……반면, KBS·MBC는 비난의 대상이었다. KBS 취재진에 "방송에 나가지 않을 걸 왜 찍느냐"는 비난부터 "KBS가 언론사냐", "너희가 기자냐", "당장 카메라 끄라"는 모욕적인 언사까지. 언제부턴가 익숙해진 풍경이 이날도 재현됐다.……KBS 취재진에 욕을 하던 시민들은 자리에 없던 MBC를 찾으며 험한 말을 했다. 이날 MBC 기자는 'MBC news'가 적힌 마이크 대신 아무것도 쓰여 있지 않은 검은 마이크를 들고 현장 중계를 진행했다. 이제 집회 현장에서 'MBC' 로고는 시민들의 분노를 유발하는 골칫덩이로 전락했다.[163]

전국언론노동조합 MBC본부가 11월 15일 발행한 『노보』에 따르면 보도국은 처음부터 이날 집회에 중계차가 진입하기 어렵다는 판단을 하고 취재진의 안전을 고려해 중계차 투입을 포기한 것으로 알려졌다. 한 MBC 카메라 기자는 "인터뷰를 시도하면 '배터리 아깝게 왜 찍으려 그러느냐', 'JTBC 데려오면 같이 해주겠다', '청와데스크 말고 뉴스데

촛불집회에서 MBC 기자들은 '청와데스크 말고 뉴스데스크에 나가는 거 맞느냐' 등 조소와 비아냥을 들어야 했다. 특히 마이크에서 MBC 로고를 떼고 중계해야 했다.

스크에 나가는 거 맞느냐' 등등 조소와 비아냥만 날아들기가 다반사"라며 "행여 온전한 내용으로 인터뷰가 시작되더라도 어느새 주변에 모인 시민들의 'MBC랑 왜 하냐'는 외침에 애먼 인터뷰이가 민망해지는 상황도 자주 발생한다. 운 나쁘면 집회 내내 취재진을 쫓아다니며 '여기는 MBC 기자들이니 인터뷰하지 말라'고 안내하는 시민들도 만나게 된다"고 토로했다.

카메라 기자들은 또 "얼굴에 철판을 깔고 트라이포드를 세우고 카메라를 올리면 이내 '우~' 하는 야유가 터져 나오고, 3초짜리 세 컷을 찍는 십여 초의 시간이 일 년처럼 길게 느껴진다"며 "특히 타사들과 함께 있는 경우 그 굴욕감이 상당할 수밖에 없는데 현장에서 자기만 쫓겨날 때 뒤통수에 꽂히는 동정 어린 시선은 아무리 동종업계 식구들끼리라도 견디기 힘든 수치심이자 모욕"이라고 털어놓았다.

주말뉴스 진행을 담당한 기자 윤효정은 촛불집회 다음 날인 13일 보도국 게시판에 올린 글에서 "평소 'MBC NEWS' 마이크 태그가 삐뚤어지기만 해도 바로잡으라 알려주는데 태그를 아예 달지 않고 있어도 뉴스센터에서 누구 하나 지적하는 사람이 없었다"며 "부끄러운 게 아니라 쪽팔려서 뉴스센터에서 뉴스를 진행하는 내내 눈물이 줄줄 났다"고 울분을 토했다.[164]

MBC 보도국 게시판엔 시청률 3%대 〈뉴스데스크〉의 추락을 거론하며 "이러려고 기자된 게 아닌데"라는 자괴감과 부끄러움, 참담함을 토로하는 글들이 잇따랐다. "너무 힘들고 너무 슬픕니다." "아무것도 취재할 수 없는 현실이 더욱 허망합니다." "'방송도 안 낼 거 뭐하러 찍어 가냐'는 시민들의 냉소와 조롱이 가슴을 후벼팝니다."[165]

'드라마보다 재미있는 뉴스의 시대'

반면 친박 진영은 JTBC를 비롯한 종편에 분노했다. 11월 16일 보수 인터넷매체 『미디어펜』은 사설을 통해 이렇게 주장했다. "종편은 저질 지라시 선동방송이 됐다. 국민정신을 불쾌하게 만드는 막장방송이 됐다. 아니면 말고식의 카더라방송, 전혀 사실이 아닌 것을 단지 시청률을 올리기 위해 막가파식으로 보도하는 행태는 도저히 눈뜨고 볼 수 없다. 국민들이 종편 폐지 운동을 벌여야 한다. 이명박 대통령이 이런 방송 만들라고 조중동매(조선-중앙-동아-매일경제) 사주들에게 종편 선물을 주지는 않았을 것이다. 이런 쓰레기 종편 내년 3월 재허가 심사 때 모조리 없애야 한다."[166] 그러나 모조리 없애기엔 시청률이 너무 높았다.

이날 이재명이 "이재명 지지율 10.9%, 빅3 첫 진입했다"는 기사를 인용한 순간 손가락혁명군들은 너도나도 기사를 '리트윗'했다. 손가락혁명군의 한 회원은 "대권 주자들이 시장을 따라하고 있다. 시장님은 소신껏 의사를 펼치는 반면 다른 야권 주자들은 관망하고 있다. 축하할 일이다"는 댓글을 달았다. 다른 회원은 "우리는 이재명호, 청와대로 가고 있다고 전해라"며 자신감을 드러냈다.

11월 17일 『일요신문』은 「이재명 급부상 뒤엔 '손가락혁명군' 지원 사격 있다」는 기사에서 이재명의 페이스북 팔로어 18만 2,717명, 트위터 팔로어 30만 5,237명이 손가락혁명군을 자처하고 있다며 이렇게 말했다. "이재명 성남시장이 야권의 유력 대선주자로 급부상하고 있다. 100만 촛불집회 이후 그의 상승세는 고공행진을 거듭하고 있다. 특히 이 시장의 SNS 지지 세력이자 팬클럽인 '손가락혁명군'도 이목을 끌고 있다. 제2의 노사모를 꿈꾸는 이들이 이 시장을 막후에서 지원하고 있다."[167]

이날 국회는 '박근혜 정부의 최순실 등 민간인에 의한 국정농단 의혹 사건 규명을 위한 특별검사의 임명 등에 대한 법률안'을 재석의원 220명 중 찬성 196명, 반대 10명, 기권 14명으로 통과시켰다. 친박계 최경환, 박명재, 김광림, 김진태, 이학재 등 새누리당 의원 10명은 반대표를 던졌고, 권성동 법제사법위원장과 박맹우, 안상수, 홍문종 등 새누리당 의원 14명은 기권했다.[168]

박근혜는 11월 4일 최순실 국정농단에 관한 제2차 대국민 담화에서 "검찰 조사에 성실히 임할 각오"라고 말했지만, 검찰 중간수사 결과 발표 직후인 11월 20일 "검찰 수사의 공정성이 의심된다"며 조사를 거부했다. 11월 21일 최순실·박근혜의 영향력을 바탕으로 이권을 챙기려

한 최순실 조카 장시호와 이를 지원한 혐의를 받은 전 문화체육관광부 차관 김종이 구속되었다.

11월 21일 전 새누리당 의원 정두언은 라디오 인터뷰에서 이렇게 말했다. "단재 신채호 선생이 묘청의 서경 천도 실패를 '조선 역사 일천 년 이래 일대 사건'이라고 했다. 제가 볼 때는 그게 제2대 사건으로 밀리는 것 같다. 최태민, 최순실, 박근혜 드라마는 앞으로 50년 후, 100년 후, 1000년 후, 2000년 후 계속 연속극 드라마의 주제가 될 것이다."[169]

그렇게까지 멀리 갈 필요는 없었다. '박근혜·최순실 게이트'는 '드라마보다 재미있는 뉴스의 시대'를 활짝 열어젖혔으니 말이다. 『한겨레』(11월 22일)에 실린 「시민들 일상 바꾼 국정농단…막장 현실에 "드라마보다 뉴스가 재밌어"」라는 기사는 "'국정농단' 사태가 두 달여 가까이 지속되면서 시민들의 일상이 바뀌고 있다. 가장 대표적인 현상이 뉴스 소비 급증이다.……음식점에서도 드라마보단 뉴스를 틀어놓는다. 손님들 사이에 화젯거리는 단연 박 대통령이다"고 했다.

서울 마포구 망원동에서 포장마차를 운영하는 김 아무개 씨는 "손님들이 시댁 흉보고, 자식 걱정하고, 아파트 사느냐 마느냐, 같은 먹고사는 얘기를 주로 했는데, 요즘엔 박근혜 최순실 얘기만 하는 것 같다"며 "텔레비전도 거의 뉴스를 틀어놓는다. 간혹 드라마가 틀어져 있으면 '뉴스 좀 보자'며 손님들이 채널을 돌린다"고 말했다. 시민단체에서 일하는 김 아무개(42) 씨 어머니(68)는 하루에 드라마를 10편씩 보는 '드라마 열혈팬'인데, 이젠 드라마를 끊고 뉴스에 중독되었다. 김씨는 "어머니가 '드라마보다 뉴스가 더 재미있다'고 하시더라. 원래는 박근혜 대통령이 부모를 일찍 잃어 불쌍하다고 하셨는데, 이번 사건 터지니까 '속았다'며

분해하신다"고 말했다.[170]

왜 이재명은 트럼프·두테르테를 긍정했는가?

'드라마보다 재미있는 뉴스의 시대'의 최대 수혜자는 단연 이재명이었다. 11월 24일 리얼미터가 발표한 11월 4주차 주중(11월 21~23일) 대선후보 지지도 조사에서도 이재명은 전주 대비 1.6%포인트 오른 11.6%로 전 국민의당 대표 안철수를 제치고 3위에 올라섰다. 아직 전 민주당 대표 문재인(21.2%)과 전 유엔 사무총장 반기문(17.4%)과는 격차가 적지 않았지만, 그동안 문재인과 야권 양강 구도를 형성해왔던 안철수를 제쳤다는 점에서 눈길을 끌었다. 서울시장 박원순은 5.8%로 5위, 충남도지사 안희정은 4.3%로 6위를 기록했다. 이재명은 『월간중앙』이 타임리서치에 의뢰해 조사한 대선후보 지지도 조사에서도 14.5%로 문재인(23.4%)과 반기문(16.7%)에 이어 3위를 차지하는 등 빅3로 자리매김하는 모습을 보였다.[171]

11월 25일 미국 경제전문지 『블룸버그』가 이재명을 "도널드 트럼프 미국 대통령 당선자를 존중하고 버니 샌더스와 비교되는 것을 즐긴다"고 묘사하면서 '한국의 트럼프'라고 소개했다. 이재명은 『블룸버그』와 가진 인터뷰에서 "미국인들이 트럼프를 선출해 기득권층을 탄핵했다"며 "우리나라 선거도 미 대선을 그대로 반영할 것"이라고 했다. 또 그는 "커지는 소득 불평등이 내게 기회를 줬다"면서 "미국 민주당 경선에서 샌더스가 아닌 힐러리 클린턴을 선택한 실수를 한국인들은 반복하지 않아야 한다"고도 했다.

『블룸버그』는 "이 시장이 김정은 북한 노동당 위원장을 조건 없이 만나고, 박근혜 대통령을 감옥에 던져버리길 원한다"며 그를 포퓰리스트로 규정했다.『블룸버그』는 이재명이 트럼프와 닮은 점으로 소셜미디어를 적극 활용한다는 것도 지적했다. 기사에 인용된 조선대학교 정치학 교수 스티븐 워드Steven D. Ward는 "현재 정치권에 불만족한 사람들은 포퓰리스트를 정권에 진출하게 할 수 있다"며 "그렇다면 이(재명) 시장이 가장 적당한 인물"이라고 내다보았다.[172]

이에 이재명은 11월 26일 자신의 페이스북을 통해 '미국 경제주간지 블룸버그 기사'라는 글을 게재하면서 "'성공한 샌더스'라 해달랬더니 '한국의 트럼프' 같다고…"라며 자신을 트럼프에 비유한 것에 동의할 수 없다는 뜻을 나타냈다. 이어 "정치 기득권이 아니라 국민과 함께하는 점은 둘이 닮았지만 지향과 기반은 천지 차이"라며 "이재명의 지향은 트럼프가 아닌 '민주사회주의자' 자처하는 샌더스입니다. 여러분 의견은요?"라며 네티즌의 의견을 물었다.[173]

보름 만에 생각이 달라진 걸까? 아니면 보름 사이에 트럼프에 대한 국내의 부정적 평가가 좀 늘어난 탓일까? 11월 9일 트럼프가 대통령에 당선되었을 때 이재명은 "심각한 불평등과 불공정을 낳은 기득권 정치 세력과 정치인에 대한 미국민의 사실상 탄핵"이라고 평가했다.[174] 이에 대해 정치학자 채진원은 "이재명의 이런 인식은 트럼프가 부동산 재벌도, 부자 기득권층도 아닌 것처럼 인식하고 있다는 점에서, 자신의 인기 상승을 위해서는 좌파든 우파든 구별하지 않는다는 점에서 포퓰리스트로서 자신의 특성을 극명하게 보여주고 있다"고 했다.[175]

『한겨레』 기자 김도훈도 "하지만 그가 인터뷰에서 트럼프에 대해

놀랄 정도의 동의를 표하며 '미국인들이 트럼프를 선출해 기득권층을 탄핵했다'고 칭찬한 것도 사실이다. 정말? 지금 트럼프는 내각을 월스트리트 갑부들로 채우고 있으며 비윤리적 기업 중 하나인 엑손모빌의 렉스 틸러슨 회장을 국무장관으로 지명했다"며 다음과 같이 말했다.

"그보다 더 무시무시한 건 이재명 시장이 필리핀 대통령 두테르테를 예로 들며 자신이 대통령이 되면 '기득권 카르텔'을 제거하겠다고 말한 부분이다. 조금 섬뜩하다. 두테르테는 마약사범들에 대한 초법적 처형을 주장해 대통령이 됐고 취임 이후 지금까지 필리핀에서는 5,882명이 경찰과 자경단원에 살해됐다. 물론 이재명이 트럼프나 두테르테가 되진 않을 것이다. 두 사람에게 완벽하게 동의한다고 생각하지도 않는다. 다만 이재명은 자신의 대중적인 인기를 모으는 현상의 이면에 트럼프·두테르테와 비슷한 퀄리티가 있다는 것을 부인하지 않은 것뿐일 것이다."[176]

문재인의 '사이다 시도'와 '고구마 인터뷰'

이재명의 치솟는 인기가 불안하게 느껴졌던 걸까? 문재인은 11월 26일 박근혜 퇴진을 요구하는 5차 촛불집회에선 이전과는 다른 초강성 발언을 쏟아냈다. 그는 "새누리당 어느 의원이 촛불은 바람이 불면 꺼질 거라 했다는데, 200만 촛불은 구악을 불태우고 세상을 바꾸는 횃불로 활활 타오를 것"이라며 "내 한 사람의 촛불을 보태 박근혜를 끌어내리자"고 주장했다. 그는 "세금 안 내고 위장전입하고 부동산 투기하고 방산 비리하고 반칙특권 일삼고 국정 사사롭게 운영하고 국가권력을 사익을 추구하는 수단으로 삼아온, 경제 망치고 안보 망쳐온 가짜 보수 정치

세력을 거대한 횃불로 모두 불태워 버리자"고 말했다.[177]

사람을 거대한 횃불로 모두 불태워 버리자니, 이건 전혀 문재인답지 않은 과격한 선동 언어가 아닌가? 그러나 어쩌겠는가? 당시『경향신문』은 사설을 통해 "자고 나면 또 무슨 일이 터질까 겁이 난다. 대한민국의 현실은 영화나 드라마에서나 있을 법한 일들이 매일 일어나는 '막장극'이나 다름없다"고 했는데,[178] 그런 막장극에 어울리는 막장 언어로 지지율을 끌어올리고 있던 이재명을 손 놓고 구경할 수만은 없는 일이 아닌가?

집회에선 그런 변화가 가능했을진 몰라도 타고난 '고구마 체질'은 어찌할 수가 없었던가 보다. 이틀 후인 11월 28일 그 유명한 '고구마 인터뷰' 사건이 터졌으니 말이다. JTBC 뉴스 앵커 손석희가 "(박근혜가) 즉각 퇴진하면 그다음에 벌어지는 것은 조기 대선입니다"고 묻자, 문재인은 이렇게 답했다. "어쨌든 헌법에 정해진 절차가 있으니 그 절차에 따르면 되는 것이지요. 그리고 필요하다면 국민들의 공론에 맡기면 될 일이라고 봅니다."[179]

국민들의 공론에 맡기다니, 이게 무슨 말인가? 어떤 시청자건 그게 무슨 말인지 궁금증을 가졌을 게다. 손석희가 질문을 한 건 당연한 일이었다. 손석희는 이렇게 회고했다. "좀 미안한 일이지만 표현만 바꾼 같은 내용의 질문이 무려 10번이나 이어졌다. 전체 질문이 23개였으니 절반 가까이가 보충 질문으로 이어진 셈이었다. 그러나 그는 반복해서 '국민의 여론'을 단서로 붙이고 있었다."[180]

친문 지지자들은 손석희가 "너무 집요했다"고 비판했지만, 문재인 탓을 하는 사람도 많았다. 민주당 의원 박범계와 정의당 전 의원 박원석이 방송 직후 SNS에 올린 글이 그 차이를 잘 대변해주었다.

"JTBC 손석희 진행자의 몇 차례의 확인 질문, 박통 하야 퇴진 이후 어떻게 할 거냐? 60일 내 대선 치르도록 헌법 규정 있으니 내가 나갈 겁니다. 문재인 대표가 이렇게 대답했어야 하나요? 헌법과 국민의 뜻 외에 달리 뭐라 하지요?"(박범계)

"트윗 등에 손석희 사장을 욕하는 멘션을 보니, 문재인 전 대표 오늘 JTBC 인터뷰는 지지자들조차 방어의 여지없이 답답하고 안습이었던 듯. 한 번의 인터뷰는 잘할 수도 못 할 수도 있음. 그런데 왜 손석희 사장을 욕하는지…… 인터뷰를 야멸차게 했다는 건가? 그럼 언론이 누구는 떠받들며 인터뷰를 해야 하나? 후보 검증도 모시고 해야 하나?"(박원석)[181]

고구마가 잠시 사이다 흉내를 낼 수는 있어도 계속 사이다 행세를 하긴 어렵다는 걸 잘 보여준 인터뷰였다. 그러니 사이다를 찾는 사람들은 계속 이재명에게 더 쏠릴 수밖에 없었을 게다. 11월 28일 『경향신문』은 "'박근혜·최순실 게이트'에 세간의 관심이 쏠리면서 연말 특수를 고대했던 문화계도 이에 적잖은 영향을 받고 있다"며 "현 시국에 분노한 사람들이 문화생활을 즐기는 대신 뉴스 등을 찾아보고, 문화 공연이 많은 주말 촛불집회에 모여들기 때문이다"고 했다.[182] 11월 30일 '박근혜 정부의 최순실 등 민간인에 의한 국정농단 의혹 사건 진상 규명을 위한 국정조사 특별위원회(국조특위)'가 첫 기관 보고를 위한 전체회의를 열고 활동을 시작했으니, 그런 쏠림은 더 심해질 수밖에 없었다.

"박근혜의 무덤을 파, 박정희의 유해 곁으로 보내주자"

"박근혜 정부의 최순실 등 민간인에 의한 국정농단 의혹 사건 규명을 위한 특별검사의 임명 등에 관한 법률"(11월 17일 국회 통과)에 따라 12월 1일 서울고등검찰청장 박영수가 특별검사로 임명되었다. 그는 특검의 수사팀장으로 윤석열을 발탁했다. 윤석열은 역대 특검 중 최대 규모인 20명의 파견검사와 검찰·경찰·국세청 파견공무원 40명을 지휘하게 되었다.

12월 3일 열린 6차 촛불집회는 참여 인원 232만 명으로 사상 최대 인원을 기록했다. 이 집회에서 이재명은 "여러분의 손으로 박근혜의 무덤을 파, 우리 손으로 역사 속으로, 박정희의 유해 곁으로 보내줍시다"고 외쳤다. 또한 그는 "박근혜 '전' 대통령이……법률상 권한을 행사하고 있지만 이미 대통령이 아닙니다"며 박근혜를 '전 대통령'이라고 불렀다. 이 발언에 청중은 열광했다.[183]

이날 종로구 내자동의 카페 앞에서 "박근혜 대통령 퇴진"을 외치던 300여 명의 촛불시민들이 입을 모아 한 정치인의 이름을 연호했다. "이재명!" "사이다!" "한마디 해주세요!" 집회 뒤 늦은 저녁 식사를 하던 이재명은 시민들의 요청에 따라 거리에서 30여 분간 즉흥 연설을 펼쳤다. 이 장면에 대해 『한겨레』 기자 엄지원은 다음과 같이 말했다.

"치솟는 지지율에도 줄곧 '변방의 사또'로 불려왔던 그가, 명실상부한 대권 주자로 대중의 뇌리에 새겨진 순간이었다. 이재명은 '탄핵정국'의 최대 수혜자다. 야권의 유력 정치인들이 신중론을 고수하고 있을 때, 가장 먼저 박 대통령의 퇴진과 탄핵을 외치는 그에게 대중의 관심이 쏟아졌다. 8월까지 2% 수준에 머물렀던 지지율이 박근혜-최순실 게이트 정국을 지나며 3~4개월 새 문재인 전 더불어민주당 대표를 압박하는 수준으로 뛰어올랐다. '문(문재인)-안(안철수)' 구도는 '문-이' 구도로 다시 쓰였다. 지인들이 자꾸 묻는다. '이재명은 어때?' 많은 이들이 이재명에게서 노무현을 본다."[184]

이날 연설에서 이재명은 "재벌체제 해체하고 재벌총수 구속하라!"고 외치기도 했는데, 이게 또 지지자들에게 깊은 감명을 주었다. 이재명은 나중에 자신은 '재벌체제 해체'를 주장했을 뿐, '재벌 해체'를 주장하진 않았다고 말하지만, 그의 '과격성'에 감동을 받은 청중에겐 그 차이는 무의미했다. 예컨대, 이재명 지지자인 백승대는 『이재명, 한다면 한다: 디테일이 강한 유능한 진보』(2021)라는 책에서 다음과 같이 말했다.

"그 어떤 정치인도 감히 재벌을 해체하라고 외친 정치인은 없었다. 재벌을 해체하면 대한민국이 망한다는 공포 마케팅에 정치인은 물론 일반 시민들도 노예가 된 지 오래다. 그런데 이재명은 이날 재벌총수 구속하라고 외쳤다. 이재용 구속하라고 외친 것이다. 그리고 마침내 촛불집회에 모인 민심 그대로 이재용은 구속되었다."[185]

12월 4일 이재명은 『주간조선』 인터뷰에서 자신의 지지율이 오르는 이유를 "정치 패러다임의 변화 때문"이라고 주장했다. "종전에는 정치가 주主고, 대중은 종從적인 존재였지만 요즘은 네트워크가 발달하고 집단 지성이 발휘되면서 대중이 정치권과 대등한 존재가 됐다. 나는 대중 속에서 대중을 서포트하는 게 정치라고 생각하고 대중의 언어로 대중들의 욕구를 대변하는 역할을 했는데, 그것이 이번 기회에 평가받게 된 것이라고 본다."

이재명은 "나는 대중을 기만하거나 대중이 이해하지 못하는 우아한 언어를 사용하지 않는다"며 "적극 검토, 긍정 검토, 장기적 검토, 함께 갑시다, 뭐 이런 말들 진짜 싫어한다. 대중은 그런 말을 들으면 '가능하다'

고 받아들이지만 결국 안 된다는 뜻 아닌가. 일종의 정치적 기만 행위"라고 했다. 그는 '과격한 좌파' 이미지를 갖고 있다는 지적에 대해 "나는 철저하게 야전에서 살아왔다. 어느 편 이런 것 없다. 무슨 주의자로 나를 규정하려 하지 말아달라. 나는 국민을 위해 필요하다면 우파, 좌파 정책 다 갖다 쓸 수 있는 실용주의자"라고도 했다.[186] 그러나 어느 모로 보건 "박근혜의 무덤을 파, 박정희의 유해 곁으로 보내주자"는 말은 실용주의자의 언어는 아니었다.

교통방송은
박원순·김어준에게
전리품이었는가?

　'팬덤 정치'의 선두엔 2016년 9월 26일부터 시작된 교통방송TBS 〈김어준의 뉴스공장〉이 있었다. 교통방송은 공영방송이었지만, 그 골격을 무너뜨린 건 2011년 10월 27일부터 2020년 7월 9일까지 서울특별시장을 지낸 박원순이었다. 2011년 11월 박원순의 서울시장 취임 직후 '나꼼수' 출신 김용민은 『한겨레』에 쓴 칼럼에서 "김어준이 안철수·박원순 두 후보 모두에게 '시장 되면 저에게 교통방송을 달라'고 했다"고 썼다. 그는 "물론 농담이었고 박 시장 당선 후 '그 욕망을 포기했다'고 너스레를 떨었다"며 "박 시장이 (교통방송을) 전리품으로 인식할 것인지 시민에게 돌려줄지 관심거리다"고 했다.[187]

　"교통방송을 달라"는 게 과연 농담이었을까? 박원순 당선의 1등 공신이었던 나꼼수에 대한 지분을 요구했던 걸로 보아야 하지 않을까? 박원순은 그 요구에 흔쾌히 응했으니, 박원순과 김어준 모두 교통방송을 전리품으로 여겼다고 보아야 하지 않을까? 그렇지 않다는 반론도 가능하겠지만, 평가는 교통방송을 공영방송답게 운영했느냐에 달려 있는 걸로 보아야 할 것이다.

KBS 기자 출신으로 2006년부터 5년간 교통방송 대표를 지낸 이준호는 취임 직후 중앙 정치 이슈를 다루지 말고 서울시의회 뉴스만 다루라고 지시하면서 이렇게 말했다. "우리 공영방송은 정권이 주인입니다. 정권이 바뀌면 KBS·MBC 사장이 바뀌고 대규모 인사가 납니다. 한직으로 밀려난 직원들은 5년 뒤를 기다리죠. 정권이 또 바뀌면 직원들도 다시 자리를 바꿉니다. 그런데 TBS는 기자와 시사 PD가 50명도 안 돼요. 한직으로 밀려날 사람이 없습니다. 정치 뉴스를 다루면 정권 홍보 방송밖에 못 해요. 그래서 아예 여의도 쪽은 선을 끊고 쳐다보지도 말라고 한 겁니다."

박원순 시장 취임 두 달 후 임기 만료로 퇴임한 이준호는 "내가 퇴임한 뒤부터 교통방송이 정치 방송이 되기 시작했다"고 말했다. 2017년 한 언론인 연말 모임에서 박원순을 만나 "딴지일보 하던 사람(김어준)이 그때와 똑같은 방식으로 공영방송 프로그램을 진행하는 건 잘못이다. 공영성을 망가뜨리는 건 한순간이지만 그걸 회복하는 건 정말 어렵다"고 말했다. "10분 동안 얘기하는데 박 시장은 한마디도 하지 않더군요. 내가 경기고 선배여서 듣지 않을 순 없었을 겁니다."[188]

제8장

박근혜 탄핵안 국회 통과

"세월호 가라앉을 때 올림머리 하느라 90분 날렸다"

2016년 12월 5일 시작된 국회 청문회는 '박근혜·최순실 게이트'에 대한 국민적 분노를 키웠다(청문회는 총 7차례에 걸쳐 열렸으며, 국조특위 활동은 2017년 1월 15일 활동이 종료된다). 박근혜의 지지율은 4%로 떨어지고 국민의 80%가 탄핵을 지지하기에 이르렀다.

하지만 탄핵은 결코 쉬운 일이 아니었다. 2004년 민주당과 한나라당의 합작으로 이루어진 '노무현 탄핵'이 어떤 결과를 낳았던가? 그때 가장 큰 역풍을 맞았던 추미애는 삼보일배 사죄를 통해 다시 민주당 대표 자리에 올랐지만, 탄핵엔 트라우마가 남아 있었다. 그는 비공개 최고위원 회의에서 "여기 최고위원 중에 대통령 탄핵해본 사람 있어요?"라는 말까지 해가면서 탄핵에 반대했다. 그는 '자진 사퇴, 하야'를 주장했다.

추미애는 측근들과 상의 끝에 결국 탄핵 당론에 힘을 실어주긴 했지만, 탄핵 가능성에 의심을 품은 의원이 많았다. 일부 의원은 원내대표 우상호에게 대놓고 "새누리당이 어떤 당인데 국회의원 정족수 200명을 채울 수 있겠냐. 설득은 꿈도 못 꿀 일"이라고 말하기도 했다. 이에 대해 우상호는 『민주당 1999-2024』(2024)에 다음과 같이 썼다.

"사실 새누리당 의원들을 설득하는 데는 박근혜 대통령이 여야가 여러 차례에 걸쳐서 제안한 수습안을 일방적으로 걷어찬 것이 큰 도움이 되었다. 청와대 측근들의 보고, 국정원 보고 등만 믿고 절충안도 수용하지 않고, 합리적 건의를 하는 새누리당 의원들의 주장 역시 외면하다 보니 친박 중에서도 이반이 시작되었다. 새누리당 내에서도 '이게 버틴다고 해결될 문제가 아닌 듯한데 대통령 주변에 도저히 말이 통하지 않는 인ㅅ의 장막이 있구나' 하는 절망감이 퍼졌다.……나는 마음이 흔들리고 있는 새누리당 소속 의원들을 계속 만나서 설득했다."[189]

「세월호 가라앉을 때 올림머리 하느라 90분 날렸다」. 『한겨레』의 12월 7일 1면 머리기사 제목이었지만, 인터넷판엔 12월 6일 오후 6시 11분에 기사가 떴다. 청와대는 미용사가 머리를 만진 시간은 20여 분에 불과하다는 해명을 내놓았다. 『한겨레』 특별취재반은 『최순실 게이트: 기자들, 대통령을 끌어내리다』(2017)에 다음과 같이 썼다.

20분인지 90분인지는 본질적인 내용이 아니었다. 300여 명의 목숨이 벼랑 끝에 몰려 있는 시각에 강남의 미용사를 청와대로 불러 올림머리를 하고 난 뒤에 비상대책본부로 가야겠다고 생각한 그 순간, 이미 대통령의 본분을 잊은 것이나 다름없다.……보도 다음 날 "세월호 사고 당일 박 대통령의 올림머리 90분 폭로가 새누리당 의원들로 하여금 '탄핵 열차표'를 구입

하지 않을 수 없게 만들었다"라는 국회의 반응이 나왔다.[190]

박근혜 탄핵소추안 찬성 234표

12월 9일 오후 3시. 여야 의원들이 국회 본회의장에 들어섰다. 박근혜 대통령에 대한 탄핵소추안이 상정되었다. 박근혜가 '대통령의 권력을 남용하여 국가의 권력과 정책을 최순실 등의 사익 추구 도구로 전락하게 함'으로써 국민주권주의(헌법 제1조)와 대의민주주의(헌법 제67조 제1항)의 본질을 훼손하는 등 헌법 위배행위를 한 것을 비롯해 '제3자 뇌물죄'와 세월호 참사 부실 대응이 탄핵 사유로 적시되었다.

여당인 새누리당은 반발하지 않았다. 차분히 투표가 진행되었다. 4시 10분. 국회의장 정세균은 "박근혜 대통령 탄핵소추안이 가결됐다"고 밝혔다. 299명의 국회의원 중 234명이 박근혜 탄핵에 찬성표를 던졌다(반대 56표, 무효 7표, 기권 2표). 표결에 참여한 야당 의원 172명이 모두 찬성했다고 가정해도 새누리당 의원 중 최소한 62명이 찬성표를 던진 셈이었다. 박근혜는 2016년 12월 9일 오후 7시 3분 국가원수이자 행정부 수반으로서 모든 권한 행사가 공식 중단되면서 언제 끝날지 모를 관저 생활을 시작했다.

박근혜는 직무 정지 직전 국무위원 간담회에서 탄핵 가결 등의 정치적 상황에 대해 "피눈물이 난다는 게 무슨 말인가 했는데 이제 어떤 말인지 알겠다"면서 자신의 답답하고 억울한 심정을 토로했고, 눈물을 보이며 국무위원들과 인사를 나눈 것으로 보도되었다.[191]

12월 11일 KBS 여권 추천 이사인 조우석은 보수 인터넷매체 『미

국회의원 299명 중에 234명이 박근혜 탄핵에 찬성표를 던졌는데, 야당 의원 172명이 모두 찬성했다고 가정해도 새누리당 의원 중 최소한 62명이 찬성표를 던진 셈이었다.

디어펜』을 통해 박근혜 대통령 탄핵을 '여론 쿠데타'로 규정한 뒤 "회장 홍석현이 지휘하는 JTBC와 중앙일보가 문제"라며 "좌익 상업주의에 매몰된 두 매체는 이번 여론 쿠데타에서 정말 최악이었다"고 주장했다. 그는 박근혜에 대한 국회의 탄핵소추안 가결에 대해 "대중의 광기 아래 사회 전체가 굴복했다는 점에서 비극적 사건"이라고 규정했다.[192]

12월 12일 조갑제닷컴 대표 조갑제는 「친박은 '보수의 적敵' 조중동과 싸워야 살 길이 열린다!」는 『조갑제닷컴』 칼럼에서 "특종과 선동 보도로 박근혜 대통령에 대한 탄핵소추를 사실상 주도한 조중동 세 신문사가 이번 주부터는 '이념적 배신자'인 비박계 편을 노골적으로 들면서 겁먹은 친박 세력을 압박하는 데 공조하고 있다"며 다음과 같이 주장하고 나섰다.

조중동은 박근혜 대통령을 동네북으로 삼아 한국언론사상 최악의 조작, 은폐, 왜곡의 기록을 세우고 있다. 국민들이 이런 사실을 알게 될 때는 "너희들은 최순실보다 나은 게 뭣인가"라고 분노하면서 일어날 것이다. 세 신문은 연일 한국의 보수를 때리고 있는데 한국 보수의 가장 큰 암적癌的 존재는 조중동, 그들이다. 오만, 간교, 그리고 바보스러움으로 보수를 분열시키는 데 앞장선 이들은 보수적 가치를 말할 자격을 잃었다. 보수는 진실, 정의, 자유를 3대 가치로 여긴다. 진실을 수호해야 할 직업인인 기자들이 좌파를 위한 선동에 나서면 이들은 보수의 친구가 아니라 보수의 적이다. 조중동 세 신문은 촛불 민심만 선전해주었지 촛불시위를 주도한 세력의 좌편향성을 알리지 않았다.……조중동은 보수의 배신자일 뿐 아니라 저널리즘의 배신자이다.[193]

"어설픈 관용과 용서는 참극을 부른다"

"박근혜는 청와대를 나오는 순간 수갑을 채워야 합니다." "머슴(정치인)들이 간이 부었어요. 간이 배 밖으로 나와서 주인(국민) 알기를 개떡으로 알게 됐어요." "한일군사정보보호협정 (체결한 이들), 그거 미친 인간들 아닙니까."

2016년 12월 14일 『한겨레』 기자 엄지원이 「파이터? 막말꾼? 품격 없다지만 갈등도 없는 '성남 사이다'」라는 기사에서 "박근혜-최순실 게이트로 직설이 필요한 계절이 찾아오면서 이재명의 직설은 바람을 타기 시작했다. 정치인 소수에게 국한됐던 팬덤이 확산됐다"며 소개한 이재명의 사이다 발언들이다. 이렇듯 여과 없이 내놓은 언어들은 대권 주자의 '품격'은 없지만 분노한 시민들의 갈증을 달래주기엔 충분했다는 것이다.

엄지원은 "갈등 국면을 이용해 성장한 정치인이 한 나라를 아우르는 대통령이 되기에 충분할까"라는 의문을 제기하면서 한 민주당 의원의 답을 소개했다. "대통령이 되면 이재명이 제일 잘할 거라고 확신한다. 이재명한테는 우리 진영이 갖고 있는 '착한 사람 컴플렉스'가 없다. 우리가 참여정부 때 왜 구태를 청산하지 못했느냐면 나쁜 놈들을 착한 방식으로 바꿔보려 해서 그런 거다. 평검사와의 대화로 검찰개혁을 할 수 있나."[194]

당시 큰 인기를 끌고 있던 '이재명의 대표적 4대 사이다'라는 동영상에서 많은 사람이 가장 좋아한 그의 사이다 발언은 상대 진영에서 볼 때엔 '착한 사람 콤플렉스'를 넘어서 섬뜩하게 들리는 것이었다. "내가 노무현 대통령을 보면서 타산지석으로 배운 게 있다. 노무현 대통령은 너무 착해서 상대 진영도 나처럼 인간이겠거니 하며 믿었다. 하지만 그들은 인간이 아니다. 어설픈 관용과 용서는 참극을 부른다."

이 발언에 대해 『한겨레』 기자 김도훈은 「'팩트 불신의 시대'에 '사이다' 못 끊겠네」(12월 14일)라는 기사에서 "거침없이 강한 사이다다. 다른 정치인들이라면 절대 입 밖으로 내뱉을 리 없는, 거의 염산에 가까운 탄산이다"며 『옥스퍼드사전』이 2016년을 대표하는 단어로 '포스트-트루스Post-Truth'를 선정한 걸 언급했다. 한국어로 번역하자면 '탈진실' 정도가 될 이 단어는 '객관적인 팩트가 감정에 대한 호소나 개인적 신념보다 여론을 형성하는 데 힘을 덜 미치는 상황'을 의미한다.

청량음료 중독자였던 김도훈은 치과의사에게서 사이다를 끊으라는 권고를 받았다. 그는 "그러나 시도는 실패했다. 선물 받은 감자를 잔뜩 쪄먹던 어느 날 밤 절망적으로 속이 답답해졌다. 물을 아무리 마셔도 도무지 속이 시원하게 내려가는 느낌이 없었다. 마트로 뛰어내려가 1.5리터짜리 사이다를 산 다음 벌컥벌컥 들이켰다"며 다음과 같이 말했다.

"사이다는 나의 막힌 속을 진정으로 뚫어주는 소화제 역할을 조금도 하지 못했을 것이다. 오히려 내 위장을 약하게 만들고 이빨을 마모시켰을 것이다. 놀랍게도 그런 팩트는 내 뇌의 판단력에 조금도 영향을 미치지 못했다. 나이가 들며 상해가는 치아와 장기는 탄산이 없는 깨끗한 생수를 원했겠지만 뇌는 모든 건강적 팩트를 부인한 채 너무나도 간절하게 그 순간의 기분만을 뚫어주는 사이다를 원했던 것이다. 그리고 내 입은 만족스럽게 내뱉었다. 캬."[195]

문재인·이재명의 '사이다 경쟁'

이재명의 거침없이 강한 사이다는 문재인에게도 강한 발언 상승 효과를 일으키는 듯 보였다. 이른바 '사이다 경쟁'이었다. 문재인은 "가짜 보수 정치세력을 거대한 횃불로 모두 불태워 버리자"(11월 26일)는 발언에 이어 12월 11일엔 "국가 대청소가 필요하다"고 했고,[196] 12월 16일 언론 인터뷰에선 "(헌법재판소가 탄핵소추안을 기각하면) 그다음은 혁명밖에 없다"고 했다. 이에 『조선일보』는 사설을 통해 "문 전 대표 주장은 헌법 불복 선동이다"며 "문 전 대표가 연일 강성으로 나서는 것은 이재명 성남시장과의 경쟁 때문이라고 한다. 두 사람은 대선을 자극적 주장이

아닌 정책 대결의 무대로 만들어주기 바란다"고 했다.[197]

　문재인의 '이재명 흉내내기' 때문이었는지는 모르겠지만, 이즈음 이재명의 지지율이 하락세를 보였다. 여론조사 기관 리얼미터가 12월 12~16일 실시한 여론조사에서 이재명은 1.3%포인트 하락한 14.9%를 기록했다. 이는 10주 만의 하락이었다. 이재명 측은 이 같은 지지율 변화의 한 원인으로 문재인 지지자들의 견제 운동을 지목했다. 문재인 지지자들은 트위터 등 SNS에서 이재명이 형수에게 욕설한 내용 등 이재명에게 부정적인 게시글을 퍼뜨리고 있었다.

　이재명은 12월 17일 페이스북에 "적진에서 날아온 화살은 여러 번 맞았지만, 처음 겪어보는 등 뒤(야당 지지자들)에 내리꽂히는 비수. 아프다. 정말 아프다"고 했다. 그는 이날 경기도 구리의 한 영화관에서 강연을 하기에 앞서 트위터에 "이미 확정된 강연 장소가 갑자기 취소돼 장소를 여기로 바꿨다"고도 했다. 당초 강연은 구리도시공사 행정복지센터에서 진행될 예정이었다. 이재명 측은 "대관료까지 입금했는데 갑작스럽게 대관 취소를 통보해온 건 '보이지 않는 손'이 작동한 것"이라고 했다.[198]

"언론은 지금 무슨 짓을 하고 있는가?"

　12월 17일 열린 친박 극우단체의 탄핵 반대 집회에서 주요 타깃 중 하나는 언론이었다. 이들은 "제이티비시 물러가라, 채널에이 물러가라, 동아일보 물러가라, 중앙일보, 티비조선 물러가라"고 외쳤다. "손석희를 구속하라"는 구호도 있었다. 한 참가자는 "공영방송도 다 촛불만 보도하지, 이쪽은 취재도 안 온다. 동료 기자들에게 꼭 전해라. 이쪽도 취재하라고. 저쪽만 민심이냐, 숨어 있는 4900만도 있다"고 말했다.『한겨레』기자 신분을 밝히자 "사탄이다, 물러나라"고 소리치거나 "『한겨레』랑 말하지 마라. 어차피 왜곡 보도할 거 아니냐"며 인터뷰를 피하는 이도 있었다.[199]

'애국보수' 논객 조갑제는 12월 23일 출간한 『언론의 난: 마녀사 냥·인민재판·촛불우상화·졸속탄핵·오보와 왜곡』에서 "한국 언론은 지금 무슨 짓을 하고 있는가?"라고 물으면서 다음과 같이 주장했다. "최 순실 마녀사냥, 대통령 인민재판, 촛불우상화를 주도한 것은 '조중동'으 로 불리는 주류 언론이었다. 신문과 종편TV를 입체적으로 동원한 폭로 성 집중 보도는 감정적이고 적대적이며 주관적이었다. 저널리즘의 원칙 을 포기한 선동 일변도였다. 오보나 왜곡으로 밝혀져도 바로잡지 않았 다. 한국 언론사의 큰 오점으로 남게 되었다."[200]

반면, KBS 15년차 이상 기자 104명과 29기 이상의 중견 PD 251명 은 12월 26일 공동성명을 내고 "대한민국의 민주주의를 다시 쓰고 있는 이 거대한 탄핵 정국에 '국민의 방송, 공영방송, 영향력·신뢰도 1위'라 는 KBS는 아무 존재 가치를 드러내지 못한 채 끝없이 추락하고 있다"며 "국민은 KBS도 탄핵하고 있다. 이런 위기의 해결책은 문제의 근원을 뿌 리 뽑는 것이다. 고대영 사장 퇴진만이 답이다"고 촉구했다.[201]

12월 26일, 닷새 전인 12월 21일 현판식을 열고 대대적인 수사에 착수한 박영수 특검은 '문화계 블랙리스트' 작성과 관련, 조윤선 문화체 육관광부 장관의 자택과 집무실을 전격적으로 압수수색했다. 그런데 수 사의 가장 큰 난관은 의혹 대상자들의 거의 대부분이 "난 모른다"로 버 티는 것이었다. 이와 관련, 서울대학교 사회학과 교수 송호근은 「'난 몰 라' 공화국」이란 『중앙일보』(12월 27일) 칼럼에서 "조류인플루엔자AI가 전국을 강타했다. 살처분된 닭이 벌써 2500만 마리에 이른다"며 다음과 같이 말했다.

"대통령이 친애하는 최순실의 손길이 닿은 곳마다 곪아 터진 상처 자국이 선명한데 '최순실'을 만난 사람은커녕 이름조차 듣지 못했다고 항변하는 꼴이 그렇다. 청와대에 앉아 대한민국을 통치했다는 최고 엘리트들이 그러하니 씁쓸하다 못해 부끄럽다. 국정농단의 상처는 유혈 낭자한데 자신과는 '관련 무無!'거나 '난 모른다'로 일관하니, 귀신이 곡할 노릇이다. 발각됐으니 다행이지 호열자보다 더 무서운 최순실인플루엔자 CI가 '난 몰라' 공화국을 쓰러뜨렸을 거다."[202]

촛불집회 누적 참여자 1,000만 명 돌파

12월 27일 비박계 의원 29명이 집단 탈당을 선언함에 따라 새누리당 의석수는 128석에서 100석 미만의 두자릿 수가 되었다. 12월 28일 특검은 전 보건복지부 장관 문형표를 삼성물산과 제일모직 합병에 국민연금이 찬성하도록 압력을 행사한 혐의로 긴급 체포했다. 특검팀은 검찰에서 전 비서관 정호성의 휴대전화 녹음 파일을 넘겨받아 분석했는데, 12월 30일 최순실이 정호성에게 "국정을 보느라 머리가 아프다"고 말하는 등 최순실이 국정에 개입했다는 정황 증거들이 특검 수사를 통해 속속 드러나기 시작했다.[203]

12월 28일 MBC 기자협회와 영상기자회 소속 기자 80여 명이 서울 상암동 MBC 경영센터 1층 로비에서 단체 피케팅을 하며 "MBC 뉴스는 마치 태블릿PC가 최순실의 것이 아니면 최순실의 꼭두각시 박근

2016년 12월 31일 밤 서울 광화문광장에서 열린 촛불집회에 참여한 시민들은 '송박영신'을 기원했다. 그때까지 촛불집회에는 1,000만 명의 시민이 모였다.

혜의 국정농단이 면죄부를 받기라도 하는 것처럼 보도한다"고 규탄했다. 12월 29일 전국언론노동조합 MBC본부 민주방송실천위원회도 민실위 보고서를 통해 MBC의 '태블릿PC 무단 반출' 보도에 대해 "박근혜·최순실 게이트를 밝혀내는데 그 어떤 기여도 하지 못한 공영방송이, 게이트를 사실상 은폐하는 데 앞장섰던 공영방송이 석고대죄는커녕 대한민국 역사를 뒤바꾼 특종 보도의 의미를 희석시키다 이제는 '절도 혐의'까지 뒤집어씌우는 것"이라며 "너무도 부끄럽고 통탄할 노릇"이라고 비판했다.[204]

12월 30일 KBS 29기 이하 기자 323명이 성명을 내어 고대영 사장 퇴진을 촉구하고 나섰다. 이들은 성명에서 "KBS의 명예와 신뢰도가 이렇게 위협받고 밑도 모를 추락을 하고 있는 상황이 있었던가"라며 "단군 이래 최대의 국정농단 사건에 이렇게 무력하고, 이제 곧 다가올 대선을 앞두고 이 정도로 무관심을 받던 때가 있었는가. 후배들은 자조 섞인 얘기로 '우리조차 KBS 뉴스를 보기 부끄럽다'고 말할 정도"라고 지적했다.

KBS 기자들은 "이 모든 것은 KBS가 침몰하는 줄 모르고 사장 놀음에 빠진 고대영 사장의 책임"이라며 "그 밑에서 독선적이고 폐쇄적이며, 편을 가르고 직언엔 귀를 막은 보도본부 수뇌부의 권력 놀음 탓"이라고 지적했다. 이어 "지금 KBS는 고대영 사장이 침몰시키고 있다. 책임지고 물러나라"며 "지금까지 KBS가 망가지도록 권력에 심취했다면 그 책임을 당당히 지고 물러나라. 그것이 당신의 자부심을 지킬 수 있는 마지막 길"이라고 비판했다.[205]

2016년 마지막 날인 12월 31일 밤 서울 광화문광장에서 열린 촛불집회에 참석한 시민들은 한마음으로 '송박영신送朴迎新(박근혜를 보내고 정유년 새해에는 새로운 대한민국을 맞는다)'을 기원하면서 '부패·비리 없는 새해'를 소망했다. 이날 탄핵 가결 이후 최대 인원인 전국 110만 4,000명이 촛불집회에 참여해, 10차에 걸친 촛불집회 참여 인원수가 누적 인원 1,000만 명을 돌파했다. 단일 의제로 1,000만 명의 시민이 광장에 집결한 것은 사상 처음이었다.[206]

제9장

소라넷과
'강남역 10번 출구' 사건

"소라넷 16년간 무엇을 하고 있었나?"

2015년 12월 26일 SBS는 〈그것이 알고 싶다〉의 '위험한 초대남-소라넷은 어떻게 괴물이 되었나' 편을 방송했다. 소라넷은 1999년 개설되어 각종 포르노 이미지는 물론 몰래카메라(몰카)와 더불어서 성범죄 정보가 공유되는 불법사이트로 회원수 100만 명에 이를 정도로 국내 최대 규모로 성장했다. 충격을 받아야 할 건 이런 불법사이트의 존재였건만, 이 프로그램이 방송된 이후 시청자 게시판을 비롯한 온라인 공간에선 "모든 남성을 일반화하지 마라"는 남성들의 반발만 빗발쳤다. 그간의 침묵에 대해선 아무런 말이 없었다. 그들이 공공연히 저질러지는 다른 범죄행위에 대해서도 그렇게 침묵할 수 있었을까?

남성 혐오 커뮤니티로 알려진 메갈리아는 소라넷 폐지를 위해 청원, 고발, 국정감사에서 소라넷을 엄격하게 수사할 것을 요구한 민주당 의원

진선미를 위한 모금 운동 등 다양한 방식으로 소라넷 폐지 운동에 가장 앞장섰다. 그런데 묘한 건 "소라넷은 소수만의 문제이며, 남성 전체의 문제라고 말하는 건 일반화의 오류일 뿐이다"는 입장을 취했던 남자들은 메갈리아에 게시된, 남성을 비하하는 최악의 사례들에 대해선 전혀 다른 입장을 취했다는 점이다.

박수희는 "'여혐하지 마세요'라고 말할 땐 듣지 않던 남성들이 '성기 크기' 미러링으로 되갚아주니 그제서야 '혐오는 나쁘다'고 하는 게 우스웠다"고 했고, 최파란은 "미러링을 보고 속이 시원했다. 해방감도 느꼈다"고 말했다. 김재윤은 메갈리아를 둘러싼 갈등을 학교폭력에 비유했다. "일진에게 매일 맞던 애가 '아이씨 그만 좀 해'라고 소리를 질렀어요. 때리지도 않고, 위협하려는 시늉만 했죠. 그런데도 주변에서 '너좀 조용히 해. 아무리 네가 맞았다고 해도 똑같이 때리면 어떡해. 사이좋게 지내'라고 하는 게, 지금 상황인 거예요."[207]

하지만 모든 메갈리안이 같은 생각을 갖고 있는 건 아니었다. 메갈리아에서 남성뿐만 아니라 성소수자 등을 비하하는 미러링이 발생하자 이에 반발하는 이들과 지지하는 이들 사이에 내부 논쟁이 발생했다. '자제해달라'는 공지가 뜨자 '계속해야 한다'고 주장하는 이들은 메갈리아를 떠나 '워마드WOMAD'라는 카페를 만들었다. 워마드는 여자woman와 유목민nomad를 합친 단어였다.

메갈리아 사이트는 2015년 12월에 사실상 운영이 끝났으며, 성소수자 비하 발언을 반대했던 이들은 페이스북으로 자리를 옮겼다. 워마드는 임시대피소 형태로 옮겨다니다가 나중에(2017년 2월 7일) 워마드 사이트를 개설하게 된다. 워마드는 미러링을 넘어서 '여성우월주의'와 '남성 혐오'를 커뮤니티 기치로 내세우며, '남성멸시주의'를 내세워야 한다는 주장이 힘을 얻기도 한다.[208] 이렇듯 메갈리아는 짧은 기간 내에 내분과 더불어 부침을 거듭했지만, 메갈리아라는 단어는 고유명사가 아니라 일종의 일반명사로서 모든 페미니스트 정치와 정체성을 폭넓게 아우르는 단어로 자리 잡게 된다.[209]

"살女(려)주세요, 살아男(남)았다"

2016년 4월 1일 소라넷이 폐쇄되는 역사적인 성과가 있었지만, 곧 '소라넷X'와 같은 유사 소라넷 사이트들이 우후죽순 생겨났다.[210] 성범죄 없는 세상을 위해 가야 할 길은 여전히 멀고도 험했다. 한 달여 후 벌어진 이른바 '강남역 10번 출구 살인 사건'이 그걸 잘 말해주는 것처럼 보였다.

5월 17일 오전 1시쯤 서울 강남역 10번 출구 근처에 있는 한 주점 건물 남녀 공용화장실에서 34세의 남자가 23세의 여자를 칼로 찔러 숨지게 한 사건이 일어났다. 이 사건은 사건 자체도 충격이었지만 사건의 원인을 둘러싼 논쟁을 불러일으켜 온 세상을 떠들썩하게 만들었다.

화장실에서 1시간 30분 동안 칼을 품고 기다리다 6명의 남성을 보낸 후 처음으로 들어온 여성을 살해한 가해자의 범행 동기를 두고 많은 논란이 있었지만, 그중 하나의 동기로 '여성 혐오' 문제가 대두되었다. 가해자가 경찰 조사에서 "평소 여자들이 나를 무시해서" 범행을 저질렀다고 진술하면서 무고하게 목숨을 잃은 20대 여성을 향한 추모 열기가 강남역 10번 출구를 거점으로 시작되었다. 화환도 줄을 이었지만, 주요

서울 강남역 10번 출구 근처에서 일어난 사건의 가해자 남성은 "평소 여자들이 나를 무시해서" 범행을 저질렀다고 진술했다. 추모 메시지로 가득한 '포스트잇'.

추모 형식은 추모자 자신의 메시지를 담은 '포스트잇' 부착이었다. '살女(려)주세요, 살아男(남)았다', '여자라서 죽었다' 등 쉽게 잠재적 범행 대상으로 지목되는 사회적 약자로서 여성들의 불안감이 표출되었다.[211]

민주당 의원 문재인은 5월 18일 강남역을 방문해 '묻지 마 살인 사건' 피해자를 추모한 후 자신의 트위터에 "강남역 10번 출구 벽면은 포스트잇으로 가득했습니다. '다음 생엔 부디 같이 남자로 태어나요.' 슬프고 미안합니다"고 써서 논란을 빚었다. 문재인은 19일 저녁 트위터에 "제 트윗에 오해 소지가 있었나요?"라며 "(어느 여성분이 쓰셨을. 이런 글을 읽게 되는 현실이) 슬프고 미안합니다.⋯이런 뜻으로 읽어주세요"라고 해명을 남겼다.[212]

서울을 포함해 부산, 대구, 광주, 대전, 부천, 울산, 청주, 전주 등 전국 곳곳에 마련된 추모 공간에 붙은 포스트잇은 5월 18일부터 7월 15일까지 약 4만 장에 이른다. 5월 23일 우천이 예보되면서 서울 강남의 포스트잇은 보존을 위해 서울시청 지하 1층 서울시여성가족재단으로 옮겨졌으며,『경향신문』사회부 사건팀 기자들은 이 포스트잇이 옮겨지기 직전, 포스트잇 1004건을 일일이 촬영한 후 문자화하는 전수 조사를 진행했다. 이는 보름 후『강남역 10번 출구, 1004개의 포스트잇: 어떤 애도와 싸움의 기록』이라는 책으로 출간되었다.

『경향신문』의 분석에 따르면, 억울하게 숨진 피해자의 넋을 기리는 메시지가 전체의 4분의 1 이상을 차지했으며, 다음으로는 "운이 좋아 살아남았다"란 자조와 피해자에 대한 죄책감이 많았다. '여성 혐오'란 표현은 116차례, "화장실도 무서워서 못가겠다"며 '두려움'을 토로한 것은 50차례를 넘었다.[213]

사건의 정황, 가해자의 말 모두 '여성'을 정확하게 향하고 있었지만, 범인이 조현병 환자임을 들어 이 사건은 '여성 혐오'와 무관하다고 보는 사람도 많았다. 그래서 여성들의 대대적인 추모가 이어지는 것에 대해 격렬한 사회적 갈등이 일어났다.

한 네티즌은 "이걸 왜 남녀 문제로 몰고 가나요? 인도나 중동 국가를 모르나요? 한국은 정말 치안이 좋은 나라입니다. 왜 남성 전체를 일반화합니까? 많이 불쾌하네요. 솔직히 우리나라에 여성 혐오가 어디 있습니까?"라면서 다음과 같이 주장했다. "강남역 전세 내셨어요? 순수하게 추모합시다. 배후 세력이 있는 것 같습니다. 언론이 이상하게 몰아가네요. 남자를 무시한 여자들에게는 왜 죄를 묻지 않나요? 적당히 좀 해라 적당히. 이 언론사 한쪽 입장만 자꾸 쓰네요, 실망입니다. 내 주위엔 여혐하는 사람 한 명도 없고 오히려 남자들이 역차별 당한다고요. 여성 혐오는 여자가 하기 나름이지. 짜증난다, 시끄럽다."[214]

"언제든 나에게도 일어날 수 있다는 공포감"

진보적 성향이 있다는 인터넷 커뮤니티 '오늘의유머'(오유)도 '여자라서' 죽었다는 말에 공감하지 못하는 분위기였다. 일베는 '묻지 마' 살인을 가지고 여성 혐오로 몰아간다고 비난하면서 급기야 강남역 10번 출구 앞에 "남자라서 죽은 천안함 용사들을 잊지 맙시다"는 문구를 붙여 '노무현 외'의 이름으로 근조화환을 세우기까지 했다. 언론도 크게 다르지 않았다. 『한겨레』와 『경향신문』 등 일부 진보언론을 제외하고, "언론들은 너나 할 것 없이 '여혐-남혐 대결 구도로 변질' 운운하며 성 대결 구도를 만드는 데 힘을 냈다".[215]

『동아일보』 논설위원 송평인은 「'메갈리아'식 여성 혐오 편집증」이라는 칼럼에서 "강남 '묻지 마 살인' 사건은 조현병 환자가 저지른 것이다. 그러나 이 사건을 '여성 혐오'로 규정하고 끝까지 억지를 부리는 것 역시 편집증적이라고 할 수 있다"며 다음과 같이 말했다.

"정신질환자의 범죄에 취약한 것은 여성이 아니라 약자 일반이다. 약자에는 어린이와 청소년, 노인, 장애인도 포함된다. 어떤 경우에는 유치원생이 피해자가 됐고, 어떤 경우에는 여성이 피해자가 됐다. 서구 선진국의 대도시 도심에도 남녀 공용 공중화장실은 많다. 남녀 공용 공중화장실을 없애면 여성이 타깃이 된 범죄가 줄어드는지는 모르겠지만 그

것이 해답이 될 수 없다. 범죄는 여성 공중화장실에서도 일어날 수 있다. 해답은 여성이 아니라 정신질환자에 주목할 때 찾을 수 있다."[216]

중앙대학교 사회학과 교수 이나영은 '강남역 10번 출구'가 크게 두드러졌던 이유 중 하나로 '공간적 특수성'을 지적했다. "강남역은 단순히 수많은 지하철역 중 하나가 아니라, 강남대로를 중심으로 형성된 8km가량의 다양한 소비 공간과 이면 거리에 조성되어 있는 유흥 공간을 상징한다. 인구 이동이 가장 많은 곳이자 만남의 장소요, 낮과 밤이 전도되어 상대적으로 가장 안전하다 여겨지는 이 공간에서 새벽에 일어난 여성 살해 사건은 여전히 모든 공간은 젠더화되어 있고, 안전 또한 젠더화되어 분배된다는 사실을 역설적으로 증명했다."[217]

홍승은은 "어릴 때부터 '밤늦게 돌아다니면 큰일 나'라는 협박 어린 조언을 일상적으로 듣고, 집에 들어갈 때마다 '조심히 들어가고 메시지 남겨'라는 말을 일상적으로 듣고, 밤거리에서 누군가가 쫓아오는 것 같아서 전화 받는 척하며 발걸음을 재촉한 경험이 있는 수많은 여성들에게 그 사건은 '내 일'이었다"고 말했다.[218]

수많은 남성이 저마다 자기만은 결백하다며 "모든 남성을 일반화하지 마라"고 비판하자, 페이스북 페이지 '바람계곡의 페미니즘' 운영진은 남성을 '잠재적 가해자'라 지적하는 것은 남성들 모두가 범죄자나 다름이 없다는 의미가 아니라며 다음과 같이 말했다.

"밤거리에서 어떤 남성과 마주치든 일단은 두려워할 수밖에 없는 여성의 입장과, 여성을 폭행할지 말지 선택할 수 있는 남성의 입장은 애초부터 다르다는 의미인 거죠. 여성이 조심하지 않아서 강간당했다? 집에 일찍 들어가지 않아서 살해당했다? 21세기인 요즘에도 너무나 쉽게

들을 수 있는 말들이잖아요. 여성을 상대로 작동하는 거대한 성차별 구조의 존재를 상정하지 않고서는 왜 여성들이 이런 부당한 대접을 받아야 하는지 설명할 수 없어요. 그러나 남성들 대부분은 '나는 결백하다'에서 생각을 멈추죠."[219]

'고려대 카카오톡 대화방 언어 성폭력 사건'

5월 20일 서울 신촌 거리에선 '여성 폭력 중단을 위한 필리버스터'가 열렸다. 강남역 사건이 발생한 시각인 새벽 1시까지 8시간 동안 릴레이로 발언을 한 42명의 연설자는 성폭행·성추행·성희롱 경험, 뿌리 깊은 가정 내 (성)폭력, 대중교통과 공공장소 등에서 겪는 일상적 성폭력, 외모 압박, 여성 비하적 발언 등에 얽힌 경험담을 쏟아냈다. 3일 전 강남역에 모인 많은 여성은 "나는 우연히 살아남았다"고 말했지만, 신촌에 모인 42명의 연설자는 "나는 살아남은 게 아니라 사실 죽어가고 있다"며 "반드시 함께 살아남자"고 말했다. 42개의 연설문은 11월 『거리에선 페미니즘』이라는 책으로 출간되었다.[220]

다음 날인 5월 21일 전남 신안군 흑산도에서 학부모인 김모(39) 씨, 주민 이모(35) 씨, 학부모인 박모(50) 씨가 초등학교 관사에서 여교사를 성폭행하는 충격적인 사건이 벌어졌다. 또 하나 충격적인 건 온라인 커뮤니티 '일간베스트저장소(일베)' 회원들에겐 이 사건마저 놀이였다는 점이다. 이들은 자랑하듯이 "여교사 윤간 뉴스 그 식당 찾았다", "신안군 기간제 여교사가 다니는 학교"라는 제목으로 글을 올렸고, 이모(32) 씨 등 5명은 피해자 '신상털기'에 나서 피해자 신상과 관련된 글들을 올렸다. 이들은 해당 사건과 전혀 무관한 인물에 관한 정보를 올려 제3자에 대한 허위사실을 유포한 혐의(명예훼손)로 불구속 입건되었다.[221] (대법원은 2018년 4월 10일 성폭행 피고 3명의 상고심에서 각각 징역 15년, 12년, 10년씩을 선고한 원심판결을 확정했다. 이에 일부 네티즌들은 "형량을 더 높여야 한다. 35세 형 살고 나와도 50세도 안 된다. 보복할 수도 있다. 그리고 또 다른 피해자가 생길 거다. 성폭력범들은 무기징역시켜라" 등과 같은 비판적 반응을 보였다.)[222]

6월엔 대학생들의 모바일 메신저 '카카오톡' 단체 대화방(단톡방) 내 언어 성폭력 문제가 불거졌다. 이미 2015년 국민대학교에서 동기 여학생들을 "위안부", "빨통"으로 부르고, "D컵인데 얼굴은 별로니까 봉지 씌워서 하자"는 등 남학생들 간 단톡방 성희롱이 폭로되어 사회문제가 되었음에도 고려대학교에서 비슷한 일이 또 일어난 것이다.

'고려대 카카오톡 대화방 언어 성폭력 사건 피해자 대책위원회'는 "술집 가서 ×나 먹이고 자취방 데려와" 등 이 학교 남학생들의 성희롱 발언을 담은 카톡방 대화를 대자보를 통해 공개했다. 여기에는 지하철에서 여성들을 도촬(도둑촬영)한 사진을 공유하는 등 범죄와 관련된 내용도 있었다.[223]

단톡방 내 언어 성폭력은 여러 대학에서 저질러지고 있었다. 이런 현상을 반영하듯, 대학의 총여학생회는 고사 위기에 직면하고 있었다. 2016년 봄 서울 주요 대학 중 활동 중인 총여학생회는 경희대와 숭실대 두 곳뿐이었다. 캠퍼스 내 여성 혐오 때문에 총여학생회장 후보에 나서려는 사람이 없었다.

선거철만 되면 후보자들에게 "뚱뚱하다" "못생겼다"는 식의 외모 비하에서부터 "×× 달고 태어나 학교 돈으로 스테이크나 처먹고 다니

동기, 선배, 새내기를 대상으로 한
광범위한 카카오톡방 언어성폭력 사건을 고발합니다
-성폭력은 어디에도 있고 어디에도 없다

지난 6월 10일, 새내기 때 '사고와 표현' 및 'Academic English'를 함께 듣던 남학우 9명으로 구성(가해자 8명)된 카카오톡 대화방에서 1년여 동안 언어성폭력이 발생하고 있다는 정보를 '내부고발'에 의해 얻게 되었습니다. 내부고발자는 이 카톡방에 대해서 회의감을 느끼고서 피해자 중 한 명에게 카카오톡의 전문을 전달하였습니다. A4 약 700쪽에 달하는 원문을 통해 저희를 비롯해 수많은 동기, 선배, 새내기 및 여성 전반이 읽에 담기 어려운 모욕과 언어성폭력의 대상이 되었음을 확인하였습니다.

가해자들의 언어성폭력은 왜곡된 성의식, 여성 혐오의 양상을 보였으며 반성의 기미 없이 상습적으로 이뤄졌습니다. 언급된 다수의 피해자들은 동등한 인간이 아닌 수동적인 성적 욕구 해소 대상으로만 인식 및 평가되었으며, 그 내용은 외모에 대한 비하부터 성희롱, 성폭행 가능성, 지하철 몰카 등 성범죄에 관한 것까지 광범위합니다. 이하 원문 중 주요 부분을 발췌합니다. (극히 일부임을 밝히며, 괄호 안의 글은 필자가 해설한 것입니다.)

1. 성희롱 / 성적대상화
단체 카카오톡 방 내에서의 성희롱은 동기, 선배, 새내기 뿐만 아니라 불특정 다수의 외부인에게까지 이루어졌습니다.

새내기
- A : "아 진짜 새내기 따먹기는 해야 되는데"
- B : "형이면 1달이면 ㄱㄱ"

- D : "내일 술 가져가 말야"
- A : "새터에 물고가 ㅋ"
- A : "이쁜애 있으면 샷으로 존나먹이고", "ㅎㅎㅎ"
- D : "빨아야"

동기
- A : "OOO은 다 맛 몰라 하네"
- B : "OOO은 먹었잖아"
- C : "누가 먹었냐"
- B : "XXX(OOO의 애인)이 먹음 근데 입자 있는 애들만 좋아하네"
- A : "샵건 겸 성제자 단물 다 빠진게 좋노"
- D : "유부녀 페티시가 있기야"

- A : "와 B, 'OOO집가봄?'
- B : "ㅇㅇ", "좋던데"
- A : "보푼(여성의 성기와 오른을 결합시킨 단어였냐", "그래서 했어?"

단톡방 내 언어 성폭력은 여러 대학에서 저질러지고 있었다. 특히 '고려대 카카오톡 대화방 언어 성폭력 사건'은 지하철에서 여성들을 도촬한 사진을 공유하는 등 범죄와 관련된 내용도 있었다.

냐"는 등 무차별적인 인신공격이 쏟아졌으니 누가 나서려고 했겠는가? 2015년 연세대 총여학생회장을 역임한 후 2016년 총여학생회 비대위원장을 맡은 정혜윤은 다음과 같이 말했다.

"총여학생회가 일부로부터 '여성 혐오'의 대상이 됐습니다. 저도 총여학생회에 입후보하면서 '멋있다'는 격려보다는 '버틸 수 있겠냐'는 격정을 더 많이 들어야 했습니다. 실제 일부에서는 총여학생회장이었던 저를 향해 외모와 성적 비하 등도 상당했던 것으로 들었습니다. 보람보다는 잃는 게 더 큰데, 누가 총여학생회 일을 하려고 하겠나 싶네요."[224]

메갈리아를 보는 '남성 메갈리안'의 시각

여성 혐오는 전 사회적으로 광범위하게 저질러지고 있었지만, 여성 혐오를 반대하며 메갈리아를 공정하게 보려는 남성들도 있었다. 2016년 7월 13일 『경향신문』은 메갈리아를 지지하는 '남성 메갈리안'들의 생각을 소개했다.

취업준비생 이지훈(29)은 "억압받는 입장에서는 싸우는 방식이 억압하는 입장에 비해 제한돼 있다. 이렇게 싸움을 할 때 약자 쪽은 항상 검열을 당한다"며 "여성들에게 '올바른 방식으로 싸우라'는 건 사실 굉장히 미안한 부탁"이라고 말했다. 그는 "이 문제에서 결국 가장 명확한 카테고리는 남성과 여성이다. 여성들이 그런 갈등 구도를 추구한다는 게 아니라 상황상 그렇게 될 수밖에 없는 것"이라며 다음과 같이 말했다.

"미러링을 처음 봤을 때, 카타르시스를 느꼈다. 한국 남성들이 여자들을 어떻게 생각하는지 군대에서 참 많이 느꼈기 때문이다. 같이 일하는 여성들 외모 평가부터 시작해서, '개저씨(개+아저씨)'나 할 법한 성희롱이 난무했다. 음악 방송 틀어놓고 '쟤는 잘하게 생겼다' '먹고 싶다' 같은 말 하면서 낄낄대는 거다. 학교도 다르지 않았다. 고려대 단톡방 사건이 멀리 있는 게 아니다."

노승훈(34)은 "미러링은 남성들을 향한 실제적인 위협이 아니고, 미러링으로 경각심을 갖게 되는 건 남성"이라며 "메갈리안 입장에선 수단과 방법을 가릴 상황이 아니었다"고 말했다. 노씨는 "이제 겨우 1년 활동했는데 남성들의 반발이 무척 크다. 남성들이 미러링을 불편해하는 건 결국 본인이 (혐오 피해의) 당사자가 아니기 때문이다. '서로 사이 좋게 지내자'는 건 지금 단계에서 할 수 있는 제안이 아니다. 오히려 미러링이 무덤덤해질 때까지 욕을 먹어야 되지 않을까 싶다"고 밝혔다.

장정호(25)는 "미러링은 철저히 만들어진 혐오이자 전략이다. 남성들은 고작 '한남충'이란 말을 듣고 화내기보단 본인이 한남충이 아님을 스스로 증명해내면 될 것"이라고 말했다. 장씨는 또한 "당장 내가 맞을 것 같으면 나도 때리는 게 옳지 않나. 악성적인 여성 혐오에 침묵해 놓고 이제 와서 여성들에게 저항하지 말라는 건 저열하다"고 덧붙였다.

유민석(33)은 "메갈리아의 언어는 기본적으로 약자의 저항 언어다. 사회적으로 억압돼왔고 침묵을 강요당했던 여성들이 가진 힘을 기득권 남성들이 불편해하는 것"이라고 말했다. 그는 "약자가 강자를 미워하고 혐오하는 건 억압당한 역사에서 비롯된 자연스러운 인지상정인 반면, 강자가 약자를 미워하는 건 비열한 짓"이라고 밝혔다. 노예가 주인을 미워하는 것과 주인이 '노예는 더럽고 천박해'라고 하는 것이 질적으로 다르다는 것이다.[225]

"소녀들은 왕자님이 필요없다"

메갈리아를 둘러싼 갈등의 이면엔 메갈리아의 정체성 문제가 있었다. 메갈리아 내부의 갈등이 말해주듯이, 메갈리아는 계속 변화를 겪어왔다. 그래서 메갈리아4와 그 이전의 메갈리아와 워마드를 구분하는 사람들이 있는가 하면 그게 다 그거라고 보는 사람들도 있었다. 전자에 속하는 노혜경은 다음과 같이 말했다.

"메갈리아에 대한 비난은 옛날 글들과 워마드 사이트에서 흘러나오는 지나친 미러링에 근거를 두고 있다. 그런데 정작 '메갈리아4'는 미러링을 더이상 하지 말고, 여성 혐오의 제도와 문화를 개선하기 위한 행위를 하자고 하고 있다. 이렇게 메갈리아와 워마드는 다르다. 나에게는 다르다는 게 중요하다. 그러나 메갈리아를 비난하는 사람들은 메갈리아, 워마드를 구분하지 않는다."[226]

물론 메갈리아에 비판적인 사람들은 그런 구분은 무의미하다고 생각했고, 이런 생각이 바탕이 되어 일어난 게 바로 2016년 7월 하순 넥슨의 성우 교체 사건이다. 시작은 7월 18일이었다. 넥슨 게임 '클로저스'의 캐릭터 '티나' 역을 맡은 성우 김자연이 자신의 트위터에 티셔츠를 입은 한 장의 인증샷을 올렸다. 티셔츠엔 이렇게 적혀 있었다. '소녀들은 왕자님이 필요없다GIRLS Do Not Need A PRINCE.'

이 티셔츠는 페이스북 페이지 메갈리아4에서 기획했다. 메갈리아4는 페이스북에서 일련의 여성 혐오 페이지들은 유지되는 데 반해 '메갈리아2', '메갈리아3' 등 여성주의 페이지를 뚜렷한 근거도 없이 페이스북 측이 일방적으로 폐쇄한 것에 대한 소송을 준비하기 위해 모금을 진행하면서 후원의 대가로 이 티셔츠를 지급했다.

일부 남성 누리꾼들은 티셔츠를 만든 주체인 메갈리아를 주목하면서 넥슨 측에 해당 성우의 하차를 요구했다. 이들은 메갈리아는 페미니스트가 아니며, 헤이트 스피치(증오 발언)를 일삼는 혐오 집단에 불과하

넥슨 게임 '클로저스'의 '티나' 역을 맡은 성우 김자연은 자신의 트위터에 '소녀들은 왕자님이 필요 없다'는 티셔츠를 입은 인증샷을 올렸다. 그러자 일부 남성들은 넥슨 측에 김자연의 하차를 요구했다.

다고 주장했다. 하루 뒤인 19일, 넥슨은 해당 성우와의 계약 해지를 발표했다. 이에 대해 100여 명의 메갈리안은 22일 경기도 판교 넥슨 사옥 앞에서 "티셔츠 입었다고 (교체하나 교체하나)", "뜬금없는 성우 교체 (반성하라 반성하라)" 등의 구호를 외치며 항의 시위를 벌였다.[227]

그러나 이 시위의 파장은 크지 않았다. 수개월 후 '반동의 시대와 성전쟁'이라는 주제의 워크숍에서 「게임 내 여성 캐릭터 다시보기」라는 논문을 발표한 조아라는 "게임산업에서는 여성을 소비자로 보고 있지 않다"고 말했다. '오버워치', '서든어택2', '데스티니 차일드' 등의 게임 속

여성 캐릭터들의 복장과 신체 표현 방식이 논쟁을 불러일으킨 것과 관련, 그는 "여성 캐릭터의 비현실적인 과장된 가슴은 강력한 비난 대상이 되지만 그런 가슴이 어떤 목표를 가지고, 누구에 의해 만들어졌는지는 비난의 정도만큼 논의의 대상이 되지 못했다"면서 게임 속에서 여성 캐릭터들은 여전히 성적 대상화, 성 상품화되고 있다고 진단했다.[228]

정의당마저 굴복시킨 반反메갈리아 분노

넥슨의 조치와 관련, 정의당(문화예술위원회)과 녹색당은 "정치적 의견이 직업 활동을 가로막는 이유가 되어서는 안 된다", "게임 속 목소리가 지워져도 우리의 목소리는 지워지지 않을 것"이라며 넥슨을 비판하는 성명을 발표했다. 노동당은 여성 혐오와 반反혐오의 대립으로 이 사건을 규정하며 "메갈티에 강요되는 침묵에 맞서겠다"는 논평을 냈다.

당사자인 김자연은 입장문을 통해 넥슨사와는 계약금을 받았고 잘 해결되었으며 부당해고가 아니라고 밝혔으나 사태는 진정되지 않았다. '클로저스' 유저들은 메갈리아를 지지하는 웹툰 작가 리스트를 발표하고, 그들이 많이 활동하고 있는 웹툰 전문 사이트 레진코믹스 탈퇴 운동을 벌였다. 메갈리아 지지 작가를 반대하는 일부 유저들은 예스컷(웹툰에 대한 규제) 운동을 거론하기까지 했다.[229]

넥슨을 비판한 논평이 발표된 이후 정의당의 논평 댓글란에는 당원들의 비난이 가득했고 탈당계를 제출하는 당원들도 생겼다. 논평이 옹호하고 있는 것이 '메갈리아 성우'라는 이유 때문이었다. 정의당은 이런 압력에 굴복해 7월 25일 논평을 철회했다. 정의당은 "이 논평은 메갈리아에 대한 지지 여부에 초점을 둔 것이 아님에도 불구하고 정의당이 친메갈리아인가 아닌가라는 수많은 논쟁만 야기시켰다"며 "부당한 노동권의 침해라는 본 취지의 전달에는 실패하였다는 점에서 이 논평을 철회하기로 했다"고 밝혔다.[230]

　　정의당 내부에서는 논평 철회에 대해 부적절하다는 의견이 나오기도 했지만, 일부 당원들은 중앙당에 대해 메갈리아에 대한 반대 입장을 밝힐 것을 요구하고 나섰으며, 논평 작성자들을 출당시켜야 한다는 주장까지 나오는 등 갈등은 계속되었다.[231](정의당의 발표에 따르면 정의당 논평 사건 이후 8월 3일까지 총 580명이 탈당했고 이 중 57%에 해당하는 334명이 '메갈리아를 옹호하는 입장에 반대한다'고 탈당 사유를 밝혔다. 반면 '당내 젠더 감수성 불만'을 사유로 밝힌 탈당자는 20명[3%]이었고 그 외 사유를 미기재하거나 기타 사유로 탈당한 이가 226명[38%]이었다.)[232]

　　메갈리아에 대한 이런 분노를 어떻게 평가하건, 이런 결과를 유발하는 게 정녕 메갈리아의 목표이자 전략이었을까? 좀 다른 방식으로 접근할 수는 없었을까? 2년 후에 벌어진 한 '사건'은 그런 성찰을 요구하는 것처럼 보였다. 2018년 7월 18일 서울중앙지법 형사항소2부는 모욕 혐의로 기소된 한 인터넷 매체 소속 기자에게 원심과 같이 벌금 150만 원을 선고했다고 밝혔다. 이 기자는 2016년 8월 동호회 회원들이 속한 카카오톡 단체 대화방에서 한 여성과 말다툼을 하다가 '메갈리아', '워마드', '보슬아치' 등의 단어를 14차례 쓰며 비하한 혐의로 기소되었다.[233] 메갈리아 지지자들은 여성을 상대로 "너, 메갈리아지?"라고 말하는 것도 모욕죄가 된다는 걸 환영했을까?

제10장

'K'를 지워가는
K-팝의 세계화

'한류의 중국화'인가?

중국의 해외 온라인 동영상에 대한 사전심의는 한국의 드라마 제작 방식에도 큰 영향을 미쳤다. 중국에선 방영 6개월 전에 프로그램 방영 계획을 보고하고, 3개월 전에 완성된 드라마의 심의를 받도록 되어 있었다. 그동안 한국 드라마는 주로 '아이치이', '유쿠투더우' 등의 중국 동영상 사이트에 수출해왔는데, 인터넷에서도 사전심의제가 시행되면서 수출길에 타격을 받게 되었다. 이에 따라 방송사들은 중국 규정에 맞춰 적어도 방영 6개월 전에 방영 계획 보고를 하기 위해 사전제작에 나서기 시작했다. 결국 한국과 중국에서 동시에 방송하지 않으면 중국 시장에서 수익을 기대하기 어렵게 된 상황이 사전제작 바람을 불러온 것이다.

사전제작 드라마들이 성공하면 한국에도 사전제작 시스템이 안착될 수 있다는 기대감도 나왔지만, 중국 자본의 투자를 받아 진행되는 사전

중국이 해외 온라인 동영상에 대한 사전심의에 나서면서 한국의 드라마 제작 방식도 큰 영향을 받았다. 홍콩 엠퍼러그룹에서 150억여 원을 투자받아 사전제작한 드라마 〈사임당〉.

제작 흐름이 중국 입맛에 맞춘 드라마만 쏟아내면서 다양성을 훼손할 수 있다는 목소리가 더 컸다. 〈사임당〉은 홍콩 엠퍼러그룹에서 150억여 원을, 〈태양의 후예〉는 중국 화처미디어에서 수백억 원을 투자받은 것으로 알려졌다. MBC 관계자는 "중국 심의에 맞춰 내용을 수정하거나, 중국 투자자가 제작 단계부터 드라마 소재를 조율하기도 한다"고 말했다.[234]

2015년 12월 22일 한국콘텐츠진흥원과 독립제작사협회가 공동으로 주최한 세미나에서 중앙대학교 미디어커뮤니케이션학부 교수 유홍식은 "방송 시장 자체가 중국 자본에 종속될 수 있다"며 "현재 지상파 방송의 40~50%를 만드는 외주제작사들이 자본을 따라 중국으로 넘어가게 되고 지상파가 스스로 경쟁력을 가지지 못한다면 콘텐츠 생산 능력 자체가 담보되거나 저하될 수 있다"고 우려했다.

한 독립PD는 "국내 제작사들이 중국 자본에 팔리고 제작자들도 중국의 콜을 받고 가는 상황에서 굉장한 위기감을 느끼고 있다"며 "단기적으로는 제작사나 제작자가 돈을 벌겠지만 장기적으로 보면 콘텐츠 업계의 쌍용차 사태가 되지 않겠느냐"고 말했다. 인도의 다국적기업 마힌드라그룹이 쌍용자동차를 인수한 후 대량 해고와 기술 유출 논란이 일었듯이 콘텐츠 제작 분야도 결국 기술력이 유출될 뿐 자체 경쟁력을 잃을 가능성이 크다는 분석이었다. 그는 "중국은 제작 경험이 있는 PD와 작가를 턴키로 불러 최고급 대접을 해주지만 촬영 후 종합 편집 때에는 시시콜콜 요구하고 관여하는 경우가 많다"며 "심지어 중국에 일하러 가면 담당 프로그램 외에 다른 프로그램 편집을 봐달라고 요구하는 등 제작비가 후한 만큼 뽑아먹는 것"이라고 전했다.[235]

2016년 1월 중화권 최고 유력 주간지 『야저우저우칸亞洲週刊』은 표지 기사를 통해 '한류의 중국화'에 대해 상세히 보도했다. 중국 문화산업은 한류가 필요해 거액을 쓰고, 한국 방송사·기획사들은 거대 시장의 힘에 매혹되어 중국에 '올인'하는 현실이었다. 한국 예능 PD의 상징 김영희를 비롯해 한국의 대표 PD들이 아예 직접 중국으로 활동 무대를 옮겼다. 한국 예능 프로그램 포맷을 그대로 수입해 중국 출연진을 등장시킨 프로그램이 대유행이었다. 〈무한도전〉을 토대로 상하이의 제작사와 MBC 제작진이 공동 제작한 〈대단한 도전〉, 〈런닝맨〉을 틀로 삼은 〈달려라 형제〉를 비롯해 중국판 〈아빠! 어디 가?〉, 〈나는 가수다〉 등 한류 예능 프로그램이 20여 편 방송되고 있었다.[236]

'쯔위 청천백일만지홍기 사건'의 경고

이른바 '쯔위 파동'은 K-팝 분야에서 '한류의 중국화'를 시사하는 사건이었다. 소녀시대처럼 9인조 걸그룹으로 2015년에 데뷔한 트와이스의 대만 출신 멤버 쯔위子瑜는 그해 11월 방영된 MBC 예능 프로그램 〈마이 리틀 텔레비전〉 생중계에서 같은 그룹 멤버인 모모, 미나, 사나와 출연했다. 방송 중 네 멤버는 제작진이 준비한 각자의 출신 국기를 들었다. 일본 출신인 모모, 미나, 사나는 일본 국기를 들었고, 대만 출신인 쯔위는 대만의 국기인 청천백일만지홍기青天白日滿地紅旗를 들었다. 당시 이 모습은 생중계로만 전해졌을 뿐, 이후에는 편집되어 본방송에는 실리지 않았다.

두 달 후인 2016년 1월, 대만의 한 방송은 이 장면을 캡처해 이미 '대만의 빛'으로 불리고 있던 쯔위에게 애국자 이미지를 씌운 내용의 보도를 했다. 그러자 1월 8일, 대만 출신 싱어송라이터인 황안黃安이 중국에 이 상황을 알리며 쯔위를 '대만 독립분자'라며 비난하기 시작했다. 삽시간에 중국 내 여론은 험악해졌고, 상하이 둥팡東方 위성TV의 명절 프로그램인 〈춘완春晚〉에 출연 예정이었던 트와이스의 해당 스케줄은 취소되었다. 그뿐만 아니라 중국 내 여론 자체가 점점 심각해져 쯔위가 속한 트와이스 외 JYP엔터테인먼트의 다른 가수들의 활동도 취소 요청을 받는 보이콧 사태가 일어났다.

대만 14대 총통 선거(1월 16일)가 다가오면서 대만 내 여론도 이 사태를 악화시키는데 기여했다. 당시 여당인 중국 국민당과 야당인 민주진보당 양측 모두 쯔위를 옹호하며 선거운동을 펼쳐갔다. 이에 대만 내 여론은 점점 더 격앙되어갔고, 민주진보당의 집권이 유력해져갔다. 하나의 중국과 대만 정체성을 반대하며 독자적인 대만 정체성을 추구하는 민주진보당의 집권이 유력해지는 것은 중국으로서는 국민당이 집권하는 것보다 불편한 상황이었다.[237]

1월 14일, 트와이스 소속사인 JYP 측은 이 사건이 정치·외교적인 문제로 커질 것을 우려해 1, 2차 사과문을 통해 트와이스의 중화권 활동을 잠정 중단하겠다고 발표했다. 다음 날인 15일 밤, JYP 측은 쯔위가 직접 출연해 사과를 하는 동영상을 유튜브에 올렸다. 검은 옷을 입고 잔뜩 긴장한 표정의 16세 소녀 쯔위는 허리까지 굽혀가며 머리를 깊이 조아렸다. "죄송합니다. 일찍 나와 사과했어야 하는데 어떻게 해야 할지 몰라 이제서야 나왔습니다. 중국은 하나뿐이고, 양안(중국과 대만)은 일체이며, 나는 중국인인 것이 자랑스럽습니다." 종이에 쓰인 글을 읽어가는 목소리는 떨렸다.

대만 내 언론은 이 영상을 긴급 속보로 전하며 연일 방송했다. 한국과 대만의 네티즌은 하나같이 사상의 자유를 억압한 인권침해라고 JYP 측을 비난했다. 대만인들의 분노는 폭발했고, 대만 양안정책협회의 조사 결과 쯔위 동영상을 본 뒤 젊은 유권자 134만 명이 애초 의사를 바꿔 중국에 비판적인 차이잉원蔡英文 후보에게 투표한 것으로 나타났다. 당선자인 차이잉원 후보가 얻은 689만 표의 거의 20%였다.

중국인들은 이 사과 동영상에 대해 "강요당하거나 중국 시장 때문에 억지로 사과하는 느낌이 역력했다", "사과 안 하느니만 못하다"는 반응을 보였다. 『한겨레』는 "제이와이피의 대응에는 어린 가수의 인권에 대한 감수성도, 중국과 대만의 정치·사회에 대한 이해도 없었다"며 이렇게 말했다. "이익이 큰 중국 시장에서 빨리 사태를 진화해야겠다는 조급함만 드러낸 무리수로 사면초가에 빠졌다.……중국 시장의 이익을 위해 다른 지역 팬들의 정서, 연예인의 인권은 무시되는 한류 모델은 지속 가능한가? 쯔위 사태는 수많은 질문과 경고를 던진다."[238]

연세대학교 커뮤니케이션대학원 교수 윤태진은 "쯔위의 사과 영상은 너무나 전형적이었다"며 이렇게 말했다. "수수한 검은 옷과 하얀 배경, 옅은 화장, 수척한 얼굴, 허리를 120도로 꺾는 인사. 도박이나 폭력 사건 때문에 사과 인터뷰하던 연예인들과 너무도 유사하다.……수억 명의 중국 소비자 눈치를 보는 동안, 미성년자 외국인 한 명이 가진 인간으로서의 품위는 사라졌다. 소속 연예인들을 상품 가치로만 평가하는 한국 연예기획사들의 탐욕만 남았다."[239]

'다국적 아이돌' 시스템에 대한 의문

쯔위 사태는 외국인 멤버를 기용하는 '다국적 아이돌' 시스템에 의문을 제기한 사건이기도 했다. SM엔터테인먼트가 2001년 중국에서 연 오디션 프로그램을 통해 발탁한 중국인 한경韓庚이 포함된 슈퍼주니어를 2005년 출범시킨 이후, 후발 주자인 JYP는 2008년 그룹 2PM에 태국계 미국인 닉쿤을 포함시켰고, 2010년 데뷔한 미쓰에이에는 중국인 멤버 지아와 페이를 합류시켰다. 갓세븐엔 대만계 미국인 마크와 홍콩인 잭슨, 태국인 뱀뱀 등이 가세했다. 이들 외에도 f(x), 크로스진, JJCC, 타이니지, 피에스타 등에서도 외국인 멤버가 활약했다.

특히 SM은 2012년 '초대형 아이돌의 결정체'라고 할 수 있는

EXO를 만들면서 한국인으로만 구성된 EXO-K와 크리스, 루한, 레이, 타오 등 중국인(또는 중국계) 4명에 한국인 2명이 포함된 EXO-M을 같은 날 출범시켰다. 한국과 중국어권 시장을 동시에 공략하겠다는 전략이었지만, SM은 이후 소속된 중국인 멤버들의 잇단 무단이탈과 소송전으로 내홍을 겪는 등 적잖은 문제점이 드러났다. 2016년 1월 기준으로 다국적 아이돌 그룹으로 이름이 알려진 팀은 17개로 33명의 외국인이 속해 있었기에, 이는 K-팝 전체의 문제이기도 했다.

그래서 '다국적 아이돌' 시스템에 대한 근본적인 회의론도 제기되었다. 문화평론가 박상미는 "유럽과 미국, 캐나다의 한류 팬들을 대상으로 설문조사한 결과 한국적인 특색 때문에 K-팝을 좋아한다는 응답이 월등히 많았다"며 "외국인 멤버로 인해 K-팝의 특색 자체가 사라질 수 있는데다 외국인 멤버의 무단이탈도 계속될 것으로 예측되기 때문에 장기적으로 잃는 것이 더 많을 수 있다"고 말했다.[240]

2016년 7월 12일 네덜란드 헤이그 국제상설중재재판소PCA가 중국과 필리핀의 남중국해 영유권 분쟁에서 필리핀의 손을 들어주었다. 중국은 남중국해 파라셀제도에 있는 우디섬Woody Island 실효 지배를 근거로 대부분의 영유권을 주장해왔지만, PCA가 이 같은 주장은 법적 근거가 없다는 판결을 내린 것이다. 이 판결은 '제2의 쯔위 파동'을 낳았다.

PCA의 판결이 알려진 후 EXO 레이, f(x) 빅토리아, 피에스타 차오루, 미스에이 페이 등 국내 활동 중인 중국 국적의 연예인들은 웨이보微博, 인스타그램 등 자신의 SNS에 "중국은 한 점도 작아질 수 없다中國一点都不能少"는 글과 함께 남중국해를 중국의 땅으로 표시한 지도를 게재했다. 그러자 중국 팬들은 중국에서 활동 중인 한류 스타들에게까지 이 같은 입장 표명을 요구하고 나섰다. 특히 소녀시대 윤아의 인스타그램은 "입장 표명을 하라"는 중국 팬들과 "중국 팬들의 요구를 들어주면 안 된다"는 필리핀·베트남 팬들, "한국인인 윤아에게 왜들 이러냐"는 한국 팬들의 댓글로 한바탕 난리가 났다.[241]

〈별에서 온 그대〉 열풍을 재현한 〈태양의 후예〉

MBC PD 출신인 김영희와 SBS 〈런닝맨〉을 제작했던 PD 조효제의 중국행은 이들이 나중에 자신의 방송 제작사를 차릴 정도로 성공을 거두었지만, 이런 성공 사례를 보고 중국으로 향하는 한국 제작자들의 발길이 이어지는 것에 대해선 우려의 목소리도 나왔다. SBS 글로벌제작 CP 김용재는 다음과 같이 말했다.

"중국 내 후난성, 산둥성 등 각 성급 위성방송 하나가 20여 개의 채널을 가지고 있다. 이 정도의 수준의 방송국 프로그램에서는 이미 시청률 2%가 넘어야만 제작비 투입 대비 수익이 난다는 이야기가 있다. 점차 생각보다 성공을 거두기 쉽지 않은 현실이다. 1.5% 이상의 시청률을 기록할 수 있는 한중 합작 프로그램도 1년에 한두 편 나올까말까 정도다. 한국 제작진과의 갈등도 많아 일각에서는 한국과 제작 불가 얘기까지 나오고 있는 상황이다."

『한국경제』 콘텐츠 PD 이상준은 "돈의 흐름은 억지로 규제할 수 없고 무조건 나쁘다고도 할 수도 없다. 또한 중국이 돈을 투자한 이유는 그만큼 중국을 위한 콘텐츠를 만들어달라는 것이다. 그러면 한국이 내세울 수 있는 명품 다큐멘터리나 드라마, 한국 토종 캐릭터 개발 등에 누가 매달리겠나. 중국 자본의 흐름을 막을 수는 없지만 정부가 지원해서라도 지켜야 할 부분은 있다"는 의견을 제시했다.[242]

중국 베이징에서 중국 예능 프로그램을 제작 중인 이창욱 PD는 "지금과는 다른 관점으로 중국을 바라볼 필요가 있다"며 이렇게 말했다. "우리의 제작력과 기획력을 높게 평가한다고 해서, 가르쳐주러 간다는 태도로 중국에 가서는 곤란하다. 돈 벌러 중국에 왔다가 실패하고 돌아가는 이들이 많은 이유도 여기에 있다. 맹목적으로 한국의 제작 시스템이 우수하다며 중국에 맞추라고 강요하러 들거나 '내가 한국에서는 이 정도로 성공했던 사람'이라며 자존심부터 내세우는 한국의 제작자들이 부지기수다. 중국 내에 한국 제작자 '블랙리스트'가 있다는 얘기는 여기서 나온다."[243]

2016년 4월 영상 사이트 아이치이를 통해 중국에서 동시 방송된 KBS-2 TV 드라마 〈태양의 후예〉의 중국 누적 조회수가 12회분 방영만에 20억 뷰를 돌파하는 진기록을 세웠다.[244] 2월 24일부터 4월 14일까지 16부작으로 방송된 〈태양의 후예〉는 종영일 기준으로 중국 누적 조회수가 25억 뷰를 넘어섰으며, 한국에선 시청점유율 38.8%를 기록했다.[245] 〈태양의 후예〉의 인기가 너무 높아 중국 공안이 웨이보에 '송중기 상사병' 주의보를 내릴 정도였다. 남자주인공인 송중기의 인기가 너무 높아 부부싸움 등 부작용이 우려된다는 친절한(?) 설명과 함께였다.[246]

130억 원이라는 대규모 제작비가 투입된 〈태양의 후예〉의 성공은 중국의 사전심의 규제에 따른 사전제작의 승리였다. 『중앙일보』는 "우리 드라마 〈태양의 후예〉(태후)가 중국에서 또 한 번 일을 냈다. 중국의 규제 강화로 제2의 〈별에서 온 그대〉(별그대)는 나오기 어렵다는 예상을

2016년 4월 영상 사이트 아이치이를 통해 중국에서 동시 방송된 〈태양의 후예〉는 드라마의 인기가 너무 높아지자 중국 공안은 웨이보에 '송중기 상사병' 주의보를 내렸다.

깬 쾌거다"며 다음과 같이 말했다.

"'태후'로 인해 다시 한번 중국 시장과 자본이 주목받고 있다. 그간의 과정을 보자면 '헐값'에 넘긴 몇몇 콘텐츠와 굴지의 국내 드라마 제작사에 대해 가슴 아파할 수도 있다. 하지만 고질적 병폐였던 '쪽대본'과 '생방송 촬영'이 일거에 사라지고 관련 시장이 활기를 띠게 된 것은 분명 반가운 점이다. 올 하반기 상영될 예정으로 이영애의 드라마 복귀작으로 주목받고 있는 〈사임당, 더 허스토리the Herstory〉 또한 '태후'와 여러모로 닮아 있어 또 한 번 기대를 걸어봄 직하다."[247]

이렇듯 잘나가던 중국 내 한류는 2016년 7월 22일 한국 정부가 '사드THAAD 배치'를 전격적으로 발표하고, 이에 반대하던 중국 정부가 한류를 제한하는 이른바 '한한령限韓令'이라는 보복 조처를 취함으로써 큰 타격을 입게 된다. 사드 배치 이후 중국의 웨이보에서 중국인 32만 명을 대상으로 실시한 설문조사 결과, 전체 응답자 중 87%가 '한한령'에 찬성하는 것으로 나타났다.[248] 2015년 기준으로 국내 방송 콘텐츠의 일본 수출액은 7,097만 달러로 전체의 32.9%, 중국이 5,258만 달러로 전체의 24.3%를 차지하고 있었기에 한한령으로 인한 타격은 컸다.[249]

"미디어 공룡 CJ E&M의 그늘"

2010년대 중반 CJ E&M은 '국가대표 문화 기업'이니 '한류의 첨병'이니 하는 말을 들을 정도로 맹활약을 하고 있었다.[250] CJ E&M은 2016년 1~4월 광고 매출에서 MBC(1,579억 원)에 이어 1,345억 원을 기록, 사상 처음으로 KBS(1,237억 원)와 SBS(1,150억 원)를 앞질렀다. 지상파 직접 수신률이 3%대로 떨어진 유료방송 시대에서 CJ E&M은 14개 케이블 채널을 보유한 콘텐츠 강자로 군림하면서 이미 위기에 처한 지상파의 마지막 목을 조르고 있었다.[251]

CJ E&M의 영화 사업 부문 대표 정태성은 2015년 언론 인터뷰에서 OSMTOne Source Multi Territory라는 말을 처음 사용했다. 기존의 OSMUOne-Source Multi-Use 개념을 원용한 OSMT는 한 문화 상품을 해외 진출을 염두에 두고 각 국가나 문화권의 소비자 특성에 맞게 변용하는 것을 뜻했다. OSMT는 CJ E&M이 2017년 5월 태국 극장 사업자

CJ E&M은 태국 극장 사업자 메이저 시네플렉스 그룹과 OSMT 방식을 적용한 영화 〈수상한 그녀〉와 〈써니〉를 제작해 아시아권에서 큰 성공을 거두었다.

메이저 시네플렉스 그룹과 함께 영화 투자 제작 합작회사를 설립하면서 널리 알려지게 된다. OSMT는 리메이크 영화에도 적용되었는데, CJ E&M이 이 방식을 적용한 영화 〈수상한 그녀〉와 〈써니〉는 아시아권에서 큰 성공을 거두었다.[252]

CJ E&M은 한류에 큰 기여를 하고 있었지만, 내부적으론 날이 갈수록 힘이 커지면서 그 그늘도 짙어져가고 있었다. 언론의 주목을 받진 못했지만, 2016년 10월 방송통신위원회 국정감사에선 CJ E&M의 탈법적 문제가 불거졌다. 더불어민주당 의원 변재일이 방송통신위원회에서 제출받은 자료에 따르면 CJ E&M 계열 채널이 방송법상 방송광고 위반으로 2011년부터 2016년 7월까지 과태료 부과 건수가 102건으로 방송 사업자 중 최대치를 기록했다. 과태료 액수는 15억 3,546만 원에 달했다.

　같은 기간 전체 방송광고 위반 건수(389건) 기준 26.2%, 전체 과태료(53억 1,000만 원) 기준 28.9%에 달하는 것으로 위반행위 4건 중 1건이 CJ E&M 계열 채널에 몰린 것이었다. 이는 지상파의 지난 5년간 위반 횟수 평균인 30건에 비해 3배가 넘었다. 방송광고 위반 유형은 광고 시간 위반, 중간광고 관련 위반(횟수와 시간, 고지 위반), 간접광고 위반, 가상광고 위반 등이었다.

　더불어민주당 의원 고용진은 "CJ E&M은 결합 판매를 통해 사회적 책임은 지지 않고, 오히려 중소 방송사의 매출을 가져가고 있다"고 지적했다. 지상파는 코바코Kobaco(한국방송광고진흥공사), 미디어크리에이트 등의 광고 판매 대행사를 통해 지상파 광고를 팔면 일정 부분을 지역 방송, 음악 방송 등 군소 채널에 나눠주는 결합 판매를 하며 방송 생태계 상생에 기여를 하지만, 직접 광고 영업을 하는 CJ E&M이나 각 방송사 당 광고 판매 대행사를 하나씩 가진 종편은 이 같은 역할을 수행하지 않는다는 것이었다.[253]

　CJ E&M에 대한 규제 필요성의 목소리가 높아지는 가운데 국민의당 의원 최명길은 2017년 5월 "지상파 방송만큼 사회적 영향력이 커진 CJ E&M의 공적 책임과 공공성을 강화해야 한다"면서 '방송법 개정안', '방송통신발전기본법 개정안'을 대표 발의한다. '방송법 개정안'에는 현재 지상파, 종편, 보도전문채널 등 보도 기능이 있는 사업자에만 설치하도록 하는 시청자위원회를 10% 이상 시청점유율(전체 방송사 시청률을 환산한 것)을 기록한 사업자도 설치하도록 하고 시청자 평가 프로그램(옴부

즈맨) 편성을 강제하는 게 골자였다. 보도 기능이 없는 사업자 중에서는 CJ E&M만 시청점유율 10%를 넘겼다.

최명길은 "CJ E&M이 방송한 각종 프로그램들이 사회적으로 큰 반향과 관심을 불러일으키고 있지만, 지나치게 자극적이고 선정적인 장면과 부적절한 표현 등이 방송되면서 사회적 논란이 빚어지는 경우 또한 적지 않았다"면서 "CJ E&M을 규제하기 위한 법안이 아니라 사회적 영향력에 걸맞은 법적 위상을 부여하는 의미가 있다"고 밝혔다. 최명길의 '방송통신발전기본법 개정안'에는 방송 광고 매출액을 기준으로 징수율을 정하도록 한 현재의 방송발전기금 징수 방식을 '방송사 협찬 매출', 'IPTV의 결합 상품 매출'까지 확대하는 내용도 담겼다.[254]

방탄소년단의 등장

2016년 3월 미국의 경제 전문지 『포브스』에 따르면 방탄소년단은 한 달간 SNS에서 리트윗(539만 건)이 가장 많이 된 음악인이었다. 미국의 인기 래퍼 칸예 웨스트Kanye West(375만 건)와 저스틴 비버(358만 건)보다 많은 수치였다. SNS를 비롯해 오프라인을 통해 멤버들이 자유롭게 해외 팬들과 소통하며 나온 결과였다.[255]

RM(랩 몬스터, 김남준), 진(김석진), 슈가(민윤기), 제이홉(정호석), 지민(박지민), 뷔(김태형), 정국(전정국) 등 소년 멤버 7명으로 구성된 방탄소년단防彈少年團, Bulletproof Boys Scouts, BTS은 이름 그대로 "총알을 막아내는 방탄조끼처럼 10대에 대한 모든 편견과 억압을 막아내겠다"는 슬로건을 내세우며 2013년 6월 작곡가이자 프로듀서인 방시혁의 기획으로 탄생한 프로젝트 그룹이었다.

데뷔 당시 16세에서 21세였던 이들은 모두 국내파였다(경기도 일산과 과천 출신이 각 1명씩, 부산 출신 2명, 대구 출신 1명, 광주 출신 1명, 경남 거창 출신 1명). 이들은 자신을 '촌놈'으로 규정하고 '촌놈 정체성'을 거리낌 없이 드러내면서 '흙수저 아이돌'을 자처했다. 많은 사람이 영어가 유창한 RM을 해외파로 보았겠지만, 그는 경기도 일산에서 어머니가 사다 준 미국 드라마 〈프렌즈〉 전 시즌 DVD로 영어를 배웠다.[256]

대중문화 시장에서 '편견과 억압'은 중소 기획사에도 작동하는 것이었기에, BTS는 그 벽을 넘어서기 위해 소셜미디어를 적극 활용하는 길을 택했다. BTS가 데뷔하기 6개월 전인 2012년 말부터 블로그와 트위터를 개설해 SNS 활동을 시작한 데서 알 수 있듯이, 이제 곧 나타나게 될 'BTS 신드롬'의 진원지는 바로 소셜미디어였다. 이들은 10대와 20대 청춘들의 생각, 꿈, 삶과 사랑을 주요 스토리로 담은 앨범에 걸맞게 팬들과의 실시간 1대 1 소통 방식을 택했으며, 이에 따라 충성도가 매우 높은 글로벌 다국적 팬덤 아미A.M.R.Y, Adorable Representative MC for Youth가 결성되어 'BTS 신드롬'의 동반 주역으로 맹활약하게 된다.[257]

그러나 BTS와 아미의 성장 과정은 순탄치 않았다. 중소 기획사 소속 아이돌에 대한 '편견과 억압'은 상상을 초월하는 수준이었다. 데뷔 초부터 2016년까지 거대 기획사 팬덤은 BTS를 향해 "덕질할 맛 안 나게 생긴 중소돌"이라는 조롱과 더불어 악의적 루머와 공격을 맹렬히 퍼부었다. 이런 악의적 공격을 견디다 못해 팬덤을 떠난 아미도 꽤 많았다.[258]

『BTS와 아미 컬처』의 저자인 이지행은 "멤버들의 인터뷰와 노래에도 그 시절 그들이 겪었을 불안과 고통이 은연중에 묻어난다"며 RM은

2017년 새해 첫날 발매한 〈always〉라는 공개곡에서 다음 가사를 통해 속내를 비쳤다고 했다. "어느 날 아침 눈을 떴을 때 내가 죽었으면 했어."[259] BTS의 〈바다〉는 아예 직설적으로 세상의 '편견과 억압'에 맞섰다. "빽이 없는 중소 아이돌이 두 번째 여름이었어/방송에 잘리긴 뭐 부지기수/누구의 땜빵이 우리의 꿈/어떤 이들은 회사가 작아서 쟤들은 못 뜰 거래."[260]

이지행은 "그러나 외부의 적은 내부를 단합시킨다고, 오랜 시간 국내외의 K팝 팬들로부터 고초를 당해온 아미들은 결과적으로 더 똘똘 뭉치기 시작했다"며 이렇게 말했다. "든든한 배경도 없고 미디어의 혜택도 받지 못한 방탄에게는 오로지 아미밖에 없다는 절박한 심정은, 후에 해외 팬들이 오직 방탄을 위해 미국 시장의 문을 본격적으로 두드리게 만드는 밑거름이 되었다."[261]

『BTS: The Review 방탄소년단을 리뷰하다』의 저자인 김영대는 해외 팬들이 BTS를 주목하기 시작한 건 2014년 여름 미국 로스앤젤레스에서 열린 북미 K-팝 축제인 '케이콘K-Con'이었다며, 이렇게 말한다. "정작 이들의 잠재력을 알아본 것은 편견이 적은 미국 시장의 케이팝 팬들과 현지의 언론이었던 것이다. 그들의 절대적인 숫자는 크지 않았지만, 그것이 담고 있는 의미는 상징적이었다."[262]

'BTS is not K-pop' 논쟁

BTS를 만든 방시혁은 어떤 인물이었던가? 어려서부터 '음악광'이자 '만화광'이었고 대학(서울대학교)에선 미학을 전공한 그는 JYP의 전

속 작곡가이자 수석 프로듀서로 박진영 휘하에서 god, 박지윤, 비의 히트곡을 만든 뒤 2005년 빅히트엔터테인먼트를 설립했다. 이런 배경과 관련, 『동아일보』 기자 임희윤은 이렇게 말했다. "미학도이자 철학도, 히트 가요 작곡가, 소년 성장 만화의 오랜 팬. 이쯤 되면 헤르만 헤세부터 카를 구스타프 융까지 참고하며 만드는 '방탄소년단 세계관'의 샘물이 어디서 발원했는지 짐작하는 일은 어렵지 않다."[263]

2016년 12월 BTS가 북미 투어를 앞둔 가운데 K-팝 공연 역사상 가장 빠른 매진 기록을 세웠다. BTS는 미국, 브라질, 칠레 등 북남미 4개 도시에서 7회 열리는 '2017 BTS 라이브 트릴로지 에피소드3 윙스 투어2017 BTS LIVE TRILOGY EPISODE III THE WINGS TOUR'의 티켓 9만 5,000장을 전석 매진시켰다. 특히 온오프라인 동시에 티켓 판매를 진행한 칠레는 예매 2일 전부터 600여 명의 팬이 판매 창구 앞에 서서 기다리는 진풍경이 연출되는 등 이제 곧 더 거세게 다가올 'BTS 열풍'을 예고했다.[264]

중국의 한한령을 넘어서기 위해 K-드라마나 K-팝에서 'K'를 빼자는 의견도 나왔지만, 'K'를 넣건 빼건 K-팝은 이미 'K'를 훌쩍 넘어서고 있었다. 2017년 들어 BTS의 팬덤인 '아미'가 이른바 'BTS is not K-pop' 논쟁을 촉발한 건 BTS가 K-팝 팬덤과 분리되어 광범위한 일반 팬을 흡수하기 시작했다는 걸 의미하는 사건이었다.[265] 이미 2016년부터 BTS에 관한 미국 내 검색량은 'K-팝'이라는 키워드의 검색량을 앞서기 시작했고, 그 이후 많게는 최대 6배에 달하는 격차를 보이는 것으로 나타난다.[266]

하지만 한국조지메이슨대학 교수 이규탁은 "아무리 글로벌한 인기

2017년 4월 2일 미국 애너하임에서 열린 '2017 BTS 라이브 트릴로지 에피소드3 윙스 투어'에서 BTS는 전석을 매진시키며 흥행에 성공했는데, 이는 이제 곧 거세게 다가올 'BTS 열풍'을 예고한 것이었다.

를 얻었다고 해도 BTS를 일반적인 팝스타로 취급하는 것은 여전히 불가능하다"며 이렇게 말한다. "BTS가 '비서구·비영어권 출신의 글로벌 최고 인기 그룹'으로 인식되고 있기 때문에 오히려 '한국 그룹'으로서의 정체성을 분명히 할 것에 대한 국내외 팬들의 요구가 더 강해지고, 아이러니하게도 그 결과 BTS의 국가 정체성은 더욱 확고해진다."[267]

아미는 "K팝이 아니라 BTS팝이다"는 입장을 취하기도 했다. 온라인 등에서 유행하는 신조어를 등재하는 『어번 딕셔너리Urban Dctionary』는 'BTS팝'을 이렇게 정의한다. "모든 K팝 그룹 중에서 BTS 음악만 열심히 듣고 BTS만을 좋아하는 사람들을 BTS팝 팬이라고 부른다. 일례로, 만약 당신이 오직 BTS만 좋아한다면 당신은 K팝 팬이 아니라 BTS팝 팬이다."[268] 이런 현상이 다른 한국 그룹들에서도 유사하게 재현될 것인지는 두고 볼 일이었지만, K-팝의 세계화가 새로운 국면을 맞이했다는 건 분명한 사실이었다.

탈북 유도하는 '북한의 한류'

한국국제교류재단에 따르면, 2016년 기준으로 전 세계 88개국에서 1,652개의 한류 동호회가 생겨났고, 5,939만 명의 회원이 활동 중이었다.[269] 비록 통계에 잡힐 수 없는 음지의 동호인들이었을망정, 북한도 이런 한류화의 무풍지대는 아니었다. 2012년 7월 15일 북한 군 총참모장 이영호가 실각하자, 『중앙일보』는 미제 타도를 외친 군부 강경파는 숙청된 반면 평양 시내 공연에선 미키마우스가 등장했다는 걸 들어 기사 제목을 「이영호, 미키마우스에 밀리다」로 뽑았다.[270] 하지만 미키마우스보다 더 강한 건 바로 한류였다.

2015년 서울대학교 평화통일연구원이 2011년 이후 탈북한 주민 600여 명을 대상으로 조사한 자료에 따르면 북한에서 한국의 방송, 영화, 드라마, 노래 등을 경험했다는 응답이 80% 이상으로 나타났다. 학력이 높을수록, 소득이 많을수록, 나이가 어릴수록 남한 문화 경험이 많았다. 중국 방문 중 『동아일보』 기자와 전화 연결이 된 한 평양 주민은 "현재 북한에서 한국 노래를 가장 많이 유통시키는 세대는 중학생으로 특히 여중생들이 활발하다"며 "(북한 당국이) 평양의 모 중학교에서 학생들의 가방을 불시에 수색했는데 한국 노래가 적혀 있지 않은 수첩이 없을 정도였다. 수첩 하나에 수백 곡의 한국 가요가 적혀 있기도 했다"고 밝혔다.[271]

2016년 12월 북한인권운동가 백지은은 『뉴욕타임스』에 기고한 글에서 "한국에서 제작된 TV 드라마와 영화·라디오 프로그램은 북한 주민이 바깥세상을 바라보는 눈이 되고 있다"며 이렇게 말했다. "탈북자와 인터뷰해보면 북한은 지금 상당한 정치·사회적 변화를 겪고 있음을 알 수 있다. 서울 사람 말투를 흉내내거나 당국이 금지한 헤어스타일을 하고 한국 연예인의 옷차림을 따라 입는 주민들이 늘고 있다. 장마당 등장 이후 태어난 젊은 세대들이 한국이나 미국 영화에 나오는 서구식 데이트를 즐기기 시작했다는 보도도 있다. 남녀는 서로 낯을 가려야 한다는 북한의 유교적 규범을 거부하는 것이다."[272]

북한의 한류 열풍은 날이 갈수록 거세졌다. 2019년 8월 20일 미국의 『워싱턴포스트』는 「K-팝은 어떻게 북한 젊은이들을 탈북하게 했는가」는 기사에서 K-팝 덕분에 탈북을 결심한 젊은이들을 소개했다. 2015년 탈북한 류희진(27)은 북한에서 동방신기·소녀시대의 음악을 몰래 들었다. 류씨는 "K-팝을 듣고 북한에서 지낸 삶이 파라다이스가 아니고 만들어진 환상이라는 것을 알게 됐다"며 "북한 음악을 들으면 아무런 감정이 생기지 않는데 K-팝은 듣고 있으면 온몸에 소름이 돋을 정도로 감동적"이라고 했다.

북한의 한 예술고등학교에서 성악을 전공한 탈북자 강나라(22)는 "K-팝 뮤직비디오에 나오는 것처럼 머리를 염색하거나 미니스커트와 청바지를 입고 나 자신을 자유롭게 표현하고 싶었다"고 했다. 『워싱턴포스트』는 "냉전시대에 소련 젊은이들이 비틀스의 음악을 불법 테이프로 들었고, 동독 젊은이들이 데이비드 보위David Bowie의 공연을 보기 위해 베를린 장벽에 모여들었던 것처럼 K-팝이 북한 젊은이들에게 비슷한 영향을 주고 있다"고 보도했다. 대북 민간 방송인 국민통일방송은 북한 내 휴대전화 보급과 중국 국경의 장마당에서 이루어지는 활발한 교류 덕분에 K-팝이 확산되고 있다고 분석했다.[273]

　동유럽 사회주의 체제의 붕괴와 관련, 미국 디즈니사 회장 마이클 아이스너Michael Eisner는 1995년 미국 오락의 교육적이고 정치적인 힘이 너무나 확고해서 실제로 동유럽에서 공산주의를 약화시키고 몰락시키는 데 일익을 담당했다며, 이렇게 주장했다. "미국의 오락 산업이 역사를 바꾸는 데 일익을 담당했다는 것은 그다지 과장이 아니다. 베를린 장벽은 서구의 무기에 의해서 무너진 것이 아니라 서구식의 사고에 의해서 무너진 것이다. 그런 사고를 전달한 수단은 무엇이었는가? 다름 아닌 미국의 오락이 그 역할을 담당했다는 사실을 인정해야 한다."[274]

　그 사실을 인정하건 인정하지 않건 동유럽 사회주의 체제의 붕괴 이후 동유럽 국가들은 파도처럼 밀려드는 미국과 서유럽의 오락 문화로 인해 심한 정체성 갈등을 겪게 되었다는 건 분명한 사실이다. 과거 동유럽의 공산당 간부들은 "퇴폐적인 미국 음악"을 들었다는 이유로 여러 젊은이에게 징역형까지 내렸지만 이는 나중에 역효과가 난 것으로 판명되었다. 과연 한류가 북한 사회 체제에 어떤 영향을 미칠 것인지는 두고 볼 일이었다.

제19대 대통령 취임

2017 『연합뉴스』 10대 국내 뉴스 ▼

1 박근혜 대통령 파면…국정농단 재판

2 문재인 대한민국 제19대 대통령 탄생… '촛불혁명'

3 북한 6차 핵실험과 잇단 미사일 도발…핵무력 완성 선언

4 경북 포항서 규모 5.4 지진…수능 일주일 연기

5 '적폐청산'…국정원 댓글·특활비 정치 개입 등 수사

6 사드 배치와 중中 '보복'…한중 갈등과 봉합

7 내년 시간당 최저임금 7,530원…인상폭 17년 만에 최대

8 시민이 결정한 신고리 원전 5·6호기 운명…숙의민주주의 실험 성공

9 3년 만에 육지로 올라온 세월호

10 8·2 부동산 대책 발표…가계 부채 1,400조 원

2017 『연합뉴스』 10대 국제 뉴스 ▼

1 '미국 우선주의' 트럼프에 긴장하는 국제사회

2 시진핑 중국 권력 독점…대국 향한 2막 출발

3 가뭄·홍수·폭염·혹한…기후변화 재난에 지구촌 몸살

4 트럼프·김정은, 북핵 둘러싼 '희대의 말 폭탄'

5 유럽 정치 중도 기반 상실·좌우 양극화 따른 기성 정치의 참패

6 '미투' 확산…지구촌 여성들의 성폭력 근절 봉기

7 IS '칼리프국가' 수립 좌절…시리아·이라크서 패퇴

8 임기 내내 트럼프 정부 흔든 '러시아 내통설'

9 북北 김정은 이복형 김정남의 국제공항 신경작용제 암살 사건

10 사우디·이란 패권 다툼…중동 정세 불안

제1장

박근혜,
"날 끌어내리려 오래전부터 기획된 느낌"

"국민 분노에 불 지른 대통령 신년 간담회"

헌법재판소 탄핵심판 변론을 이틀 앞둔 2017년 1월 1일, 박근혜는 예정에 없던 이상한 기자간담회를 열었다. 기자들에게 노트북을 지참하지 못하게 하고 녹음, 사진 촬영도 금지되었다. 내용은 일방적인 해명에 그쳤다. 탄핵소추안이 가결된 상태에서 대통령이 기자간담회를 열 수 있는지도 논란이었다.

박근혜는 기자간담회에서 그간 제기된 여러 의혹을 부인했다. 세월호 참사 당일 미용 시술 의혹 등을 전면 부인했고, 삼성물산과 제일모직 합병 찬성 대가로 재단 모금, 정유라 지원 등 뇌물을 받았다는 의혹에 대해 "완전히 엮은 것"이라고 주장했다. 최순실 게이트와 관련해 기존의 입장과 달리 "국정 운영에 저의 철학과 소신을 갖고 일을 해왔다"고 밝혔다. 외려 "방송 나오는 것을 보면 너무나 많은 왜곡, 오보, 거기에다 허위가 그냥 남발이 됐다"고 언론 탓을 했다. 가장 논란이 된 세월호 참사 당일 7시간 행적에 관해서는 두루뭉술하게 해명했다.[1]

이에 『한겨레』는 「새해 첫날부터 변명만 늘어놓은 뻔뻔한 대통령」이라는 사설에서 "특검과 검찰 수사를 통해 확인된 내용이나 국회 청문회장의 증언조차 모조리 부인으로 일관하는 대통령을 보면서, 현실을 제대로 인식할 수 있는 정상 상태인지 의문이 들 정도다"며 "나라를 이 지경으로 만들고도 국민에게 사과하기는커녕 '모든 게 정상으로 바로잡혀 보람찬 새해가 되길 바란다'고 말하는 뻔뻔함이 놀랍기만 하다"고 했다.[2] 『중앙일보』는 「국민 분노에 불 지른 대통령 신년 간담회」라는 사설에서 "임기를 끝까지 채우고 싶다는 오기만 부렸다"며 "탄핵안 가결 이후 누그러질 조짐을 보여온 국민의 분노에 새해 벽두부터 기름을 부은 것이나 다름없다"고 했다.[3]

공영방송은 일방적인 대통령의 해명을 전달하는 데 급급했다. 1일 MBC 〈뉴스데스크〉는 "예고 없이 기자단과 간담회를 가진 박 대통령은 세월호 7시간 의혹에 대해 적극 해명에 나섰다"면서 "관저에서 세월호 사고 관련 상황을 챙기면서 구조 지시 등 대통령으로서 할 일을 다했고, 많은 양의 밀렸던 기초연금 보고서 등을 읽었다고 설명했다"고 보도했다. KBS 〈뉴스9〉 역시 "박 대통령은 제기된 의혹들에 대해 처음으로 조목조목 반박했다"고 보도했다. 지상파 3사 중 SBS 〈8뉴스〉만 "박 대통령이 간담회를 자청해 반박에 나선 건 이번 주 시작되는 헌재의 탄핵심판 변론을 앞두고 의혹에 대한 입장을 직접 밝힐 필요가 있다는 법률적 판단에 따른 것으로 보인다"며 의도를 분석했다.[4]

촛불은 민심이 아니라는 박근혜 대리인단

새해 첫날 최순실의 딸 정유라는 덴마크 북부 올보르에서 불법체류 혐의로 현지 경찰에게 체포되면서 기나긴 도피 생활에 마침표를 찍었다. 그러나 이후 정유라는 귀국을 거부하는 시간 끌기 작전으로 버틴다. 이런 시간 끌기는 박근혜 대리인단이 헌법재판소의 탄핵심판 변론에 임하는 기본 전술이기도 했다. 그 전술의 대부분은 승산이 없는 법적 대결을 포기한 가운데 박근혜의 강성 지지자들을 염두에 두고 벌인 정치적 공세라는 시각이 우세했다.

1월 5일 박근혜 대통령 측은 헌법재판소에서 열린 탄핵심판 변론에서 촛불집회 참가 시민들을 종북세력으로 규정했다. '촛불'은 민심이 아니라는 말도 했다. 박근혜 대리인단의 변호사 서석구는 "광화문 대규모 촛불집회를 주도한 곳은 민중총궐기투쟁본부인데, 이를 주도한 곳은 민주노총"이라고 언급한 후 "민주노총이 김일성 주체사상을 따르는 이석기를 석방하라고 행진하는 것을 볼 때 민심이 아니다"고 말했다. 그는 "북한 노동신문이 '김정은 명령에 따라 남조선 인민이 횃불을 들었다'고 했다"는 말도 했다. 박근혜는 서석구의 입을 빌려 "소크라테스도 사형됐고, 예수도 군중 재판으로 십자가를 졌다"면서 자신을 박해받은 성인들에 비유했다.[5]

1월 6일 『동아일보』가 구속기소된 전 청와대 부속비서관 정호성의 휴대전화에 녹음된 최순실 등과의 통화 녹취 파일 28분 34초 분량 12건의 전문을 분석해 보도한 기사에 따르면, 최순실은 대통령처럼 행동했다. 박근혜의 공식 일정과 국무총리 대국민 담화 발표 시간을 마음대로

최순실 "공직기강 잡아야" 대통령 행세했다

정호성 녹취파일 12건 全文 확인
"대통령 연설에 문구 넣어라" 지시
해외 나가서도 국정 관여한 정황
총리 대국민 담화 시간까지 정해

東亞日報 -1면- 최순실"공직기강잡아야"대통령행세했다

최순실은 정호성에게 공직 기강을 잡아야 한다며 대통령 행세를 하는 한편으로 국무총리 대국민 담화 발표 시간, 대통령 수석비서관회의와 국무회의 개최 지시를 내리기도 했다. (『동아일보』, 2017년 1월 6일)

정하고, 정호성을 통해 대통령 수석비서관회의와 국무회의 개최 지시를 내렸다. 또 외국인투자촉진법이 통과될 경우 경제적 이득이 어느 정도 되는지를 알아보라고 지시했고, 예산 정국에서 야당에 대한 대응 방안도 제시했다.[6]

1월 10일 '박근혜 대통령 탄핵심판' 3차 공개 변론 현장의 증언석에 최순실과 정호성은 나타나지 않았다. 국회와 특검의 소환에는 불응하더라도 국가 최고의 헌법 해석기관인 헌재의 부름은 거부하지 못하리라는 예상을 깬 것이다. 변론은 30분 만에 허망하게 휴정했고, 오후 2시 재개된 변론도 30분 만에 끝났다. 안종범마저 불과 2시간 전에 불출석을 통보하는 바람에 재판관들은 할 일이 없게 되었다.

이에 대해 『중앙일보』 논설위원 고대훈은 「국정농단보다 더 큰 죄」라는 칼럼에서 "탄핵심판이라는 역사적 사건에 증언을 거부하는 배짱은 어디서 기인하는가. 양심과 죄의식에서 그 배경을 찾을 수밖에 없다. 유무죄를 떠나 나라를 이런 대혼돈에 빠뜨렸다면 대통령과 그의 사람들은 양심의 가책을 느끼는 게 상식이다"며 다음과 같이 주장했다.

"국정농단 사건이 남길 가장 큰 상처는 리더십 공백도, 진보와 보수의 갈등도 아니다. 대통령의 사람들은 법을 우습게 아는 풍조를 전염시키고 있다. 염치나 양심을 벗어던지는 도덕적 아노미와 냉소주의를 전파하고 헌법과 법률을 불신하도록 부추긴다. 이런 사회라면 법치주의는 힘없는 서민이나 지키는 공허한 수사修辭로 전락한다. '법, 그거 정말 웃기는 농담'이란 세상을 만드는 더 큰 죄를 그들은 저지르고 있다."[7]

"대통령이 수석들 모아놓고 거짓말 모의했다니"

1월 16일 헌법재판소의 박근혜 대통령 탄핵심판 사건 공개 변론에 증인으로 나온 최순실은 '모른다'는 말을 130번 넘게 했고, '기억이 안 난다', '아니다'는 답변은 각각 50차례와 30차례를 넘었다. 그가 일체의 혐의를 부인하는 대답을 가장 많이 한 것은 자신이 국정에 개입하고 이권利權을 챙겼다는 의혹에 대해서였다. 그는 세월호 당일인 2014년 4월 16일 행적을 묻는 질문엔 "저는 어제 일도 기억이 안 난다"고 했다. 그는 또 정호성이 자신이나 박근혜와 나눈 통화를 녹음한 파일에 대해선 "(녹음 당시) 상황을 몰라 (증거로) 인정할 수 없다"고 했고, 검찰에서 진술한 조서調書도 "검찰의 강압에 의한 것"이라고 했다.[8]

이날 공개 변론에서 전 청와대 정책조정수석 안종범은 "박 대통령이 작년 10월 12일 참모들과 면담 자리에서 '미르·K스포츠 재단 자체를 전경련이 주도한 것으로 하고, (재단 일부) 인사는 청와대가 추천한 거다' 이런 식으로 말씀하신 것으로 기억난다"고 증언했다. 그 자리엔 민정수석과 홍보수석도 참석한 것 같다고 했다. 실제 안종범이 그날 작성한 업무 수첩에는 '(재단) 모금 청와대 주도·개입 ×', '전경련 주도'라고 적혀 있었다. 이에 『조선일보』는 「대통령이 수석들 모아놓고 거짓말 모의했다니」라는 사설에서 다음과 같이 주장했다.

"검찰 수사를 앞두고 박 대통령이 참모들과 대책 회의를 열어 전경련이 두 재단을 주도하고 기업들이 자발적으로 돈을 낸 것으로 포장하려 한 것이다. 실제로는 대통령이 재단 명칭과 사무실 위치까지 지시한 것으로 검찰 수사에서 드러났다. 안 전 수석은 또 헌재 공개 변론에서 '대통령으로부터 기업마다 재단 출연금 30억 원씩 받으라는 지시를 받았다'고 했다. 출연금 모금 액수도 대통령이 지정한 것이다. 이는 '대기업들이 선의로 냈다'는 박 대통령의 그간 해명과 반대다. 검찰이 안 전 수석 측에서 압수한 '압수수색 대응 문건'에는 '(집에서 휴대폰을 파기하려면) 전자레인지에 돌리라'는 내용도 들어 있었다. 청와대가 대통령 주도로 거짓말을 모의하고 증거인멸까지 시도했다. 있을 수 없는 일이다."[9]

1월 18일 서울중앙지법 형사 22부 심리로 열린 공판에서 검찰은 "압수한 정호성 전 비서관의 휴대전화 통화 내역을 분석한 결과 최순실 씨와 2013년 2월부터 2014년 12월 사이 총 2,092차례 연락한 것으로 드러났다"며 "이 중 문자 메시지가 1,197차례, 전화 통화는 895차례 있었다"고 밝혔다.[10] 최순실과 정호성이 하루 세 차례꼴로 연락한 셈이었다.

'문화계 블랙리스트' 김기춘·조윤선 구속

1월 20일 도널드 트럼프Donald Trump가 제45대 미국 대통령에 취임하면서 한국은 급변하게 될 미국의 외교·통상정책에 대응해야 할 절박한 상황에 놓이게 되었다. 그렇지만 한국은 사실상 아무런 대응도 할 수 없는 국정 마비 상태에 놓여 있었다.

1월 21일 문화계 지원 배제 명단인 이른바 '문화계 블랙리스트' 작성을 주도한 혐의로 김기춘 전 대통령 비서실장과 조윤선 문화체육관광부 장관이 구속되었다. 이에 앞서 박영수 특검은 두 사람 외에도 김종덕 전 문체부 장관, 정관주 전 문체부 1차관, 김상률 전 청와대 교육문화수석, 신동철 전 정무비서관, 김소영 전 문화체육비서관 등을 줄줄이 구속 또는 불구속기소했다.

1월 23일 전 문화체육관광부 장관 유진룡이 '문화계 블랙리스트' 작성 관련 참고인 신분으로 특검에 출석해 "현 정부가 대한민국 역사를 30년 전으로 돌려놨다"고 비판했다. 그는 박근혜 정부 취임 직후인 2013년 3월부터 장관직을 맡았지만, 블랙리스트 실행 등을 놓고 청와대와 갈등을 빚다 이듬해 7월 면직되었다.

유진룡은 특검 조사실에 들어가기에 앞서 미리 준비한 메모지를 꺼내 "김 전 실장이 취임한 뒤 블랙리스트가 실행되기 시작했고, 실제로 그 리스트 적용을 강요했다"며 "정권에 반대하는 의견을 가진 사람을 조직적으로 차별하고 배제하기 위해 '좌익'이라는 누명을 씌워서 배제한 것은 심각한 범죄행위"라고 주장했다.

그는 "박 대통령에게 블랙리스트 관련 보고를 두 차례 했다"고 밝혀

박근혜 정부는 "정권에 반대하는 의견을 가진" 문화예술계 사람들을 배제하는 '문화계 블랙리스트'를 작성했다. 유진룡은 "대한민국 역사를 30년 전으로 돌려놨다"고 비판했다.

박근혜도 블랙리스트에 연루되었음을 시사했다. 유진룡은 "2014년 1월과 그해 7월 두 차례 대통령을 만나 블랙리스트와 관련해 (문화예술인) 차별 배제 행위를 하지 않아야 한다고 말했다. 하지만 거기에 대해 (대통령은) 묵묵부답이었다"고 말했다.[11]

1월 24일 박영수 특별검사팀은 전직 청와대 직원에게서 김기춘이 2013년 말에서 2014년 초 극우단체에 자금 지원을 지시했다는 진술을 확보했다. 김기춘의 지시에 따라 정무수석실은 전경련에 자금 지원을 요청했고, 전경련은 극우단체에 차명으로 돈을 보냈다. 특검은 김기춘 등이 2014년 6월 극우단체를 동원해 세월호 유가족을 비난하는 집회를 열게 한 구체적인 정황도 포착했다. 단식 농성 중인 유가족들 앞에서 '폭

식 투쟁'을 벌인 극우단체의 패륜에 시민들이 충격을 받고 의아해했는데 이제야 의문이 풀린 것이다.[12]

" '경제 공동체'는 엮어도 너무 엮은 것"

1월 25일 오전 11시 15분쯤 서울 대치동 특검 사무실로 강제 구인된 최순실이 갑자기 취재진을 향해 "여기는 더이상 민주주의 특검이 아닙니다. 박근혜 대통령과 경제 공동체임을 밝히라고 자백을 강요하고 있습니다"고 소리쳤다. 그는 한 달 넘게 6번에 걸친 특검팀의 소환에 불응하다 이날 오전 9시 30분쯤 체포영장이 집행되어 서울구치소에서 특검 사무실에 나왔다. 그는 "어린애와 손자까지 멸망시키겠다고 하고 이 땅에서 죄를 짓고 살게 하겠다는데……. 자유민주주의 특검이 아니다"고 말했다. 그는 엘리베이터 앞에 멈춰 서더니 취재진을 향해 고개를 돌려 "이것은 너무 억울하다. 우리 아기까지 다, 어린 손자까지 그렇게 하는 건……"이라고 외쳤다. 이 장면을 지켜보던 특검 사무실 청소관리원 아주머니가 "염병하네"라고 세 차례 소리쳐 나중에 시민들에게서 큰 박수를 받았다.[13]

바로 이날 박근혜도 청와대 상춘재에서 『한국경제』 정규재 주필이 운영하는 1인 인터넷 방송 '정규재TV'와 인터뷰를 갖고 자신의 혐의에 대해 "거짓말로 쌓아 올린 커다란 산"이라고 주장했다. 밤에 공개된 이 인터뷰에서 박근혜는 "(날 끌어내리려고) 뭔가 오래전부터 기획된 것이 아닌가 하는 생각"이라며 "우발적으로 된 건 아니라는 느낌"이라고 했다.

박근혜는 특검팀이 제기하는 최순실과의 '이익 공동체' 의혹에 대해 "말도 안 되는 거짓말이다. 희한하게 경제 공동체라는 말을 만들어냈는데 엮어도 너무 엮은 것"이라고 했다. 박근혜는 유진룡이 (블랙리스트 관련) 폭로에 대해선 "장관으로 재직할 때 말과 퇴임한 후의 말이 달라지는 것, 개탄스러운 일이라고 생각한다"고 했다. 박근혜는 " '태극기 집회'가 점점 커지고 있다. 약간 위로받으시나?"라는 질문엔 다음과 같이 답했다.

"촛불시위보다 두 배도 넘을 정도로 정말 열성 갖고 많은 분들이 참여하신다고 듣고 있는데, 그분들이 왜 저렇게 눈도 날리고 날씨도 추운데 계속 많이 나오시게 됐나. 자유민주주의체제 수호해야 한다, 법치 지켜야 한다, 그런 것 때문에 여러 가지 고생 무릅쓰고 나온다고 생각할 때 가슴이 미어지는 그런 심정이다."[14]

서울대학교 법학전문대학원 교수 한인섭은 페이스북에 "친박 집회엔 촛불 인파의 2배라고 들어"라는 내용의 자막이 적힌 박근혜의 인터뷰 화면을 게재하면서 "이런 걸 보고라고 듣고 있으니, 국정을 하나도 제대로 했을 리가 없다. 이런 염병"이라고 적었다. 같은 대학의 교수 조국도 "(25일) 아침에는 최순실이 특검을 비방하더니, 저녁에는 박근혜가 촛불을 모독한다. 양인은 '정신적 공동체' 관계임을 재확인한다"고 비판했다.[15]

"관제 데모는 정치공작이나 다름없다"

1월 30일 청와대가 삼성 등 재벌들의 돈을 받아 어버이연합·엄마부대·고엽제전우회·시대정신 등 관제 시위를 열어온 보수·극우 성향

단체들을 지원해온 사실이 박영수 특별검사팀 수사에서 좀더 구체적으로 드러났다. 2014년부터 2016년까지 청와대 정무수석실의 신동철·정관주 당시 비서관이 김완표 삼성 미래전략실 전무, 이승철 전경련 부회장과 주기적으로 만나 지원 대상 단체와 지원 금액을 일일이 정했다는 것이다. 청와대 요구에 따라 삼성이 돈을 내면 다른 대기업들도 따라서 내는 식이었고, 규모도 3년간 70억 원에 이르렀다. 이에 『한겨레』는 "그 돈으로 사람들을 동원해 관제 시위를 열었을 것이니, 돈으로 여론을 조작하고 왜곡한 명백한 증거다"며 다음과 같이 말했다.

"그런 돈으로 지난 몇 년간 온갖 친정부·친재벌 집회가 만들어졌던 것이다. 최근 대규모로 열리는 박근혜 대통령 탄핵 반대 집회에도 지원금의 '잔액'이 쓰인 게 아닌지 의심된다. 그렇잖아도 이른바 '태극기 집회'에 적게는 2만 원, 많게는 15만 원씩의 수당이 지급된다는 익명 증언까지 보도된 터다. 청와대가 처음부터 끝까지 주도했음이 드러났으니 그 책임을 묻지 않을 수 없다. 이미 김기춘 전 비서실장은 보수단체 대표들의 항의를 받고 '왜 자금 지원이 제대로 되고 있지 않느냐'고 비서실을 질책하는 등 직권을 남용해 깊숙이 개입한 정황이 확인됐다. 더 엄중한 처벌은 당연하다."[16]

『경향신문』은 「시대착오적인 청와대·삼성·극우단체의 3각 커넥션」이라는 사설에서 "삼성의 고위 임원은 청와대 정무수석실이 마련한 회의에 직접 참여하기까지 했다고 한다. 그동안 삼성은 박근혜 대통령과 최순실 씨의 강요에 의해 어쩔 수 없이 돈을 댔다며 피해자를 자처했는데 이번 청와대, 극우단체의 3각 커넥션 의혹에는 뭐라고 변명할지 궁금하다. 이재용 삼성전자 부회장에 대한 박영수 특별검사팀의 구속영장 청구에 극우단체들이 '경제 위기' 운운하며 강하게 반발한 것도 지금 보니 이해가 된다"며 다음과 같이 말했다.

"권력과 금권을 이용한 여론조작은 지금도 진행형이다. 박근혜 대통령 탄핵 반대 집회 역시 이들 극우단체가 적극 참여하고 있다. 참가자들 일당은 통상 2만 원이지만 추운 날은 6만 원, 유모차를 끌고 나오면 15만 원을 준다는 관계자의 발언이 언론에 보도됐지만 박 대통령은 이를 자신의 방패막으로 활용하고 있다.……재벌 돈으로 관제 데모를 열고 이를 건전한 여론인 양 호도했다. 사기도 이런 사기가 없다."[17]

『중앙일보』는 「관제 데모는 정치공작이나 다름없다」는 사설에서 "청와대가 국정 운영에 타격을 입을 만한 대형 사건이 터지면 이를 희석하려고 정권 비호 단체들을 동원해 맞불 집회를 지시했다는 그간의 의혹이 사실로 파악된 셈이다. 문화예술계 블랙리스트에 이어 관제 데모의 실상까지 밝혀지면서 청와대가 그간 얼마나 집요하게 여론조작을 시도했는지가 드러났다"며 다음과 같이 말했다.

"더욱 경악할 일은 청와대가 전국경제인연합회에서 사회공헌기금으로 책정한 50억 원과 2015년 말 삼성·현대차·SK·LG 등 4대 그룹에서 받아낸 특별회비 21억 원 등 70여 억 원으로 특정 단체를 지원했다는 점이다. 청와대가 민간기업의 공익 자금을 쌈짓돈처럼 꺼내 쓰며 정권 비호 세력을 지원했던 것이다. 법도 도덕성도 무너진 민정수석실의 삐뚤어진 의식을 보여준다. 대통령의 비위를 맞추려고 국민을 속이려 했던 것이나 다름없다."[18]

제2장

민주당 대선주자들의
정치 팬덤 전쟁

이재명 "TV조선 반드시 폐간시킬 것"

"제 별명이 굉장히 많다. 싸움닭, 불독, 전투형 노무현, 갓재명, 핵사이다, 이변 등이다. 이변은 이재명 변호사를 줄여서 이변이라고 하기도 하고 이변異變을 자꾸 만들어낸다고 해서 이변이라고 한다. 그중에서 굳이 골라야 된다면 불독이라고 하고 싶다. 앞으로 부정부패 세력이나 기득권자들과 치열한 싸움을 해야 하는데 공정한 사회를 만들려면 불독 같은 집요함과 끈기 같은 게 필요할 것 같다. 불독이란 별명을 처음에는 싫어했는데 이제는 좋아졌다."[19]

이젠 당당한 대선주자로 발돋움한 성남시장 이재명이 2017년 『일요신문』 신년 인터뷰에서 "가장 좋아하는 별명이 무엇이냐"는 질문을 받고 한 말이다. 그의 불독 근성을 발휘할 사건이 신년 벽두부터 터져 나왔다.

2017년 1월 1일 TV조선 메인 뉴스 〈뉴스판〉은 「철거민·시의원에 '막말·욕설'」이라는 리포트와 「'형 강제 입원 시도'···이재명 '오해다'」는 리포트를 통해 이재명에 대한 검증을 시도했다. TV조선은 "이재명 성남시장이 시의원과 철거민 등에게 막말과 욕설을 했던 것으로 TV조선 취재 결과 드러났다"며 "파격적 복지정책과 서민 행보로 인기몰이를 했던 것과는 사뭇 다른 모습"이라고 보도했다.

보도 내용은 2011년 11월 성남시청 앞에서 열린 한 행사에서 철거 보상을 요구하던 판교 철거민 대책위원회 회원과 이재명 사이에서 벌어진 몸싸움을 다룬 것이었다. TV조선은 "판교에 살던 판자촌이 헐린 철거민들이 시장 면담을 요청하며 시위를 하다 물리적 충돌로 번진 것"이라고 설명한 뒤 "이 시장이 철거민을 폭행했다고 문제를 제기한 성남시의회 의원에게도 이 시장의 막말은 이어진다"고 보도했다. 그러면서 "말 똑바로 해! 누가 소리 꽥 질러! 이덕수 당신 말이야. 조용히 좀 하란 말이야"라고 목소리를 높이는 이재명의 발언 장면을 보도했다.

이재명은 자신의 페이스북을 통해 "철거민들이 불법적 요구를 하면서 시청 앞에서 1년 6개월간 소음 시위, 시장 모략 유인물 배포, 행사장에서 시장(을) 폭행(했다)"며 "폭행 장면을 촬영해 방어 동작을 가해 동작으로 조작 편집해 유포했고 새누리당 시의원과 공모해 조작 영상을 시의회에 상영하는 등 조작 불법을 자행한 것에 항의한 것"이라고 해명했다. 이재명은 "(TV조선이) 앞뒤 다 생략하고 '임마' 등 욕설 폭언을 한 것으로 조작 보도했다"고 주장했다.

두 번째 보도는 이재명의 셋째 형 이재선과의 갈등을 다루었다. 이는 이재선 측이 주장하는 '정신병원 강제 입원설'이었다. 당시 이재선은 박사모에서 활동 중이었다. TV조선은 이재명이 형을 강제 입원시키기 위해 분당보건소 요청에 따른 진단서를 만들었다는 이재선의 주장을 설명한 뒤 "(이재선의) 비정상적 행동에 대해 어머니와 형제자매들이 정신질환 때문이라고 생각해 보건소에 진단 요청을 했었다"는 이재명 측 반박 입장을 담아 보도했다. TV조선은 "직계가족이 아니어서 입원 치료를 요청할 자격이 없는 이 시장이 형에 대한 정신질환 감정을 왜 받아낸 건지 의문은 여전하다"고 의혹을 제기했다.

이에 대해 이재명은 "형님은 제가 시장에 당선되자 '이재명 시장 친형님'을 내세워 이권 요구에 시정 개입을 하다 차단당하자 '이재명에게 통화연결해달라'며 어머니를 살해협박하고 교회에 불을 지른다고 위협했다. 심지어 '어머니 ××를 찢어 죽인다'는 패륜 폭언을 했다"고 밝혔다. 이어 "겁이 난 어머니가 보건소에 정신질환 여부 확인을 위해 진단(강제 입원이 아님)을 의뢰해 성남보건소는 행정절차로 형님의 정신질환 여부 확인 절차를 시작했다"며 "그러나 해당 보건소가 성남시장 관할이기 때문에 정치적 문제가 생길 수도 있어 진단 절차는 더이상 진행하지 않았다"고 밝혔다. 이재명은 "결국 형님은 어머니를 때려 입원시키는 패륜을 저질렀으며 이후 형수를 폭행하고 가산을 탕진하자 그 가족들이 스스로 정신병원에 강제 입원시킨 것"이라고 설명했다.

이재명은 이날 TV조선 보도를 비판하며 "TV조선에 전면전을 시작한다"고 적었으며 "명백한 허위보도에 대해 엄정한 책임을 묻고 민주공화국을 마비시키는 독극물 조작 언론을 반드시 폐간시킬 것"이라고 밝혔다.[20]

"주한미군 철수 각오하고 자주국방정책 수립해야"

2017년 1월 2일 방송된 JTBC〈뉴스룸〉'신년특집 토론: 대한민국은 어디로 가나?'에는 변호사 전원책, 보수신당 의원 유승민, 성남시장 이재명, 작가 유시민이 출연해 토론을 나누었다. 유시민은 "요새 공격 많이 받으시는데 사정 하나하나 뜯어보면 그럴 수 있다고 생각한다"며 "그럼에도 불구하고 이재명 시장은 대선후보로서 '감정 조절 능력에 약간 하자가 있는 것 아니냐' 하는 궁금증이 있다"고 말했다.

이에 이재명은 "유시민 작가님의 어머님이 폭행당하셔서 입원한 상황을 본다면 유시민 작가님은 어떨지 제가 여쭤보고 싶다. 그 상황이 되면 어쩔지"라고 반문했다. 이어 이재명은 "공적 영역의 문제에서 가장 심각한 문제는 부정부패라고 생각한다. 공적 권력을 사적으로 남용하는 데서 시작한다"며 "때문에 제가 가족들을 철저히 통제한 결과 사이가 나빠졌다. (내가) 완벽하게 차단해 가족 내 분란이 발생했다"고 설명했다. 그러면서 "인생의 최고의 목적은 공정한 사회를 만드는 것"이라고 강조하며 "감정 통제 못할 정도는 아니었다"고 말했다.[21]

이재명은 1월 3일 오후 국회에서 기자회견을 열고 "TV조선은 반드시 폐간시킬 것"이라며 TV조선과의 '전쟁'을 재차 선포했다. 그는 "TV조선은 허위사실 보도를 통해 유권자인 국민의 판단을 왜곡하고 이를 통해 정치적 타격을 가함으로써 부당하게 선거에 개입하고 있다"며 "관련 사실을 정확히 알려줬음에도 TV조선은 '셋째 형 정신병원 강제 입원 시도'라는 악의적 허위보도를 했다"고 주장했다.

이어 이재명은 "2002년 노무현 당시 대통령 경선 후보는 거대 언론

유시민은 JTBC '신년특집 토론'에서 이재명에게 감정 조절 능력에 대한 문제를 제기하자, 이재명은 "감정 통제 못할 정도는 아니었다"고 말했다.

에 대해 '경선에서 손을 떼라'며 부당한 선거 개입에 정면으로 맞섰다" 며 "대한민국 70년 적폐인 언론 권력은 이제 대한민국 선거에서 손을 떼야 한다"고 강조했다. 그는 TV조선 측에 형사 고소, 정정 보도 요청, 손해배상 청구 등의 조치를 취할 것이라고 밝혔다. 아울러 이재명은 "국가의 인허가 특혜를 받아서 운영되고 있는 언론들이 반공익적 행위를 한다면 강경한 조치를 통해서라도 일부 정리할 필요가 있다"며 '종편 특혜 환수' 등 대선후보로서의 언론관을 드러냈다.[22]

이재명의 'TV조선 폐간 발언'은 큰 논란이 되었지만, 이것 이상으로 문제가 된 건 이재명의 주한미군 철수 발언이었다. 같은 날 이재명은 국회에서 열린 '대한민국 적폐청산과 공정국가 건설 토론회'에서 미국 트럼프 행정부의 주한미군 방위비 분담금 증액 요구 가능성에 대해 "독일은 18%, 일본은 50% 선인데 우리는 미군에 지나치게 종속적인 태도를 취하다 보니 77%나 내고 있다"며 "요구한다고 해서 들어주다가는 다 빼앗길 수 있다. 당당하게 우리 입장을 제시해야 한다"고 말했다.

그는 방위비 분담금 증액 요구가 받아들여지지 않을 경우 주한미군 철수 가능성에 대해 "가능성이 거의 없다"며 "주한미군은 오직 북한만을 방어하기 위한 게 아니라 아시아 군사전략의 일부이고 신속기동대로 언제든 빠져나갈 수 있다"고 말했다. 그러면서 "독립국가가 어떻게 외국 군대에 자신의 국가 방위를 맡기고 의존할 수 있느냐. 심지어 전시작전 통제권까지 맡기고 있다"며 "자신의 군사적 이익 때문에 철수할 수 없는 상태라는 점을 활용해 이번 기회에 주한미군 철수를 각오하고 그에 대비해 자주국방정책을 수립해 진정한 자주국가로 태어나야 한다"고 강조했다. 그는 "트럼프는 부동산업자로, 거래를 주로 했기 때문에 상대에게 뭘 세게 던진다. 약해 보이는 곳에 세게 요구해 다 받거나 안 주면 반이라도 받는다"며 "거기에 우리 정부가 화들짝 놀라 얼마 올려줄까 검토하고 있다"고 비판했다.

이어 이재명은 "의무복무병을 13만 명 줄여 복무 기간을 10개월로 단축하고, 전투 전문요원을 10만 명 모병해야 한다"며 선택적 모병제 도

입을 주장했다. 그러면서 "모병된 10만 명에 대해서는 1인당 3,000만 원 정도의 연봉을 주면 3조 원 정도라서 감군으로 생기는 절감액으로 충당이 가능하다"며 "전투력은 올라가고 의무복무 기간까지 짧아지는 효과가 있다"고 덧붙였다.[23]

문재인의 '문자 폭탄 팬덤 정치'

"주한미군 철수를 각오하고 그에 대비해 자주국방정책을 수립해야 한다"는 이재명의 주장보다 더 세간의 관심을 끈 사건이 일어났으니, 그 건 바로 민주당 싱크탱크인 민주연구원의 '개헌 저지 보고서' 사건이었다. 주요 대선주자 중 거의 유일한 개헌 반대론자인 문재인은 얼마 전부터 이 시점에서 개헌이야말로 "촛불 민심 배반"이라고 해왔는데, 이 보고서는 개헌을 추진하는 사람들을 야합野合 세력으로 몰아붙여야 된다는 내용을 담고 있을 뿐만 아니라 문재인이 당 대선후보로 이미 확정되었다고 전제하고 쓴 내용도 곳곳에 들어 있었다.

흥미로운 건 이 보고서는 2016년 12월 30일 작성되어 대선주자 5명, 당대표와 최고위원들에게 전달되었다는 것인데, 처음엔 이렇다 할 항의가 나오지 않았다는 사실이다. 이에 『조선일보』는 1월 4일자 사설에서 "이재명·박원순·김부겸·안희정 같은 다른 주자들은 거론조차 하지 않는다. 이러니 친노·친문 패권주의라는 말이 나오는 것이다. 그런데도 다른 사람들은 제대로 된 항의조차 하지 못하고 있다. 이것이 민주당의 현주소다"고 했다.[24]

한동안 침묵하긴 했지만 곧 반발이 터져 나왔다. 민주당 내 초·재선

의원 20명이 "분열을 자초하는 행위"라는 항의 성명을 내는 등 민주당 의원들의 반발이 일어나자, 이들에겐 친문 지지자들의 문자 폭탄 공세가 퍼부어졌다. "당 공식기구인 민주연구원이 벌써 대선후보가 확정된 것처럼 편향된 전략 보고서를 작성했다"고 비판한 민주당 의원 김부겸은 24시간도 채 안 되는 시간에 3,000개가 넘는 항의 문자메시지를 받고 6일 휴대전화 번호를 바꾸었다. 김부겸 측은 "이렇게까지 할 거라고는 예상을 못했다"며 "논의 자체를 막는 건 너무 심하다"고 말했다. 박용진도 페이스북에서 '당을 떠나라'는 내용과 함께 욕설이 담긴 문자메시지를 받았다고 밝혔다.

이에 이재명은 6일 SBS 라디오 인터뷰에서 "입장이 다르다고 어떻게 그런 식의 공격을 하느냐"며 "당을 망치고 민주주의를 파괴하는 행위"라고 비판했다. 서울시장 박원순도 6일 페이스북에 비판 글을 올렸다. 그는 "'개헌 저지 문건'은 공당의 공식기구에서 벌어진 일인가 하는 의구심이 든다. 민주당의 사당화, 패권주의에 대한 염려가 더 커졌다"고 지적했다. 개헌 논의와 관련해 "특정인(문재인 전 대표)에게 유리한지만을 따지고 있다"는 것이다.

이어 박원순은 8일 전북 전주에서 전북 지역 언론인들과 만난 자리에서 "문재인 전 대표는 청산돼야 할 낡은 기득권 세력"이라고 직격탄을 날렸다. 그는 특히 문재인 전 대표가 당대표로 있던 시절 민주당이 분당되었다는 점을 지적하며 "이는 그의 무능함과 우유부단함 때문이었다"고 비판했다. 그는 "촛불 민심은 한마디로 기득권 질서를 교체하고 새로운 대한민국을 건설하자는 것"이라며 "문 전 대표는 이 과정에서 청산의 대상이지 그 주체가 될 수 없다"고 못박았다.[25]

이재명의 '문자 폭탄 내로남불'

이재명의 문자 폭탄 비판은 백번 옳은 것이었지만, 문제는 내로남불이었다. 2017년 1월 5일 이재명은 자신의 SNS에 "성남시청 스케이트장이 새누리당 시의원들의 반대에 따른 예산 삭감으로 사라지게 되었다"며 성남시 야외 스케이트장 가설 건축물에 부착되었다는 '야외 스케이트장 예산 삭감에 대한 안내문'의 이미지를 올렸는데, 해당 이미지엔 반대했다는 새누리당 시의원들의 실명까지 적혀 있었다.

그러나 관련 예산 심사 시 이재명은 '민주당 인천시당 당원 간담회'와 '인천대학교 초청 강연'에 참석하기 위해 자리를 비웠으며, 이재명의 SNS 내용도 사실을 왜곡한 것이었다. 스케이트장이 주차장에 들어서 주차난이 심해졌고, 대체 유휴부지로 이전하고 부지 결정 시 추후 예산을 편성하기로 여야 합의한 사항이었기 때문이다. 성남시의회 새누리당 협의회는 "사실관계도 확인하지 않은 채 자신의 SNS에 불법 안내문을 따라 올린 것은 명백한 명예훼손"이라며 이재명을 강하게 비판했다.

이 안내문이 인터넷 포털사이트와 카페, 블로그 등으로 일파만파 퍼져 나가면서 악성 댓글과 인격 모독성 막말들이 줄줄이 달렸다. 심지어 해당 의원들의 연락처가 담긴 신상마저 공개되어 협박성 문자마저 끊이질 않았다. 이재명의 이러한 '인민재판식' SNS 운영은 하루 이틀 일이 아니라는 말도 나왔지만,[26] 흥미로운 건 이게 또 지지자들에겐 이재명의 장점이자 강점으로 여겨졌다는 사실이다.

나꼼수 김용민은 이 사건이 자신이 이재명의 지지자가 되기로 마음먹게 된 이유 중 하나라고 했다. 그는 이재명의 해당 트위터 메시지는

"시민이 나서 혼내 달라"는 의중이었다며 이렇게 말했다. "나는 여기서 '이재명은 금세기에 다시 만나기 힘든 전대미문의 싸움꾼'임을 직감했다"는 것이다.[27]

1월 5일 JTBC 시사 프로그램 〈썰전〉에서 유시민은 "(이재명 시장은) 다른 예비후보들에게 없는 매력이 있다"고 했다. 그는 "트럼프 반, 노무현 반. 그런 느낌이 있다"며 "그래서 많지는 않지만 팬들을 확보했고 확실한 것은 아니지만 여러 곳에서 사람을 불러 모을 수 있는 능력은 확인됐다"고 말했다.[28] 이에 이재명은 나중에(2월 16일) 〈썰전〉에 출연해 "그 방송을 봤다. 기왕이면 노무현을 앞으로 놨으면 좋았을 걸. 또 트럼프 말고 샌더스로 해줬으면 어땠을까 싶다. 그래서 오늘 방송에서는 노무현 반 샌더스 반으로 불러달라"고 말했다.[29]

"지난 대선은 3·15 부정선거를 능가하는 부정선거"

이재명이 원한 이미지는 트럼프보다는 샌더스였지만, 그가 지향하는 롤 모델은 미국 대통령 프랭클린 루스벨트Franklin Roosevelt, 1882~1945였다. 그는 2016년 12월 7일 새벽 SNS를 통해 "자수성가 후 노예해방의 새 역사를 연 링컨을 존경했지만, 경제적 문제가 심각한 지금은 루스벨트가 더 필요하다고 생각한다"며 "루스벨트는 독점, 불평등을 해소하고 약자를 보호하고 강력한 리더십을 보여줬다"고 강조했다. 이어 "강력한 지도력으로 기득권의 저항을 물리치며 약자와 노동자를 보호하고 강자와 독점을 규제했다"면서 "복지정책을 펴 대공황을 이겨내고 50년 미국 호황의 토대를 만들었다"고 적었다.

이재명은 "지금 한국 경제 상황이 대공황 직전과 유사하지 않냐"며 "루스벨트 같은 강력한 지도자, 노동 복지 강화, 독점 불평등 해소, 공정한 시장 경쟁질서 회복이 필요하다고 보지 않냐"고 물으며 자신이 적임자임을 우회적으로 표현했다. 그는 루스벨트의 라디오 연설, 미 민주당 대선 경선 주자였던 버니 샌더스의 연설, 자신의 순천 촛불집회 연설 등을 묶은 '루스벨트, 샌더스 그리고 이재명'이라는 유튜브 동영상을 링크하기도 했다.[30]

하지만 당시 이재명의 어법은 샌더스나 루스벨트보다는 트럼프에게 훨씬 더 가까운 것처럼 보였다. 1월 7일 이재명은 페이스북에서 이렇다 할 근거도 없이 "지난 대선은 3·15 부정선거를 능가하는 부정선거였다"고 주장했으니 말이다. 그는 "국가기관의 대대적 선거 개입에 개표 부정까지 (있었다)"면서 "투표소 수개표로 개표 부정을 원천차단해야 한다"고 주장했다. 그는 "많은 국민이 전산 개표 부정 의심을 하고 있고 그 의심을 정당화할 근거들이 드러나고 있다"고도 말했다.[31]

또 이재명은 페이스북에 올린 '세월호 참사 998일에 드리는 글'에서 "세월호 참사는 제2의 광주학살"이라며 "수사·기소권을 가진 세월호특검법을 이번 임시국회에서 반드시 통과시켜야 한다"고 말했다. 그는 "생명보다 중요한 건 없다. 국가의 제1의무는 국민 생명을 지키는 것"이라며 "진상규명과 책임자 처벌 없이는 이 같은 대형참사 재발을 막을 수 없다"고 강조했다.[32]

주목을 받기 위해선 일단 말을 막 던지고 보자는 것이었을까? 대선이 다가오고 있음을 말해주는 징후였다. 1월 8일 민주당 대표 추미애는 당장 대선 경선 룰 준비를 시작하고 설(28일) 연휴 전까지 예비후보 등록을 받겠다고 선언했다. 대선 시기는 대통령 탄핵 심판 사건의 결론이 언제 어떻게 나오느냐에 달렸지만 민주당은 선거 준비를 공식화한 것이다.

이후 분위기는 더욱 가열되었다. 1월 12일 이재명은 페이스북에 "이재용 삼성 부회장을 구속하고 불법 재산을 몰수해야 한다"는 글을 올렸다. 그는 "촛불 민심은 박근혜 퇴진과 함께 재벌체제 해체를 요구했다"며 "이재용 구속으로 재벌체제 해체의 출발선에 서야 한다"고도 했다. 박원순은 같은 날 민주당 의원들이 초청한 국회 토론회에 참석해 "서울대를 폐지하겠다"며 "국공립 대학교 통합 캠퍼스를 구축해 전국 광역 시도에서 서울대와 동일한 교육 서비스를 받도록 하고 학위를 공동으로 수여하도록 하겠다"고 말했다. 그는 수능시험도 없애겠다고 했다. 또 교육부를 폐지하고, 대학 입학금도 없애고 국공립대 반값 등록금 전면 시행 등을 통한 단계적 대학 무상교육을 시행하겠다는 약속도 내놓았다.[33]

1월 13일 오전 문재인은 서울 마포구 신한류플러스 내 프리미엄 라운지에서 청소년·학부모들과 간담회를 갖고 선거 연령 만18세 하향과 관련해 "선거권 18세는 세계적인 기준이다. OECD 34개국 중 19세는 우리나라뿐"이라며 "다들 18세이거나 더 낮게는 16세도 있다. 선거 제도를 가진 게 230개 나라 정도 되는데, 93%가 18세 이하"라고 밝혔다. 여기까진 좋았는데, "북한도 17세인데 19세는 아주 부끄러운 것"이라고 말한 게 논란이 되었다.[34] 이에 대해 『조갑제닷컴』은 "북한의 선거는 반대가 허용되지 않는 흑백黑白 투표라는 걸 알면서도 대한민국 제도가 부끄럽다고 말하였다면 정신감정과 사상감정이 동시에 필요하다"고 했다.[35]

문재인 비리 의혹과 이재명의 공격

1월 15일 '손가락혁명군 출정식'이 열렸다. 이재명은 이 출정식에 앞서 이런 SNS 공지를 올렸다. "70년 적폐를 청산하고 공정한 나라를 만들 손가락혁명군이 출정합니다. 1월 15일(일) 오후 2시 광주 김대중 컨벤션센터, 특무상사 이재명도 함께합니다. 전국 아니, 전 세계 손가락 혁명 동지 여러분, 광주에서 만납시다!!"[36]

이재명은 전국 각지에서 모여든 7,000여 명의 지지자들 앞에서 이렇게 외쳤다. "여러분, 진실과 정의가 승리하는 세상을 위해 손가락을 많이 써야 합니다. 뜻이 깊은 사람과 소통을 자주 하고 필요한 정보를 주고받으며 함께 행동하면 부패한 대한민국은 결국 엎어질 것입니다."[37]

바로 이날 한 트위터 사용자가 이재명에게 "헌정 사상 최초의 음주 운전 경력의 대통령이 되시겠군요"라며 멘션을 남기자, 이재명은 "그래도 나는 공직 이용 아들 취업 시키기, 돈벌이에 공직 이용하기는 안 했다"고 답했다. 이 발언은 새누리당이 2007년부터 지속적으로 제기한 문재인 아들 특혜 채용 논란과 2012년 문재인이 부산저축은행에서 밀어주기식 수임료를 받았다는 의혹 사건을 직접 겨냥한 것으로 해석되었다. 이재명이 16일 새벽 "적은 돈? 저는 20년 변호사 할 동안 수임한 사건 다 합해도 50억이 안 된다"는 내용을 글을 올렸다가 곧 삭제했기 때문에 그런 해석의 설득력이 높아졌다.

『중앙일보』는 이 59억 원이라는 돈이 지난 2012년 새누리당 원내대변인 신의진이 주장했던 금액과 일치한다고 했다. 당시 신의진은 "문전 대표가 속했던 법무법인 부산이 2004~2007년 부산저축은행으로부터 59억 원에 달하는 실채권 지급명령 신청 수만 건을 수임했던 것이 국감을 통해 확인됐다"며 "부실 채권 지급명령 대상은 다름 아닌 100만 원, 200만 원씩 빌린 서민·영세 상인들"이라고 공세를 펼쳤다(하지만 2013년 서울중앙지검 금융조세조사 1부[부장 최운식]는 "문 후보를 상대로 원칙대로 다 조사했지만 고발 혐의를 입증할 근거가 없다"며 무혐의 처분했다).

문재인과 관련된 이재명의 트윗에 몇몇 사용자가 문제를 제기하자 이재명은 "권투선수가 상대방에게 주먹질도 못 하면 그게 권투입니까? 챔피언이니까 도전자는 도전하는 흉내만 내고 때리지는 말라는 건가요?"라며 반문했다.[38]

1월 16일 이재명은 서울 용산구 백범김구기념관에서 열린 공정포럼 초청 정책토론회에서 "충격적일 수도 있고 '저 사람이 드디어 미쳐가는구나' 하는 이야기를 하겠다"고 운을 뗀 뒤 "우리나라는 토지공개념이 도입돼 있는데 사실상 토지를 절대적 개인 소유물로 취급하고 있다"면서 국토보유세를 신설하자고 주장했다. 그는 "토지 자산 가격이 현재 6,500조 원 정도 되는데 여기에 보유세로 1년에 내는 게 종합부동산세 2조 원과 재산세 5조 원 정도다. 이는 세금을 거의 안 내는 것이다"면서 "이것을 15조 원 정도 더 걷게 설계해서 국토보유세를 만든 다음, 이를 오로지 기본소득 목적세 형태로 만들자"고 말했다.[39]

이렇듯 후보들 간 공약 경쟁이 치열했다. 문재인이 현재 21개월인 복무 기간을 18개월까지 단축시키겠다며 "1년 정도까지도 가능하다"고도 하자, 이재명은 10개월로 줄이자고 했다. 이에 『조선일보』(2017년 1월 19일)는 「군 복무 기간이 선거 도박판 판돈 된 나라」는 사설에서 "이러다 우리 선거와 정치는 정말 초가삼간을 태울지도 모른다"고 비판했다.[40]

이재명은 공정포럼 초청 정책토론회에서 국토보유세를 신설해서 15조 원 정도를 걷어 기본소득을 주자고 말했다.

팬덤을 대하는 태도마저 강성으로 변한 것처럼 보였다. 그간 친문 팬덤의 문자 폭탄 공세를 공개적으로 옹호하지는 않았던 문재인은 1월 20일 『부산일보』 강당에서 열린 '민주당 부산시당 신입 당원 환영회'에서 "당원으로서, 국민으로서 찬성이나 반대, 비판 의사를 SNS나 문자로 할 수 있다"며 "적어도 정치인, 공인이라면 그런 문자(문자 폭탄)를 받을 줄도 알아야 한다"고 주장했다. 그는 "그런 일들(문자 폭탄)이 마치 무슨 빠(극성팬)가 하는, 특정인을 위한 행보인 것처럼 폄하하는 그런 부분들이 저는 늘 미안했다"며 이같이 밝혔다.[41]

이재명의 '기득권 타도' 대선 출마 선언

1월 23일 이재명은 자신이 소년공 시절 일했던 성남시 중원구 오리엔트 시계공장에서 제19대 대선 출마 선언을 했다. 그는 "아무도 억울한 사람 없는 공정한 나라를 만들겠다", "약자를 위한 대통령이 되겠다", "이재명만이 부정부패를 뿌리 뽑을 수 있다"며 기득권 세력과의 전쟁을 선포했다. 그는 출마 선언문에서 '기득권'이란 단어를 9번 사용했다.

"거대 기득권 재벌체제, 정치를 쥐어흔드는 법 위의 삼성족벌체제를 누가 해체할 수 있겠습니까?" "기득권과 금기에 끊임없이 도전해 승리했고 재벌과 아무 연고도 이해관계도 없는 저야말로 재벌체제 해체로 공정경제를 만들 유일한 사람입니다." "금기와 불의와 기득권에 맞서 싸우는 대통령이 되겠습니다." "희생을 감수하며 끊임없이 싸워 이겨온 저만이 거대 기득권 삼성재벌과도 싸워 이길 수 있다고 단언합니다." "기득권자이거나 기득권과 결탁한 자는 기득권과 싸우지 않고, 기득권자와 싸우지 않으면 적폐청산 공정사회 건설은 불가능합니다." "삼성재벌 등 불의한 기득권에 도전하고 이겨낼 이재명, 그 이재명과 함께 새로운 나라 건설에 나서 주시지 않으시겠습니까?"⁴²

바로 이날 새벽 '이재명과 손가락혁명군(회원수 약 5,000명)'의 인터넷 카페엔 "비상체제 운영"이라는 제목의 글이 올라왔다. 손가혁 관계자는 글에서 "존경하고 사랑하는 손가혁 동지와 이재명 성남시장을 지지하는 민주 시민 여러분. 손가혁 전국체제를 비상체제로 전환하기로 결정했다"고 했다. 손가혁이 민주당 대선후보 경선을 앞두고 비상체제에 돌입한 것이다.

이재명은 성남시 중원구 오리엔트 시계공장에서 제19대 대선 출마 선언을 했다. 그는 출마 선언문에서 '기득권'이란 단어를 9번 사용했다.

주목할 만한 점은 손가혁 측이 밝힌 비상체제 결의 5가지였다. 손가혁 관계자는 "향후 손가혁 동지와 민주 시민들이 해줄 일이 있다"며 "첫째, 1인 10인 이상으로 한다. 둘째, 성명·전화번호·지역(시·군·구) 추천인을 기재한다. 셋째, 추천인을 확보한 뒤 별도의 정해진 라인에 통지한다. 넷째, 오프라인 모임 강화를 위해 카페모임을 활성화해 지역모임을 활성화한다. 다섯째, 시장 강연 시 손가혁 동지를 배가하기 위해 현수막을 부착하고 참석자 명단도 자원자 중심으로 확보한다"고 밝혔다.

민주당 내에선 "한 사람당 10명을 모집하는 방식은 자칫 다단계 선거 방식으로 오해를 받을 수 있다"는 우려의 목소리가 나왔다. 현수막 제작에 필요한 자금 조달은 회원들이 알아서 하라는 것인데, 돈을 바치고 사람을 동원하는 방식이 너무 공격적이라는 것이다.

손가혁이 비상체제 전환을 밝힌 이튿날 밤 11시경 이재명은 페이스북에 '민주당 경선 룰, 경선 승리 비책'이란 게시글을 올려 손가혁의 도움을 적극적으로 요청하고 나섰다. 그는 "2012년 당시 63만 명 투표, 53% 득표 문재인 승"이라며 "이번 경선에서 최대 100만 명이 투표할 것으로 가정했을 때 50만 표면 승리한다. 20명 투표시킬 2만 5000명 또는 10명 투표시킬 5만 명이면 된다. 페이스북, 트위터 등 SNS 친구들이 몇 표씩만 투표하게 해도 이긴다. 손가락혁명 동지들이 몇 명인가. 마음만 먹으면 이길 수 있다"고 밝혔다.

이에 대해 손가혁 내부에서도 작은 논쟁이 벌어졌다. "지지자가 아닌 당사자가 친절하게 선거인단 동원 방법을 올리다니…한때 민주당의 아름다운 경선을 기대했던 희망을 있었지만 이제는 아니다." "성남 시민으로서 이 시장에게 한 표를 줬고 여전히 응원하고 있다. 근데 죽기 살기로 경선에 올인한 모습을 보면 박스떼기의 악몽이 재현되는 것은 아닌지…좀 걱정이 된다." 반면 "범죄도 아니고 본인을 홍보하는 것은 정상이다. 이 시장의 글 때문에 경선 방식을 모르는 국민이 룰을 알 수 있다"고 반박하는 목소리도 나왔다. 이재명 측도 다음과 같은 반론을 폈다.

"역동적인 경선을 위해 많은 사람들이 경선에 참여하도록 하는 것은 당연하다. 이 시장은 경선에 많이 참여해달라고 독려하는 글을 올렸을 뿐이다. '박스떼기'로 바라보는 것은 비판을 위한 비판이다. 오히려 합법적인 범주 안에서 벌어지는 자발적인 활동을 문제 삼는 것에 다른 의도가 있다고 봐야 하지 않나."[43]

'혜경궁 김씨'의 문재인 인신공격 논란

데이터 기반 전략컨설팅업체 아르스프락시아가 유력 대선주자 5명의 팬카페와 트위터를 대상으로 의미망 분석과 관계망 분석을 실시한 결과가 흥미로웠다. 아르스프락시아는 국회 탄핵소추안이 가결된 12월 9일부터 1월 말까지 문재인(문사모, 문팬, 젠틀재인), 안희정(안희정아나요), 이재명(이재명과 손가락혁명군), 안철수(안철수와 함께하는 변화와 희망), 유승민(유심초)의 팬카페 게시글 1만 4,500건을 분석했다. 1월 30일에서 2월 7일 트위터에서 다섯 후보가 언급된 게시글 83만 건이 어떤 경로로 퍼지는지도 분석했다.

예상 밖으로 공격성과 활동성이 가장 두드러진 집단은 '이재명과 손가락혁명군(손가혁)'이었다. 회원수는 5,832명(1월 말 기준)으로 3개 문재인 팬카페 회원 총수(4만 3,049명, 중복집계)의 6분의 1 수준이지만, 게시글 수는 5,331개로 문재인 팬카페(7,606개)와 큰 차이가 없었다. 탄핵 가결 이전에는 하루 게시글 수가 손가혁 쪽이 더 많았다. 게시글 수를 회원수로 나눈 활동률은 91%에 달해 문재인 팬카페(18%)를 압도했다.

또한 손가혁은 문재인을 명시적 라이벌로 놓고 강도 높은 비난과 비판을 쏟아내는 것으로 확인되었다. '문재인' 언급도 많은 데다 기득권, 공격, 비판, 검증이라는 단어가 따랐고, '이재명'은 국민, 민심, 관심, 대통령, 지지, 당선 등이 연관되어 대조적이었다. 손가혁은 문재인 지지자를 '친문독재패거리들', '문베충(일베충을 빗댄 말)'으로 일컬었다.

'문재인 트위터 관계망'이 문재인을 포함해 여러 명의 확산자를 통해 게시글이 퍼지는 '부채꼴 확산형'인 반면 '이재명 관계망'은 이재명 자신이 강력한 확산자 역할을 해서 글이 퍼지는 '중앙집중형'으로 나타났다. 트위터로 연결된 관계망은 이재명을 정점으로 한 조직적 위계가 뚜렷했다. 이재명의 트윗을 직접 지지자들이 받아 순차적으로 확산시키는 '중앙집중형'이었다는 것이다. 아르스프락시아 여론분석팀장 김학준은 "이 시장의 영향력이 압도적으로 높고, 지지자들의 절대적 숫자는 열세지만 온라인 조직력은 훨씬 높다"고 분석했다.[44]

당시 벌어진 치열한 팬덤 전쟁의 한복판에 있었던 친문 정치평론가 유재일은 이렇게 말했다. "이재명 시장을 문재인과 비슷한 수준으로 검증해보자는 나의 논조는 엄청난 파장을 몰고 왔다. 나의 게시물은 유튜브뿐 아니라 커뮤니티로 확산하며 입소문으로 퍼졌다. 유튜브 조회수가 수십만에, 커뮤니티 공유 게시물 조회수까지 수백만이 넘어간 것이다. 그리고 민주당 경선이 끝나는 날까지 나는 손가혁의 공격을 받았다. 수만 개 악플이 스팸으로 쌓여만 갔다."[45]

친문 진영 내부의 갈등을 다룬 책인 『김어준이 최순실보다 나쁘다』(2021)의 저자 최인호는 손가혁은 "문재인 저주와 이재명 신격화"를 정체성으로 삼으면서 '문재앙'이나 '문제인', 그리고 '문죄인이 문제다' 같은 언어를 유포했다고 말한다. 물론 그 반대편엔 "오로지 이재명에 대한 저주, 혐오, 음해만을 자신의 에너지로 삼고 문재인을 신성화하는 민심조작 그룹"이 있었다고 했다.[46]

그 유례를 찾기 어려울 정도로 뜨겁고 치열한 팬덤 전쟁이었다. 이 전쟁에 뛰어든 트위터 계정 '혜경궁 김씨'는 이재명을 옹호하기 위해 문재인에 대한 지나친 인신공격으로 일관함으로써 나중에 큰 선거 쟁점으로 비화되는데, 몇 가지 문제 발언은 다음과 같은 내용이었다.

유치하기 짝이 없는 문제인! 문제 많은 문죄인 어리버리 멀뚱 문죄인! 좋냐? 유치한 것들! 능력없음 인정하코 나가 떨어지든지…(2016년 11월 30일), 최순실 정유라나 문재인과 아들이나…ㅉ(2016년 12월 19일), 문 후보 대통령 되면 꼬옥 노무현처럼 될 거니까 그꼴 꼭 보자구요. 대통령 병 걸린 넘 보단 나으니까.ㅎ(2016년 12월 31일), 문재인이나 와이프나…생각이 없어요 생각이…(2017년 1월 22일), 한국말도 통역이 필요한 문어병은?(2017년 1월 27일).[47]

이승만·박정희 묘역은 방문하지 않은 이유

문재인 팬덤이 SNS에서 이재명이 형수에게 욕설한 내용을 퍼뜨리는 등 공세를 강화하자 손가혁은 이재명을 위한 앱을 출시했다. '손가혁 앱'은 이병부터 4성 장군까지의 승급 기준으로 논란을 불러일으켰다. 손가혁 앱 회원은 가입 즉시 '전사' 계급을 받고 백인장(손가혁 앱 설치 추천인 10명 또는 공유 100회)부터 대장(손가혁 앱 설치 추천인 1,000명 또는 공유 1만 회)까지 8개의 계급으로 승급할 수 있었다. 회원이 SNS에 이재명이 올린 글을 공유한 횟수에 따라 1점씩 점수가 쌓이는 방식이었다. 점수가 올라가면 승급이 가능했다. 그러자 문재인 지지자들 사이에선 "(지난 대선에서 박근혜를 지지하는 SNS 활동을 조직적으로 폈던) 십알단이 하던 짓과 뭐가 다르냐. 좌표를 찍고 여론을 조작하는 것을 곱게 보기는 어렵다"는 비판이 나왔다.[48]

선거 열기가 고조되면서, 손가혁과 '혜경궁 김씨'보다는 덜 했을망정, 이재명의 언어도 지나치게 공격적인 양상을 보였다. 이재명은 2017년

1월 24일 대전 지역 기자회견에서 충남지사 안희정이 자신의 복지정책을 비판한 것에 대한 질문을 받고 "저는 문재인 대표님과 경쟁하는 관계라서 안 지사님은 굳이 언급하고 싶지 않습니다"라면서 "(안희정이) 수구세력이 쓰는 '공짜 밥'이라는 말을 차용해 쓴다는 게 놀랍다"고 말했다.[49]

1월 31일 이재명은 대리인을 통해 민주당 대선 경선 예비후보 등록을 마친 후 서울 동작구의 국립현충원을 찾아 전 대통령 김영삼·김대중의 묘역에 참배했다. 그는 전 대통령 이승만·박정희의 묘역은 방문하지 않은 이유에 대해 "이승만 전 대통령은 친일 매국세력의 아버지이고, 박정희 전 대통령은 군사쿠데타로 국정을 파괴하고 인권을 침해했던 그야말로 독재자"라고 밝혔다.

이재명은 "우리가 전두환 전 대통령이 이곳에 묻혀 있다고 한들 광주학살을 자행한 그를 추모할 수 없는 것처럼 친일 매국세력의 아버지, 인권을 침해한 독재자에게 고개를 숙일 수는 없다"고 했다. 이어 이재명은 "이승만과 박정희, 전두환과 노태우, 이명박과 박근혜로 이어지는 친일 독재·매국·학살 세력이 이 나라 다수 국민을 힘들게 하고 있다"면서 "소수의 불의한 기득권자로부터 다수의 약자를 지켜내는 그야말로 정확한 의미의 민주공화국이 만들어질 수 있도록 제 몫을 다하려고 한다"고 덧붙였다.[50]

제3장

특검과 탄핵심판을 향한
살벌한 풍경

"최순실을 평범한 가정주부로 알았다"

2017년 2월 1일 전 유엔 사무총장 반기문이 전격적으로 대선 불출마를 선언함으로써 그를 중심으로 한 연대·연합으로 문재인 전 더불어민주당 대표와 맞서려던 범여권의 대선 전략엔 큰 차질이 생겼다. 20일 전인 1월 12일 귀국하면서 대통합과 정치 교체를 내세웠던 반기문은 지지율 폭락에 대선 전 개헌을 매개로 한 소위 '빅 텐트'에 탄력이 붙지 않자 진흙탕 싸움을 견디지 못하고 중도하차한 것이었다.[51]

2월 3일 박근혜는 헌법재판소에 낸 '소추 사유에 대한 피청구인의 입장'이라는 의견서에서 "피청구인(박 대통령)은 최순실에 대해 평범한 가정주부로 생각했고 그녀가 여러 기업을 경영한다는 사실은 알지 못했음"이라고 적었다. 박근혜는 모든 것을 전 부속비서관 정호성 탓으로 돌리면서 청와대 기밀 유출 책임도 인정하지 않았다.

이에 『경향신문』은 「최순실을 평범한 가정주부로 알았다는 박근혜 표 거짓말」이라는 사설에서 이렇게 주장했다. "미르·K스포츠 재단 설립 등이 최씨에게 속아서 벌어진 일이라는 점을 강조하려다 보니 40년 지기인 최씨를 작년까지 평범한 가정주부로 알고 있었다고 표현하게 된 것이다. 어이가 없다. 안종범 전 청와대 정책조정수석이 박 대통령으로부터 재단 설립과 모금에 대한 세부 지시를 받았다고 증언하는 등 박 대통령과 최씨가 공범이라는 증거는 차고도 넘친다."[52]

박근혜는 9일로 정해졌던 박영수 특별검사팀의 대면조사를 일방적으로 연기했다. 9~10일 대통령을 조사할 것이라는 사실은 이미 널리 알려졌음에도 조사 일정이 언론에 보도되었다는 이유로 괜한 트집을 잡아 핑계로 삼는 게 아니냐는 비판이 쏟아졌다.

『한겨레』는 「해도 해도 너무하는 대통령의 특검 수사 방해」라는 사설에서 "수사와 재판을 방해하고 지연시키는 대통령의 행태는 진작에 도를 넘었다"며 이렇게 주장했다. "대통령은 더는 '꼼수'를 부리지 말아야 한다. 자신이 임명한 특검의 조사에 당당히 응하고, 헌법기관인 헌재의 심판에 성실하게 협조하는 것은 헌법을 수호해야 할 대통령이 지켜야 할 최소한의 의무다. 이미 잘못을 저질렀더라도 품격은 지켜야 하지 않겠는가."[53]

그러나 이미 이 시점에선 박근혜에겐 특검 수사를 방해할 수 있는 힘이 없었다. 여당이 지리멸렬支離滅裂 상태에 처해 있었기 때문이다. 2016년 12월 새누리당을 탈당한 29명의 의원은 2017년 1월 24일 바른정당을 창당하며, 99석으로 쫄아든 새누리당은 2017년 2월 13일에 당명을 자유한국당으로 변경했다(바른정당은 3차례에 거친 탈당 사태로 인

박근혜는 최순실을 "평범한 가정주부로 생각했"다고 했으며, 이 모든 것이 정호성의 탓이라고 했다. 서울중앙지법 417호 법정에 나란히 앉아 있는 박근혜와 최순실.

해 의원 수가 9명까지 줄어들자 2018년 초 국민의당과의 통합 절차에 들어가면서, 2월 13일 통합 전당대회를 통해 바른미래당으로 합당한다).

삼성전자 부회장 이재용 구속

2017년 2월 15일 서울행정법원에서 열린 청와대 압수수색 불승인에 대한 효력정지 재판에서 박영수 특별검사팀은 박근혜 '차명폰'의 사용 내역을 공개했다. 청와대 압수수색이 필요하다는 근거로 수사된 내용을 들고 나왔다. 특검팀 측은 "박 대통령과 최씨는 차명폰을 이용해 지난해 4월 18일부터 10월 26일까지 총 570회 통화했다. 이를 증명할 자료가 청와대 내에 있다"고 주장했다.[54]

이에 『동아일보』는 「박 대통령은 왜 독獨 도피한 최순실과 '대포폰' 통화했나」는 사설에서 "이 중 127차례는 최씨가 독일로 도피한 9월 3일부터 귀국 직전인 10월 25일까지의 국제전화였다"며 이렇게 주장했다. "청와대 측은 대통령 일정상 매일 3회 이상 통화하는 것이 가능하냐며 특검 주장을 부인하지만 바로 그 때문에 국민은 더 궁금한 것이다. 내부 고발자인 고영태 씨가 "VIP(대통령)는 이 사람(최순실)이 없으면 아무것도 못해"라고 한 말이 과연 맞는지 국민은 알 권리가 있다."[55]

2월 17일 삼성전자 부회장 이재용이 뇌물공여 등 혐의로 전격 구속되었다. 특검은 1월 19일 첫 번째 구속영장이 기각된 후 보강수사에 상당한 공을 들였다. 특검이 새로 확보한 전 청와대 정책조정수석 안종범의 업무수첩 39권에는 이재용과 박근혜 대통령의 2차 독대를 전후해서 삼성 측이 청와대와 긴밀하게 접촉했다는 사실과 이재용의 경영권 방어에 협조하라는 박근혜의 지시도 고스란히 담겨 있었다고 한다. 특검은 공정거래위원회에 대한 압수수색을 통해 박근혜가 삼성의 경영권 승계를 위해 순환출자 문제를 해소하도록 압력을 넣은 정황도 포착했다.[56]

이에 심리기획자 이명수는 「이재용을 구속할 가장 적당한 때」라는 『한겨레』 칼럼에서 "새벽에 삼성 이재용 부회장의 구속 결정 소식을 접하고 아내와 환호했다. 알고 보니 그날 곳곳에서 비슷한 풍경들이 벌어졌다. 이재용 구속 기념 떡을 돌린 이들까지 있다. 모난 성정을 가진 사람들만 가득한 나라여서 그랬을 리는 만무다. 삼성의 총수 일가는 늘 이 나라 법 위에 존재했다. 문장으로 존재하지 않았을 뿐이지 이 땅의 불문율이었다"며 다음과 같이 주장했다.

"가뜩이나 경제도 어려운데 하필 지금 삼성의 총수를 구속하면 어쩌나 따위의 말들이 난무한다. 이재용을, 대통령을 구속하기 가장 적당한 때는 언제인가. 이 나라 언론에 의하면 그런 때는 없다. 하지만 민심에 의하면 법치국가의 원리에 의하면 이재용들을 구속할 가장 적당한 때는 죄를 지었을 때다. 그때가 바로 지금이다."[57]

김평우, "아스팔트가 피로 덮일 것"

2017년 2월 22일 헌재에서 열린 탄핵심판 사건 변론에서 박근혜 측 변호인인 김평우 변호사는 "헌재가 (공정한 심리를) 안 해주면 시가전市街戰이 생기고 아스팔트가 피로 덮일 것"이라고 했다. 김 변호사는 "대통령파와 국회파가 갈려 이 재판은 무효라고 주장하면서 내란內亂 상태로 들어갈 수 있다. 영국 크롬웰 혁명에서 100만 명 이상이 죽었다"고도 했다. 이날 박근혜 측 변호인단은 주심인 강일원 재판관을 포함한 재판부와 국회 소추위원단을 향해 "(서로) 편을 먹었다"는 막말에 가까운 비난을 쏟아냈다. 국회 측 소추위원단을 향해서는 "북한식 정치 탄압", "국회가 야쿠자"라는 언사도 서슴지 않았다.[58]

김평우의 난동과 관련, 대한변협회장 당선자 김현은 "당사자를 위해 열심히 변론하는 것은 필요하지만 재판부에 '국회의 대리인' 같은 과도하게 불경한 언어를 쓰는 것은 바람직하지 않다. 변호사 품위 유지 의무 위반이 될 가능성이 높아 징계 사유가 될 수 있다"고 밝혔다. 징계를 요구하는 변호사들의 진정이 들어올 경우 징계위원회를 열어 징계 여부를 검토할 수 있다는 것이다.

헌법학자들도 김평우의 난동 수준의 발언을 비판했다. 고려대학교 법학전문대학원 교수 장영수는 "자신들의 주장을 모두 받아주지 않으면 잘못됐다는 식의 주장은 '땡깡'에 불과한 부끄러운 행동"이라고 했다. 건국대학교 법학전문대학원 교수 한상희는 "심판 지연보다 헌재 결정의 정당성에 흠집을 내 파면 결정 이후를 내다본 저급한 정치전략 같다. 앞으로 재판부 능멸에 대해 감치 명령을 하거나 법정에서 쫓아내야지 발언 기회를 계속 주는 것은 바람직하지 않다"고 했다(감치는 재판부가 직권으로 법정모욕 당사자를 교도소, 경찰서 유치장, 구치소 등에 가두는 조처다).[59]

2월 23일 박사모 온라인 카페에 헌재소장 권한대행 이정미를 살해하겠다는 글이 실린 데 이어, 24일 서울 서초구 박영수 특별검사의 집 앞에서 열린 집회에서 자유청년연합 대표 장기정은 야구방망이를 들고 연단에 올라 "이제는 말로 하면 안 됩니다"며 "몽둥이맛을 봐야 합니다"고 목소리를 높였다. '대통령 탄핵 기각을 위한 국민총궐기 운동본부'가 25일 오후 서울 덕수궁 대한문 앞에서 연 이른바 '태극기 집회'에서 '박근혜를 사랑하는 사람들의 모임'(박사모) 회장 정광용은 "악마의 재판관 3명이 있다. 이들 때문에 탄핵이 인용되면 아스팔트에 피가 뿌려질 것이다. 어마어마한 참극을 보게 될 것"이라고 위협했다.[60]

이게 바로 김평우가 원했던 효과였을까? 김평우는 '아스팔트의 피'라는 자신의 말을 행동으로 옮기겠다는 의지를 밝힌 정광용에게 박수를 보내고 싶었을까? 경찰은 이정미 등 헌재 재판관 전원을 대상으로 밀착 경호해온 것에 이어 25일부터 박영수 특별검사팀을 상대로 신변 보호에 들어갔다. 이에 대해 『경향신문』은 다음과 같이 말했다.

"헌법재판관과 특검에 대한 위협은 용납할 수 없는 반사회적, 반문명적 행위이다. 친박 단체들이 자신들의 탄핵 반대 논리가 빈약하다는 것을 스스로 드러내는 격이다. 이상한 것은 정부의 태도이다. 불법적 행태에 대해 자제를 요청하고 엄단을 경고해야 마땅한데 아무런 조치도 취하지 않고 있다. 틈만 나면 법질서를 강조하는 황교안 대통령 권한대행도 침묵하고 있다. 방조 의혹이 제기될 수밖에 없다."[61]

박영수 특별검사팀, 90일간의 활동 종결

2월 27일 헌재에서 대통령 탄핵심판의 증거와 법리를 둘러싼 공방은 끝났으며, 황교안 대통령 권한대행 겸 국무총리가 박영수 특별검사팀 수사 기간 연장을 거부함으로써 특검은 28일 90일간의 활동을 종결했다. 박근혜는 27일 헌법재판소 탄핵심판 최후 변론에서 자신이 직접 작성해 대리인단에게 대독시킨 의견서를 통해 "단 한 번도 사익을 위해, 또는 특정 개인의 이익 추구를 도와주기 위해 대통령으로서의 권한을 남용하거나 행사한 사실이 없다"고 탄핵 사유를 전면 부인했다. 이에 대해 『경향신문』은 「탄핵 사유 하나도 없다는 박 대통령의 기막힌 최후 변명」이라는 사설에서 다음과 같이 주장했다.

"그동안 특검·헌재의 출석 요구에 한 번도 응하지 않다가 헌재 변론 마지막 날 억지 주장을 펼친 노림수는 분명하다. '불쌍한 대통령 코스프레'를 통해 지지층을 결집하고 헌재를 압박해보려는 얄팍한 술수다. 이에 발맞춰 대리인단은 이날도 국회와 특검, 언론, 촛불을 싸잡아 비난하며 막말을 이어나갔다. 국정농단에 이어 헌재농단이다. 이제 이런 꼴을 보는 것도 마지막이라는 데서 그나마 위안을 찾는다"[62]

『한겨레』는 「대통령의 '망상과 기만', 인내의 한계 넘었다」는 사설에서 "앞뒤 분별도 제대로 못할 만큼 사고 체계가 어느 단계에서 멈춰버린 '미성숙 인간'이 대한민국의 최고지도자로 군림해왔음을 확인하는 비감이 몰려온다. 박 대통령의 비정상적인 정신상태는 최후 진술서에서 '약속'이란 단어를 13차례나 쓴 것에서 단적으로 드러난다"며 다음과 같이 주장했다.

"박 대통령은 검찰·특검 조사를 받겠다는 약속을 세 차례나 하고서도 이를 헌신짝처럼 내팽개쳤다. 다른 단어는 몰라도 '약속'이란 단어는 피했어야 마땅했다. 사실 박 대통령의 재임 4년은 '약속 위반의 역사'였다. '국민행복시대'를 열기는커녕 나라를 '국민불행시대', '국민분열시대'에 빠뜨렸다. '헌법을 준수하고 국가를 보위하며 대통령의 직책을 성실히 수행하겠다'는 취임 선서부터 철저히 어겼다. 헌법을 파괴하고 국가를 수렁에 빠뜨리고 대통령의 직책을 비선 실세에게 넘겼다. 그런데도 천연덕스럽게 '약속'이란 단어를 남발하는 대통령 앞에서 더 무슨 말이 필요한가."[63]

특검은 2월 28일 마지막 브리핑에서 정유라 입시 특혜 의혹과 관련해 전 이화여대 총장 최경희 등을 구속기소한다고 밝혔다. 이에 앞서 특검은 입시 비리와 관련해 전 학장 김경숙, 전 입학처장 남궁곤, 교수 이인성, 교수 류철균 등을 구속기소했다.[64] 이렇게까지 가혹하게 구속을 남발해도 되는지 의심을 품은 사람이 많았겠지만, 당시의 사회적 분위기는 그런 의심을 드러내는 것마저 용납하지 않는 것처럼 보였다.

김정은 이복형 김정남의 피살 사건

2017년 2월 13일 말레이시아 쿠알라룸푸르 국제공항에서 북한 노동당 위원장 김정은의 이복형인 김정남이 인도네시아·베트남 국적인 여성 2명에게서 화학무기인 맹독성 신경작용제 'VX' 공격을 받아 살해되면서 국제사회에 큰 충격을 안겼다. 아무리 북한이 '불량국가'로 악명이 높더라도 김정남 하나 죽이려고 단순 독극물이 아니라 화학무기로 사용될 정도로 확산성이 강한 VX 가스를, 그것도 매일 수십만 명의 사람이 오가는 거대 국제공항에서 사용할 것이라고 추측하기는 어려웠기 때문이다.[65]

아산정책연구원 연구위원 고명현은 "김정남 암살 작전은 성공적이었다. 공항에서 작전을 수행했기 때문에 공작원들이 항공편을 이용해 곧바로 해외로 도주할 수 있었다. 높은 독성의 VX는 흔적을 남기지 않아 김정남이 사망하고 열흘이 돼서야 겨우 사인이 규명됐다"며 다음과 같이 말했다.

"그러나 북한은 치명적 실수를 저질렀다. 암살 장소가 쿠알라룸푸르 국제공항이었다는 점이다. 규모 면에서 인천국제공항에 크게 뒤지지 않는 국제공항 복판에서 대량살상무기로 김정남을 암살한 것 자체가 북한에는 치명적 실책이다. 이번 사건으로 드러난 김정은 정권의 특징은 담대함이 아니라 안이함이다. 이는 김정은 시대 북한 외교의 특징이기도 하다. 오늘날 북한은 핵개발에만 몰두하고 외교를 등한시한다."[66]

『중앙일보』는 사설을 통해 다음과 같이 말했다. "다중이 이용하는 외국 공항에서 화학무기를 인명 살상용으로 버젓이 사용한 것에 전 세계가 경악하고 있다. 국제사회는 화학무기를 반인륜적·반인권적 대량살상무기WMD로 규정한 지 오래다. 1997년의 화학무기금지조약CWC에서부터 개발·생산·비축·사용을 금지했으며 미국과 러시아도 폐기 수순을 밟고 있다. 하지만 북한은 다양한 생화학무기 제조 능력을 보유한 데 이어 이미 수천 톤을 비축해 실전에 투입할 준비를 하고 있다.……국제사회는 핵과 미사일에 이어 화학무기까지 만지작거리는 북한에 대해 이제 WMD에 대응하듯 행동으로 응징해야 한다."[67]

2018년 2월 일본 공영방송 NHK 보도에 의하면, 2012년 김정은 위원장의 고모부 장성택이 중국 방문 때 후진타오 주석과 베이징에서 별도 회담을 갖고 "김정일 위원장의 후임으로 김정남을 추대하고 싶다"는 뜻을 밝혔는데 이 사실을 저우융캉周永康 정치국 상무위원이 도청한 뒤 이듬해 북한 최고지도자에 오른 김정은에게 밀고했다. 결국 2013년 12월 장성택은 반역죄로 김정은에 의해 숙청당하고 김정남도 결국 암살당한 것이다. 이는 사실로 확인된 건 아니지만, 김정남이 김정은에게 위

협적인 존재로 여겨진 건 분명했다.[68]

　　말레이시아 경찰이 북한인 남성 4명을 암살을 지시하고 관여한 용의자로 지목하면서 사건의 배후가 김정은 정권이라는 것이 국제사회의 인식으로 굳어졌으나 북한은 관련 혐의를 전면 부인했다. 김정남 암살 사건은 이후 미국이 11월 북한을 2008년 이후 9년 만에 테러 지원국으로 재지정하는 결정적인 계기가 되었다.

제4장

헌법재판소,
"대통령을 파면한다"

김평우 "쓰레기 소추장", 조갑제 "쓰레기 언론"

3·1절 98주년을 맞은 3월 1일 대통령 탄핵 기각을 위한 국민총궐
기운동본부(탄기국)와 박근혜 정권 퇴진 비상국민행동(퇴진운동) 양측은
오후 2시(탄기국 주최)와 오후 5시(퇴진운동 주최) 각각 대규모 집회를 열
었다. 경찰은 610여 대의 버스를 동원해 광화문광장을 둘러쌌다. 이 차
벽 바깥쪽에선 박근혜 탄핵에 반대하는 측의 집회가, 반대로 차벽 안쪽
광화문광장에선 박근혜 탄핵·구속을 요구하는 촛불집회가 열렸다.

양쪽 참가자 가운데 일부는 마주칠 때마다 말다툼과 몸싸움을 벌였
다. 군중을 자극하는 발언도 이어졌다. 태극기 집회에선 "탄핵에 찬성한
정치인들을 척살하자", "정국에 따라 폭력을 써야 할 때는 먼저 피를 흘
리자" 등의 발언이 나왔다. 촛불집회 참가자들도 "탄핵이 기각되면 헌재
에 쳐들어가자"고 했고, 일부는 "사드(고고도 미사일 방어체계) 부지를 내

준 롯데는 망할 것" 같은 구호를 외쳤다.[69]

특검 수사가 종료된 뒤 첫 주말인 3월 4일 오후 2시 서울 덕수궁 대한문 앞에서 열린 '대한민국 대통령 탄핵 기각을 위한 16차 국민 총궐기대회'에선 '피', '혁명', '교수대' 등과 같은 원색적인 단어들이 쏟아졌다. 탄기국 대변인 정광용은 무대에 올라 "만약 탄핵이 인용되면 순국선열들이 태극기에 피를 뿌리면서 죽었던 것처럼 여러분이 그 주체세력이 되어야 한다"고 말했다. 그는 심판 당일 다시 한번 모여 달라고 요청하는 글을 5일 탄기국 누리집에 올리며 "저는 비록 아이들이 아직 어리지만 살 만큼 살았다"고 적어 극단적인 행동을 예고하기도 했다.

헌재 탄핵심판 대통령 쪽 변호인인 김평우는 "탄핵(소추장)은 재판할 가치도 없는 쓰레기 종잇장에 불과하니 즉시 찢어서 버려야 하고 그것을 법적으로 각하라고 한다"고 주장했다. 조갑제닷컴 대표 조갑제는 무대에 올라 "국회가 쓰레기 언론을 바탕으로 탄핵소추장을 썼다"며 "탄핵은 내란이다. 내란은 진압해야 한다. 내란에 가담한 기자, 검사, 판사, 특검, 국회의원들 반역 세력이다. 핵심적인 주모자는 교수대로 보내야 한다"고 주장했다.[70]

3월 5일 박근혜를 사랑하는 사람들의 모임(박사모) 인터넷 카페에는 "[속보] 3·1절 이후 탄핵 찬성 31% 반대 47% 완전히 뒤집어졌다"는 '가짜뉴스'가 게시되었다. 이 가짜뉴스는 실제 여론조사 결과처럼 보이기 위해 '탄핵 반대 47%, 탄핵 찬성 31%, 태도 유보 19%'라는 수치를 막대그래프로 제시했다. 이런 가짜뉴스가 무더기로 양산되었으며, 박사모 게시판에는 '전투태세 준비 완료 끝'이라는 제목에 "이젠 태극기 깃대를 죽창으로…"라는 글이 올라오는 등 탄핵 반대 세력은 이성의 마

3월 1일 탄기국과 퇴진운동은 각각 대규모 집회를 열고, "탄핵에 찬성한 정치인들을 척살하자", "탄핵이 기각되면 헌재에 쳐들어가자"는 구호를 외쳤다. 탄기국 집회 참가자들이 태극기와 함께 박근혜 대통령 사진이 들어간 현수막을 흔들고 있다.

지막 줄마저 놓아버린 대혼돈 속으로 빠져들었다.[71]

　　3월 6일 박영수 특검은 최순실 사건 수사 결과를 발표하면서, "최순실 일가의 총재산이 2,730억 원"이라고 공개했다. 최순실 일가의 보유 부동산은 토지와 건물이 총 178개로 국세청 신고가 기준 2,230억 원에 달했다. 이 가운데 최순실 소유는 36개로 228억 원을 차지했다. 또 최순실 일가의 예금 등 금융자산은 500억 원이라고 밝혔지만, 최순실 개인의 금융자산이 얼마인지는 확인이 불가하다는 식으로 두루뭉술하게 넘어갔다. 이에 대해 전 『월간조선』 기자 우종창은 『어둠과 위선의 기록: 박근혜 탄핵백서』(2021)에서 이 발표에 대해 일부 언론은 "'최순실 일가 재산'을 '최순실 개인 재산'으로 둔갑시켰다"며 "이런 선동식 보도를 접한 국민들은 최순실의 개인 재산이 2,730억 원이고, 모두 부정한 방법으로 축적된 재산이라고 오인할 수밖에 없었다"고 썼다.[72]

이런 오인엔 민주당 의원 안민석이 미친 영향도 컸다. 그는 2016년 12월부터 라디오에 출연해 "최순실의 독일 은닉 재산이 수조 원이고, 자금 세탁에 이용된 독일 페이퍼컴퍼니가 수백 개에 달한다는 사실을 독일 검찰로부터 확인했다", "최순실이 외국 방산업체 회장을 만나 무기 계약을 몰아주었다", "스위스 비밀계좌에 입금된 국내 기업 A사의 돈이 최순실과 연관되어 있다"는 등의 발언을 했다.[73](그는 2023년 11월 최순실에 대한 허위 사실을 유포해 명예를 훼손한 혐의로 불구속기소되었다.)

헌재의 탄핵심판 선고 "대통령을 파면한다"

운명의 2017년 3월 10일! 오전 11시에 시작한 헌법재판소의 탄핵심판 선고는 22분 만에 "대통령을 파면한다"는 주문主文(결론)으로 끝났다. 8인 재판관 만장일치의 결과였다. 헌재는 이날 선고에서 국회가 제출한 탄핵소추 사유 13개를 4개로 묶었고 이 가운데 '사인의 국정 개입 허용과 대통령 권한 남용 여부'만을 파면의 근거로 인정했다. 나머지 '공무원 임면권 남용', '언론의 자유 침해', '생명권 보호 의무 등 위반'은 인정하지 않았다.

헌재는 구체적으로 대기업 출연금으로 만든 미르·K스포츠 재단의 설립·운영·의사결정에 관여했으며 KD코퍼레이션·플레이그라운드·더블루K 등을 통한 이권 추구 과정을 지원했다고 적시했다. 헌재소장 권한대행 이정미는 결정문에서 "대통령의 이런 행위는 헌법·국가공무원법·공직자윤리법 등을 위배해 대의민주주의제와 법치주의 정신을 훼손하는 것"이라고 밝혔다. 또 "대통령은 최씨의 국정 개입 사실을 철저히 숨기거나 부인하고 오히려 의혹 제기를 비난해 국회의 견제와 언론의 감시장치가 제대로 작동될 수 없었다"고 지적했다. 국정은 비선 실세가 아닌 공조직에 맡겨 공정하고 투명하게 운영한 뒤 국민의 평가를 받아야 한다는 것이다. 또한 헌재는 "대통령의 법 위배 행위가 반복되고, 헌법 수호 의지가 드러나지 않는다"고 비판했다. 헌법을 수호하겠다고 선서한 박근혜가 세 차례 대국민 담화에서 진상규명 협조를 약속하고도 정작 검찰과 특검 조사에 불응하고 청와대 압수수색마저 거부했다는 것이다.[74]

당시 청와대 관저에서 생중계를 지켜보고 있던 박근혜는 회고록에서 "중계를 지켜보는 내내 마음을 다스리려고 했지만, 이 재판관이 전혀 사실이 아닌 부분을 마치 사실인 것처럼 확정적으로 발언할 때는 어이가 없었다. '피청구인의 행위는 최서원의 이익을 위해 대통령의 지위와 권한을 남용한 것'이라거나 '피청구인은 최서원의 이권 개입에 직간접적으로 도움을 줬다. 최서원의 사익 추구에 관여하고 지원했다'는 대목이 특히 그랬다"며 다음과 같이 말했다.

"이런 내용은 사실이 아니다. 최서원 원장은 나를 속였다. 그리고 그의 위법행위들을 제대로 인지하지 못한 데 대해서는 내게 큰 책임이 있으며, 지금도 국민께 매우 송구스럽게 생각한다. 하지만 내가 최 원장에게 어떤 이익을 줄 목적으로 대통령의 지위와 권한을 남용한 적은 결코 없다. 그렇기 때문에 최 원장의 이익을 위해 권한을 남용했다는 헌재의 결정문은 납득할 수가 없었다."[75]

오전 11시 25분께 헌법재판소의 탄핵 인용 결정이 전해지자 현장에서 결과를 기다리던 탄핵 반대 집회 현장은 충격에 빠져 일부 참가자들은 오열하며 쓰러지기도 했다. 탄기국 관계자는 단상에서 "박근혜 대통령은 결국 예수의 길을 선택했다"며 숙연한 모습을 보였지만, 곧장 "박근혜 대통령"이라는 구호와 함께 "기자를 색출해야 한다"는 극단적인 반응이 나오기도 했다. 실제로 단상 앞에서는 취재진과 집회 참가자들이 뒤엉켜 몸싸움이 벌어졌다.[76] 탄핵 반대 집회(태극기 집회) 측이 참가자들에게 "헌재 쪽으로 돌진하자"며 선동하면서 (최종적으로) 4명이 숨지고 부상자가 속출했다. 기자에 대한 무차별 폭행도 일어났다.[77]

이와 관련, 박근혜는 회고록에 이렇게 썼다. "그날 탄핵 반대 집회에 참석한 분 중 네 분이 사망하고, 한 분은 의식불명 상태로 고생하다가 후에 돌아가셨다는 소식을 전해 듣고 너무나 마음이 아팠다. 사람이 여러 명 사망했는데도 당시엔 언론에 사건 경위 등이 제대로 보도조차 되지 않았다. 지금도 그 일만 생각하면 심경이 무거워진다. 유족들께 심심한 위로의 말씀을 드린다."[78]

반면 '탄핵 찬성 촛불집회' 참가자들은 일제히 환호성을 질렀으며, 곳곳에서 폭죽이 터지고 꽹과리 소리가 울렸다. 일부 참가자들은 눈물을 흘리며 옆 사람과 얼싸안고 "고생했다", "애썼다"는 말을 주고받았다. '촛불 항쟁 승리 선언문'을 낭독한 참가자들은 청와대를 향해 축하 퍼레이드를 시작했다. 푸른색 수의囚衣를 입고 손목에 포승을 한 '박근혜 대

통령 인형'이 그 뒤를 따랐다. 이들은 청와대 인근에서 "박근혜 방 빼" 같은 구호를 연호했다.[79]

여론조사 기관 리얼미터가 MBN과『매일경제』의 의뢰로 헌재 결정 직후 전국 19세 이상 1,008명을 대상으로 조사한 결과, 헌재의 '대통령 박근혜 탄핵소추안 인용'을 어떻게 보느냐는 질문에 86.0%가 "잘했다" 고 응답했다. 헌재의 탄핵 결정을 "잘못했다"고 응답한 이는 12.0%였 다. 헌재의 결정에 '승복하겠다'는 응답은 92.0%, '승복할 수 없다'는 의 견은 6.0%에 그쳤다.[80]

역사는 '3·10 이전'과 '이후'로 나뉠 것인가?

3월 11일 오후 서울 광화문광장에선 65만 명(주최 측 추산)의 시민 들이 박근혜 파면 소식을 반기는 마지막 촛불을 밝혔다. 박근혜의 퇴진 을 요구하며 2016년 10월 29일부터 시작한 촛불집회가 134일 만에 대 단원의 막을 내린 것이다. 4개월간 20여 차례의 집회가 진행되는 동안 촛불집회에 참여한 연인원은 1,600만 명에 이르렀다.

『한겨레』논설위원실장 오태규는 「'대통령 박근혜 파면' 이후」라 는 칼럼에서 "박근혜의 불복에도 불구하고 대한민국의 역사는 앞으로 '3·10 이전'과 '이후'로 나누어질 것이 틀림없다. 적어도 한국 정치사 는 그렇게 기록될 것이다. 그만큼 국가 최고 권력자를 국민의 힘으로 자 리에서 끌어내린 의미는 매우 크다"고 했다.[81]

당시 박근혜는 삼성동 사저의 보일러가 고장 나 수리를 기다리고 있 었는데, 민주당은 당장 청와대를 비우라고 강하게 압박해왔다. 박근혜는 이런 압박에 못 이겨 3월 12일 밤 청와대를 나와 보일러가 작동하지 않은 탓에 몹시 추운 삼성동 자택으로 옮겨야만 했다.[82] 박근혜는 청와대를 떠나면서 "진실은 반드시 밝혀진다고 믿고 있다"는 마지막 메시지를 남김으로써 탄핵 판결에 승복할 수 없다는 뜻을 분명히 했다.

3월 13일 자유한국당 소속 서청원·최경환(이상 총괄)·윤상현·조원진·이우현(이상 정무)·김진태(법률)·박대출(수행)·민경욱(대변인) 의원들이 전직 대통령 보좌팀을 구성하기로 했다. 이에 『중앙일보』는 사설을 통해 "자기 잘못을 도대체 인정하지 않으려는 박 전 대통령의 행태를 돌이켜보면 '사법 투쟁'과 함께 대선 정국에서 영향력의 행사는 물론 대선 후 정치 재개를 포함한 '사저 정치'를 준비하고 있는 것으로 보인다. 한마디로 죽어야 할 정치세력이 다시 살아나 '좀비 정치'를 하겠다는 것이다"고 비판했다.[83]

『조선일보』는 이런 '사저 정치'와 '좀비 정치'의 이면에 대해 "TK 지역과 박 전 대통령 지지층이 여전히 견고하게 존재한다는 것이 근본적인 이유다"고 했다. 대구 『매일신문』과 TBC가 탄핵 결정 직후인 3월 11~12일 TK 지역 주민 1,366명을 상대로 실시한 조사에서 "헌재의 탄핵에 동의하지 않는다"는 응답이 51.4%로 나타났다. 당 관계자들은 "박 전 대통령과 친박 핵심부가 마음만 먹는다면 '태극기 세력'과 TK 지지층을 묶어 재기를 모색하는 것은 그리 어렵지 않을 수 있다"고 주장했다.[84]

박근혜 "왜 더러운 사람 만드냐"

3월 15일 대통령 권한대행 황교안은 임시 국무회의를 소집해 대선

날짜를 5월 9일로 지정하면서 "국정 안정과 공정한 대선 관리를 위해 제가 대선에 출마하는 것은 적절하지 않다고 판단했다"며 대선 불출마를 선언했다. 반기문의 출마 포기 이후 지지율이 10%대로 뛰면서 문재인 전 민주당 대표에 이어 2위에 오르기도 했던 황교안이 불출마를 선언함으로써 대선 레이스에서 보수 진영의 유력 후보가 사라지고 말았다.

이제 박근혜가 당면한 문제는 검찰 수사였다. 검찰 1기 특수본은 박근혜에게 8가지 혐의를 적용했다. 적용된 죄명은 4개로 직권남용권리행사방해, 강요, 공무상 비밀누설, 강요미수가 그것이다. 혐의를 구체적으로 보면 전경련 회원사를 대상으로 미르·K스포츠 재단에 774억 원 출연 강요, 롯데그룹에 하남 복합체육시설 70억 원 교부 강요, 현대차그룹에 11억 원 상당의 KD코퍼레이션 제품을 납품받도록 강요하고 최순실 실소유인 플레이그라운드에 62억 원 상당의 광고를 맡기도록 강요, 포스코에 펜싱팀 창단 후 최순실 실소유인 더블루K에 매니지먼트를 맡기도록 강요, KT에 최순실 실소유인 플레이그라운드에 68억 원 상당의 광고를 맡기도록 강요, GLK에 장애인 스포츠단 창단 후 최순실 실소유인 더블루K에 에이전트를 맡기도록 강요, 최순실에게 말씀자료와 외교자료 등 국정 문건 총 180건 유출, 이미경 CJ그룹 부회장의 퇴진 강요 등이었다.

여기에 더해 박영수 특검은 5개의 범죄사실을 추가했다. 적용죄목은 특정범죄가중처벌법상 뇌물수수·제3자 뇌물수수, 직권남용권리행사방해와 강요 등 3가지였다. 구체적인 혐의로는 삼성이 최순실 소유인 비덱스포츠와 213억 원의 컨설팅 계약 체결, 삼성의 미르·K스포츠 재단 204억 원 출연, 장시호가 운영하는 동계스포츠영재센터에 16억 원

후원, 김정태 하나금융그룹 회장에 최순실 측근인 이상화를 승진 임명하도록 강요, 노태강 전 문체부 체육국장 사퇴 강요, 문화계 블랙리스트 작성 등이었다.[85]

이런 13가지 혐의를 받은 박근혜는 3월 21일 오전 9시 23분쯤 검찰에 소환되어 이날 밤 11시 40분까지 약 14시간 동안 신문訊問을 받았으며, 이후 7시간 넘게 검찰의 피의자 신문 조서를 열람·수정한 뒤 새벽 6시쯤 검찰청을 나와 자택으로 돌아갔다. 통상 피의자와 변호인의 조서 검토는 길어야 3시간 정도였기에 7시간 검토는 이례적인 일이었다.[86] 밤샘 조사 중 이런 일이 있었다. 박근혜의 회고다.

"두 분 부장검사(한웅재, 이원석 부장검사)는 최대한 예우를 갖춰 조사를 진행했고, 태도도 깍듯했던 것으로 기억한다. 하지만 다른 것은 몰라도 마치 내가 뇌물을 받은 사람처럼 질문하는 것은 도저히 견디기 힘들었다. 최서원 원장의 비행非行을 인지하지 못하고 막지 못한 것은 내 책임이 분명했지만, 나를 뇌물을 받아먹은 사람으로 비치게 하는 것은 참을 수가 없었다. 순간적으로 참았던 분노가 치밀었다. 8시간쯤 조사가 진행됐을 때 나도 모르게 손을 뻗어 테이블 위에 놓여 있던 서류와 필기도구를 확 밀쳐내며 소리를 질렀다. '내가 이런 더러운 짓을 하려고 대통령을 한 줄 아십니까. 왜 이렇게 있지도 않은 일을 만들어서 사람을 더러운 사람으로 만드십니까.'"[87]

세월호 인양, 박근혜 구속

2017년 3월 23일, 세월호가 침몰한 지 1,073일, 인양 추진 702일

3월 23일, 세월호가 침몰한 지 1,073일 만에 처참한 모습으로 인양되었다. 그 후 8일 후인 3월 31일 박근혜는 서울구치소에 구속수감되었다.

만에 세월호의 누렇게 녹슨 처참한 모습이 물 위로 나왔다. 『한겨레』는 「세월호 앞에서 옷깃을 여미며」라는 사설에서 "수백 명의 목숨이 경각에 달린 위중한 7시간을 허비한 대통령이 제 한 몸 처벌을 피하려 조서를 7시간이나 읽었다는 사실에 국민이 분노한다. 세월호가 올라온 이 시점에 박근혜 씨에게 7시간에 대한 고백과 진솔한 사과를 다시 요구한다"고 했다.[88]

3월 31일 오전 4시 45분 박근혜는 서울구치소에 구속수감되었다. 이후 변호인단을 꾸리는 게 쉽지 않다는 걸 절감한 박근혜는 회고록에 이렇게 썼다. "자칫 특정인에 대한 구설이 될까봐 자세히 이야기하지는 못하지만, 나와 가깝다고 생각했던 고위급 법조인 중 상당수가 부탁을 외면했다. 정계나 법조계가 원래 냉혹한 곳이라지만, 연이어 거절당할 때는 쓸쓸했다. '내가 이미 죽은 사람 취급을 당하는구나'라는 생각마저 들었다. 하지만 누군가를 탓하고, 잘못을 다른 곳으로 돌리자면 한도 끝도 없을 뿐 아니라 무의미하다고 마음을 고쳐먹었다. 대통령에서 구속자 신분이 되는 건 순식간이었다."[89]

박근혜가 구속수감된 지 2시간여 후인 오전 7시 세월호를 실은 반잠수식 선박 화이트마린호가 동거차도 인근 해역에서 목포신항을 향해 출항했다. 네티즌들은 "박근혜가 구속되는 날 세월호가 돌아오는구나. 쓸쓸하고 슬프다"고 했다.[90] 더 쓸쓸하고 더 슬픈 일은 증오와 적개심이 어느 한 진영을 넘어서 이후의 한국 정치 전체를 지배하게 되었다는 사실이다. 훗날(2024년 3월) 문재인 정부의 마지막 정무수석을 지낸 이철희는 다음과 같이 말한다.

"노무현의 죽음과 박근혜 탄핵으로 품게 된 '지못미'의 감정적 앙금 때문에 두 당은 각각 피해의식으로 뭉쳤고, 상대에 대한 적개심으로 전의를 불태웠다. 두 당은 서로를 경쟁자가 아니라 적으로 여기게 됐다. 자신들은 억울한 피해자, 상대는 무도한 가해자였다. 지지 정당에 대한 애착이 아니라 상대에 대한 증오가 당파성의 중핵으로 자리 잡게 됐다."[91]

문재인의
"미안하다 고맙다" 사건

2017년 3월 10일 오후 전남 진도 팽목항 세월호 희생자 분향소를 찾은 문재인은 방명록에 "얘들아. 너희들이 촛불광장의 별빛이었다. 너희들의 혼이 1000만 촛불이 되었다. 미안하다. 고맙다"고 써서 두고두고 논란이 될 사건의 불씨를 던졌다. 쟁점은 '고맙다'였다. 박근혜가 탄핵심판에 의해 파면 선고를 받은 날 겨우 몇 시간이 지난 시점에서 그런 글귀를 남기는 것은 전후 상황상 "내가(민주당이) 정권을 잡을 수 있게 해줘서 고맙다"는 식으로 읽힐 소지가 다분했기 때문이다.

고려대학교 경영대학 교수 이한상은 페이스북에서 "판단은 각자가 하지만 문상 가서 죽은 사람 보고 촛불혁명의 단초가 되어주어 고맙다고 한 대통령의 표현은 곱게 봐주기 어렵다. 인간을 목적이 아닌 수단으로 보는 세계관이 그대로 들어 있기 때문이다. 역사를 미화하는 운동권 습속은 내가 경멸하는 것이다"고 했다.[92]

시사평론가 진중권은 2020년 8월 8일 페이스북에 "문재인 대통령에게 크게 세 번 뜨악했던 적이 있다"며 두 번째 '사건'으로 이 "미안하다 고맙다" 표현을 지적했다. 그는 "도대체 '고맙다'는 말은 어떻게 이해해야 하느냐. 아직도 나는 그 말의 뜻을 합리적으로 해석할 방법을 못 찾고 있다"고 했다.[93]

『조선일보』주필 양상훈은 「'2016 탄핵' 때 닮은 꺼림직한 정치 풍경」이라는 2024년 7월 4일자 칼럼에서 "박근혜 전 대통령 탄핵은 세월호 사태부터 시작된 것으로 볼 수 있다"며 "문재인 전 대통령이 박 전 대통령 탄핵 직후 팽목항을 찾아 숨진 학생들을 향해 '고맙다'고 방명록에 쓴 것이 이를 말해준다"고 했다.[94]

문재인과 이재명의
살벌한 경쟁

토론하자는 이재명, 피해 다니는 문재인

2017년 2월 초순 이재명은 『이재명은 합니다: 무엇을 시작하든 끝장을 보는 사람, 이재명 첫 자전적 에세이』를 출간했다. 이 책에 실린 「세상을 바꾸려면 손가락부터 움직여보자」는 글이 인상적이었다. 그는 "나는 하루에도 수십만 명과 대화를 나눈다. 대화 창구도 셀 수 없이 다양하다. 카카오톡, 밴드, 트위터, 페이스북, 카카오스토리, 유튜브, 인스타그램, 인터넷 카페, 게시판, 블록, 댓글 등 수많은 채널을 통해 각계각층의 사람들과 친구를 맺고 정보 공유를 한다. 이 과정에서 나는 집단지성의 놀라운 힘을 피부로 느낀다"며 다음과 같이 말했다.

"SNS 세계에서는 하루에 30분씩만 손가락을 움직여도 충분하다. 그런 사람이 1만 명만 넘어도 대한민국에는 변화의 태풍이 불 것이다. 이것이 바로 '손가락혁명'이다. 나는 일찌감치 SNS 세계에서 '이재명의 손가

락혁명군'을 만났다. 나를 지지하는 팔로어들이 '이재명의 손가락혁명군'
을 자처하며 위대한 집단지성을 형성한 것에 한없는 행복을 느낀다.……
단언컨대 이제 대한민국의 진정한 변화는 손가락 끝에서 나올 것이다.
그러니 세상을 바꾸고자 한다면 손가락부터 움직여야 하지 않을까?"[95]

　　이재명의 후원회 구성은 신선했다. 이재명 후원회의 상임 후원회장
은 성남시에서 청년 배당을 받은 사회복지사 박수인이 맡았으며, 공동
후원회장단은 해고노동자와 농민, 장애인 등 서민층을 대표하는 이들로
구성했다. 2월 10일 이재명 캠프는 "어제 출범한 이재명 후원회가 단 하
루 만에 개미 후원자 1만여 명이 참여해 법정한도 24억 원의 10%가 넘
는 2억 7,000만 원을 달성했다"고 밝혔다. 캠프 측은 "이재명 성남시장
은 재벌체제 해체를 공언했기 때문에 기업의 거액 후원 없이 모금이 매
우 어려울 것이라 예상했지만, 무수저·흙수저의 열망이 이변을 불러왔
다"고 해석했다.[96]

　　후원회 출범 사흘 만인 2월 13일엔 후원금 5억 원을 돌파했다. 캠
프 측은 "암말기 판정을 받은 환자, 아이들 통닭 하나 맘 편히 사주지 못
하는 엄마, 통영에서 굴 팔아 후원하는 분에 이르기까지 우리 사회 다수
약자들이 이뤄낸 기적"이라며 "밑바닥이 단단히 다져지고 있는 만큼 흙
수저 후원 바람은 경선 돌풍으로 이어질 것"이라고 자신했다.[97] (3월 3일
'흙수저후원회'는 후원금 10억 원을 돌파했다며 "지난 2월 9일 후원회 출범 이후
약 3주 만에 이룬 성과로 무수저와 흙수저의 바닥 민심이 만들어낸 결과라는 평
가"라고 의미를 부여했다.)[98]

　　2월 15일 이재명은 SBS 대선주자 국민면접에 출연해 '내각을 구
성할 때 가장 먼저 장관을 지명하고 싶은 부처는 어디인가'라는 질문에

이재명 후원회는 단 하루 만에 개미 후원자 1만여 명이 참여해 법정한도 24억 원의 10%가 넘는 2억 7,000만 원을 달성했다. 이재명의 자전적 에세이 『이재명은 합니다』.

"노동부 장관이 제일 중요하다"며 "대통령이 되면 2015년 11월 민중총궐기 집회에서 폭력집회를 주도한 혐의로 복역 중인 한상균 전 민주노총 위원장을 사면시켜 노동부 장관에 발탁하겠다"고 밝혔다. 그는 "너무 과격해서 어찌될지 모르겠는데…"라며 "실제로 노동현장과 노동자에 애정 있는 사람을 (임명)하고 싶은데 가능하면 노동운동가 중 지명하고 싶다"며 한상균을 거론했다.

언어 표현이 과격하다는 지적에 대해 이재명은 "사람들은 저를 (도널드) 트럼프랑 비교하기도 하는데 저는 아직까지 한 번도 해서는 안 될 표현을 한 적은 없다"며 "제가 싸우는 상대는 불의한 자들, 부패한 기득권자들, 사회적 강자들이다. 과격하게 싸우지 않으면 싸워지겠나"라고 반문했다. 그는 "분풀이해야 할 정도로 감정통제를 못하면 정치를 하지 말아야 한다"며 "일부에서 저 보고 '매우 과격하다', '감정통제를 못 하는 것 아니냐'고 의심하는데, 모두가 공감하는 문제에 대해 두려워서 말하지 않을 때 도전하고 말하다 보니 과해 보인 것"이라고 주장했다.[99]

언어 구사의 기회에 관한 한 이재명과 문재인은 양극이었다. 이재명은 "명망과 대세에 의존해 (대통령을) 선택해 이뤄진 결과가 얼마나 참혹했는지 체감하고 있다"며 제발 토론 좀 하자고 외쳤지만, 문재인은 토론을 한사코 피해 다녔다. 예정되었던 민주당 지방의원협의회 초청 대선후보 토론회마저 일방적인 불참 통보로 무산시키기도 했다. 2월 16일 『동아일보』 논설위원 정성희는 「문재인은 왜 토론을 피하나」는 칼럼에서 "이견과 토론을 용납하지 않고 받아쓰기만 시키는 행태는 박 대통령의 전유물인 줄 알았는데 아니었나 보다"며 "문재인은 벌써부터 왕이 되려는 건가"라고 꼬집었다.[100]

"박근혜 탄핵 기각 시 승복할 수 없다"

2017년 2월 16일 이재명은 관훈토론회의 주인공이 되었다. 관훈토론회는 2시간 넘게 사전 질문지도 없이 중견 언론인들의 날카로운 질문 공세를 받는 자리인지라 난이도가 높은 토론회였다. 이재명은 박근혜 탄핵 기각 시 저항권을 들어 승복할 수 없다고 주장했다. 사회자인 『동아일보』 논설실장 박제균이 "헌재 기각에 저항권까지 말하는 게 조금 과도하게 들린다"고 하자 이재명은 다음과 같이 답했다.

"헌법재판소 결론이니까 따르자, 어떤 결론이 나도 우리가 더이상 다른 이야기하지 말고 승복하자, 어떤 결론이 나더라도……저는 이것이 어쩌면 우리 대한민국 역사에서 끊임없이 부패한 기득권 세력들이 국민들의 손에 의해서 밀려날 뻔하다가 결국 마지막에는 다 이런저런 방법을 통해서 복귀했던 그 역사가 다시 또 이어질 것 같은 불안감이 사실 들고 있습니다.……어떻게든지 저는 퇴진하게 하는 것이 옳다고 생각해요. 그것이 우리가 해야 될 일이라고 생각합니다."

『서울신문』 정치부장 이종락이 이재명 성남시장이 소속된 더불어민주당하고 국민의당 포함해서 4당 원내대표들이 지난 13일 회동에서 탄핵심판 결과에 대해서 승복하기로 했지요"라고 물었다. 승복하지 않으면 도대체 어떻게 하겠다는 거냐고 묻는 질문이었다. 그러자 이재명은 "승복한다고 하는 것 자체가 저는 국민의 뜻에 반하는 것이라고 생각합니다"고 말하면서도 "할 수 있는 것이 무엇이 있겠습니까? 촛불 들고 열심히 또 싸우는 수밖에 없겠지요. 합법적 범위 내에서. 제가 총 들고 나가지는 않을 테니까 걱정하지 마십시오"라고 답했다.[101]

MBC 보도국 취재센터장 오정환이 "이 시장께서 작년에 신고한 재산이 23억 원으로 되어 있더라구요. 변호사 활동을 하셨고, 자본주의 사회에서 재산이 많은 것이 흠은 아닙니다만 흙수저를 대변해오신 이미지와는 조금 상충되는 것이 아닌가 하는 느낌이 드는데, 어떻게 생각하십니까?"라고 묻자, 이재명은 다음과 같이 답했다.

"보니까 많더라고요. 그중에 절반은 집값이고요. 분당에 IMF 때 집을 처음이자 마지막으로 샀는데, 그때 전세 살다가 바꿨는데 그것이 재산 증가에 도움이 됐습니다. 되게 서글프더라고요, 사실은. 그렇게 재산이 늘어나는 것이. 그리고 제가 변호사로 열심히 일했고, 나름 평판이 있어서 어려운 사건들도 많이 하고 해서 나름 열심히 일한 결과라고 생각해주시면 좋겠습니다. 가끔씩 주식도 합니다. 지금도 주식 자산이 절반입니다."[102]

주로 투자하는 주식들이 삼성전자, SK 등 재벌기업들인 걸 지적하면서 "평소에 재벌에 대해 굉장히 비판적이신데 투자할 때는 긍정적으로 평가하시는 것이 아닌가"라는 질문이 나오자 이재명은 이렇게 답했다. "그것이 또 오해지요. 제가 재벌기업들을 폄하하는 것이 아니고, 재벌기업들을 지배하는 재벌가문들의 부당한 지배 형태를 제가 문제삼은 것이지요. 기업 자체가 아니고. 그리고 제가 전에는 소위 소형주 투자했다가 엄청나게 손해를 보고 난 다음에……농담이었습니다."[103]

"A를 물으면 A를 답해야지, 왜 B를 말합니까"

2017년 3월 3일 CBS 라디오 〈시사자키 정관용입니다〉의 더불어민주당 대선주자 토론회 시작 전, 순서를 정하기 위해 사다리타기를 했다. 손가혁의 한 회원은 4일 카페 게시판에 문재인의 모습을 담은 유튜브 영상을 게시했다. 문재인이 사다리타기에 익숙하지 않은 듯 진행자 정관용의 도움을 받는 걸 보여준 영상이었다.

손가혁 회원들은 사다리타기에 미숙한 문재인에게 비난의 화살을 퍼부었다. "순발력, 습득력, 센스 그리고 융통성까지 심각하게 부족하다", "시중드는 사람이 없으면 사회생활 힘든가"라는 비난은 그중에서도 평범한 수준이었다. "문 전 대표의 치매가 의심 된다", "인지장애를 의심할 수준", "치아가 없는 사람은 치매가 올 확률이 높다", "문 전 대표는 병원에 가야 한다"는 원색적 비난과 조롱이 이어졌다.

이 문재인 조롱 영상은 다른 커뮤니티 사이트로 옮겨지면서 친문 지지자들의 분노를 불러일으켰다. 한 인터넷 커뮤니티 회원들은 "사다리타기를 안 해봤으면 모를 수도 있다. 비난받을 일이 아니다", "손가혁 일부 회원들은 지나치게 맹목적"이라고 비판했다.[104]

3월 6일 열린 민주당 토론회에서는 이재명이 동문서답東問西答하는 문재인을 숨 쉴 틈도 주지 않고 몰아 세운 장면이 화제가 되었다. "A를 물으면 A를 답해야지요. 왜 B를 말합니까." "자기가 발표한 정책 내용이 뭔지는 아셔야 합니다." 문재인은 얼굴이 벌겋게 달아올랐다. "문재인, 눈만 껌뻑껌뻑하네", "묻는 말에 똑바로 대답해야지. 어리버리하네" 등과 같은 댓글들이 달렸다.[105] 물론 이재명은 이 장면을 포함해 문재인에게 함부로 대한 걸 두고두고 후회하게 된다. 문재인을 사랑하는 친문 지지자들의 원수가 되었기 때문이다.

중국의 사드 보복에 대한 정치적 내분內紛

3월 7일 한미 군 당국은 주한 미군이 발사대 2기 등 사드 포대의 일부 장비를 한국으로 들여왔다고 밝혔다. 민주당은 사드 장비가 도착했다는 소식에 강하게 반발하며 "비밀리에 한밤중에 한반도에 배치하는 것은 명백한 주권 침해"라고 비난하는 등 사드를 둘러싼 갈등이 고조되었다.

이재명은 입장 변화 논란이 있긴 했지만, 사드 반대 강경파에 속했다. 그는 2월에 출간한 『이재명은 합니다: 이재명 첫 자전적 에세이』에서 "미국의 한반도 사드 배치 논란 속에 나는 또 하나의 역사적 경고음으로 동학혁명 당시의 한반도 상황을 떠올리곤 한다"며 다음과 같이 주장했다.

"조선 땅으로 입성한 일본군은 계속해서 주둔하며 국정을 간섭하기 시작했고, 기어이 명성황후를 시해한 뒤 을사늑약과 식민지배로 이어지는 야욕의 프로세스를 진행해 나갔다.……물론 지금의 북한과 조선 말의 동학군을 단순 비교할 수야 없겠지만, 문제는 미국 역시 당시의 일본과 마찬가지로 한반도에서 결코 철수하지 않을 것이라는 점이다."[106]

『경향신문』은 「탄핵 정권이 도둑처럼 사드 배치하다니, 용납할 수 없다」는 사설에서 "조기 대선으로 정권이 바뀌더라도 뒤집을 수 없도록 대못을 박겠다는 의도가 드러난다"며 이렇게 말했다. "사드 배치는 안보에 중요한 영향을 미칠 뿐 아니라, 시민 사이에서도 첨예하게 의견이 갈리는 사안이다. 정상적인 정부라도 밀어붙이기 어려운 일이다. 그런데 탄핵당한 정권의 과도 정부가 시민과 소통하지도 않고 국회와 정당에도 비밀에 부친 채 도둑처럼 일을 처리했다. 박근혜 정권의 못된 습관을 황교안 대통령 권한대행이 되풀이한 것이다. 이런 사드 배치는 과도 정부의 월권이자 용납할 수 없는 폭거다."[107]

반면 『동아일보』는 「사드 배치가 '주권 침해'라는 민주, 어느 나라 당黨인가」라는 사설에서 "한미동맹보다는 친중반미親中反美의 운동권 사고방식에서 아직도 벗어나지 못한 것은 아닌가"라면서 이렇게 말했다. "민주당 지도부는 어제 사드 배치의 국회 비준을 하지 않으면 위헌이라고 주장했지만 설득력 없는 억지다.……사드 용지 제공은 이미 국회 동의를 얻은 한미상호방위조약에 따른 것이다. 매번 방어 무기를 들여올 때마다 비준을 받아야 한다면 우리를 안보 무방비 상태로 놔두자는 것이

사드가 국내로 들어왔을 때 "도둑처럼 사드 배치하다니", "사드 배치가 '주권 침해'"라는 등 사드를 둘러싼 갈등이 고조되었다. 사드 배치의 최대 피해자는 중국 진출 기업들과 국내 관광업계였다.

나 마찬가지다.……민주당이 정강정책에선 '굳건한 한미동맹'을 강조해 놓고도 실제 하는 일을 보면 '중국 정부 2중대' 같다는 느낌이 든다."[108]

그렇게 싸우는 동안 정작 사드 문제로 인해 가장 큰 피해는 중국에 진출한 기업들과 국내 관광업계의 몫이었다. 중국 정부가 치졸한 보복을 가하고 있었기 때문이다. 특히 중국에 부지 제공자로 찍힌 롯데가 몰매를 맞고 있었다. 『중앙일보』 칼럼니스트 이정재는 중국의 보복은 다음과 같은 3가지 특징을 갖고 있다고 했다.

① 하나만 골라 팬다. 다른 이들에게 '말만 잘 들으면 나는 괜찮을 것'이라고 믿게 하는 것이다. 롯데만 두들기는 이유다. ② 빌미를 주지 않는다. 롯데 세무조사는 중국의 조세주권 행사요, 위생·소방 규제 역시

국내법에 따른 것이다. 한류를 금하는 금한령禁韓令은 서비스업은 개방 안 한 한·중 자유무역협정FTA에 걸리지 않는다. ③ 민·관이 찰떡궁합 이다. 정부는 어르고 빠진다. 현대차 파괴범을 찾아 구금하고 '한국에 대 한 공격을 자제하라'고 말하는 식이다. 대신 민간이 알아서 거국적 불매 운동을 펼친다.[109]

『조선일보』는 「안팎에서 난타당하는 롯데, 무슨 죄 지었다고 괴롭 히나」는 사설에서 이렇게 말했다. "롯데 소유 성주 골프장이 사드 부지 로 정해진 건 롯데가 원해서가 아니다. 첫 후보지를 주민이 반대한다고 정부가 지역을 바꾼 탓이다. 그런 연유로 우리 기업이 외국의 공격을 받 는다면 여야가 합심해 기업을 지원해줘야 하는 것이 상식이다. 그런데 더불어민주당 대변인은 롯데가 사드 부지를 제공하는 것을 '뇌물'이라 고 비난했다. 정치에 눈이 멀어 이성을 잃었다. 기업도 잘못했으면 당연 히 조사받고 처벌받아야 한다. 하지만 롯데에 가해지는 뭇매를 보면 정 말 이런 나라에서 누가 기업하고 싶겠나 하는 생각이 든다."[110]

문재인의 '묻지 마 식 영입'을 비판한 이재명

반기문의 출마 포기 이후 지지율이 10%대로 뛰면서 문재인에 이어 2위에 오르기도 했던 황교안이 불출마를 선언함으로써 대선 레이스에 서 보수 진영의 유력 후보가 사라지자 일부 관료들은 문재인 측에 줄을 대기 위해 바쁜 모습을 보이기 시작했다. 그래서 "'문文바라기'가 된 관 료사회"란 말까지 나왔다.[111] 문재인 캠프에 몰려든 '폴리페서polifessor' 는 1,000명에 이르러 이른바 '문재인 대세론'을 실감나게 했다.[112]

3월 13일 각종 커뮤니티와 페이스북에는 '문재인 전 대표가 치매인 증거' 등의 제목으로 치매설을 제기하는 글이 확산되고 있었다. 일간베스트저장소(일베)에도 이날 아침에만 30건 이상 글이 올라왔으며, 이재명 지지자 카페인 손가락혁명군에도 밤사이 '문재인 치매설'을 퍼트리는 글이 10여 건 올라왔다.[113]

3월 14일 오후 서울 여의도 KBS 본관에서 열린 첫 지상파 TV 토론에선 후보들 사이에 치열한 난타전이 벌어졌다. 안희정은 전 대표 김종인의 최근 탈당을 거론하며 "(문 전 대표가) 당대표로 모셔와 우리 당이 지난 총선에서 많은 도움을 받았는데, 왜 직접 찾아가서 만류하거나 설득하지 않느냐"고 책임론을 제기했다. 이에 문재인이 "김 전 대표를 모셔올 때는 생각에 많은 차이가 있지만 경제민주화만큼은 함께할 수 있다고 생각했다. 하지만 '나만 따라오라'는 김 전 대표의 방식이 우리 당의 방식과 달랐다"고 답했다.

그러자 안희정은 "(문 전 대표가) 정치 입문하신 뒤 당대표까지 지내는 과정에서 손학규, 김한길, 박지원, 안철수 전 대표에 이르기까지 모두 당을 떠났다"며 "문 후보님의 리더십에 대해 많은 분들이 불안하게 생각한다"고 비판했다. 그는 "대통령에게 가장 중요한 요소는 국가와 국민을 통합하는 리더십"이라며 "당내 통합 문제에서도 효과적인 리더십을 발휘하지 못했는데 대한민국의 분열과 갈등을 어떻게 통합의 리더십으로 이끌겠는가"라고 추궁했다.

그러자 문재인은 "(탈당은) 당내 권력투쟁의 과정에서 발생한 것이 아니라 당을 혁신하는 과정에서 발생한 일이고, 혁신에 대해 반대하시는 분들이 당을 떠나신 것"이라며 "우리 당은 혁신을 해냈고 지난번 총선 승리를 거쳐 정권교체 주체가 될 수 있는 정당으로 성장했다"고 반박했다.

이재명은 문재인에게 "주변에 그냥 기득권자도 아니라 인정하기 어려운 기득권자가 모인다"고 주장했다. 그러면서 "주차장에서 청원경찰을 동사시켰다는 논란이 된 전 서초구청장, 부산영화제에 영화 〈다이빙벨〉 상영 압력을 행사한 전 부산시 부시장" 등 영입 인사를 열거했다. 문재인은 "개혁적이고 도덕적인 사람들 중심으로 해나가자는 것은 좋지만 부패 기득권자나 친재벌로 딱지를 붙이는 것은 종북좌파라는 딱지와 다를 바 없다. 중도나 합리적 우파와 보수까지는 확장하고 포용해야 한다"고 말했다.

안희정과 이재명은 연정의 대상을 놓고 입장 차를 드러냈다. 안희정은 이재명에게 "여소야대 의회와 높은 수준의 협치를 이루기 위해 폭넓고 따뜻한 지도자가 되셨으면 좋겠다"고 말했다. 이재명은 "저는 이웃집과는 잘 지내지만 이웃집에 숨어 있는 도둑들에 대해서 가혹하다"고 맞받았다. 이재명은 "제가 청산하자는 것은 같이해서는 안 될 '이웃집 이름으로 숨어 있는 도둑들'에 관한 이야기로 생각해달라"고 덧붙였다. 안희정은 "도둑도 우리 국민이라면 따뜻하게 안아줘야 한다"고 했다.[114]

3월 15일 문재인이 지난 대선 때 박근혜 후보를 도왔던 경제학 교수 김광두를 캠프에 영입하자 안희정 측 의원 박영선은 "안 지사의 대연정을 비판하면서 박 전 대통령의 경제교사를, 김종인 전 대표에 이어 두 번째로 모셔온 것은 일관된 논리에 맞지 않는다"고 꼬집었다. 이재명은 "문재인 후보의 자문그룹인 '10년의 힘 위원회' 60명 중에서 무려 15명이 삼성 등 재벌 대기업을 위해 일했던 사람들입니다"라면서 문재인의 '묻지 마 식 영입'이 민주당의 위기를 불러오고 있다고 비판했다.[115]

문재인 캠프의 '부산 대통령' 논란

3월 19일 서울 여의도 KBS에서 열린 민주당의 5차 대선후보 토론회에선 자기 자랑이나 약점 해명을 위한 코너가 등장했다. '사진 한 장을 통해 후보의 인생 철학을 설명해보라'는 취지의 '내 인생의 한 장면'이란 코너였다. 문재인은 특전사 시절 사진을 들고 나와 "저의 국가관·안보관, 애국심 대부분이 이때 형성됐다"고 했다. 이재명은 어머니와 함께 찍은 대학 입학 사진을 들고 나와 "시정에 개입하려는 형을 어머니가 말리는 과정에서 흥분한 제가 폭언을 퍼부었다. 다시는 이런 일이 없을 것"이라고 말했다. 해당 코너를 친형에 대한 폭언 논란 해명의 기회로 활용한 것이다.

이날 문재인은 "제가 (군 복무 시절인) 1975년 전두환 여단장으로부터도 표창을 받았다"고 말해 논란을 낳았다. 토론회 직후 안희정 측 대변인 박수현은 "문 후보는 전두환 전 대통령으로부터 표창을 받았다고 공공연하게 말하고 캠프에선 이를 가짜뉴스라고 주장하는 아이러니를 어떻게 받아들여야 할지 모르겠다"고 비판했다. 문재인 측은 "1979년 12·12 당시 표창장을 받았다는 뉴스가 가짜뉴스라는 것"이라고 설명했다.[116] 다른 캠프의 반응은 싸늘했다.

"국민 앞에 공개적으로 '전두환 표창'을 폐기하고 20일 광주 금남로의 땅을 밟기를 바란다."(이재명 캠프 김병욱·제윤경 대변인) "전두환 포상받았다고 자랑하듯 이야기해 놀랐다. '저 사람이 광주의 한을 이해하는가'라고 생각했다."(안희정 캠프 박영선 멘토단장) "그런 표창장은 버리는 게 맞다."(안희정 캠프 박수현 대변인) 그러자 문재인 캠프의 정청래는

민주당 대선후보들은 서로에 대해 원색적 비난과 조롱을 했다. 문재인 치매설, 부산 대통령, 전두환 장군 표창 논란, 문준용의 취업 특혜 의혹 등이 일었다. KBS 민주당 '대선후보 경선 토론회'.

안희정이 충남지사 시절 '외국 기업의 날' 행사에서 대통령 이명박에게 표창장을 받고 웃는 사진을 올리며 "이명박한테 받았으면 고통스러워해야지, 왜 웃고 있나?"라고 주장했다.[117]

　3월 20일 이재명 캠프 의원 정성호는 국회 정론관에서 기자회견을 열어 "문재인 캠프의 부산시민통합캠프 상임선거대책위원장을 맡은 오거돈 전 해양수산부 장관이 '이제 다시 한번 부산 사람이 주체가 돼 부산 대통령을 만들어낼 것'이라고 말한 것은 지역주의의 망령을 되살려내는 것"이라고 비판했다. 안희정을 지지한 무소속 의원 홍의락도 이날 같은 장소에서 기자회견을 열어 "부산 대통령 발언은 한국 정치의 고질적 병폐인 지역주의를 자극하는 제2의 '우리가 남이가' 발언"이라며

"뿌리 깊은 지역 구도를 깨기 위해 도전한 '노무현 정신'을 짓밟는 행태에 경악을 금할 수 없다"고 목소리를 높였다.

그러나 『한겨레』는 "전날 오거돈 위원장의 발언을 살펴보면, 이들의 비판과는 맥락이 전혀 다르다"며 "문재인 캠프가 '지역구도 타파'를 외쳤는데도 경쟁자들이 '부산 대통령'이란 표현에만 방점을 찍고 비판하는 것은 참여정부에 드리워진 지역주의 논란을 다시 부추기는 의도라는 비판이 있다"고 했다.

이 기사에 따르면, 오거돈은 19일 부산항컨벤션센터에서 열린 '문재인 캠프 부산선거대책위원회' 발족 기자회견에서 "부산 사람이 주체가 되어 부산 대통령을 만들어낼 것"이라며 "모든 부산 시민과 정치세력은 세대와 계층, 지역을 뛰어넘어 새로운 부산을 건설하고 나아가 다시 새로운 영남을 만들 것이며, 다시 새로운 호남을 만들어나갈 것"이라고 말했다. 또 "부산 시민의 압도적 지지가 전국 지지율을 견인할 원동력이 될 것이며 우리가 만들어내는 부산 대통령은 고질적인 지역구도를 타파하고 진정한 동서화합이 만들어낸 최초 대통령이 될 것이라고 확신한다"고 말했다. 문재인도 이어 "부산이 뒤비지면(바뀌면) 대한민국이 뒤비진다"며 "부산·울산·경남의 지지를 통해 전국에서 지지받는 국민 대통합 대통령이 되겠다"고 화답했다.[118]

문준용의 취업 특혜 의혹 제기한 이재명

3월 21일 자유한국당 원내 대변인 정태옥은 "문재인 후보 아들 준용 씨의 학력 증명서가 모집 공고가 끝난 5일 뒤 제출됐다"며 추가 의혹을 제기했다. 이 의혹은 지난 2006년 12월 공공기관인 고용정보원이 외부에서 2명을 채용할 때 문준용이 경쟁 없이 합격해 외부의 영향력이 작용한 것 아니냐는 것이었다. 당시 고용정보원장 권재철은 노무현 청와대 노동비서관 출신으로, 민정수석을 지냈던 문재인과 친분이 있었기 때문에 자유한국당 등에서는 "특혜 채용 아니냐"는 의혹을 제기했다.

이와 관련, 이재명은 라디오 인터뷰에서 "전혀 문제가 없다곤 할 수 없다"며 "입사에 필요한 서류를 면접 이후 냈다는 것은 (문 후보의) 해명이 필요하다"고 했다. 그는 "서류 미비 상태로 접수한 것 아니냐. 또 2명을 뽑는데 2명만 응했다"며 "객관적으로 드러난 팩트(사실)들을 보면, 완벽하게 깔끔하다고 할 수는 없다"고 했다. 이에 대해 문재인 측은 "입사 규정에 학력 증명서를 제출해야 하는 대상이 졸업생으로 돼 있었다"며 "졸업 예정자였던 준용 씨는 이에 해당하지 않는다고 판단해 안 냈다가 이후 고용원에서 졸업 예정서를 제출하라고 해 낸 것"이라고 말했다.[119]

3월 22일 새벽 2시께 안희정은 페이스북에 올린 '문재인 후보와 문 후보 진영의 삐뚤어진 태도에 대해'라는 글에서 "이번 '전두환 장군 표창' 발언은 문재인 후보가 실수한 것임에도 문제 제기한 사람들을 네거티브하는 나쁜 사람들로 몰아붙이고, 심지어 아무 말도 안 한 내게 그 책임을 전가하며 비난했다. 분명 그 전두환 표창 발언 장면에 불쾌감, 황당함을 느낀 사람들이 있었음에도 말이다"라면서 다음과 같이 말했다.

"문재인 후보와 문재인 캠프의 이런 태도는 타인을 얼마나 질겁하게 만들고, 정떨어지게 하는지 아는가? 사람들을 질리게 하는 것이 목표라면 성공해왔다. 그러나 그런 태도로는 집권 세력이 될 수 없고 정권교체도, 성공적인 국정 운영도 불가능하다. 이명박·박근혜 정부를 미워하면서 결국 그 미움 속에서 자신도 닮아버린 것 아닐까?"[120]

이날 이재명은 문재인이 안희정에 대해 "네거티브를 중단하라"고 공격한 것에 대해 반론을 제기했다. 그는 입장문에서 "정당한 검증을 네거티브로 몰아가는 것 자체가 네거티브이며 불통"이라면서 "어떠한 지적도 용납하지 않는 권위적 가부장의 모습이 보인다. 참 답답하신 후보"라고 했다. 또 이재명 측 정성호도 "나한테 불리하면 네거티브고 나한테 유리하면 네거티브 아닌 이런 식의 사고방식은 매우 부적절하다"고 했다.

이재명은 안희정도 비판했다. 그는 페이스북에 올린 글에서 "(안 후보는) 대연정으로 박근혜의 몸통 세력과 손잡고 권력을 나누겠다고 하고 있다"며 "안 후보와 문 후보가 민주당 대선후보가 되면 요식 절차를 거쳐 박근혜 전 대통령과 일당은 살아날 게 분명하다"고 했다. 이재명은 전날 열린 민주당 TV 토론회에서도 안희정을 겨냥해 "광주 학살 세력, 그 후예인 새누리당 잔당들과 손을 잡고 권력을 나누겠다는 분"이라고 했다.[121]

10여 일 후 닷부타의숲 정신분석클리닉 대표 이승욱은 「대통령의 인품」이라는 『한겨레』 칼럼에서 문재인과 안희정에 대한 안타까움을 밝힌 뒤 "이재명 후보는 좀더 안타깝다"며 이렇게 말했다. "탄핵을 선도적으로 치고 나가 인기를 끌었다. 하지만 그의 말은 법치독재의 언어다. 토론에서 그는 종종 법률적 용어로 상대를 제압하려 한다. 힘든 환경을 오직 자신의 힘으로 돌파해 변호사가 되었고, 법률가라는 권위는 자기 삶의 가장 강력한 방패이자 무기였을 것 같다. 그래서인지 법치에 지나치게 의존하는 것 같다. 필자 눈에만 안 보이는지 모르겠지만 인자함을 아직 발견하기 어렵다."[122]

반면 심리학자 김태형은 이즈음 출간한 『대통령 선택의 심리학』에서 이재명에 대해 이렇게 말했다. "이재명은 정치인으로서의 성장 가능성이 높을 뿐만 아니라 대권 주자로서의 확장성도 우수하다. 적에 대한 비타협성, 통속적이면서 본질을 꿰뚫는 언어 구사 능력, 대중 친화력, 솔직함에 기초한 인간적 매력 등은 대권 경쟁 과정에서 이재명의 상승세를 견인할 중요한 무기들이다."[123]

호남 경선장 분위기를 압도한 손가혁

3월 27일 민주당 대선후보 선출 대회 호남 순회 경선이 열린 광주여대 유니버시아드 체육관에 난데없는 〈임을 위한 행진곡〉이 울려 퍼졌다. 주인공은 이재명 지지자 모임인 손가락혁명군이었다. 이날 손가혁은 열정 넘치는 응원과 환호 등으로 경선 분위기를 후끈 달구었다. 이들은 본 행사가 개최되기 한참 전인 오전 8시부터 체육관에 삼삼오오 모여 플래카드를 나눠갖고 이재명의 상징인 주황 스카프를 목에 둘렀다.

일부는 플래카드를 흔들며 이재명 지지를 호소했다. 한 여성은 계단에 올라 오가는 이들을 상대로 끊임없이 이재명에게 투표할 것을 호소했다. 이렇게 모인 지지자들이 2,500여 명이라고 이재명 캠프 측은 밝혔다. 지지자들은 체육관의 3분의 1가량을 차지하고 앉아 끊임없이 '이재명'을 연호했다. 동요 〈비행기〉를 개사해 "떴다 떴다 이재명~"이라는 노래를 함께 제창하기도 했다. 이재명도 체육관에 도착하자마자 곧장 체육관 2층으로 이동해 지지자들을 만났다. 이재명의 부인 김혜경도 이재명과 손을 맞잡고 이동했다. 이재명에게 큰절을 올리는 지지자도 있었다.

오후 2시, 본 행사가 시작되자 지지자들의 응원 소리는 더 커졌다.

사회자의 자제 요청으로 일시적으로 잦아들긴 했지만, 중앙당 선관위 위원장 홍재형의 설명과 당대표 추미애의 연설이 이어지는 중간중간 "이재명"을 연호하는 탓에 연설이 중간중간 끊어지기도 했다. 후보들의 연설이 시작되자 지지자들의 개입은 더 심해졌다. 첫 연설 순서였던 최성이 단상에 오르자 손가혁 쪽에서는 "우~" 하는 야유가 쏟아졌다. 최성이 TV 토론회에서 이재명과 몇 차례 신경전을 벌인 것을 의식한 듯했다.

다음 순서로 문재인이 단상에 오르자 야유는 더욱 커졌다. 깜짝 놀란 현장의 취재진들과 당직자들이 무대에서 시선을 떼고 지지자들을 바라볼 정도였다. 문재인의 연설 중간중간에도 지지자들은 끊임없이 "이재명"을 연호했다. 특히 문재인이 "완벽한 정권교체가 가능한 후보가 누구냐?"고 묻자 "이재명"이라고 소리치며 "문재인"이라고 답하는 문재인 지지자들과 신경전을 벌였다. 후보들의 정견 발표가 끝난 뒤 투표가 진행되는 동안엔 〈임을 위한 행진곡〉을 열창하며 분위기를 달구었다. 그러나 투표를 마치고 홍재형이 개표 선언을 하자 손가혁 지지자들은 "야! 똑바로 해 인마"라고 소리치기도 했다.[124]

손가혁이 호남 경선장 분위기를 압도하긴 했지만 대세를 뒤집기엔 역부족이었다. 문재인은 22일 투표소 투표와 25일부터 양일간 이루어진 호남 지역 ARS 투표, 그리고 이날 진행된 대의원·당원 현장 투표를 합산한 결과, 총 14만 2,343표 득표 60.2%를 얻어 압도적 1위를 차지했다. 대역전을 꿈꾸었던 안희정과 이재명은 각각 20.0%(14만 7,215표)와 19.4%(14만 5,846표)를 얻어 2위와 3위에 머물렀다.

첫 경선지 호남에서 승리하면서 문재인은 그간의 '대세론'을 더욱 단단히 굳힌 채 충청·영남·수도권으로 이어지는 열흘간의 경선 레이스를 이어갈 수 있게 되었다. 예상보다 낮은 득표율을 얻은 이재명 지지석은 초상집과 다름없었다. 일부 지지자들은 "개표 조작", "부정선거", "문재인은 사퇴하라" 등 한바탕 고성을 내지르기도 했다. 억울하다며 통곡하거나 "안철수!"를 연호하는 지지자들도 있었다.[125]

제6장

제19대 대통령 선거와 '어용 언론' 운동

문자 폭탄과 악플은 '양념'이라는 문재인

2016년 11~12월에 한창이었던 촛불집회가 국회의 탄핵안 가결과 헌법재판소의 본격적인 탄핵안 심판 시작과 함께 소강상태에 접어듦에 따라 박근혜·최순실 게이트에 대한 '사이다 발언'으로 인기를 끌었던 이재명의 지지율도 하락했다. 그리고 그 지지율은 박근혜 이후 대한민국을 이끌 안정적인 리더를 원하는 사람들의 심리와 맞물려 민주당 내 유력 대권 주자였던 문재인으로 이동하게 되었다.

2017년 4월 3일 민주당 경선은 문재인의 승리로 막을 내렸다. 누적 득표율은 문재인 57%(93만 6,419표), 안희정 21.5%(35만 3,631표), 이재명 21.2%(34만 7,647표), 최성 0.3%(4,943표)였다. 정치평론가 유재일은 경선 직후 이재명 지지 세력인 손가혁의 좌절에 대해 다음과 같이 썼다.

"이재명은 억울함이 쌓인 극단주의자들의 구심점이었다. 손가혁은 울분에 쌓인 사람들이고 삶과 정치에서 좌절이 누적된 사람들이었다. 고척돔 마지막 경선장을 떠나올 때 지하철에서 세상을 잃은 듯 서글피 우는 손가혁, 지나치게 누런 이와 삶의 고단함이 묻어 있는 손으로 눈물을 훔치는 사람을 봤다. 나를 흘깃 보고 모든 걸 체념한 듯 계속 우는 사람은 손가혁 이전에 사람이었다. 나도 울컥했다. 정치가 뭐길래, 패자의 진영에서 저리 슬피 우는가."126

반면 문재인 진영은 환호했다. 문재인은 너무 기뻐한 나머지 좀 흥분했던 건 아니었을까? 아니면 자신의 진심을 있는 그대로 드러낸 것이었을까? 문재인은 바로 이날 저녁 MBN 뉴스 앵커 사이에 오간 대화에서 두고두고 논란이 될 그 유명한(또는 악명 높은) '양념' 발언을 했으니 말이다. 다음 대화를 보자.

문재인 "우리 정당 사상 가장 아름다운 경선을 했다고 생각합니다."
앵커 "가장 아름다운 경선이라고 평가했지만 사실 지지자들 사이엔 그렇지 않은 모습, 18원 문자 폭탄도 그렇고 상대 후보를 비방하는 댓글 등 여러 가지가 문 후보 측에서 조직적으로 이뤄진 게 드러나기도 했습니다."
문재인 "뭐 치열하게 경쟁하다 보면 있을 수 있는 일들이죠. 우리 경쟁을 더 흥미롭게 만들어주는 양념 같은 것이었다고 생각하고요……."127

친문 패권주의를 비판하다 문자 폭탄에 시달렸던 전 민주당 대표 김종인은 열흘 전 언론 인터뷰에서 문빠들을 "히틀러 추종자들을 연상케

민주당 경선은 문재인이 57%의 득표율로 승리를 했다. 그런데 그날 문재인은 MBN 뉴스 앵커와의
대화 중에 그 유명한 '양념' 발언을 해서 두고두고 논란이 되었다.

한다"고 비판했는데,[128] 그런 행태가 '양념 같은 것'이라니 해도 너무 한
게 아닌가? 실제로 이 '양념' 발언에 분개한 사람이 많았다.

안희정 후보 캠프에 참여했던 더불어민주당 의원 박영선은 4일 자
신의 페이스북에 "'양념'이라는 단어 하나가 던지는 사람의 모든 것"이
란 제목의 글을 올렸다. 그는 "아침에 눈뜨니 문자 폭탄과 악성 댓글이
'양념'이 되었다. 막말 퍼붓는 사람들이야 그렇게 하고 나면 양념 치듯
맛을 더할 수도 있을 것이다. 그러나 그 악성 댓글 때문에 상처받고 심지
어 생각하기도 싫은 험악한 일들이 벌어져왔다. '양념'이라는 단어의 가
벼움이 주는 그 한마디는 어쩌면 그 내면의 들켜버린 속살인지도 모른
다. 이 사안을 어떻게 바라보고 있어왔고 또 때론 즐겨왔는지. 또한 상대
에 대한 배려라는 것이 늘 니편 내편에서 이루어져온 잣대가 다른 배려
였지 않나 하는. '양념'이라는 단어는 상처받은 사람에게는 상처에 소금

뿌리는 것과 같을 것이다"며 다음과 같이 말했다.

"상처에 소금 뿌리는 것도 양념이냐고 반문하면 분명 버럭 화를 낼 것이다. 그리고 네거티브 하지 말자 할지도 모른다. 그걸 모를 리는 없었을 텐데. 실수라고 하기엔 그 가벼움의 내면이 지나온 세월의 너무 많은 것을 생각하게 한다. 오늘 아침 '양념'이라는 단어를 놓고 내가 이렇게 긴 시간 사색하는 이유는 바로 지도자는 늘 누구의 도움 없이 외로운 판단의 순간을 맞고 그 판단의 순간 결정 요소는 자기 자신의 내면의 내공이라 생각하기 때문이다. 이 글을 올리고 나면 또 수많은 공격이 날아올 것이다. 승복하지 않냐에서부터 두렵지 않느냐까지. 그러나 이것은 승복의 문제와는 별개의 것이고 악성 댓글과 문자 폭탄을 적폐청산 대상으로 생각한 사람 입장에서는 이에 대한 반론 제기가 불가피함을 밝혀둔다."[129]

'도덕적 우월감'으로 인한 '역지사지' 결여

국민의당 대표 박지원도 4일 자신의 페이스북에 "양념이 과하면 음식 맛도 버린다"며 "무심코 연못에 던진 돌맹이에 개구리는 맞아 죽는다"고 했다. 그는 이날 대전에서 열린 마지막 전국 순회 경선 연설에서도 "이런 분이 대통령이 되면 자기들의 패권, 친문에만 단맛을 내는 양념을 치고 자기에게 반대하는 세력에는 쓴 양념을 줄 수 있다"고 했다.[130]

이제 잘 드러나겠지만, 문재인은 그 어떤 인간적 장점에도 도덕적 우월감이 워낙 충만한 나머지 온화하게 생긴 외모와는 달리 의외로 역지사지易地思之 능력이 떨어지는 인물이었다. 양념 발언도 바로 그런 한계 때문에 빚어진 것이었고, 한국 정치의 구조에 대한 그의 이해 부족,

아니 놀라울 정도로 순진한 생각도 바로 그런 문제 때문이었다. 국회의 탄핵 가결 시 새누리당 의원 중 최소한 62명이 찬성표를 던졌는데, 이런 흐름에 큰 기여를 했던 새누리당 의원 김무성의 다음 회고는 그 점을 잘 말해준다.

"대통령 선거 직전 상가喪家에서 문재인 대표를 만나 이렇게 말했습니다. '이대로 가면 당신이 대통령에 당선될 것 같은데, 대통령이 되면 주도해서 제왕적 권력구조를 바꿔 달라. 박 대통령은 절대 부정할 사람 아니다. 그런데도 최순실 같은 일이 터지지 않느냐. 당신이 대통령 돼도 그런 일이 생긴다.' 문 대표가 '선배님(경남중 1년 선배), 저는 그렇게 생각 안 합니다. 시스템이 문제가 아니라 사람이 문제입니다'(라고 말하더군요)."[131]

문재인의 '강점'이라면 문자 폭탄과 악플을 '양념'으로 여길 정도로 팬덤 정치에 심취해 있었다는 점이었다. "정치인은 '신'이 되었고 시민·유권자는 '(맹)신도'가 되었다." 연세대학교 커뮤니케이션대학원 교수 윤태진이 4월 10일 『경향신문』에 기고한 「종교가 된 대한민국 정치」라는 칼럼에서 한 말이다. 그는 "대통령 후보들이 정책에 대한 이야기는 별로 없이 상대방 흠결을 찾는 데만 몰두한다고들 비판하지만, 그 이유는 너무나 자명하다"며 다음과 같이 말했다.

"이 정치판에는 이해해서 믿는 시민보다 믿기 때문에 이해하는 신도가 더 많다. 그러니 상대 후보를 비난하는 창의적 방법을 찾는 데에 골몰하는 각 후보 캠프들을 딱히 욕할 수만도 없다. 지지자들은 자기가 믿는 바와 일치하는 정보만을 선택적으로 수용하는 확증편향을 가진 신자들이다. 이들은 자신이 믿지 않는 경쟁 후보의 문제점이 드러날 때마다 귀를 세우고 눈을 반짝이며 기사를 읽을 것이다. 종교는 합리적 설득으로 포교를 하지 않는다."[132]

문재인과 민주당의 주요 포교 수단은 '증오 마케팅'이었다. "저 극우보수 세력을 완전히 궤멸시켜야 됩니다. 철저하게 궤멸시켜야 합니다. 쭉 장기 집권해야 합니다."[133] 대선 8일 전인 4월 30일 민주당 공동선거대책위원장 이해찬이 충남 공주 유세장에서 한 말이다. 이런 극단적 시각에 장단을 맞추듯 이해찬의 정치적 동지이자 참여정부 시절 보건복지부 장관을 지낸 유시민이 거들고 나섰다.

유시민의 '어용 지식인' 선언

유시민은 5월 5일 한겨레TV 〈김어준의 파파이스〉에 출연해 "지식인이거나 언론인이면 권력과 거리를 둬야 하고 권력에 비판적이어야 하는 건 옳다고 생각한다"며 "그러나 대통령만 바뀌는 거지 대통령보다 더 오래 살아남고 바꿀 수 없는, 더 막강한 힘을 행사하는 기득권 권력이 사방에 포진해 또 괴롭힐 거기 때문에 내가 정의당 평당원이지만 범진보 정부에 대해 어용 지식인이 되려 한다"고 말했다.[134]

5월 8일 토지정의연대 사무처장 이태경은 『프레시안』, 『허프포스트 코리아』, 『서울의소리』 등에 동시 기고한 「유시민이 옳다」는 글을 통해 유시민의 이런 '어용 지식인론'을 적극 지지하고 나섰다. 그는 "거시적 안목과 전략적 인내심이 없는 진보, 사안의 경중과 완급과 선후를 모르는 진보, 한 사회가 걸어온 경로의 무서움과 사회세력 간의 힘의 우열이 가진 규정력을 인정하지 않는 진보, 한사코 흠과 한계를 찾아내 이를 폭로하는 것이 진보적 가치의 전부인 것으로 착각하는 진보는 무익할 뿐 아니라 유해하다"며 다음과 같이 주장했다.

"설사 정권교체가 된다고 해도 정치권력, 그중에서도 행정권력이, 바뀌는 것에 불과하다. 재벌, 극우 정당, 비대 언론, 사법권력, 종교권력, 매판지식인 등으로 구성된 특권과 두 동맹은 새 정부의 개혁을 방해하고 새 정부를 좌초시키기 위한 연성쿠데타 혹은 저강도 탄핵을 끊임없이 획책하고 실행할 것이다. 새 정부와 자각한 시민들만으로는 특권과 두 동맹의 파상공격을 감당하기 어렵다. 우리에겐 거시적 안목과 총체적 사고와 전략적 인내심을 지닌 지식인, 비판을 넘어 대안을 제시하는 지식인이 필요하다. 나는 개혁정부에서 진보 어용 지식인 역할을 하겠다는 유시민의 선언을 그런 지식인이 되겠다는 뜻으로 이해했다. 나는 유시민의 진보 어용 지식인을 백 퍼센트 이해하고 백만 번 동의한다. 나도 유시민의 편이다."[135]

유시민의 '어용 지식인론'은 그가 2002년에 역설했던 "해일이 일고 있는데 겨우 조개나 줍고 있냐"는 '조개론' 또는 '조직보위론'의 연장선상에 놓여 있는 것이었다. 이는 성폭력 등과 같은 페미니즘, 아니 인권의제들도 문재인 정부의 이해득실이라고 하는 관점에서 판단하고 평가해야 한다는 메시지로 읽힐 수 있는 위험성을 안고 있었다.

유시민의 '어용 지식인론'은 사실 진보언론을 겨냥한 것이었다. 그는 7년 전인 2010년 6월 해학과 풍자를 담는 「한홍구-서해성의 직설」난에 쓰인 '놈현 관 장사'라는 표현을 문제삼아 『한겨레』절독'으로 압박하면서 『한겨레』 1면에 사과문을 게재하게 하는 데에 성공한 경험이 있었다. 이제 그 경험을 바탕으로 진보언론을 압박해 '어용 언론' 역할에 충실하게끔 만들겠다는 것이었다.

'어용'이라는 말만 쓰지 않았을 뿐, 이런 주장을 먼저, 집요하게 펼쳤던 이는 김어준이었다. 그는 〈김어준의 파파이스〉에 유시민을 부른 후 "문재인 후보가 당선되면 뭐할 거냐"는 질문을 던짐으로써 이와 같은 답변을 이끌어낸 것이다. 2012년 이른바 '나꼼수 비키니-코피 사건'이 일어났을 때 나꼼수를 공격적으로 옹호했던 동아대학교 교수 정희준은 자신의 옹호 논거 중의 하나로 "그들은 우리 사회 비주류들이다. 그들 표현대로 나꼼수는 '떨거지', '잡놈'들의 놀이터이다"고 주장했다.[136] 이런 이미지는 김어준에게 면책의 기회를 제공하는 보호막이 되었다.

그런데 '떨거지'나 '잡놈'의 이미지와는 거리가 먼 유시민의 '어용 지식인론'은 전혀 다른 의미를 갖는 것이었다. 그건 노골적인 선동보다 더 강력하게 문재인 정부의 모든 지지자는 다 어용이 되어야 한다는 절대적 당위론의 이론적 논거가 될 수 있었으니 말이다. 유시민은 영리했다. 노무현 정부 시절엔 '정치인'의 자격으로 과잉이다 싶을 정도로 진지하고 심각한 자세로 '어용'을 했지만, 문재인 정부에선 '작가'의 자격으로 능수능란한 '재담'과 '예능'으로 무장해 '어용의 놀이화'를 시도하게 되니 말이다.

문재인 41.08%, 홍준표 24.03%, 안철수 21.41%

그러나 5월 9일 실시된 대선 결과는 '궤멸'과는 거리가 멀었다. 멀어도 한참 멀었다. 투표율 77.2%를 기록한 이 선거에서 문재인은 41.08%의 득표율을 기록했지만, 전체 유권자 대비 득표율은 31.6%

제19대 대선에서 문재인이 41.08%의 득표율로 당선되었다. 그는 취임사에서 "군림하고 통치하는 대통령이 아니라 대화하고 소통하는 대통령"이 되겠다고 약속했지만, 오히려 정반대의 방향으로 나아갔다.

© 연합뉴

에 불과했으니 말이다. 다른 후보들의 득표율은 자유한국당 홍준표 24.03%, 국민의당 안철수 21.41%, 바른정당 유승민 6.76%, 정의당 심상정 6.17% 순이었다.

문재인은 바로 다음 날인 5월 10일 대통령 취임사에서 "저는 오늘 대한민국 제19대 대통령으로서 새로운 대한민국을 향해 첫걸음을 내딛습니다. 지금 제 두 어깨는 국민 여러분으로부터 부여받은 막중한 소명 감으로 무겁습니다. 지금 제 가슴은 한 번도 경험하지 못한 나라를 만들 겠다는 열정으로 뜨겁습니다"라면서 다음과 같이 말했다.

"저는 감히 약속드립니다. 2017년 5월 10일, 이날은 진정한 국민

통합이 시작되는 예로 역사에 기록될 것입니다.……국민과 수시로 소통하는 대통령이 되겠습니다.……퇴근길에는 시장에 들러 마주치는 시민들과 격의없는 대화를 나누겠습니다. 때로는 광화문광장에서 대토론회를 열겠습니다.……분열과 갈등의 정치도 바꾸겠습니다. 보수와 진보의 갈등은 끝나야 합니다. 대통령이 나서서 직접 대화하겠습니다. 야당은 국정 운영의 동반자입니다. 대화를 정례화하고 수시로 만나겠습니다.……저에 대한 지지 여부와 상관없이 유능한 인재를 삼고초려해 일을 맡기겠습니다.……약속을 지키는 솔직한 대통령이 되겠습니다. 선거 과정에서 제가 했던 약속들을 꼼꼼하게 챙기겠습니다.……소통하는 대통령이 되겠습니다.……군림하고 통치하는 대통령이 아니라 대화하고 소통하는 대통령이 되겠습니다."

이 약속은 취임사에서 갑자기 툭 튀어나온 게 아니었다. 선거 유세 내내 문재인이 강조했던 공약이었다. 시민으로서의 유권자 이전에, 쓸 만한 정치 상품을 고르겠다는 소비자와의 약속이었다. 그러나 이제 곧 보게 되겠지만 그는 그 약속을 지키지 않았다. '분열과 갈등의 정치', '분열과 증오의 정치'를 끝장내겠다고 했지만, 그는 오히려 정반대의 방향으로 나아갔다. 이는 '실패'를 내장한 독선과 오만이었다. 집권세력이 걸핏하면 부르짖었던 촛불혁명의 정신은 진보만의 것이 아니었기 때문이다.

박근혜 탄핵 촛불집회가 한창이던 2016년 12월로 돌아가보자. 이때 이루어진 조사에 따르면 집회 참여자의 11%가 원래 새누리당 지지자였으며, 원래 새누리당 지지자 중에서 지지를 철회한 사람이 60%를 넘었고 박근혜 전 대통령의 책임을 물은 사람도 50%에 달했다.[137] TV조선과 조중동을 비롯한 보수언론은 조갑제닷컴 대표 조갑제에게서 "조중

동은 보수의 배신자"라는 욕을 먹었을 정도로 탄핵의 공신이었다.[138]

국회의 탄핵 가결 시 새누리당 의원 중 최소한 62명이 찬성표를 던졌다. 헌법재판소의 '박근혜 탄핵소추안 인용'에 대해 우리 국민 86.0%가 "잘했다"고 응답했다.[139] 민주당 원내대표로서 새누리당 의원들의 탄핵 찬성 설득을 위해 무진 애를 썼던 우상호는 『민주당 1999-2024』(2024)에 "촛불과 탄핵은 진보만의 전유물이 아니다. 대한민국의 미래를 걱정한 사람들이 진영을 넘어 함께 이룬 일이다"고 했다.[140] 실제로 촛불혁명이 진보의 것이었다는 건 착각이거나 탐욕이었으며, 문재인과 그의 지지자들이 '독선과 오만'으로 주도한 '증오의 정치'는 바로 그런 착각 또는 탐욕에서 비롯된 '민의에 대한 배신'이었다.

"나는 어용 국민으로 살 거다"

유시민의 발언과 이태경의 맞장구는 문재인 정부와 페미니즘 가치가 충돌할 때에 문재인 지지자들이 페미니즘을 공격하는 이론적 면죄부로 활용된다. 인터넷엔 자신을 '어용 시민'으로 칭하는 이들이 대거 등장한다. 유시민과 김어준의 지지자들은 진보언론 역시 '어용 언론'이 될 것을 요구했지만, 진보언론으로서는 그럴 수는 없는 일이었다. 5월 11일 『경향신문』논설위원 오창민은 「'진보 어용 언론'은 없다」는 칼럼에서 "문재인 정부의 성공을 위해 '진보 어용 지식인'의 십자가를 짊어진 유시민 작가의 건투를 빌고, '유해한 진보가 되지 말라'는 이태경 사무처장의 쓴소리를 잊지 않겠다"며 다음과 같이 말했다.

"그러나 '진보'와 '어용'과 '언론'의 조합은 속성상 이뤄질 수 없고 이뤄져도 안 된다. 저널리즘 원칙과 객관적 사실을 바탕으로 제대로 된 기사를 쓰라는 충고로 받아들이겠다. 진실을 기록하고 권력을 감시하는 펜이 무뎌져서는 안 된다. 그것이 문재인 정부의 성공을 돕는 길이기도 하다."[141]

이 칼럼엔 이런 댓글들이 주렁주렁 달렸다. "나는 어용 국민으로 살 거다." "뭐? 진보? 경향 니들이 진보면 똥파리도 새다!!" "이젠 더이상 속지 않는다. 입진보. 팩트만 보도하라는 말이다." "그래도 허니문이라 고 조중동도 가만있고 축하해주는데, 한줌도 안 되는 경향 니깟것들이 뭔데 이래라 저래라야?" "지난 참여정부 때 입진보 언론이 노무현 대통 령을 조중동과 함께 사지로 몰고간 일에 대한 성찰은 전혀없고 여전히 입만 살아서. 당신들 때문에 우리는 더 절박하게 문재인 대통령을 지켜 내야 한다는 결의를 다지는 걸 모르죠?"

손희정은 『페미니즘 리부트』에 쓴 「어용 시민의 탄생」이란 글에서 유시민의 '어용 지식인론'에 대해 "'진보'와 '어용'과 '지식인'이 한자리 에 설 수 있는 놀라운 광경은 반동적 반지성주의의 '가장 빛나는 순간' 이다"고 개탄했다. 유시민은 진보와 지식인이라는 말을 써온 역사적 맥 락을 탈각해 맹목적인 당파성을 간단하게 '진보'의 자리에 올려놓고 '어 용'이라는 말 안에 녹아 있어야 할 수치심을 지워버렸다는 것이다. 손희 정은 "이때 수치심을 지우는 지우개는 '엘리트주의의 폐기'라는 반권위 주의적 수사다"며 "문재인을 비판하는 지식인들이 엘리트주의로 쉽게 폄하되는 것은 이와 같은 선상에 있다"고 말했다.[142]

그렇게 수치심을 지워버린 효과 때문이었을까? 인터넷엔 자신을 '어용 시민'으로 칭하는 이들이 대거 등장했으며, 이들은 진보언론마저

'어용'이 될 것을 강하게 요구했다. 이는 이미 대선 과정에서부터 나타났다. 공정 보도를 실천하려다 부당하게 해고된 해직 기자들이 모여 만든 독립언론『뉴스타파』는 문재인 후보 캠프 검증 보도를 했다는 이유로 월 2,000명가량의 후원자가 이탈하는 등 불매운동의 직격탄을 맞았다.『뉴스타파』에 대한 불매운동은 이미 2014년 7월 당시 새정치민주연합 의원 권은희의 재산신고 축소 의혹 보도, 2015년 11월 당시 국회 산업통상자원위원회 위원장 노영민의 피감기관 책 판매 보도 때도 나타났다. 권은희 보도 때는 한 달에 1,000명가량의 후원자가 이탈했다.[143]

이런 식의 진보언론 압박은 '어용 언론 운동'이라고 해도 좋을 정도로 더욱 거세게 전개되었다. 2018년 3월 당시 더불어민주당 의원 민병두의 성추행 의혹 보도, 2019년 7월 검찰총장 후보 윤석열의 위증 논란 보도 때도 마찬가지다. 옳고 그름에 관계없이 정부·여당에 불리한 보도만 했다 하면 항의 전화와 후원 중단 사태가 일어나기도 했다.

이전 정권들에서 모진 탄압을 받았던 해직 기자들이 양심적 언론인으로서 수행한 보도에 대해서조차 이런 '재정적 탄압'을 가하다니, 이게 도대체 말이 되는 일이었을까? 진정한 언론인이 되고 싶어 큰 희생을 무릅쓴 언론인들에게 정부·여당에 종속된 '기관보도원' 노릇이나 하라는 요구가 도대체 그 어떤 명분으로 정당화될 수 있단 말인가? '어용'을 철저히 실천하는 북한이나 중국의 언론 모델이 바람직하다는 것이었을까? 이게 정녕 유시민이 원한 사태였는가?

순식간에 2,000명의 독자를 잃은 『한겨레21』

스스로 '어용 지식인'임을 자부한 유시민의 궤변이 미친 영향은 컸다. 진보언론에 '어용'이 될 것을 요구하는 목소리가 조직적인 움직임의 형태로 나타나기 시작했으니 말이다. 5월 중순 『한겨레21』에 실린 문재인 대통령 표지를 놓고 문재인 지지자들이 괜한 트집을 잡아 대통령에게 악의적이라며 비난하고 불매·절독 등을 압박하는 사건이 벌어졌다.

이에 전 『한겨레21』 편집장 안수찬은 페이스북을 통해 "시민 누구나 절독 또는 절독 캠페인을 통해 언론에 압력을 가할 수 있다"면서도 "저널리즘의 기본을 진지하게 논하지 않고, 감정·감상·편견 등에 기초

문재인 지지자들은 『한겨레21』에 실린 문재인 대통령 사진에 대해 불만을 표출하며 불매·절독 등으로 압박했다. 결국 『한겨레』는 사과문을 게재했다.

해 욕설과 협박을 일삼는 집단에 굴복한다면, 그것 역시 언론의 기본을 저버리는 일"이라고 비판했다. 정당한 비판이었지만, 안수찬이 "덤벼라. 문빠들" 등의 표현을 사용해 독자들을 자극하는 바람에 비판, 욕설 비난, 조롱 댓글이 쏟아졌다. 『한겨레』는 홈페이지를 통해 "독자와 주주, 시민 여러분께 사과드립니다"는 제목의 사과문을 게재함과 동시에 안수찬에게 '엄중 경고' 처분을 내렸으며, 안수찬 역시 사과했다. 이 사과 게시물에도 댓글이 무려 1만 개가 달리는 등 논란은 한동안 지속되었다.[144]

이 사건을 보도한 진보적 언론전문지 『미디어오늘』 기자 김도연은 자신의 페이스북에 "아니꼽다고 좌표 찍은 뒤 개떼처럼 몰려가 일점사 해서 굴복시키는 시대면, 언론이 왜 필요한가. 그게 파시즘인데"라고 비판했다가, 비슷한 상황에 처했다. 『미디어오늘』은 회사 차원에서 공식 입장과 사과를 내는 동시에 김도연에게 정직 1개월의 징계를 내렸다.[145]

『미디어오늘』(2017년 5월 17일)은 「독자 행동주의와 언론 개혁」이 라는 사설을 통해 "노무현의 좌절을 반복하지 않기 위해서라도 하이에 나 같은 언론으로부터 문재인을 지켜야 한다는 열성적인 지지자들의 심정을 모르는 바는 아니다.……그만큼 한국의 언론 지형이 왜곡돼 있고 공정하지 않다고 보기 때문일 것이다"며 다음과 같이 말했다.

"그러나 '조중동에 맞서' '우리 편이 돼주는 언론' 따위를 경향신문이나 한겨레에 기대하는 것은 이 신문들을 죽이는 길이다. 언론이 늘 옳을 수는 없고 언론 역시 비판에서 자유로울 수 없다. 당연히 잘못하면 욕을 먹어야 하고 합당한 비판이라면 감수해야 한다. 그러나 우리가 언론에 요구할 수 있는 건 최선의 진실을 말하라는 것, 그 이상이 될 수 없다. '가난한 조중동'이라고 비난하면서 '우리들의 조중동'이 되라고 강요하는 건 끔찍한 일이다."[146]

2017년 10월 『한겨레21』 편집장 길윤형은 「소심한 21」이라는 글에서 5개월 전에 벌어진 사태가 빚은 결과에 대해 다음과 같이 말했다. "독자님들도 잘 아시다시피 『한겨레21』은 백척간두의 위기 앞에 있습니다. 지난 5월 문재인 대통령 당선 직후 불거진 '표지 사진' 논란과 전임 편집장의 '덤벼라 문빠' 사태로 2천 명 넘는 독자님들이 저희 곁을 떠났습니다. 안 그래도 경영난을 겪고 있는 『한겨레21』에 이는 결정적인 타격이었습니다."[147]

"한경오는 지나치게 친親민주당이어서 문제다"

유시민과 그를 따르는 문재인 지지자들의 주장은 얼마나 타당했던가? 진보적 언론학자인 건국대학교 미디어커뮤니케이션학과 교수 손석춘은 『미디어오늘』(2017년 5월 17일) 인터뷰에서 "소위 '한경오'란 이름의 진보언론 혐오 프레임"에 대한 질문에 다음과 같이 답했다.

"한경오 프레임은 말이 안 된다. 한겨레·경향신문·오마이뉴스는 오히려 지나치게 친親민주당이어서 문제다. 이 프레임을 만든 분들은 자기가 좋아하는 정치인에 대해 조금이라도 문제 제기하면 '조중동과 같다'고 한다. 오래됐다. 참여정부 시절에도 그랬다. 깨어 있는 시민이라는 분들은 당시 내게 조중동과 똑같은 놈이라고 했다.……한경오 프레임을 주장하는 사람들과 이를 뒷받침하는 교수들에게 묻고 싶다. 노무현 전 대통령의 비극적인 최후에는 무조건 노무현에 대해서 감싸고만 돌았던 지식인들의 책임은 없는가.……(성찰이 없다면) 반동을 부른다."[148]

6월 21일 연세대학교에서 '변화의 시기, 언론과 공중의 역할과 관계의 성찰: 한.경.오 논란을 계기로'라는 주제의 한국방송학회 방송저널리즘연구회 세미나가 열렸다. 이 세미나에서 경희대학교 교수 이기형은 "문재인 지지자들이 진보언론을 한경오 또는 가난한 조중동이라고 부르며, 이들 언론의 기사에 문제점들을 찾아내 '적폐 인증'이라고 말하는 상황"이라면서 "이들은 그동안 진보언론이 수행했던 역할에 대해서는 말하고 평가하지 않고 있다"고 지적했다.

시대정신연구소 부소장 한윤형은 "공중들이 소셜미디어와 팟캐스트 등에 관심을 보이는 현상 자체가 새로운 미디어를 만들어낼 것이라고 본다"면서도 "하지만 이 힘을 활용해 자신들이 싫어하는 한경오를 타격하는 경향은 우려스럽다"고 말했다. 그는 "문재인 지지자뿐만 아니라 모두가 자신들이 원하는 서사를 쓸 수 있다. 기득권 세력이 자신들을 탄압했다는 편집된 증거를 집어넣으면 된다"면서 "공중들을 이해하는 자세는 취해야 하지만 그와 별개로 뉴스를 편집·조작하는 것은 지적해야 한다"고 말했다.

한국외국어대학 교수 채영길은 "'한경오-문빠' 갈등은 진보언론과 특정 정치 지지 세력 집단과 갈등 관계가 아니라 기존 언론과 새로운 미디어 진영 간의 갈등으로 봐야 한다"고 주장했지만,[149] 문제는 그 갈등으로 인해 진보언론이 집중 타격을 받는다는 데에 있었다. '어용 언론' 바람이 불면서 진보언론은 사실상 자기 검열 체제로 들어가 문재인 정권이 망가지는 것에 대해 그 어떤 목소리도 내지 못하는 비극에 처하게 된다.

홍준표의
'돼지 흥분제' 사건

　2017년 4월 20일 자유한국당 대선후보 홍준표의 '돼지 흥분제' 사건이 터졌다. 홍준표가 2005년 펴낸 자전적 에세이『나 돌아가고 싶다』의 에피소드 중 하나인 '돼지 흥분제 이야기'가 뜨거운 논란을 불러일으킨 것이다. 해당 부분은 "(1972년) 대학 1학년 때 고대 앞 하숙집에서의 일이다. 하숙집 룸메이트는 지방 명문 고등학교를 나온 S대 상대 1학년생이었는데 이 친구는 그 지방 명문여고를 나온 같은 대학 가정과에 다니는 여학생을 지독하게 짝사랑하고 있었다"로 시작된다.

　홍준표는 "10월 유신이 나기 얼마 전 그 친구는 무슨 결심이 섰는지 우리에게 물어왔다. 곧 가정과와 인천 월미도에 야유회를 가는데 이번에 꼭 그 여학생을 자기 사람으로 만들어야겠다는 것이다. 그래서 우리 하숙집 동료들에게 흥분제를 구해 달라는 것이다"고 당시 상황을 서술했다. 그는 이어 "우리 하숙집 동료들은 궁리 끝에 흥분제를 구해주기로 하였다. 드디어 결전의 날이 다가왔고 비장한 심정으로 출정한 그는 밤늦도록 돌아오지 않았다. 밤 12시가 되어서 돌아온 그는 오자마자 울고불고 난리였다"고 이후 상황을 설명했다.

홍준표는 "우리는 흥분제를 구해온 하숙집 동료로부터 그 흥분제는 돼지 수컷에만 해당되는 것이지 암돼지는 해당되지 않는다는 말을 나중에 듣게 되었다. 장난삼아 듣지도 않는 흥분제를 구해준 것이었다. 그런데 그 친구는 술에 취해 쓰러진 것을 흥분제 작용으로 쓰러진 것으로 오해를 한 것"이라고 룸메이트의 성범죄 시도가 미수에 그친 상황을 부연했다. 그는 해당 부분 마지막 단락에 "다시 돌아가면 절대 그런 일에 가담하지 않을 것이다. 장난삼아 한 일이지만 그것이 얼마나 큰 잘못인지 검사가 된 후에 비로소 알았다"고 썼다.[150]

4월 21일 '보수 적자嫡子'를 두고 홍준표와 경쟁하던 바른정당 후보 유승민은 여의도에서 열린 방송기자클럽 토론회 이후 기자들과 만나 "(홍 후보가) 성범죄 행위에 가담한 것보다 더 놀라운 것은 자기가 그랬다는 것을 자서전에 쓴 심리다. 보통 사람 같으면 젊을 때 그런 잘못을 저질렀으면 숨기려고 하지, 떳떳한 자랑이라고 버젓이 쓰는 게 너무 놀랍다"며 "도대체 정상적 정신상태가 아니다"고 말했다. 국민의당은 "성폭행 자백범, 강간미수 공범 홍준표는 대통령 후보직을 사퇴하라"고 촉구했다.

4월 22일 홍준표는 자신의 페이스북에 "어릴 때 저질렀던 잘못이고 스스로 고백했다"며 "이제 그만 용서해달라"고 했다. 그는 이어 "그걸(돼지 흥분제를) 알고도 말리지 않고 묵과한 것은 크나큰 잘못이다"면서도 "45년 전 잘못이다. 이미 12년 전에 스스로 고백하고 용서를 구한

일"이라고 말했다. 홍준표는 23일 TV 토론회에서도 다른 후보들에게게서 일제히 사퇴 요구를 받자 "국민들에게 죄송합니다"라면서도 '45년 전 일', '12년 전 고해성사한 것'이라는 점을 계속 강조했다.[151] 대선 후에 도, 아니 오늘날까지도 홍준표 비판자들은 끊임없이 이 사건을 맥락없이 소환함으로써 홍준표를 괴롭힌다.

제7장

왜 문재인은
인천공항공사를 방문했는가?

감격의 눈물을 흘리게 만든 '이미지 정치'

2017년 5월 12일 문재인이 대통령 취임 3일 만에 첫 대외 활동으로 그동안 비정규직 문제가 심각하게 제기되어왔던 인천공항공사를 방문해 '공공부문 비정규직 제로시대'를 선언했다. 행사 현장에 있던 일부 비정규직 노동자들은 감격의 눈물을 흘렸고, 이 뉴스를 접한 일부 문재인 지지자들도 눈물을 흘렸다. 『오마이뉴스』의 관련 기사에 달린 '베스트 댓글'은 다음과 같이 말했다.

"악조건에서, 불안하게, 근무하던, 1만 명의 직원들이 정규직이 된다? 내가 다 눈물이 나네요. 대통령의 민생 문제 해결의 진정성에, 감동의 눈물을 흘리지 않을 수가 없네요. 더군다나, 정규직화로 인하여, 경비도 3% 정도 절감된다는데, 어찌하여 이제까지 못했었는지…사랑의 마음으로 들여다보면, 인천공항처럼, 큰 비용 안 들이고도, 노동자들의 애

문재인은 첫 번째 민생 행보로 인천공항공사를 방문했다. 이 자리에서 그는 '공공부문 비정규직 제로시대'를 선언하며 '이미지 정치'를 시작했다.

로사항을 해결할 수 있는 길도 많이 있다고 봅니다. 좋은 소식 계속되기를 빕니다."[152]

'비정규직 제로시대'는 공공부문에만 국한된 것이 아니었다. 정부가 공공부문을 먼저 할 테니 기업들도 그렇게 하라는 것이었다. 세상에 이렇게 훌륭한 대통령이 있다니! 이렇게 생각한 사람이 많았나 보다. 문재인의 인기는 하늘 높은 줄 모르고 치솟기 시작했다. 지지율은 리얼미터의 5월 둘째 주 여론조사에서 74.8%를 기록했다.

'인천공항공사 이벤트'보다 훨씬 더 감동적인 이벤트는 문재인이 며칠 후 광주민주화운동 기념식에 참석해 5·18 유족을 가만히 껴안아

주던 모습이었다. 무슨 말이 더 필요하랴. 감동 그 자체였다. 문재인이 집권 기간 내내 펼쳐 보일 화려한 '이미지 정치'가 첫선을 보인 셈이었다. 내각 구성 역시 '이미지'에 치중했다. 김종인은 "문재인 정부 초기 내각을 보면 실력보다는 '파격'을 위주로 마치 연극 무대에 올라가는 배우를 뽑듯 내각을 구성했다"고 평했다.[153]

문재인의 화려한 5월과는 달리, 박근혜의 5월은 재판이 시작된 달이었다. 그는 회고록에 "첫 재판이 열린 2017년 5월 23일은 잊을 수가 없다. 밖에서는 이날이 노무현 전 대통령의 기일이라며 얼마 전 대선에 승리한 문재인 대통령과 재판을 받는 나의 처지를 대비하기도 했던 모양이지만 솔직히 나는 그런 것을 의식할 겨를도 없었다"며 다음과 같이 썼다.

"변호인단은 내가 호송차를 탈 때 수갑을 차게 한 것에 대해 이전 다른 대통령들의 사례와 비교해봐도 가혹한 처사라고 분개했다. 나는 그런 것을 하나하나 따지고 싶지는 않았다. 다만 이례적으로 재판석에 대한 촬영을 허용한 것을 보면서 재판부가 다른 의도를 가진 것은 아닌가 하는 우려가 들었다. 사실 이런 문제보다 재판 과정에서 더 힘들었던 것은 한때 내 편이라 믿고 함께했던 이들의 낯선 모습을 마주하는 것이었다. 나를 이용해 사익을 취했던 추한 면모가 드러나기도 했고, 자신의 잘못을 덮기 위해 내가 하지 않은 말을 했다고 증언하는 경우도 있었다."[154]

경제를 도덕으로 다루어도 되는가?

6월 첫 주 한국갤럽의 문재인 국정 수행 평가는 긍정이 84%였고 부정은 7%에 불과했다. 그렇다면 '공공부문 비정규직 제로시대'의 결과는 어떠했는지 그걸 미리 짚고 넘어가는 게 좋겠다. 문재인 정부는 전반적인 공공부문 성과를 강조했지만 정작 나라 전체의 정규직화 현황은 역대 최저수준으로 악화했다는 주장이 2021년에 제기된다.

2021년 2월, 통계청장을 지낸 유경준 국민의힘 의원은 경제활동인구조사 패널데이터를 분석해 문재인 정부 출범 4년 동안 비정규직이 무려 94만 5,000명 늘어 역대 정부 가운데 증가 규모로는 최고치라고 주장한다. 이에 고용노동부가 반박 자료를 내는 등 논쟁이 벌어졌지만,[155] 한 가지 분명한 사실은 모든 노동시장에서 비정규직의 정규직화는 허황된 꿈에 가까웠다는 사실이다.

2021년 6월 4일 인천공항공사 카트 운영·송환대기실 노동자들은 여의도 국회의사당 앞에서 기자회견을 열고 처우 개선과 비정규직의 완전한 정규직화를 촉구했다. 노조는 인천공항공사 비정규직 노동자 중 99%는 자회사에 고용되었지만, 인천공항공사 정규직은 1년에 182일 근무하는 반면 자회사 직원은 243일로 1년에 60일 더 일하고도 평균임금은 정규직의 3분 1밖에 안 된다며 차별 해소와 처우 개선 등을 요구하고 나섰다.[156]

이어 2022년에 나올 「비정규직 제로 정책, 비정규직 더 늘렸다⋯문文 정부서 20% 돌파」, 「공공기관 '무늬만 정규직' 전환⋯10만 명 중 일반 정규직은 14%」, 「비정규직 150만 명 늘어 800만 명 돌파⋯풀타임 일자리는 185만 개 사라져」 등과 같은 기사 제목들이 시사하듯이,[157] 문재인이 인천공항공사를 방문해 '공공부문 비정규직 제로시대'를 선언한 것은 적어도 결과적으론 정권 홍보용 쇼에 불과한 행사가 되고 만다.

문제의 본질은 대기업과 중소기업, 정규직과 비정규직의 임금 격차였다. 이 문제를 외면하지 말고 정면으로 대응해 부문 간 임금 격차를 줄이는 사회적 대타협을 이끌어내면서 비정규직도 충분히 먹고 살 수 있게끔 하는 게 현실적인 방법이었다. 이건 경제학을 몰라도 상식적인 수준에서 얼마든지 판단할 수 있는 문제가 아닌가? 그럼에도 정부, 아니 한국 사회는 그간 과도한 임금 격차를 '능력주의'로 포장해 당연시하면서 방치했다. '모든 노동자의 대기업 노동자화'와 '모든 비정규직의 정규직화'라는 목표를 진보적인 것이라고 내세우면서 언제 실현될지도 모를 기약 없는 '희망 고문'에만 매달렸다.

그래서 어떤 일이 벌어졌는가? 『경향신문』 논설위원 박종성이 잘 지적했듯이, 한국 사회에서 정규직 진입은 '사활의 문제'가 되고, "정규직의 성 안으로 들어가면 문을 닫아버리고 자신만 살겠다"고 혈안이 되는 상황이 벌어진다.[158] 대기업 정규직과 같은 좋은 일자리는 늘 모자라고 게임이 반복될 때마다 누군가는 탈락하고 추방되어야 하기 때문에 모두가 탈락의 공포에 시달리는 '의자 뺏기 게임'에 몰두한다. 이게 바로 그간 한국에서 보수와 진보를 막론하고 추진되어온 정책들의 기본 골격이었다.

문재인은 인천공항공사를 방문했을 당시 국가 경영을 맡은 지도자라기보다는 정규직은 좋고 비정규직은 나쁘다는 선악 이분법을 설파하는 도덕적 설교자였다. 이런 '도덕 정치'의 분위기가 전국을 휩쓸었다. 길거리 여기저기엔 "비정규직 없는 세상에 살고 싶다"는 현수막이 내걸렸고, 진보 진영은 '비정규직 없는 세상'을 만들기 위해 총집결한 것처럼 보였다.

그 누구도 '일자리 창출'도 하면서 '비정규직 없는 세상'을 만드는 게 가능한가 하는 점에 대해선 묻지 않았다. 대기업 정규직의 임금 양보 문제는 아예 거론조차 되지 않았다. 무지한 동시에 비겁했다. 그러나 세상이 그렇게 돌아가는 걸 어이하랴. 문재인의 지지도는 한국갤럽의 6월 첫째 주 여론조사에선 84%를 기록하면서, 지지자들은 "우리 이니 맘대로 해봐"라고 외쳐대고 있었다. 문재인 정권의 비극이 이미 이때부터 시작되고 있었는지도 모르겠다.

문재인만 탓할 일은 아니었다. 진보는 아무리 옳은 말이라도 보수가 하면 듣지 않았을 뿐만 아니라 반대로 나아가려고만 했다. 물론 보수 역시 그랬다. 진보 진영에 속하는 그 많은 경제학자 중 문재인 정권이 빠져 있는 '경제의 도덕화'를 비판할 사람이 그리도 없었던 말인가? 없었다! 있었을지라도 문재인 대통령의 노동정책에 감격하는 사람이 많은 상황에서 굳이 나서고 싶지 않았을 것이다.

"밀려오는 4차 산업혁명의 '일자리 충격'"

2017년 5월 12일 문재인이 방문한 인천공항공사 현장으로 돌아가보자. 노동 전문 사회학자 조돈문은 당시 문재인의 '비정규직 제로 선언'에 대해 "그 순간은 감동적이었다"고 했다. 그러나 그건 '정치적 쇼' 였을 뿐 결코 감동할 일은 아니었다. 이후 어떤 일이 벌어졌는가? 조돈문은 2년여 후 『오마이뉴스』 인터뷰에서 "그로부터 두 달 뒤에 나온 공공부문 비정규직 정규직 전환 가이드라인을 보고 나서 문 정부를 '수상하게 생각하기 시작했다'"며 다음과 같이 말했다.

"가이드라인에서 자회사 방식을 정규직 전환을 정규직 전환의 한 유형으로 제시해놨더라. 이건 간접고용 비정규직이다. 인천공항도 직접고용 정규직으로 전환한 건 30%에 불과하고 70%는 자회사 방식으로 전환됐다. 인천공항의 직무들은 상시적 업무이고 생명과 관련된 업무이기 때문에 200% 정규직 전환 조건을 만족시킨다."[159]

그러나 조돈문의 의심은 곧 '실망'으로 바뀌었다. "문재인 대통령의 대선공약을 다른 대통령 후보가 했다면 정치적 꼼수가 숨어 있다고 의심했을 거다. 하지만 '문재인'이지 않나. 누구도 '문재인'을 거짓말 할 정치인으로 보지 않았다. 우리(비정규직 활동가들)는 이명박-박근혜 정부를 비판했지만 실망은 하지 않았다. 하지만 (기대를 걸었던) 문재인 정부에는 실망했다. 왜 파라다이스를 만들어줄 것처럼 약속했느냐는 것이다."[160]

문재인은 임기 초부터 탁현민식의 '의전 정치'와 '이벤트 정치'에 탁월한 면모를 보여주었다. 조돈문은 문재인이 자신이 감동했던 수준만큼 제대로 된 정규직 전환을 할 수 있었음에도 하지 않았다고 생각한 걸까? 그게 아니었다. 할 수가 없었다! 적잖은 사람들을 울게끔 감동을 주면서 그런 자애로운 이미지가 널리 확산되게 하는 게 우선적인 목적이었을 뿐, 애초에 실현 불가능한 걸 꺼내 들었기 때문이다. 정규직도 보호하고 일자리도 창출하면서 비정규직의 정규직화를 이루겠다는 건 삼각관계에 빠져 갈등을 빚는 3명의 청춘남녀를 모두 만족시키겠다는 것처럼 애초에 불가능한 일이었다.

「밀려오는 4차 산업혁명의 '일자리 충격'」이라는 『한겨레』(2017년 1월 3일) 사설 메시지를 감상해보기로 하자. 이 사설에 따르면, 2016년 1월 다보스포럼 이후 '제4차 산업혁명'이 고용에 미칠 영향이 세계적 관심사로 떠오른 가운데, 2017년에 나온 한국고용정보원의 「기술 변화에 따른 일자리 영향 연구 보고서」는 10년 안에 1,800만 개 일자리가 인공지능이나 로봇으로 대체될 수 있다고 보았다. 인공지능과 로봇 기술의 발전으로 2025년 취업자 2,561만 명 중 1,807만 명(71%)이 '일자리 대체 위험'에 직면할 수 있다는 것인데, 직업군별로 보면, 단순노무직의 위험 비율이 90%로 가장 높았으며, 전문직과 관리직도 각각 56%와 49%로 절반이 위험에 놓이게 된다고 했다.[161]

이 보고서를 그대로 믿을 필요는 없지만, 제4차 산업혁명이 일자리를 죽이게 되어 있다는 건 분명한 사실이 아닌가? 그래서 기본소득제에 대한 관심이 높아지는 것이겠지만, 노동정책도 앞을 내다보고 가야 할 게 아닌가? 이미 한국 사회는 제4차 산업혁명으로 깊숙이 진입 중인데, 이런 변화와 비정규직 문제는 무관한 것이었을까?

비정규직 없앤다는 거짓말은 이제 그만

3~4년 후에 나오게 될, 좀 다른 이야기를 미리 들어보기로 하자. 참여연대 사무처장 출신인 김기식 더미래연구소 정책위원장은 『한겨레』 (2020년 11월 11일)에 기고한 「우리 시대 진보란 무엇인가」는 칼럼에서 "3차 산업 중심의 고용구조하에서 비정규직의 정규직화만이 대책일 수 없다. 노동권이 강한 독일조차 2017년 기준 비정규직 비율은 35.1%로 32%인 우리보다 높다. 그런데 비정규직의 정규직화만 주장되고, 임금구조 개편은 논의의 대상조차 되지 못하고 있다"며 다음과 같이 말한다.

"연차에 따라 임금이 정해지는 연공급 구조는 직무급으로 전환되어

어쩌면 비정규직 없는 세상은 거짓말일지도 모른다. 특히 고용 안정 노력과 사회 안전망 강화 등 여러 문제가 겹쳐 있기 때문이다. '2017 촛불 1년 비정규직없는 세상만들기 전국노동자대회'에서 노동자들이 '비정규직 없는 세상'을 외치고 있다.

야 한다. 상시 업무의 정규직화는 당연하지만, 산업구조상 발생하는 비정규직에 대해서는 임금 등 차별을 금지하고, 나아가 시간당 임금을 정규직보다 더 주도록 하는 것이 실질적 대책이 될 수 있다. 개별 기업 차원이 아니라 산별 교섭을 통해 독일처럼 대기업의 인상폭은 낮추고, 중소기업의 인상폭은 높이는 연대임금 전략이 실행되어야 한다. 모두 진보의 기반인 노조, 특히 대기업, 공공부문 노조의 저항이 불가피하다. 그러나 그것에 도전해 구조를 근본적으로 바꾸려 하지 않으면서 청년세대에게 진보에 투표하라 할 수 있는가."[162]

민주당 의원 박용진은 2021년 2월에 출간한 『리셋 대한민국』에서 "비정규직을 전부 철폐할 수 있다는 거짓말을 그 누구도 더이상 해서는 안 된다"고 역설한다. "비정규직 자체를 없애는 건 토머스 모어가 설파한 유토피아의 도래일 수도 있고, 혹은 플라톤이 묘사한 이데아의 실현일 수도 있습니다. 문제는 이게 현실적으로는 불가능하다는 점이에요. 따라서 정치인들이 국민들에게 단지 비정규직이라는 이유만으로 겪고 있는 부당하고 불합리한 차별을 없애주겠다, 그리고 차별하면 꼭 처벌하겠다고 약속해야만 옳습니다."[163]

원승연 명지대학교 교수는 『한겨레』(2021년 6월 2일) 인터뷰에서 "대통령이 현장을 찾아가 정규직화를 선언하는 것만으로 해결되지 않는다"며 이렇게 말한다. "산업구조의 변화로 정규직화가 쉽지 않다. 기업에 무조건 강제할 수도 없다. 비정규직 처우 개선 방법을 더 고민했어야 한다. 동일한 종류의 노동에 동일한 임금을 주는 '동일노동 동일임금' 도입도 중요하고, 고용 안정 노력과 사회 안전망 강화도 필요했다. 정치적으로는 독재정권에서 탈피했는데, 경제적으로는 과거 방식을 그대로 답습한다."[164]

강한 충격부터 먼저 준 최저임금 정책

7월 15일 최저임금위원회는 2018년 최저임금을 7,530원으로 확정했다. 2017년 최저임금 6,470원보다 16.4% 오른 금액이며, 2000년 9월~2001년 8월(16.6% 인상) 이후 17년 만에 최대 인상폭이었다. 이같은 인상폭은 2020년까지 최저임금 1만 원을 달성하겠다는 문재인 정부의 대선공약 이행 의지가 반영된 결과였다. 그러나 중소기업이나 소상공인들의 인건비 부담은 크게 늘어 영세기업의 피해가 우려된다는 목소리도 작지 않았다.

　　최저임금 인상과 함께 통상임금 논란도 가열되었다. 서울중앙지법
은 8월 31일 기아차 노조 소속 2만 7,424명이 회사를 상대로 낸 임금청
구 소송에서 노조 측이 요구한 정기상여금과 중식비, 일비 가운데 정기
상여금과 중식비는 정기성·일률성·고정성이 있어 통상임금에 해당한
다고 인정했다. 고용부도 현재 매달 지급되지는 않지만, 정기적으로 나
오는 상여금도 통상임금에 포함된다는 입장을 유지했다. 하지만 재계는
비용 증가에 따른 경영상 어려움을 이유로 통상임금의 산정기준이 바뀌
어야 한다고 주장했다.[165]

　　16.4% 인상은 너무 과격한 수치였다. 이후 인상율의 추이를 보자.
2018년 16.4%, 2019년 10.9%, 2020년 2.9%, 2021년 1.5%, 2022
년 5.1%였다(2023년 5.0%, 2024년 2.5%, 2025년 1.7%). 정책의 생명은
신뢰다. 정책으로 인해 타격을 받을 사람들에게 예측 가능성과 더불어
준비할 시간을 주면서 충격을 최소화해야 한다. 그러나 문재인 정권은
정반대로 갔다. 준비할 시간은커녕 강한 충격부터 먼저 준 것이다.

　　자영업자 대책은 있었는가? "최저임금에 대한 보수언론의 무차별
적인 저주는 정당한가?"라고 비판하는 전 민주노총 위원장 김영훈마저
"다른 나라에 비해 월등히 높은 자영업자 비율을 포함해 임대료·카드수
수료 부담, 프랜차이즈 갑질 등 불공정한 시장 질서를 바로잡는 경제민
주화 정책을 선결하거나 최소한 동시에 진행해야 했다"고 말했지만,[166]
그런 전 단계 정책은 없었다.

　　도저히 최저임금을 감당할 수 없어 자동 주문 기계(키오스크)를 설치
한 자영업자들, 사실상 노사 합동으로 최저임금을 지키지 못한 채 불법

을 저지르고 있는 업체에 대한 정확한 통계는 있는가? 이런 통계조차 없으면서 문재인은 2018년 5월 '최저임금 긍정 효과 90%'라고 큰소리를 치기까지 했다.[167] 그러나 이는 청와대가 통계청을 압박해 빼낸 자료로 만든 '엉터리 보고서'에 근거한 주장이라는 반론이 제기되었다.[168]

그리고 너무 비겁했다. 최저임금위원회를 내세워 정권이 통제할 수 없는 것처럼 쇼를 해놓고 그로 인한 문제를 도저히 감당할 수 없게 되자 이런저런 압력을 통해 1.5%(2021년 인상률)라는 최저점을 찍도록 한 게 아닌가? "어려운 사람을 돕고 살자는 명분이 아름다우니 일단 저질러놓고 보자. 문제 생기면 그때 가서 땜질 하면 될 거 아닌가"라는 생각이 문재인 정권의 기본적인 국정 운영 자세라고 해도 과언이 아니었다.

훗날(2021년 8월) 국민의힘 의원 윤희숙은 "문재인 정부가 2년간 최저임금을 30% 올렸는데 우리처럼 이미 성장한 나라에선 2년 30%는 도저히 소화할 수 없는 수준"이라면서 "민노총의 청구서를 그대로 받아준 것"이라고 했다. 그는 "최저임금이 너무 빨리 올라서 처벌한다고 해도 최저임금을 직원에게 못 주는 사용자가 많다"면서 "그 때문에 지금 최저임금도 못 받는 근로자가 300만 명에 달한다"고 말했다. 이어 "진짜 보호를 받아야 하는 사람들은 제도의 바깥으로 밀려나고 귀족노조만 최저임금 혜택을 다 누리며 혼자 뛰어 올라갔다"고 했다. 또 그는 "지난 2년 동안 노량진의 조그만 분식집들도 다 자동 주문 기계를 넣었고 주인이 홀 서빙을 안 두고 혼자서 한다"며 "정부가 이렇게 폭력적으로 일자리 없애는 것은 말이 안 된다"고 비판했다.[169]

시민이 결정한 신고리 원전 5·6호기 운명

문재인은 2017년 6월 19일 고리 원전 1호기 영구 정지 선포식에서 "고리 1호기 영구 정지는 탈핵脫核 국가로 가는 출발"이라고 선언했다. 분위기를 조성하려는 뜻이었을까? 그는 "일본 후쿠시마 원전 사고로 2016년 3월 기준으로 총 1,368명이 사망했다", "사고 후 방사능 영향으로 인한 사망자나 암환자 발생 수는 파악조차 불가능한 상황"이라고 주장했다. 거짓말 또는 가짜뉴스였다. 사망자는 2명이었으며, 그것도 방사능 피폭이 아니라 대지진과 쓰나미 때문이었다. 1,368명이라는 숫자는 2016년 3월 6일자 『도쿄신문』의 보도를 오역한 것이었다.

동일본 대지진으로 인해 후쿠시마 원자력 발전소 사고가 발생하자 일본 정부는 그 주변 주민들을 대피시켰다. 9만 9,000여 명의 피난민은 큰 스트레스를 받아 건강이 나빠지고 기존 질병이 악화되어 죽은 이가 그 시점에서 1,368명이었을 뿐이다. 일본 정부에서 항의하자, 청와대는 6월 28일 정정보도를 했다. 청와대 고위관계자는 청와대 춘추관에서 기자들에게 "원전 관련 사망자 수인데, '관련'자가 빠졌다"며 "일본에서도 발표할 때 원전 관련 사망자 수였는데, 저희 연설팀의 착오였다"고 설명했다.[170]

과연 그랬는지는 알 수 없지만, 문재인 정권에서 원전 정책은 매사가 그런 식이었다. 에너지 수급 대책도 부실했고, 경제적 파급 효과에 대한 대비도 없었다. 반대 여론이 빗발쳤지만 정부는 8일 후 국무회의에서 신고리 5·6호기 건설 중단과 공론화를 의결했다. 신고리 원전 5·6호기 건설 중단은 문재인의 대선공약이었지만, 정부가 이미 1조 6,000억 원을 투입한 5·6호기의 종합 공정률이 29.5%(시공 11.3%)에 달하자 '공론조사' 카드를 꺼내 든 것이다.

일반 여론조사와 공론조사의 가장 큰 차이점은 학습과 토의 과정을 일컫는 숙의熟議 절차였다. 공론화위원회는 1차 전화조사에서 2만 6명의 응답을 받아 이 가운데 500명을 시민참여단으로 선정했고, 9월 16일 오리엔테이션에 참가한 시민참여단 478명에게 건설 재개·중단 양측의 주장이 담긴 동영상 강의와 자료집을 제공했다. 10월 13일부터 15일까지 천안 계성원에서 열린 2박 3일 종합토론회에는 시민참여단 471명이 총 4개의 세션에서 양측 발표자 발표 청취, 48개 조 분임 토의, 질의·응답 프로그램을 반복하는 숙의 절차를 거쳐 최종 4차 조사에 참여했다.

공론화위원회가 신고리 5·6호기 건설 여부를 물은 1차·3차·4차 등 3차례의 조사 결과 처음부터 '건설 재개' 의견이 우세했고, 특히 숙의 과정을 거치면서 '판단 유보'가 급격히 줄고 건설 재개로 쏠렸다. 시민참여단은 최종 4차 조사의 양자택일 '7번 문항'에서 건설 재개 59.5%, 중단 40.5%로 19.0%포인트 차이로 건설 재개 결론을 냈다. 시민참여단은 핵발전 정책에 대해서는 53.2%가 '원전 축소' 의견을 냈다. '원전 유지' 의견은 35.5%, '원전 확대' 의견은 9.7%에 머물렀다.[171]

전 두산중공업 부사장 김성원은 『조선일보』(2019년 12월 2일) 인터뷰에서 "신고리 5·6호기 건설을 중단시켰지만 공론화위원회를 거쳐 재개할 수 있었다. 그러나 여섯 달 공사 중단에 대한 손실이 발생했는데?"라는 질문에 이렇게 답했다. "한수원이 두산중공업 및 주요 협력업체의 직원 인건비와 자재 보관비 등 1,003억 원을 보상해줬다. 직접 손실은 그렇다 치고, 6개월간 두산중공업은 한수원에 납품을 못해 1조 원가량

유동 자금이 막혔다. 사람으로 치면 피가 안 통한 것이다. 경영 어려움이 컸다."

그는 "만약 공론화위원회에서 공사 중단 결론이 났으면?"이란 질문에 대해선 이렇게 답했다. "신고리 5·6호기는 4조 원 규모 사업이었다. 그게 날아갔으면 두산중공업은 문 닫아야 했다. 재개할 수 있어 한숨은 돌렸지만, 원래 해오던 공사를 못 하게 했다가 다시 해주는 걸 고맙다고 할 수는 없다. 원자력안전위원회는 이미 규제 기관에서 통과한 설계안을 변경하라고 요구했다. 설계안 변경부터 추가 경비였다. 철근을 5개에서 7~8개 넣으라는 식이었는데, 우리가 보기에는 불필요한 공사를 더 해야 했다. 그때 분위기에서 민간 기업이 어떻게 다른 소리를 내겠나."[172]

이미 발동이 걸린 문재인의 탈원전 정책엔 거침이 없었다. 문재인 정부는 이듬해 7,000억 원을 들여 보수한 월성 1호기 조기 폐쇄, 신한울 3·4호기 건설 중단, 신규 원전 4기 건설 취소 등 탈원전 정책을 강하게 밀어붙였다.[173] 이런 강성 탈원전 정책은 2020년 산업통상자원부의 지시로 소속 공무원들이 월성 1호기 조기 폐쇄를 위해 경제성을 조작하고 자료를 폐기한 의혹이 불거져 검찰 수사가 이루어지는 등 정권 차원의 비리로 비화된다.

문재인 정권이 심혈을 기울여 추진한 '비정규직의 정규직화', '최저임금의 가파른 인상' 등 일련의 정책은 그 의도에선 사회적 약자를 배려하는 아름답고 훌륭한 정책이었지만, 정책 시행 시 일어날 수 있는 '의도하지 않은 결과'나 부작용에 대한 대처 방안이 미리 제대로 검토조차 되지 않았다는 게 나중에 드러난다.

왜 문재인은 그토록 간절히
탁현민을 원했을까?

문재인 정권의 '얼굴패권주의' · '외모패권주의'

2012년 12월 19일에 치러진 제18대 대선은 박근혜의 승리로 끝났지만, 문재인과 문재인을 돕던 탁현민의 관계까지 끊어진 건 아니었다. 훗날 "문재인이 아들처럼 아낀다"는 말이 나올 정도로 끈끈한 관계를 맺게 될 결정적인 '사건'이 2016년 6월에 일어났다. 히말라야 트레킹이다. 문재인이 측근인 양정철과 탁현민을 대동해 6월 13일부터 7월 9일까지 네팔·부탄 트레킹을 다녀온 것이다. 이 여행은 이후 언론이 문재인과 탁현민의 특수한 관계를 거론할 때마다 소환된다.

문재인이 2017년 5월 9일 제19대 대선에서 승리해 대통령이 되자 탁현민은 청와대 의전비서관실 선임행정관(2급)이 되었다. 일 자체는 5월에 시작했는데, 당시 청와대는 정식 임명이 아니며, 현재 신원 조회 등의 임명 절차를 진행 중이라고 밝혔다. 정식 임명이 된 건 6월이었다지만,

그가 5월에 이루어진 이벤트들에 직간접적으로 관여했을 가능성이 크다고 볼 수 있겠다.[174]

문재인의 '이미지 정치'는 대통령 취임 이틀 만인 5월 11일에 첫선을 보였다. 문재인, 임종석(비서실장), 조국(민정수석) 등을 포함한 청와대 참모진들이 와이셔츠 바람으로 테이크아웃 커피잔을 들고 청와대 경내를 거니는 모습이 언론을 장식하면서 "전 정권과는 확실히 다르다"는 긍정적 평가를 이끌어낸 것이다.

전 민주당 의원 정청래는 자신의 트위터에 이 산책 사진을 게시하면서 '증세없는안구복지!'란 제목을 붙였다. 청와대 참모진들의 외모가 준수해 이들의 사진을 보면 시민들의 행복지수가 올라간다는 의미였다. 이게 화제가 되면서 '얼굴패권주의', '외모패권주의'라는 신조어까지 등장했다. 물론 긍정적 의미였다.[175]

다음 날인 5월 12일 문재인은 첫 대외 활동으로 그동안 비정규직 문제가 심각하게 제기되어왔던 인천공항공사를 방문해 '공공부문 비정규직 제로시대'를 선언했다. 앞서 지적했듯이, 이는 정권 홍보용 쇼에 불과한 행사였다. 하지만 일시적으로나마 감동을 안겨주기엔 충분했다. 이런 감동의 정치적 효과를 이해해야 문재인이 간절히 탁현민을 원했던 이유도 이해할 수 있었다. 5월 하순에 터진 탁현민의 저서 『남자 마음 설명서』를 둘러싼 뜨거운 논란과 갈등의 규모는 탁현민을 하차시키는 게 순리였지만, 문재인이 한사코 탁현민과 같이 가는 길을 택한 '소신' 또는 '고집'의 이유도 규명될 수 있었다.

『남자 마음 설명서』 사건

탁현민의 존재는 처음엔 전혀 주목을 받지 못하다가 5월 24일 청와대 집무실에 '일자리 현황판'이 설치될 때 기자 눈에 띄어 알려졌다. 언론은 당시 주목을 받은 터치스크린 현황판도 그의 아이디어일 것이라고 짐작했지만, 동시에 그에 대한 검증이 시작되면서 『남자 마음 설명서』 사건이 터졌다.

탁현민은 2007년에 출간한 이 책에서 자신이 젊은 시절에만 26명의 여성과 연애했다는 걸 밝혔는데, 다음과 같은 내용이 문제가 되었다. "등과 가슴의 차이가 없는 여자가 탱크톱을 입는 것은 남자 입장에선 테러를 당하는 기분이다." "이왕 입은 짧은 옷 안에 뭔가 받쳐 입지 마라." "파인 상의를 입고 허리를 숙일 때 가슴을 가리는 여자는 그러지 않는 편이 좋다." "한 차원 높은 정서적 교감을 방해하니 안전한 콘돔과 열정적인 분위기 중 하나를 선택하라." "콘돔의 사용은 섹스에 대한 진정성을 의심하게 만들기 충분하다." "대중교통 막차 시간 맞추는 여자는 구질구질하다."

논란이 일자 탁현민은 5월 26일 자신의 페이스북에 "제가 썼던 '남자 마음 설명서'의 글로 불편함을 느끼고 상처를 받으신 모든 분들께 죄송한 마음을 표한다"고 사과했지만, 논란은 가라앉지 않았다. 그럼에도 '페미니스트 대통령'을 자처한 문재인은 아무런 말이 없었다. 일부 언론은 앞서 말한 특수 관계를 소환했다. "여행 좋아하는 사람은 금방 안다. 친구도 아닌데 27일간 험지險地 여행을 함께할 정도라면 얼마나 친밀한지를."[176]

탁현민의 책은 여성을 비하하는 내용으로 점철되어 있었다. 한국여성단체연합은 '문재인 정부는 인사 검증 기준에 성평등 관점 강화하라'는 성명서를 발표하며 비판했다.

5월 29일 서울시립대학교 교수 이현재는 「'페미니스트 대통령' 제대로 보좌하라」는 『여성신문』 칼럼에서 "진짜 '페미니스트 대통령'을 바라는 나에게 탁현민 사건은 특히 눈앞을 깜깜하게 만든다. 여성 비하로 점철된 그의 책도 문제지만, 그보다 더 실망스러운 건 지지자들의 반응이다"며 다음과 같이 말했다.

"언론을 못 믿어 직접 책을 사 봤는데 그건 너무 흔한 남자들의 생각이므로 문제 삼을 게 없단다. 좀 노골적으로 속마음을 이야기한 것은 그냥 개성이란다. 이런 태도는 이 사건이 탁현민 개인의 사건이 아님을 분명히 보여준다. 여성을 대상화하는 것이 너무 흔해서 아무런 문제의식을 못 느끼고 있는 사람들 모두의 사건이라는 것이다. 솔직히 대꾸할 가치도 못 느낀다. 진짜 흔한 게 적폐인데 그럼 적폐도 문제 삼지 말지 그랬 냐는 말이 목구멍을 맴돈다."[177]

5월 30일 한국여성단체연합은 '문재인 정부는 인사 검증 기준에 성평등 관점 강화하라'는 논평을 내고 "'페미니스트 대통령'을 표방한 문재인 정부의 인사 검증 기준에 성평등 관점이 포함되어 있는지 의문 스럽다. 여성을 비하하고 대상화한 인물을 청와대 행정관에 내정한 새 정부의 인사 기준에 강하게 문제 제기한다"고 비판했다.[178]

문성근과 김미화의 탁현민 옹호

6월 7일 배우 문성근은 자신의 트위터에 "탁현민이 수고 많다. 국가 기념일 행사에 감동하는 이들이 많은 건 물론 문 대통령님의 인품 덕이 지만, 한편 '공연 기획·연출가'의 말랑말랑한 뇌가 기여한 점도 인정해 야 한다. 그가 흔들리지 않고 잘 활동하도록 응원해주면 좋겠다"며 탁현 민을 옹호하고 나섰다.[179]

6월 9일 개그우먼 김미화는 자신의 SNS에 "십 년 전에 쓴 책 내용 이 '여혐' 아니냐며 비난받는 탁현민 씨. 출간 이후 그가 여성들을 위해 여성재단, 여성단체연합의 행사 기획 연출로 기여해온 사실을 홍보대사 로서 봐온 나로서는 안타까운 심정이다"며 "그에게 십 년 전 일로 회초리 를 들었다면 이후 십 년도 냉정하게 돌이켜볼 필요가 있다"고 말했다.[180]

그러나 고려대학교 교수 윤조원은 같은 날 「청와대의 젠더 감수성 을 묻는다」는 『경향신문』 칼럼에서 "성평등을 표방하는 정부가 지향해 야 할 성·젠더 감수성에 이처럼 전혀 맞지 않는 가치관을 자신의 문화

콘텐츠로 마케팅했던 인사가 청와대 보좌진에 포함된 건 난감하다"며 "문재인 정부와 '페미니스트 대통령'의 건승을 바라는 나로선 지지하기 어려운 일이다"고 했다.[181]

문성근과 김미화의 응원 덕분이었을까? 이 칼럼에 달린 댓글들은 비난 일색이었다. "탁현민이 돼지 발정제로 성폭행을 조장했나." "제발 생각 좀 해라. 적과 아군을 구분해라." "남성 혐오에 눈감는 건 인권 감수성 있는 거야?" "공무원 뽑는데 웬 성직자 뽑는 절차를 연상케 한다." "요새 남혐 조장세력들이 정당이고 언론사고 문화계고 온 곳에서 맹위를 떨치는구나." "젠더 감수성 같은 소리하네. 평생 살면서 실수 한 번 없는 인간 아니면 봐줄 수 없다는 이야기니?" "이런 글로 오바 떨지 마라. 이런다고 문재인 대통령 흔들리지 않는다. 그놈의 입진보 소리도 지겹다."

이런 비난은 『경향신문』에까지 이어졌다. "경향신문 전두환 찬양했던 기사 사과 기사도 써주세요." "진보언론의 기계적 중립이나 보수언론의 친일 극우 찬양이나 둘 다 꼴보기 싫다." "니들은 노무현 문재인이 우습냐? 돈 없는 조중동이라는 한경오가 이젠 돈 많은 조중동이 되고 싶니?" "정치 좀 잘해보겠다고 대탕평을 내세우며 열심히 하고 있는데, 이게 무슨 개소리…경향 니놈들은 그래서 안 되는 거야."

"해일이 밀려오는 데 조개나 줍고 있느냐"

6월 21일 탁현민이 다른 책에서도 여성 비하 표현을 썼던 것으로 드러났다. 탁현민은 2007년 자신을 포함해 4명이 공동 발간한 대담집 『말할수록 자유로워지다』에서 "고등학교 1학년 때 여중생과 첫 성관계를 가졌다"며 "얼굴이 좀 아니어도 신경 안 썼다. 그 애는 단지 섹스의 대상이니까"라고 했다. 당시 동년배 친구들과 여중생을 "공유했다"고도 했다. "룸살롱 아가씨는 너무 머리 나쁘면 안 된다", "남자들이 (성적으로) 가장 열광하는 대상은 선생님들…학창 시절 임신한 선생님들도 섹시했다"고도 했다.

이에 대해 자유한국당 대변인 김명연은 "페미니스트 대통령이 되겠다는 문 대통령은 언제까지 침묵할 것인가"라고 했다. 국민의당 대변인 김유정은 "저급한 성인식의 수준을 보고 있노라니 뒷목이 뻐근해진다"고 했다. 바른정당은 "탁현민 본인이 스스로 사퇴하든지 청와대가 나서라"고 했고, 정의당도 "건강한 보통 사람들이 이해할 수 없는 수준"이라고 했다. 더불어민주당 대변인 백혜련은 "책 내용이 상당히 심각한 수준"이라며 "부적절한 행동이고 그것에 대한 조치가 필요하다는 입장을 청와대에 전달했다"고 밝혔다.[182]

탁현민에 대해 '부적절' 의견을 낸 더불어민주당 여성 의원들은 "쓸데없는 내부 총질하지 마세요"라는 문자 폭탄을 받았다. 이와 관련, 경희대학교 교수 이택광은 "탁현민 청와대 행정관 문제는 사소한 것처럼 보이지만 중요하다. 더불어민주당 여성 국회의원들도 반대하는데 대통령 극렬 지지자들은 '이 중차대한 시기에, 쉽게 말하면 해일이 밀려오는 데 조개나 줍고 있느냐'고 문자를 보내고 댓글을 단다"며 다음과 같이 말했다.

"마치 권력을 잡고 유지하는 것을 민주주의로 생각한다. 또한 문자를 보내는 사람들이 주장하는 직접민주주의는 제도적으로 불가능하다. 민주주의는 모두가 통치할 수 있다는 것인데, 그럼 피통치자는 누구인가라는 역설이 발생한다. 여론 맹신도 문제다. 역사적으로 절대적 지지를 받는 의제가 반드시 훌륭한 정치적 결과물로 이어진 건 아니다. 중요한 정치적 결과들은 대부분 소수로부터 시작해 큰 보편성을 획득했다. 프랑스혁명은 소수 부르주아의 구체제에 대한 저항이었다. 당시 아주 불온한 사상이었는데 결국 세상을 바꿨다. 정치는 여론조사로 환원되지 않는 부분이 있다. 민의가 여론조사 같은 제도를 통해 재연될 수 있다고 보는 것은 스탈린이나 북한이 저지른 우를 범하는 것이다. 그게 전체주의다."[183]

탁현민을 둘러싼 '설문조사 전쟁'

이 사건은 '설문조사 전쟁'으로까지 이어졌다. 6월 21일 팟캐스트 나꼼수 패널 김용민은 자신의 트위터에서 탁현민에 대해 청와대가 어떤 조치를 취해야 하는지를 묻는 설문조사를 실시했다. 이 조사 결과에 따르면, 총 5,050명이 참여한 투표에서 가장 많은 51%가 '부적절한 발언이나 사과했으니 기회를 줘야 한다'고 응답했고, '해당 발언은 문제되지 않는다'는 응답자도 30%에 달했다. 반면 '해임하는 선에서 마무리해야 한다'는 17%, '해임은 당연하고 문 대통령이 사과해야 한다'는 2%에 그쳤다.

그런데 한 트위터 이용자(rainygirl)가 김용민이 진행한 설문조사를 자신의 트위터에서 동일한 내용으로 진행하자 결과는 정반대로 나타났다. 25일 오후 7,100명 이상 참여한 투표에서 탁현민 해임과 대통령 사과를 요구한 네티즌이 45%로 가장 많았고, 해임만 요구한 응답도 43%에 달했다. 반면 부적절한 발언이나 사과했으니 기회를 주어야 한다는 응답은 9%, 발언이 문제되지 않는다는 응답은 3%였다.

여성혐오적인 책의
저자가 행정관인
나라에서 사는 것은
테러를 당하는 기분

콘돔 사용은 섹스에 대한
진정성을 의심하게
만들기 충분하다

탁현민
사용
설명서

자신이
시선강간을 하고 있다는
것을 아는 편이
좋다

다음 아고라에서 '탁현민 님 구하기' 청원을 진행했지만, 반응은 싸늘했다. 여성단체 불꽃페미액션
회원이 탁현민의 해임을 요구하는 피켓을 들고 있다.

이와 관련,『뉴시스』기자 박준호는 다른 몇몇 유명 인사들도 SNS
를 통해 탁현민을 두둔했지만 전반적인 온라인 여론의 기류는 이와 큰
차이가 있다고 했다. 문성근과 김미화의 발언은 '상당한 역풍'을 맞은 바
있으며, SNS에서 상당한 영향력을 가진 역사학자 전우용 교수가 트위터
에 "탁현민 씨가 범죄를 저질렀다면 지금이라도 수사해서 처벌해야 한
다"며 "하지만 책에 어떤 내용을 썼다는 것만으로 10년 후 해고 사유가
된다면 이 시대 젊은이들에겐 그게 더 무거운 족쇄일 것"이라고 올린 것
도 네티즌들의 숱한 반론으로 이어졌다는 것이다.

포털사이트 다음 아고라에서는 1만 명 서명을 목표로 6월 22일부
터 '탁현민 님 구하기' 청원이 진행 중이었지만, 25일 오후 6시 현재 청

원에 서명한 네티즌은 142명에 불과할 만큼 반응이 싸늘했다. 이런 상황에서 탁현민이 2012년 4월 트위터에 남긴 글도 새삼 도마 위에 올랐다. 당시 제19대 총선에 출마했던 김용민이 콘돌리자 라이스 전 미 국무장관을 "강간해서 죽이자"고 말한 데 대해 탁현민은 "그가 한 말이 성희롱이라면 전두환을 살인마라고 하는 것은 노인 학대", "김용민의 발언은 집회하다 교통신호를 어긴 것쯤 된다"고 옹호했다.[184]

　이런 식의 논리는 이즈음 네티즌들의 댓글에서도 쉽게 찾아볼 수 있었다. 여성 혐오를 인정하지 않는 어느 네티즌은 이런 '명문'(?)을 남겼다. "세상에 여혐이 어딨어? 여혐이라고 하면 죽여버린다!?"[185]

"진영 논리는 성性 무뢰한의 마지막 도피처"

　6월 26일 『머니투데이』 대표 박종면은 「안경환과 탁현민의 성의식」이라는 칼럼에서 "현대문학의 성자聖者로 추앙받는 작가 니코스 카잔차키스의 소설 『그리스인 조르바』에 나오는 구절"을 소개하는 것으로 칼럼을 시작했다. 이런 내용이다. "여자는 맑은 샘물과 같습니다. 마시면 되는 것입니다. 내 천당은 물렁물렁한 침대가 있고, 옆에는 암컷이 하나 누워 있는 향긋한 방입니다. 하나님이 주신 이놈의 연장은 언제 어디서든 암컷만 만나면 내 대가리를 돌게 만들고 지갑을 열게 만듭니다."

　박종면은 그런 글을 쓴 카잔차키스는 1945년 그리스 내각에서 장관도 했는데, 한국의 성의식은 70년 전 그리스만도 못하다고 말했다. 그는 "정치권이나 언론 또는 시민단체가 어떤 사람을 공격할 때 섹스 이슈를 전면에 내세우는 건 이유가 있다"며 다음과 같이 주장했다.

"누구에게나 가장 취약한 고리이기 때문이다. 성과 섹스에 대한 공격을 받고 견딜 수 있는 사람은 아무도 없다. 그런 점에서 이처럼 비열한 짓도 없다. 어떤 사람의 행위가 아닌 그가 쓴 저작물의 내용에 대한 공격이라면 더 그렇다. 현대판 분서갱유일지도 모른다. 문재인 정부의 인사청문회가 열리는 2017년 6월 대한민국은 야만의 시대다."[186]

이에 대해 『코리아중앙데일리』 문화부장 문소영은 「진영 논리는 성性 무뢰한의 마지막 도피처」라는 칼럼에서 "픽션과 논픽션을 비교하는 것도 놀라웠지만, 시대착오를 거꾸로 적용한 게 가장 놀라웠다"며 이렇게 말했다. "당시는 보부아르의 『제2의 성』(1949)이 나오기도 전이다. 즉 그간 대부분 문학에서 여성이 남성 주체의 일방적 시선에 의한 객체로, 종종 사물화되어 다뤄졌음이 공론화되기도 전이었다. 게다가 카잔차키스의 장관직에 문제 제기하고 싶은 그리스 여성이 있었어도 참정권도 없던 시대에 무슨 재주로 하겠는가?(1952년 도입)."

문소영은 "고등학생 때 여중생을 '단지 섹스의 대상'으로 친구들과 '공유'했다고 책에 밝힌 탁현민 행정관 뉴스에는 어김없이 '그러면 홍준표는?'이라는 댓글이 등장한다. 홍준표 전 경남지사의 '돼지 흥분제'가 다시 회자될 때마다 '그러면 탁현민은?'도 등장한다. 이렇듯 여성 멸시자들은 좌우 진영 안 가리고 서로 '물타기'하며 살아남는다"며 다음과 같이 말했다.

"진짜 시대착오는 물건 취급 여성관을 거침없이 늘어놓는 게 풍류인 줄 착각하는 '꼰대'들, 꼰대의 유일한 미덕인 점잖음도 없는 나이 불문, 진영 불문 '진상 꼰대'들이, 진영을 방패로 살아남는 현실이다. '애국심은 무뢰한의 마지막 도피처'라던 새뮤얼 존슨의 말을 빌려 '진영 논리는 성性 무뢰한의 마지막 도피처'라고 해야겠다."[187]

6월 29일 한국여성단체연합은 '탁현민 즉각 퇴출을 촉구하는 서명 운동'에 돌입했다(서명자는 7월 5일까지 7,542명). '평화를 만드는 여성회' 공동대표 안김정애는 "문 대통령이 제대로 된 페미니스트 대통령이 되려면 탁현민을 즉각 경질해야 한다"고 말했다. 페미당당 대표 심미섭도 "나라를 책임진다는 청와대가 당당하지 못하면 민주주의가 자리 잡을 수 없다"고 말했다.[188]

"대한민국은 야만의 시대"이긴 한데

박종면은 "2017년 6월 대한민국은 야만의 시대"라고 했지만, 그건 그 이전의 대한민국은 '문명의 시대'라는 뜻이었을까? 4월엔 인터넷 커뮤니티 일간베스트저장소(일베)에 특정 학교 여고생을 납치해 성폭행 하겠다는 글이 올라왔고, 5월엔 인터넷 커뮤니티 '디시인사이드'에 여자 초등학생을 성폭행하겠다는 글이 올라와 여학생들은 물론 가족들까지 공포에 떨어야 했다.[189] 어디 그뿐인가? 6월 대전의 한 중학교에선 여성 교사의 수업 시간에 1학년 남학생 11명이 집단 자위를 하는 사건이 일어났다. 이 모든 건 문명이고, 그런 위험의 가능성을 걱정하는 목소리는 야만이란 말일까?

이즈음 '호식이두마리치킨' 회장 최호식의 여직원 강제 추행 사건에 대해 일부 누리꾼들이 보인 작태야말로 '야만의 시대'에 어울리는 게 아니었을까? 이 사건은 6월 3일 최호식이 서울 강남구 청담동 한 일식 집에서 20대 여직원과 식사를 하던 중 부적절한 신체 접촉을 하고, 이어

호텔 방으로 강제로 끌고 가면서 벌어졌다. 친구들과 생일파티를 하기 위해 호텔에 갔던 주부 A(28)씨는 친구들과 같이 끌려가던 여직원의 "도와달라"는 말을 듣고, 그녀를 호텔 밖으로 데리고 나와 구해주었다.

그런데 A씨는 당시 호텔 앞 CCTV가 인터넷에 공개된 이후 피해 여성을 도왔다가 자작극을 꾸민 사기범으로 매도되는 어이없는 일이 벌어졌다. '저 여자들 창×', '4인조 꽃뱀 사기단 아니냐'와 같은 심한 욕설이 적힌 댓글이 무더기로 쏟아진 것이다. 이게 바로 '야만의 시대'를 말해주는 게 아니고 무엇이랴.

견디다 못한 A씨는 6월 23일 A4 용지 100장 분량의 악플 캡처본을 들고 경찰서를 찾았지만, 경찰은 악플러들이 댓글에서 '저 여자들'이라고 표현하는 등 A씨를 특정해서 악플을 쓴 것은 아니어서 고소가 어렵다고 했다.[190] 6월 28일 A씨는 CBS 라디오 〈김현정의 뉴스쇼〉 인터뷰에서 다음과 같이 말했다.

"저랑 제 친구들은 정말 선의로 도와달라는 그런 절박한 피해자를 도와드린 것뿐인데 욕을 하시고 악플들을 그렇게 다시는데 저희는 진짜 너무 어이가 없고 그것 때문에 정신적 피해가 이만저만이 아니었어요. 일상생활이 힘들기도 했는데 제발 악플 좀 안 달아주셨으면 좋겠고 사실을 모르면서 그렇게 판단하고 잣대 놓지 않으셨으면 좋겠고요. 그리고 이제 제일 중요한 거는 피해자는 정말, 정말 죽고 싶을 정도로 정말 그렇게 하루하루 지내고 있는데 피해자 욕도 정말 하지 않으셨으면 좋겠어요."

김현정이 "지금 한 분이 이런 질문 주셨어요. 만약 한 달 전 그 순간으로 다시 시간을 돌린다면 또 똑같이 행동하셨을까?"라고 질문하자, A씨는 잠시의 머뭇거림 뒤에 "했을 거는 같아요"라고 답했다. 김현정이 "아니, 이렇게 한 달 동안 고통에 시달리셨는데도 또 하실 수 있겠어요?"라고 되묻자, A씨는 "그런데 정말 절박했어요, 그 여자분. 제가 눈빛을 봤을 때 정말 절박했어요"라고 답했다.[191]

6월 30일 프리랜서 윤이나는 「여자를 돕는 여자들」이라는 『한국일보』 칼럼에서 "최근에 이 대답만큼 나를 놀라게 한 것은 없었다"고 했다. "머뭇거리는 찰나, 목격자의 머릿속에는 자신과 친구들, 피해자뿐 아니라 가족에게까지 쏟아진 어마어마한 양의 악플과 이로 인한 상처가 지나갔을 것이다. 그렇지만 그 과정을 똑같이 지나가게 된다고 해도 목격자는 피해자를 돕겠다고 말한다.……피해자 여성의 눈에서 '절박함'을 봤기 때문이다. 이 절박함은 같은 여성이기 때문에 발견할 수 있는 것이다."

이어 윤이나는 "'여교사'이기 때문에 수업 중에 남학생들의 집단 자위행위를 경험해야 하고, 이 사건에 아무리 분개해도 상당수의 남성들이 '한때의 치기 어린 행위'라며 남학생들을 옹호하는 모습을 지켜보아야 한다는 것을 대부분의 여성들은 안다"고 했다.[192] 이건 문화가 아니라 야만이다. 야만의 시대는 이럴 때에나 쓸 수 있는 말이었다.

"성평등 없이 민주주의가 가능한가"

탁현민 사건은 고구마 줄기처럼 새로운 사실이 계속 터져 나오면서 7월 들어 더욱 뜨겁게 달아올랐다. 7월 4일 탁현민의 성매매 찬양 발언이 『한국일보』에 보도되었다. 탁현민은 2010년 4월 발간한 『상상력에 권력을』이라는 책의 '나의 서울 유흥문화 답사기' 편에서 성매매를 수차례 극찬했다. 그는 "일반적으로 남성에게 룸살롱과 나이트클럽, 클럽으로 이어지는 일단의 유흥은 궁극적으로 여성과의 잠자리를 최종 목표로 하거나 전제한다"며 성매매 업소를 종류별로 나열하며 '서울의 유흥문화사'라고 소개했다.

탁현민은 "청량리588로부터 시작하여 터키탕과 안마시술소, 전화방, 유사성행위방으로 이어지는 일군의 시설은 나이트클럽보다 노골적으로 성욕 해소를 목적으로 한다"며 "이러한 풍경들을 보고 있노라면 참으로 동방예의지국의 아름다운 풍경이라는 생각을 하지 않을 수 없다"고 적었다. 또 "어찌 예절과 예의의 나라다운 모습이라 칭찬하지 않을 수 있겠는가"라고도 했다. 그는 "8만 원에서 몇 백만 원까지 종목과 코스는 실로 다양하고, 그 안에 여성들은 노골적이거나 간접적으로 진열되어 스스로를 팔거나 팔리고 있다"며 "밤낮을 가리지 않고 향락이 일상적으로 가능한, 오! 사무치게 아름다운 풍경이 연출된다"며 성매매를 권하는 듯한 표현도 했다.[193]

7월 4일 여성가족부 장관 후보자 정현백에 대한 국회 인사청문회는 "정현백 청문회냐, 탁현민 청문회냐"는 말이 나올 만큼 탁현민 문제가 핫이슈였다. 야당 의원들은 일제히 정현백에게 장관직을 걸고 탁현민 해임을 관철시켜야 한다고 압박했다. 반면 여당 의원들은 탁현민에 대해 청와대에 '부적절' 의견을 전달했다가 여성 의원들이 '문자 폭탄'을 받은 후유증 때문인지 침묵으로 일관해 대조를 이루었다. 야당의 공세가 이어지자 정현백은 "탁 행정관은 해임하는 게 맞다"며 "문재인 대통령에게 탁 행정관 해임을 촉구하겠다"고 말했다.[194]

7월 7일 윤조원은 「민주주의와 성평등」이라는 『경향신문』 칼럼에서 "탁현민 청와대 행정관에 대한 문제 제기가 계속되지만, 청와대는 임명을 강행했고 본인은 소셜미디어를 통한 짤막한 사과 이후 침묵을 이어가고 있다"며 다음과 같이 말했다.

"법조인, 정치인으로서 문 대통령의 이력, 대통령 취임 후의 소통과 탈권위주의의 행보는, 그가 얼마나 보기 드문 인격의 소유자인지를 보여준다. 하지만 대통령 개인이 아무리 훌륭한 인격을 갖춘 페미니스트라 해도, 그가 선출직 공무원으로서 행사하는 권력이 암묵적으로 여성 비하를 용인하고 여성을 소외시키는 남성연대에 기대는 것이라면, 이 정부에서 성평등은 이루어질 수 없다. 성평등 없이 민주주의가 가능한가."[195]

"문재인 정부의 발목을 잡는 '남자들'"

7월 7일 오전 11시 세종문화회관 앞에선 비가 내리는 가운데 우비를 입거나 우산을 든 40여 명의 한국여성단체연합 회원이 '탁현민 OUT'이라고 적힌 피켓을 들고 구호를 외쳤다. 이들은 기자회견에서 "탁현민 청와대 의전비서관실 선임행정관(2급)은 사퇴하라"고 촉구했다. 한국여성단체연합 측은 또 "청와대 안팎의 탁씨 지인들이 여성을 성적 대상화하는 남성 문화의 오래된 적폐를 옹호하고 있다"고 주장했다.[196]

7월 10일 정희진은 「문재인 정부의 발목을 잡는 '남자들'」이라는 『경향신문』 칼럼에서 "내가 탁씨 사태를 심각하게 생각하는 이유는 그가 위험한 인물이어서만은 아니다. 진짜 심각한 질문은 왜 한국 사회는 언제나 남성의 여성에 대한 비행을 성별 권력 관계가 아니라 여당과 야당의 갈등으로 만드는가이다"며 다음과 같이 말했다.

"이 논란은 남성과 여성의 권력 관계지, 남성과 남성의 갈등이 아니다. 이런 인식이 여성 억압을 삭제시키고 젠더를 독자적 정치가 아니라 남성 정치의 부산물로 사소화시킨다. 이 때문에 내가 남성 강간 문화를 비판하면, '자유한국당 프락치' '일개 행정관 문제로 새 정부에 재를 뿌린다'는 비난을 듣게 되는 것이다."

이어 정희진은 "문재인 정부의 발목을 잡는 이들은 진정 누구인가? 상식 이하의 인권 의식을 가진 남성들인가. 이를 비판하는 국민인가. 탁씨의 글은 성차별을 넘어서, 여성을 너무나 함부로 다루고 있어서 읽는 동안 가슴이 아플 정도였다"며 다음과 같이 말했다.

"여론이 이와 같은데도 꿈쩍하지 않는 청와대. 시간이 지날수록 젠더 문제를 떠나 여론을 '무시한다'는 생각이 든다. '심지어' 일부에서는 '왕의 남자'라는 소설(팬픽)을 쓰고 있다. 문재인 정부는 반드시 성공해야 한다. 그러기 위해서는 '이니 팬덤'도 좋지만 다른 지지자들의 우려와 비판에도 귀를 기울여야 한다."[197]

정희진이 말한 '강간 문화'는 남성의 공격적 성본능을 조절, 통제 불가능한 규범으로 여겨 사회문화적으로 용인하는 것을 말한다. 윤지영의 재정의에 따르면, "사회 문화 전반의 결정권자와 권위자의 자리가 남성 중심적으로 개편되어 있는 남성 연대적 사회에서 소수자로서의 여성들은 체계적 통제와 배제의 대상이자 포식과 착취의 대상으로 규정되어온 것"을 의미한다.[198]

그런 강간 문화에 찌들은 탓인지, 정희진의 칼럼에 달린 댓글 역시 악플 일변도였다. "문재인 끝나고 쥐닭 10년 시즌2 또 경험해야 정신 차릴래 여성주의자들?" "이 정권 발목잡는 놈들은 메갈 같은 페미, 한경오 기레기, 조중동 쓰레기, 개념 없는 야당." "돼지 발정제 당대표는 탁현민

보다 하찮은가? 뭐가 중요하고 뭐가 선후인지 모르는 사람이군!"너 같은 메갈들이 발목 잡는 거야. 아니 한국 남자는 다 벌레라서 이순신도 안중근도 뱃속의 태아도 다 죽여야 된다는 메갈을 지지하는 인간들이 누구에게 그만둬라 마라 할 자격이 있다고 생각하니?"

그런 악플 공세가 문재인이 믿는 구석이었을까? 여성가족부 장관은 물론 야3당 여성 의원들이 사퇴 촉구 공동회견을 했고 민주당 여성 의원들도 청와대에 "탁 행정관을 경질하라"고 했다. 한국여성단체연합 등 여성·시민단체는 7,700여 명의 사퇴 촉구 서명을 받고, 청와대 앞과 광화문에서 시위를 벌였다. 그러나 문재인은 끝내 요지부동이었다.

"우병우를 지키려는 박근혜 청와대를 보는 것 같다"거나 "실세 '왕王행정관'이 따로 없다"는 말들이 나왔지만, 여권 관계자는 "탁 행정관은 청와대 참모들이 결정할 수준의 문제가 아니다"고 했다. 문재인과의 특수 관계와 더불어 문재인의 '이미지 정치' 기획을 총괄하기 때문에 문재인이 그를 경질할 수 없다는 말도 나왔다.[199]

"문재인의 성공이 너무 절박하기에 미치겠다"

7월 19일 바른정당 대표 이혜훈은 기자회견에서 문재인 대통령과 여야 대표 간 오찬 회동에서 "(문 대통령에게) 탁 행정관에 대해 오늘 안으로 해임해달라고 건의했다"며 "탁 행정관의 인식과 행동이 공직자로서의 자격이 없다고 생각해 건의했고 여성의 한 사람으로서 오늘 안으로 해임해달라고 촉구했다"고 말했다.[200]

문재인은 이혜훈의 건의에 대해 답을 하지 않았는데, 그 이유는 간접적으로나마 그다음 날 열린 청와대 수석보좌관회의에서 밝혀졌다. 문재인은 전날 열린 100대 국정과제 발표 행사에 대해 "내용도 잘 준비됐지만, 전달도 아주 산뜻한 방식으로 됐다"고 말했다. 이에 대해 『경향신문』은 "문 대통령이 우회적으로 탁 행정관을 칭찬한 셈이다"고 했다.[201]

7월 22일 정희진은 「탁현민」이라는 『한겨레』 칼럼에서 "이제 그는 보통명사다"고 했다. "처음 관련 글을 썼을 때, 지인의 분노가 하늘을 찔렀다. '네 주변 진보 중에 탁보다 더한('더 저질인') 남자 많잖아! 근데 왜 그 사람만 비판해?' 나는 바로 맞장구를 쳤다. '어떻게 알았어?' 여성을 상대로 한 일부 진보 남성의 경제적·감정적 착취, 성폭력, 횡령, 사기, 권력욕은 드문 일이 아니다. 페미니스트를 자처하는 이들도 마찬가지다. 의식이 인간성을 보장하지 않는다. 아니, 인간성이 의식이다."

정희진은 "현실은 사건 자체보다 해석으로 이루어진다. 진짜 문제는 탁씨의 책 내용이라기보다, 이에 대한 우리 사회의 반응이다. 여론은 한국의 남성 문화보다 그의 거취에만 초점을 맞추고 있고, 뉴스는 주로 대통령의 침묵과 여야 간의 기싸움이 메우고 있다"며 다음과 같이 말했다.

"이런 식으로 논란이 계속되면, 탁씨가 피해자라는 논리까지 등장할 판이다. 한국 남성 문화가 강간 문화임을 인정하고 개선하면 된다. 누구나 놀라는 '그런 사람이 거기까지 올라간' 구조를 바꿔야 한다. 가장 비논리적인 방어는 '젊은 날의 실수'라는 것이다. 과거가 없는 사람도 있나. 과거는 선택적인 개념이다. 어떤 사람의 과거는 사회적 매장감, 감옥행이다. 이번 사건처럼 대통령의 최측근, 유력 국회의원, 유명인사가 앞장서서 남의 과거를 해석해주는 경우는 흔치 않다. 모두가 '탁류'卓類요, 탁류濁流다."[202]

이 칼럼에 달린 댓글 중 모처럼 솔직한 게 하나 있어 눈길을 끈다. "탁현민이 어디에 있든 자신의 역할을 하기 바란다. 문재인의 성공이 너무 절박하기에 미치겠다." 이 정도면 '정치의 종교화'라고 할 수 있겠지만, 이즈음 대학가도 정희진이 우려하고 개탄한 '강간 문화'의 현실을 한 치의 오차도 없이 그대로 반영하고 있었다.

중앙대학교에서는 여성주의 교지 『녹지』 수십 권이 쓰레기통에 버려지는가 하면, 성균관대학교에서는 데이트 폭력과 강간 문화 등에 대해 쓴 대자보가 찢겼다. 온라인상에선 비하나 욕설은 물론이고 "××를 찢어버리겠다"는 등의 심각한 협박성의 글과 인신공격이 난무했다. 온라인 논쟁에서 댓글 논쟁에 참여하면 댓글 단 사람을 찾아내 같은 학과의 남성 선배에게 "후배 관리 잘하라"는 메시지를 보내고, 이는 곧 학과 내에서 심각한 공격으로 이어졌다.[203]

정현백 여성가족부 장관 해임 운동

문재인 대통령 취임 100일을 맞아 기자회견을 가진 지 3일 만인 2017년 8월 20일 저녁 청와대는 영빈관에서 그간의 국정 운영 성과를 국민에게 알리겠다는 취지로 '대국민 보고 대회'를 또 열었다. 문재인과 모든 수석비서관급 참모들이 참석한 가운데 '토크쇼' 형식으로 진행된 이 행사를 KBS·MBC·SBS 등 지상파 3사를 비롯해 YTN과 연합뉴스TV는 1시간 동안 생중계했다. 일요일 '프라임타임'인 저녁 8~9시에 말이다. 행사 사회자는 "어디서 질문이 나오고 어디서 답변이 나올지 모르겠다"고 했지만 방송 시나리오에는 어떤 질문자가 무슨 질문을 하고 누

© 연합뉴스　　문재인 대통령 취임 100일을 맞아 진행된 '대국민 보고 대회'는 '짜고 치는 고스톱'이라고 할 만했다. 어떤 질문자가 무슨 질문을 하고 누가 어떤 답변을 할지 이미 정해져 있었기 때문이다.

가 어떤 답변을 할지 이미 정해져 있었다.[204]

　　이에 자유한국당 원내대표 정우택은 "탁현민 행정관이 기획한 100일 보고 대회는 그들만의 잔치, 그들만의 예능 쇼나 다름없는 천박한 오락 프로그램", 바른정당 원내대표 주호영은 "한마디로 방송 독점, 자화자찬의 디너쇼였고 속된 말로 짜고 치는 고스톱"이라고 비판했다.[205] 바른정당 대변인 박정하는 "시중에서 탁현민 청와대라는 우스갯소리가 돌아다니는 것도 지나친 게 아니다"고 비판했다.[206]

　　"짜고 치는 고스톱"? 그러나 어쩌면 그건 애초부터 문재인 지지자들을 위한 행사였는지도 모를 일이었다. 집권 5년 내내 지지자들만을 바라본 문재인 '팬덤 정치'의 전조 현상이었던 건 아닐까? 이를 시사해주는 듯한 사건이 8월 하순에 벌어졌으니, 그게 바로 '정현백 해임 촉구' 사건이다.

8월 28일 정현백은 국회 여성가족위 회의에서는 '탁 행정관의 해임에 대해 좀더 적극적으로 나서야 한다', '문 대통령에게 직접 말해야 한다'는 여야 의원들 요구에 "앞으로도 다양한 통로를 통해 노력하겠다"고 답했다. 그러자 문재인 지지자들은 "정 장관이 대통령의 인사권을 침해한다"며 해임을 요구하고 나섰다. 바로 그날 청와대 홈페이지 국민 청원 게시판에 정현백 여성가족부 장관의 해임을 촉구하는 글이 게재되었고, 30일 현재 이 글에는 5,800여 건의 동의同意 댓글이 달리면서 '베스트 청원'으로 분류되었다.

문재인 지지자들은 "탁 행정관을 내치면 다음은 문 대통령 차례가 될 것"이라는 논리를 폈다. 글을 처음 올린 네티즌은 "(정 장관이) 임명권자인 대통령의 인사권에 개입하면서 그것이 자신의 권한 내지 합당한 역할인 양 호도하면서 사안의 본질을 흐리는 망동을 수차례 거듭하고 있다"며 "장관이란 자가 (탁 행정관 문제를) 재론해 분란을 야기하는 것은 있을 수 없는 행위"라고 했다. 이 글엔 "일은 안 하고 행정관 경질만 요구하는 사람은 장관 자격 없다", "대통령 인사권까지 침범하는 장관은 물러나라" 등의 댓글들이 달렸다.[207]

"'베스트 청원'이라는 슬픈 광기"

9월 4일 정희진은 「'베스트 청원'이라는 슬픈 광기」라는 『경향신문』 칼럼에서 "장관이 국민과 야당의 입장을 대통령에게 전달한 것이 해임 사유라니……. 그런 상황은 발생하지 않겠지만, 문제는 이번 청원의 발상이다. 나는 '이니 팬덤'과 '팩트', 상식, 원칙을 놓고 논쟁할 능력이 없다. '사랑'은 토론의 대상이 아니기 때문이다"며 다음과 같이 말했다.

"지금 '이니 팬덤'은, 같은 지지자들에게도 욕설을 퍼붓는다. 근본적인 문제는 정치인에 대한 무조건적 지지다. 국가 운영에 이처럼 위험한 사태는 없다. 다른 사회에서는 '국론 분열'을 넘어 내전으로 확대되기도 한다. 나를 포함해서 '문빠'는 지난 '10년 정권'에 절망한 이들이다. 동시에 이 현상은 출구 없는 글로벌 자본주의의 폭주가 두려운, 마음 둘 곳 없는 이들의 집단 광기다. 현 정부의 지지율에는 이처럼 슬픈 광기가 포함되어 있다. 그렇다면 서로 '험한 세상의 다리'가 되어야지, 자기 불안을 같은 처지의 사람들에게 표출하는 '~빠' 문화는 함께 살아갈 방도가 아니다. 나는 이 어처구니없는 청원 앞에서 분노보다 우리가 많이 초라하다고 느낀다."[208]

이젠 뭐 굳이 설명할 필요도 없겠지만, 이 칼럼에도 온갖 욕설 댓글들이 달렸다. "허구헌날 그놈의 노무현 죽이기 논리로 언제까지 문재인 방어하고 언론 길들이기 하려는지. 뭐만 하면 노무현 때 어쩌고저쩌고. 지겹지도 않나? 그 논리로 신성불가침의 영역을 만드시려고?"라는 반론도 있기는 했지만, "니네 고상한 척하는 진보 언론들 때문에 문재인 대통령이 언제든 흔들릴 수 있다는 두려움이 있는 것이다. 노무현에게서 학습된…"이라는 식의 공포는 건재했다. 이 공포에서 한 걸음 더 나아가 노골적인 '페미니즘 죽이기'로 나아간 댓글이 많았다. 심지어 "내가 문재인 찍었지만 꼴페미짓 지지하면 그 순간부터 반대 촛불을 들 거다"고 협박하는 댓글도 있었다.

"꼴통페미 미친 것들. 니가 쓴 기사는 꼴통페미들의 개막장 무논리야." "꼴통페미들의 집합소 여가부를 없애버려야 진정한 양성평등이 가능하다. 당장 여성부 폐지하라." "니들이 하는 꼴페미 광기는 어떻게 생각하니? 니들 같은 어설픈 여성 운동자들이 오늘의 이 사태를 만든 거야." "옛날에는 친박새기들이 완장 차고 돌아댕기더니 요즘은 여성 꼴통페미×들이 완장 차고 댕기면서 온 사회를 쑤시고 댕기네." "이른바 페미니스트들의 탁현민에 대한 편집증적 히스테리의 원인은 딱 하나다. 제 입맛에 맞지 않는 만만한 행정관 하나 골라서 맛뵈기로 본때를 보여줌으로써 자신들의 사회적 권력을 과시하려다가 뜻대로 되지 않자 그 알량한 자존심에 상처를 입은 것 때문이지."

이 댓글들을 어떻게 보아야 할까? 진보건 보수건 페미니즘에 대한 아무런 기대를 갖지 않는 것이 현실적인 해법일까? 『페미니즘 리부트: 혐오의 시대를 뚫고 나온 목소리들』의 저자인 손희정은 9월에 가진 독자와의 토론회에서 자신은 유토피아를 그리지 않는다며 이렇게 말했다. "예컨대 문재인 정부가 들어서면서 일베를 탈퇴한다고들 하지만, 흥미로운 것은 오유가 일베화하고 있거든요. 제가 얼마 전에 무슨 사건이 있어서 오유에 들어가서 검색을 해봤는데 '게이들 다 죽어라'라는 포스팅이 올라와 있더라구요. 오유에서는 이때까지 자기네들이 진보적인 입장을 취하고 있었기 때문에 부끄러움을 알고 쓰지 못했던 이야기들을 지금은 문재인 정부를 지지한다는 미명 아래 아무렇지도 않게 표출하고 있는 거죠."[209]

돌이켜보건대, 정희진의 호소는 탁견이었지만, 앞서 보았듯이 이 글엔 온갖 욕설 악플만 주렁주렁 달렸다. 나중에 '드루킹 댓글 조작 사건'이 불거지면서 밝혀진 사실이지만, 드루킹 일당도 '탁현민 옹호'에 가세했다.[210] 당시 문재인 팬덤에 옳고 그름의 기준은 오직 문재인 한 사람이었다. 문재인에게 이로우면 옳고, 이롭지 않으면 그른 것이었다. 따라서 문재인을 지키는 탁현민은 무조건 의인이었고, 그가 주도하는 '이미지 정치'도 의로운 것이었다.

탁현민을 지키는 데엔 결국 문재인의 못 말리는 고집이 승리를 거두었지만, 이후 심화되는 문재인의 '이미지 정치'가 과연 문재인에게 득이 되었을까? "문재인의 성공이 너무 절박하기에 미치겠다"고 했던 지지자들은 훗날 문재인 정권의 정권 재창출 실패를 어떻게 설명할까? 답은 이미 예정되어 있었다. 더 많은 증오와 더 많은 혐오였다.

제9장

문재인의
외교, 대북정책, 적폐청산

시진핑, "한국은 역사적으로 중국의 일부였다"

"시진핑 중국 국가주석은 중국과 한국의 역사에 대해 이야기했다. 북한이 아니라 한국이다. 수천 년의 역사와 많은 전쟁을 이야기했다.……한국은 역사적으로 중국의 일부였다고 했다." 미국 대통령 도널드 트럼프가 2017년 4월 6~7일 미국 플로리다 마라라고 별장에서 시진핑 중국 국가주석과 정상회담을 한 뒤 인터뷰에서 밝힌 내용이다.

『한겨레』 선임기자 박민희는 훗날(2024년 8월 28일) 「시진핑은 왜 '한국은 중국의 일부였다'고 했을까」는 칼럼에서 "시진핑 주석이 정말로 그런 이야기를 했을까, 그때는 잘 믿기지 않았다. 트럼프의 '헛소리'라고 여겼다. 그런데, 이 무렵부터 중국 역사 교과서도 바뀌기 시작했다"며 다음과 같이 말했다.

"중국 교육부가 2018년 발표한 새 교육과정에 따라, 역사 교육의 내용을 규정한 '중외역사강요' 상권(중국사)이 2019년에, 하권(외국사)은 2020년 발간되었다. 이에 따르면, 중국과 한반도의 오랜 역사적 관계는 '종번宗藩체제'로 개념화되었다. 정치, 문화 제도적으로 우월한, '종주권'을 가진 제국 중국과 그 문화를 그대로 차용하면서 복속했던 비자주적 '속국' 한반도 왕조들의 관계로 규정한 것이다. 또한, 중국 역사를 다양한 민족을 통일하면서 제국을 형성해온 역사로 서술하고, 자국과 주변국과의 역사 관계를 '대국과 소국' 관계로 치환함으로써 동아시아 지역 질서 전반에 대한 중국의 '대국적 개입'을 정당화하는 논리가 강조되었다."

박민희는 이후의 변화 과정을 소개한 후 "중국이 2016~17년 주한미군 사드 배치 결정에 반발해 한국에 보복 조치를 취했을 때, 천하이 당시 중국 외교부 아주국 부국장은 '소국이 대국에 대항해서 되겠느냐'고 했다. 중국은 사드 배치에 대해 한국을 압박했지만, 미국의 미사일방어 MD 체제에 더 명확하게 동참한 일본에 대해서는 보복 조처를 하지 않았다"며 다음과 같이 말했다.

"'중화민족의 위대한 부흥'이, 중국이 명·청 시기에 조선을 좌지우지할 수 있는 '종주권'을 가지고 있었는데 서구와 일본 제국주의 때문에 이를 상실했고 다시 부강해진 중국이 그 '권리'를 되찾아야 한다는, 시대착오적이고 위험한 의미를 담고 있는 것은 아닌지, 무거운 질문을 던질 수밖에 없다."[211]

이런 중국을 어떻게 볼 것인가? 이 문제는 문재인 정권 기간 내내 국내 정치 문제, 즉 진보·보수 진영 간 갈등의 근원이 된다. 단순화시켜 말하자면, 진보 진영은 친중 노선, 보수 진영은 친미 노선에 경도되는 경향을 보였다. 친중·친미의 차이는 대북정책의 방향과도 직결되었다. 이런 차이는 80여 일 후인 2017년 6월 30일 미국 워싱턴 백악관에서 열린 한미정상회담에서도 잘 드러났다.

문재인, "김정은의 핵개발은 방어용"

6월 30일 오전 문재인은 도널드 트럼프 미국 대통령과 워싱턴 백악관에서 정상회담을 했다. 문재인 정부 출범 51일 만에 열린 첫 한미정상회담인 동시에 문재인 정부가 처음으로 갖는 해외 순방이라는 점에서도 의미가 컸다. 전 백악관 국가안보보좌관 허버트 R. 맥매스터Herbert R. McMaster가 2024년 8월에 출간한 회고록 『우리 자신과의 전쟁: 트럼프 백악관에서의 나의 임무 수행At War with Ourselves: My Tour of Duty in the Trump White House』에서 트럼프 재임 초기 한미 간 긴장 관계를 자세하게 기술한 내용을 살펴보기로 하자.

맥매스터는 첫 정상회담부터 한미가 대북정책 방향을 두고 이견異見을 보였다고 전했다. 그는 "양국 간 공동성명을 작성하는 과정에 한국 측은 지속해서 북한과의 협상 전망을 강조하는 표현을 고수했다"며 "반면 (백악관 안보팀은) 비핵화가 김정은에게 최선의 이익이라는 점을 설득하기 위해 제재 이행을 강조하는 표현을 사용해야 한다고 주장했다"고 했다.

문재인은 백악관 로즈가든에서 트럼프와 공동 기자회견을 진행한 이후 마이크 펜스Mike Pence 부통령에게 "후세인이나 카다피처럼 김정은은 방어를 위해 핵이 필요하다고 믿었을 뿐"이라고 말했다고 한다. 이에 펜스는 문재인에게 "이미 북한은 서울을 겨냥하고 있는 재래식 포를 보유하고 있는 데 왜 (추가로) 핵이 필요하겠는가"라고 반문했다. 펜스는

한미정상회담에서 문재인은 트럼프와 공동 기자회견을 진행한 후 마이크 펜스 부통령에게 "김정은은 방어를 위해 핵이 필요하다고 믿었을 뿐"이라고 말했다고 한다.

이어 "우리는 김정은이 '공격적 목적'으로 무기를 사용할 가능성에 대해 고려해야 한다"고 했다.

　맥매스터는 문재인 정부가 북한의 거듭된 미사일 도발 수위를 축소하려고 급급했다고 밝혔다. 첫 한미정상회담이 끝난 지 불과 사흘 만인 7월 4일 북한이 동해상으로 미사일을 발사하자 맥매스터는 자신의 카운터파트였던 정의용 당시 국가안보실장에게 전화를 걸었다. 그런데 정의용 실장은 "우리는 아직 도발에 사용된 미사일이 '탄도미사일ICBM'이라고 규정하는 데 준비가 안 되어 있다"고 했다고 한다. ICBM 발사는 유엔 안보리 대북 제재 위반이다. 맥매스터는 이에 자신이 "의용, 당신이 ICBM이라고 부르지 못한다고 해서 그 미사일이 ICBM이 아니라는 것은 아니지 않으냐"고 따졌다고도 했다.

문재인이 대선후보 당시 주한미군 사드 배치를 재검토하겠다는 공약을 내세운 데 대해 트럼프가 격노했다고도 맥매스터는 전했다. 그는 "당시 10억 달러(약 1조 3,310억 원)에 달하는 요격 미사일 시스템 배치를 다시 고려하겠다는 문 후보 발언을 들은 트럼프는 나에게 (사드 배치 비용을) 한국이 스스로 내게 해야겠다고 말했다"며 "이에 사드는 미국군과 한국에 거주하는 미국 민간인을 보호하기 위한 차원이라고 수습하려고 했지만 소용이 없었다"고 했다.

첫 정상회담 당시 문재인이 사드 배치와 관련해 "정식 배치를 하려면 환경영향평가를 거쳐야 한다"고 하자 트럼프가 헛기침을 한 뒤 "환경영향평가는 시간 낭비"라고 소리쳤다고 한다. 맥매스터는 만찬 당일 오전 정의용에게 "문 대통령에게 '사드 배치가 환경영향평가의 결과에 달려 있다'는 최근 그의 발언을 반복하지 말아달라고 말해달라"며 "부동산업자 출신인 트럼프는 환경영향평가를 정말 싫어한다"고 경고하기도 했다.

이는 이미 사드 비용을 모두 대기로 했던 미국이 돌연 입장을 바꿔 한국에 비용 부담을 압박하게 된 배경이었던 것으로 보인다. 이와 관련, 트럼프는 문재인이 당선되기 직전인 2017년 4월 언론 인터뷰에서 처음으로 "한국이 사드 배치 비용을 지불하기를 원한다"고 밝혔다. 그리고 실제 이후 방위비분담금특별협정SMA 협상 과정에서 미국 측은 지속적으로 사드 비용을 부담하라고 한국 측에 요구했다.[212]

북한의 6차 핵실험과 '캠프 공화국'

2017년 초 북한 노동당 위원장 김정은의 신년사에서 "대륙간탄도

미사일ICBM 시험 발사 준비 사업이 마감 단계"라고 주장한 북한은 탄도미사일 발사를 멈추지 않았다. 특히 문재인 정부 출범 뒤인 7월 4일에는 첫 ICBM급 화성-14형 시험 발사를 했고, 중장거리탄도미사일IRBM 정상각도 발사 등 도발을 이어갔다.

북한은 9월 3일에는 함경북도 길주군 풍계리 핵실험장에서 역대 최대 규모인 6차 핵실험을 감행했다. 출력은 TNT 약 100~300킬로톤kt 규모로, 북한은 세계에서 6번째로 수소폭탄(열핵폭탄) 개발에 성공했다고 발표했다. 김정은 정권 들어 4번째이자 2016년 9월 5차 핵실험 이후 1년 만에 감행된 6차 핵실험에 국제사회가 대북 압박과 제재 고삐를 죄자 한반도 정세는 더욱 경색되었다.[213]

9월 5일 서울대학교 교수 송호근은 『중앙일보』에 기고한 「하필 이때에 공신 외교라니」라는 칼럼에서 "도덕주의에 기초한 문재인 정부의 초기 대북 원칙은 김정은이 발사한 미사일과 핵실험으로 무용지물이 됐다. 이슬람 무장세력인 IS에 도덕적 설득이 통하지 않듯, 대북 압박과 대화 노력을 병행하고자 했던 문 정부의 달빛정책은 이제 접어야 한다"며 다음과 같이 말했다.

"이런 마당에 4대 강국 대사를 캠프 공신으로 채웠다. 강경화 장관 지명에서 이미 전조가 있었듯, 전문 외교관을 철저히 배제한다는 단호한 원칙이 관철됐다. 모두 신참이다. 외교관 행동 요령이라도 제대로 익혔는지 모를 일이다.……문재인 정부는 캠프 공화국이다. 국가 운명이 백척간두에 선 이때에 왜 모두 공신功臣들인가? 직업 외교관이라고 꼭 성과를 낸다고는 말 못한다. 참신한 인물이 빛을 발할 수도 있지만 그런 일은 드물게 일어난다. 외교는 경륜과 경험지知가 무엇보다 중요한 전문

영역이다. 개인의 능력만 믿고 덤볐다간 일을 망친다. 미국, 중국, 일본, 러시아 전문가가 이리도 궁한가?"[214]

"공공기관 가실 분~ 회신 바랍니다"

아닌게 아니라 문재인 정권은 이른바 '캠프 정치'에 충실한 정권이었다. '캠코더 인사'라는 말이 나올 정도로 캠프 출신을 적극 우대한 결과였다. 이런 기조는 이후 수년간 지속된 '원칙'이었다. 다음과 같은 기사 제목들이 말해주듯이 말이다. 「기관장 45%·감사 82% '캠코더 인사'」, 「"문 정부서 임명된 공공기관 임원 1722명 중 372명 캠코더"」, 「지원서에 '대선 기여로 민주당 1급 포상'…교육부 산하기관장 합격: 25곳 임명직 187명 중 61명 캠코더」, 「"文 정부 3년, 특임공관장 67% 캠프·여권 출신 캠코더"」.[215]

민주당은 2017년 7월 총무조정국 명의로 부국장급 이상 당직자들에게 '공공기관이나 정부 산하기관으로 갈 의향이 있는 분들은 내일 낮 12시까지 회신 바랍니다'는 내용의 휴대전화 메시지를 보낸 것으로 전해졌다. 민주당은 지난 총선에서 비례대표 후순위로 밀려 국회 입성에 실패한 일부 인사들에게도 같은 내용의 조사를 한 것으로 전해졌다. 이는 공공기관 낙하산 인사에 대해 청산해야 할 잘못된 관행이라고 비판했던 과거 민주당의 행보와 배치되는 데다 문재인 정부의 대대적인 적폐청산 기조와도 상충된다는 점에서, 전형적인 '내로남불'식 행태라는 비판을 받았다.[216]

문재인은 2017년 대선 과정에서 5대 원칙(위장 전입, 논문 표절, 세금

전문가보다 親文家… 한 기관에 3명 '캠코더 낙하산'

수백조원 다루는 공단부터 소규모 연구기관까지 곳곳에 임명
대선때 캠프·자문단 등 '선거 공신' 대부분… 의원 출신이 9명
기관장 25곳, 상임감사 10곳 공석… 지방선거 공신에게 줄 수도

문재인 정부의 공공기관 '캠코더 낙하산'은 수십조∼수백조원의 돈을 다루는 기금관리형 준정부기관(국민연금공단, 신용보증기금 등)부터 규모가 비교적 작은 정부 출연 연구기관(대외경제정책연구원, 에너지경제연구원)까지 전방위로 '꽂혀'졌다. 기관장 자리에만 전직 국회의원 같은 중량감 있는 인사나, 비교적 주목을 덜 받는 '상임감사' 자리에 주로 선거 승리에 기여한 공신(功臣)들이 전문성과 무관하게 임명됐다.

공공기관장으로 임명된 전직 국회의원은 총 8명이었다. 김낙순(한국마사회), 김성주(국민연금공단), 김용익(국민건강보험공단), 지병문(한국사학진흥재단), 오영식(한국철도공사), 이강래(한국도로공사), 이미경(한국국제협력단), 이상직(중소기업진흥공단), 최규성(한국농어촌공사) 전 의원 등이다. 상임수는 해당 기관에 대한 전문성이나 경력이 없어 노조와 야당으로부터 '보은성 인사'라는 비판을 받았다.

대선 후보 시절 문재인 캠프 활동을 하거나 자문단 등을 통해 외곽 지원한 인사들도 다수 기관장이 됐다. 중소기업벤처 원장으로 문재인 캠프 비상경제대책위에서 중소기업 경제 정책을 담당했던 김동열 전 현대경제연구원 이사장이 임명됐다. 전행기념사업회 회장에 문재인 후보 부산 선대위 안보특위 위원장을 맡은 빈싱득 예비역 육군 중장이 들어갔다.

한 공공기관에 '캠코더' 인사가 여러명 임명된 경우도 있었다. 공무원연금공단은 문재인 정부 들어 5명의 상급 임원이 임명되는데 그중 3명이 '캠코더'였다. 이사장에 노무현 정부 때 청와대 행정관으로 일한 정남준 전 행정안전부 차

관이 임명됐고, 상임감사 자리에는 민주당 강창일 의원실 보좌관을 지낸 김천우씨가 임명됐다. 민주당 정책위 부의장을 지낸 오정훈씨는 상임이사를 맡았다. 한국산업안전보건공단은 대선 직전 문재인 캠프에 영입된 박두송 한성대 교수가 이사장에 임명됐다. 민주당 울산 남구을지역위원장을 지낸 임동욱씨가 같은 기관 상임감사에, 문재인 캠프 부산 선대위 공보단장을 지낸 이석문 전 국제신문 편집국장이 상임이사에 임명됐다.

역대 연봉을 받자던 주목도가 덜해 '낙하산의 꽃'으로 불리는 상임감사직은 신규 임명 인사 82%가 '캠코더' 범주에 포함될 정도의 보은 인사 성격이 짙었다. 노후빈보재단 시듬편집부문별위원의 책임연구원을 지낸 임상죽씨는 한국에너지공단 상임감사에 임명됐고, 노무현 정부 대통령경호처 경호본부장을 지낸 조용순씨는 한국수출입은행 상임감사에 임명됐다. 모두 경력과는 무관한 자리다. 야당에선 "감사는 예산 집행 및 회계 등 기관을 감시하는 사실상의 '넘버 2' 역할을 해야 하는데 정실 인사가 판치고 있다"고 했다.

정치권에선 "6월 지방선거가 끝난 만큼 '제2의 낙하산 부대'가 올 수 있다"는 관측도 나온다. 지방선거에 낙선한 인사들의 경우 '배려 인사'가 이뤄질 수 있다는 것이다. 본지 취재 결과, 아직 기관장 25개, 상임감사 10자리가 공석으로 남아 있는 것으로 나타났다. 지자체 산하 공공기관에도 '캠코더 인사'가 이뤄질 가능성이 크다. 최병대 한양대 교수는 "문재인 대통령이 인사검증 원칙을 밝힌 것처럼 공공기관 기관 임원 공모 제도 등 원칙을 제시하는 게 전문성이 없는 낙하산 인사를 최소화할 수 있다"고 했다. 윤형준 기자

문재인 정부 공공기관 '캠코더' 현황

해당 기관 출신 / 상급 기관 출신

	캠코더 인사	81명	20명	30명	기타 56명	총 203명
상임기관장						
상임감사	캠코더 인사 40명	상급 기관 출신 5명	감사원 출신 2명	기타 2명		총 49명

'캠코더' 공공기관장 어디에 임명됐나

기관	이름	주요 경력

문재인 정권은 '캠프 정치'에 충실한 정권이었다. 특히 공공기관 낙하산 인사에 대해 청산해야 할 잘못된 관행이라고 비판했던 과거 민주당의 행보와 배치되었다. (『조선일보』, 2018년 7월 31일)

탈루, 병역 면탈, 부동산 투기)을 공직 배제의 기준으로 발표했는데, 장관 후보자들이 위장 전입, 다운계약서 등으로 줄줄이 낙마했다. 게다가 5대 원칙은 노골적인 '캠프 정치'의 논공행상 인사에도 방해가 된다는 생각을 한 건지도 모르겠다. 2017년 11월 문재인은 기준을 좀 낮춘 7대 인사 원칙을 새로 발표한다.[217]

결국 적폐청산이니 뭐니 하는 모든 게 다 밥그릇 싸움의 일환으로 벌어진 일이었던가? 10월 23일 문재인은 "전수조사라도 해서 채용 비리 진상을 규명하라"는 지시를 내렸고, 나흘 만인 27일 정부는 중앙 공공기관은 물론 지방 공기업, 공직 유관단체까지 채용 비리 조사를 확대하는 '채용 비리와의 전쟁'을 선포했다.

송호근은 "마침 채용 비리와의 전쟁 선포로 감찰 대상 공직 단체가 1천여 곳으로 확대됐다. 연고사회의 부당 거래를 끊는다니 박수칠 일이다. 촛불을 켰던 이유다. 그런데 그 뒤에서는 '공공기관 가실 분!'들이 희망기관을 고르느라 가슴이 부풀지 모를 일이다. 살생부가 늘어나면 주문도 폭주한다"며 다음과 같이 말했다.

"수시모집에 정기모집까지 해야 할 판이다. 입시라면 수능과 학생부가 있지만, 공공기관 주문배수엔 뭐가 기준인가. 청와대나 여당 유력인사와의 연줄일까. 여당 지도부가 날밤 세워 요리하고 배달할 모습이 눈에 선하다. '공직 시키신 분!'이 중국집 철가방이 외치는 '짜장면 시키신 분!'으로 변질되는 건 순식간이다. 촛불의 전리품은 철가방 짜장면인가?"[218]

문재인 정권과 검찰의 살벌한 적폐청산 수사

"문재인 정부 국정과제 1호인 '적폐청산' 기조에 따라 검찰은 7월부터 5개월 넘게 전 정권을 겨냥해 숨 돌릴 틈 없는 수사를 벌였다. '적폐수사'는 서울중앙지검을 중심으로 각급 검찰청이 수사 의뢰·고발 사건을 처리하는 형태로 주로 이뤄졌다. 검찰은 국가정보원으로부터 받은 내부 자료를 바탕으로 이명박 정권 당시 국정원이 민간인 댓글부대 40여 개팀을 운용하며 여론조작을 벌인 사실을 밝혀냈다. 또 국방부 태스크포스로부터 군 사이버사령부가 2012년 대선을 앞두고 군무원을 동원해 댓글공작을 벌인 단서를 입수, 김관진 당시 장관 등 군 수뇌부와 이명박 전 대통령의 관여 여부를 수사했다."

『연합뉴스』가 2017년 10대 국내 뉴스 중 5번째 뉴스로 '적폐청산'을 올리면서 한 말이다. 나머지 이야기를 더 들어보자. 박근혜 정권 국정원도 야권 성향 정치인·민간인 등을 사찰·음해한 정황이 검찰 수사에서 드러났고, '국정농단'에 관여한 의심을 받는 우병우 전 청와대 민정수석비서관이 국정원 불법 사찰의 배후에 있었다는 의혹도 파헤쳤다. 검찰은 국정원이 대기업을 압박해 보수단체를 지원하게 한 혐의를 수사하는 과정에서 전 국정원장 남재준·이병기·이병호가 박근혜에게 특수활동비 40여 억 원을 상납한 사실도 파악해 재판에 넘겼다.

국정원 특활비를 함께 수수한 전 정무수석 조윤선, 전 경제부총리 최경환 등 박근혜 정권 '실세'들도 모두 수사 선상에 올랐다. 이 밖에도 전국 검찰청에서는 강원랜드 채용 비리, 역사교과서 국정화, MBC 부당 노동행위 등 보수정권 시절 불거진 각종 '적폐' 의혹에 대한 수사가 전방위로 진행되었다. 당시 국정원장으로 법적 처벌(징역 3년 6개월과 자격정지 2년)을 받은 이병호는 훗날(2024년 10월) 다음과 같이 주장했다. "국정원 직원을 많이 잡아넣을수록, 국정원장을 비롯한 고위직을 감옥에 잡아넣을수록 검찰이 성공한다고 평가받는 적폐청산 구조였다. 국정원의 메인 서버까지 뒤졌고, 500명에 가까운 전·현직 직원이 검찰 조사를 받았으며, 46명이 감옥에 갔다. 어떤 선진국 정보기관 역사에서도 전례를 찾을 수 없는 가혹한 박해였다."[219]

'적폐청산' 수사의 야전사령관은 박영수 특검에서 수사팀장을 맡고 있다가 2017년 5월 19일 서울중앙지검장으로 파격 승진한 윤석열이었다. 문재인 정권 첫해에만 19건의 '적폐수사'가 진행되었으며, 윤석열의 서울중앙지검장 재임 2년 2개월 동안 국내 10대 대기업 중 6곳이 서울지검의 수사를 받았다. 『오마이뉴스』 기자 손병관은 "윤석열이 기업들을 향해 휘두른 칼날은 대중들에게 형용할 수 없는 카타르시스를 제공했다"고 말했다.[220]

  수사는 전반적으로 살벌했고 가혹했다. 아니 그게 문제라기보다는 적폐청산의 잘못된 방향과 내용이었다. 전자는 검찰, 후자는 정권의 책임이었는데, 이상하게도 둘을 분리시켜 검찰만 공격하는 사람이 많았다. 살벌함과 가혹함은 잘못된 방향과 내용에서 나오는 것이었는데, 방향과 내용을 결정한 정권을 면책시켜주는 건 정략적이라는 비판을 면하기 어려웠다.

  11월 2일 서울대학교 정치외교학부 교수 강원택은 "최근 들어 적폐청산이 과거 정권에 대한 압박이나 특정인을 혼내주려는 듯한 움직임으로 이어지고 있는 것은 유감스러운 일"이라며 "적폐청산은 특정인, 특정 세력에 대한 응징이나 보복이 아니라 다시는 그런 폐해가 재발하지 않도록 하기 위한 제도의 개선을 이뤄내야 하는 것이다"고 말했다.[221]

  ## 서울고검 검사 변창훈의 자살

  11월 6일 오후 2시, 4년 전 국가정보원 파견검사였다가 국정원 대선 개입 수사 방해 혐의로 수사를 받던 서울고검 검사 변창훈이 구속영장 실질심사를 앞두고 투신해 목숨을 잃는 비극이 일어났다. 검찰 수사에 대한 비판이 고조되었고 야권에서는 '무리한 수사', '하명 수사'라는 반발이 일기도 했다. 자유한국당 의원 권성동은 원내대책회의에서 "윤석열 수사팀이 이 사건을 수사할 때부터 예정돼 있었던 일"이라며 수사에서 손을 떼라고 요구했다. 여당에서도 조응천과 금태섭이 그런 발언을 했다. 변창훈의 사망 직후 열린 국회 법사위에서 나온 금태섭의 당시 발언을 들어보자.

"국정원 댓글 사건과 관련해 수사를 방해한 부분을 그때 수사를 방해받았다는 검사들이 바로 다시 수사하는 것은 여당 의원인 제가 봐도 안 맞는 것 같아요. 외부에서 보더라도 누가 신뢰를 하겠습니까.……누가 수사할 건지 어떤 수사팀이 담당할 건지를 당사자인 서울중앙지검장(윤석열)이 정해서는 안 된다고 생각합니다."

조응천도 "특임검사 등 객관적으로 수사해야 공정을 기할 수 있다"고 했다. 둘 다 형사 절차의 기본 원칙을 지켜야 한다는 상식적인 의견이었지만 금태섭과 조응천의 발언에 청와대가 격분했다고 한다. 다음 날 민주당 의원 박범계가 라디오 프로그램에 출연해 금태섭과 조응천이 검사 출신이라 그렇다는 인신공격을 하면서 "수사를 방해받은……그 팀이 오히려 더 이 사법 방해를 수사하는 것이 이치에 맞는다는 그러한 법리도 있습니다"는 이상한 주장을 했다.[222]

검찰총장 문무일은 12월 5일 기자 간담회에서 주요 적폐청산 사건의 '연내 수사 마무리'를 위해 노력하겠다는 입장을 밝혔다. '수사 피로감'과 일부 정치권 반발 등을 고려한 발언으로 풀이되었지만, 이는 여권의 거센 비난을 받았다. 문재인 청와대는 "연내 수사를 마무리하는 것은 불가능하다"느니 "문 총장의 발언은 적폐수사에 속도를 내겠다는 의미"라고 둘러댔다. 사실상 검찰총장과 서울중앙지검장의 갈등이 불거진 것인데, 청와대는 윤석열의 손을 번쩍 들어준 셈이었다.[223]

이상하지 않은가? 아니 한 편의 코미디 같다는 느낌이 들지 않는가? 이후 어떤 일이 벌어졌던가? 금태섭은 훗날 『신동아』(2023년 2월호)에 기고한 「문재인 정권 검찰개혁은 한 편의 코미디 아니었을까」는 글에서 다음과 같이 말했다.

"윤석열 검사를 극구 찬양하고 피해자인 윤석열 서울중앙지검장이 수사를 담당하는 것이 정의를 회복하는 관점에서 맞는다는 희한한 주장을 했던 박범계 의원은 나중에 법무부 장관이 돼 윤석열 검찰총장과 부끄러움도 모르고 사사건건 진흙탕 싸움을 했다."[224]

문재인의 중국 방문과 지나친 저자세

문재인은 '혼밥'을 즐겨 했다. 그는 2017년 1월에 출간한 『대한민국이 묻는다』의 '직문직답' 코너에서 "혼밥은 언제?"라는 질문에 "늘. 자주"라고 솔직하게 답했다.[225] 대통령이 된 후에도 '혼밥'을 자주 하는 것으로 알려져 정치권 안팎에서는 "대통령의 '혼밥'은 위험 신호"라는 우려가 나오기도 했다.

문재인은 2017년 12월 13~16일 중국 국빈 방문시 3박 4일 일정의 10끼 식사 중 8끼를 우리 측 인사들과 해결해 '혼밥' 논란을 빚었다. 2018년 전 민주평화당 대표 정동영은 함세웅 신부가 한 말이라며 "문 대통령이 요새 혼자 밥을 먹는다고 한다. 집권해서 1년이 지나가면 귀가

닫힌다"고 했다. 대통령이 다양한 사람을 만나 소통해야 하는데 그러지 못했다는 지적이었다.[226]

1년 후(2018년 12월) 국회의장 문희상은 청와대 오찬 자리에서 "혼밥하시우?"라고 묻기도 했다. 당시 문재인은 "허허허" 웃으며 답을 피했다. 문희상에게는 친문들의 댓글 폭탄이 이어졌다. 청와대는 비공개 오·만찬이 많다며 '혼밥'을 부인했지만 야당 분석에 따르면 취임 후 대통령의 식사 회동은 600일간 1,800끼니 중 100회에 그쳤다. 6일 중 한 번만 다른 사람과 공개적으로 밥을 먹은 것이다.[227]

문희상은 훗날(2021년 4월) 『조선일보』 인터뷰에서 당시 "친문들한테 욕 잔뜩 먹었다"며 이렇게 말했다. "혼밥 발언 때문인지 그 이후로 한 번도 안 부르시더라고. 내가 혼밥하슈?라고 물은 건 다양한 사람들을 자주 만나라는 취지였다. 대통령에겐 식사 한 번이지만 대통령과 식사한 사람들에게는 평생 못 잊는 추억이거든. 1시간이 되면 되는 건데, 이런 자리를 자주 하시라고 한 건데……."[228]

그런데 혼밥보다 더 문제가 된 건 문재인의 지나친 저자세였다. 12월 14일 문재인이 주빈으로 참석한 행사에서 한국 기자 2명이 중국 경호원들에게서 무차별 폭행을 당하는 사태가 벌어졌다. 단순 몸싸움이 아니라 한국 기자를 끌어내서 구둣발로 얼굴을 강타하는 등 집단 구타해 심각한 부상을 입힌 사건이었다. 『문화일보』는 사설을 통해 "더 기막힌 것은 한국 정부의 저자세다. 시진핑 주석 본인이 초청한 '국빈' 앞의 폭력 사태임에도 정상회담 자리에서 언급되지 않았다고 한다"며 "정부는 공식 사과 및 관련자 처벌 등 강력한 외교·사법적 조치를 요구해야 한다"고 했다.[229] 그러나 그런 요구는 없었다.

중 경호업체인력, 한국 기자들 집단폭행

**코트라 주최행사 문 대통령 취재 중
10여명이 사진기자 끌고가 폭행
정부, 엄중 항의·공안 수사 의뢰
중 "큰 관심…작은 사고이길 바라"**

중국을 국빈방문 중인 문재인 대통령이 참석하는 행사장을 취재하던 한국 기자들이 14일 현장의 중국 경호인력한테서 집단으로 폭행당하는 일이 벌어졌다. 청와대는 이번 사건에 대해 중국 정부에 엄중히 항의하고, 외교부를 통해 중국 공안에 수사의뢰했다. 폭행당한 사진기자 두 명은 대통령 주치의료진의 응급치료 뒤 대학병원으로 옮겨져 정밀검진을 받았다.

청와대 고위 관계자는 "폭행에 가담한 이들이 (행사 주최 쪽인) 코트라(대한무역투자진흥공사) 중국지사가 계약한 경호업체 직원들이라는 보고가 있어 상황을 파악 중이라며 "폭행과 별개로 중국 공안에 현장 지휘 책임이 있기 때문에 이 부분도 사실관계를 입밀하게 파악하고 있다"고 말했다.

폭행 사건 개요는 이렇다. 이날 오전 10시 50분께 한국의 '중국순방 취재단'의 일부 취재기자와 사진·영상기자들은 베이징 시내 국가회의중심에서 열린 한중 경제·무역 파트너십 개막식에 참석한 문 대통령을 취재 중이었다. 행사장 내부는 붐볐고 문 대통령 동선을 취재하던 기자들과 현장 경호인력들은 수차례 충돌했다. 중국 경호인력은 이에 항의하던 〈한국일보〉 고영권 기자의 멱살을 잡아 넘어뜨렸고, 〈매일경제〉 이충우 기자에게는 경호인력 10여명이 몰려들어 복도로

끌고 나간 뒤 집단 폭행했다. 이들은 넘어진 이 기자의 얼굴 부분을 발로 가격하기도 했다. 이 기자는 안구를 둘러싼 안와골절을 입었다. 폭행당한 두 기자는 15일 중국 공안에 출석해 피해자 진술을 할 예정이다.

청와대 고위 관계자는 "청와대는 이번 폭력사태를 심각하게 받아들이고 외교라인을 통해 엄중히 항의하고 신속한 진상파악과 함께 책임자 규명 등을 요구했다"며 "문 대통령도 사후에 이를 보고받고 이 문제를 심각하게 받아들이고 있다"고 말했다. 코트라는 이번 행사에 현지 보안업체와 계약을 맺고 190명 정도를 투입한 것으로 알려졌다. 코트라 관계자는 "1천명 이상 행사는 중국 공안에 신고하게 돼 있고, 신고서에는 보안업체와의 계약서를 첨부하게 돼 있다"며 "코트라는 행사장(국가회의중심)으로부터 지정된 보안업체와 계약해 신고했고, 현장 지휘와 관리 감독은 중국 공안에 따랐다"고 말했다.

루캉 중국 외교부 대변인은 정례브리핑에서 "이번 행사는 문재인 대통령 방중에 맞춰 한국 측에서 주최한 자체 행사다. 비록 한국이 주최했어도 중국에서 발생했기 때문에 큰 관심을 표명한다"며 "작은 사고이길 바란다. 한-중 양국의 관련 부분 각 방면은 문재인 대통령의 방중 준비를 위해 모두 노력했다. 양국은 이번 방중이 원만한 성공을 거두기를 바라는 목표는 일치한다"고 말했다.

중국외신기자협회(FCCC)는 성명을 내어 "2017년 중국에 거주하는 언론인이 폭력을 당하고 있다는 보고를 여러차례 받았다"며 "언론인에 대한 폭력은 결코 용납될 수 없다"고 밝혔다.

베이징/김보협 기자, 김외현 특파원 bhkim@hani.co.kr

문재인 정부는 한국 기자 2명이 중국 경호원들에게서 무차별 폭행을 당했는데도, 방중 성과가 묻힐까봐 외교·사법적 조치를 하지 않았다. (『한겨레』, 2017년 12월 15일)

문재인은 12월 15일 베이징대학에서 중국 대학생들을 상대로 한 연설을 했다. 아무리 외교적 겸양을 감안한다 해도 자기비하와 사대주의가 너무 심했다는 이유로 이 연설도 두고두고 논란이 되었다. 8개월 전 시진핑이 트럼프에게 "한국은 역사적으로 중국의 일부"라고 발언한 것에 맞장구를 쳐준 게 아니냐는 비판마저 제기되었다. 문제가 된 문재인

연설의 일부는 다음과 같다.

"중국은 단지 중국이 아니라, 주변국들과 어울려 있을 때 그 존재가 빛나는 국가입니다. 높은 산봉우리가 주변의 많은 산봉우리와 어울리면서 더 높아지는 것과 같습니다. 그런 면에서 중국몽이 중국만의 꿈이 아니라 아시아 모두, 나아가서는 전 인류와 함께 꾸는 꿈이 되길 바랍니다. 인류에게는 여전히 풀지 못한 두 가지 숙제가 있습니다. 그 첫째는, 항구적 평화이고 둘째는 인류 전체의 공영입니다. 저는 중국이 더 많이 다양성을 포용하고 개방과 관용의 중국 정신을 펼쳐갈 때 실현 가능한 꿈이 될 것이라고 믿습니다. 한국도 작은 나라지만 책임 있는 중견 국가로서 그 꿈에 함께할 것입니다."[230]

모든 게 다 놀라웠지만 가장 놀라운 건 한국 기자들이 중국 경호원들에게서 구둣발로 얼굴을 강타하는 등 무차별 폭행을 당한 사태에 대한 친문 지지자들의 반응이었을 게다. 이들의 댓글 반응은 대부분 "기레기가 맞을 짓을 했다"는 식의 내용이었다. 중국 관영매체인 『환구시보』는 "한국 네티즌들도 취재 규정을 위반한 기자들을 비난한다"고 보도했는데,[231] 그들이 보기엔 친문 네티즌들이 얼마나 듬직하고 사랑스러웠을까? 취재 규정 위반이 없었음에도 행패를 부린 중국 경호원들의 작태를 무작정 옹호하는 게 '우리 이니'를 지키는 길이라고 믿었던 걸까? 그럴 리야 있겠는가마서도, 정치학자 박상훈이 지적했듯이, "기자 폭행 사실을 거론하면 대통령의 방중 성과가 무시된다는 논리는 이성적 한계를 넘는 일이었다".[232]

역사 산책 9

삼성 장충기 문자
청탁 사건

　"『시사IN』이 단독 입수한 장충기 전 삼성 미래전략실 차장(사장)의 휴대전화 문자 메시지는 이번 뇌물 혐의 재판을 넘어 삼성과 정부, 나아가 언론이 어떤 관계를 맺어왔는지를 적나라하게 드러낸다. 장 전 차장은 삼성에서 정보 및 대관 업무(정부를 상대하는 업무)를 총괄해온 사람이다.……장충기 전 차장의 휴대전화를 보면 '삼성공화국'의 권력 지도가 그대로 그려진다. 일개 삼성 임원에게 청와대와 국정원 최고위급 인사들이 정보 보고를 하고 있다. 덕분에 장 전 차장은 청와대 인사 기류까지 환히 파악할 수 있었다."[233]

　2017년 8월 10일 『시사IN』 기자 주진우가 「'삼성 장충기 문자' 전문을 공개합니다」는 특종 기사에서 한 말이다.

　"삼성그룹 미래전략실 장충기 사장이 각 언론인들에게 받은 문자가 공개되었는데 이를 통해 삼성이 언론을 장악한 과정이 폭로되었다. 이는

336

전두환 정부 시절의 보도지침과 매우 유사하다. 다른 점이 있다면 언론을 통제한 권력이 정부에서 삼성으로 바뀌었다는 것과 언론이 자발적으로 무한 충성을 바쳤다는 것."

『나무위키』에 게재된 「삼성 장충기 문자 청탁 사건」의 일부다. 다소 과장된 표현이 좀 있을망정 "침묵한 언론들"이라는 소제목하에 지적한 다음 내용을 참고하거나 감안하는 게 좋겠다.

"이 사건이 밝혀진 후에도 언론들이 침묵했기 때문에 더 비판받았다. 민주언론시민연합에 따르면 2017년 8월 7일 『시사IN』 보도 이후 일주일 동안 해당 기사는 네이버에 메인 하단에 2시간 남짓 머무르고 나서 빠졌다. 『한겨레』는 더불어민주당 추미애 대표의 발언 인용 보도 1건을, 『경향신문』은 칼럼과 온라인판에서 정리 뉴스를, JTBC는 2건을, SBS는 1건을, KBS는 1건을 보도했다. 이 외의 나머지 주요 언론사들은 일주일 동안 '아예' 보도하지 않았다."[234]

소수의 고발 언론은 비분강개조로 이 사건을 폭로했지만, 『386 세대유감: 386세대에게 헬조선의 미필적 고의를 묻다』(2019)의 저자인 김정훈·심나리·김항기는 "공사 구분이 불확실한 꼰대 근성이 드러난 일은 일일이 열거하기 어려울 정도로 숱하다"며 다음과 같이 말한다. "'삼성 장충기 문자'나 '로비스트 박수환 문자'에서 드러난 것처럼 아들딸의 취업을 청탁하거나 뇌물을 받은 언론인들은 잠시 여론의 심판에 올랐을 뿐, 아무 일 없었다는 듯 살고 있다."[235]

제10장

'공영방송 장악 금지법'을
폐기한 문재인

MBC PD 최승호의 다큐 영화 〈공범자들〉

　　MBC 언론노조는 박근혜에 대한 탄핵소추안이 국회에서 가결된 지 5일 후인 2016년 12월 14일부터 2017년 6월 15일까지 총 3차에 걸쳐 101명을 '언론부역자'로 선정해 발표하면서 이들을 쫓아내기 위한 대대적인 공세를 펴기 시작했다. 7월 15일, 2012년 KBS·MBC 양대 공영방송사 총파업을 이끌었다는 이유로 해고된 전 MBC 노조위원장이자 전 PD인 최승호가 만든 다큐 영화 〈공범자들〉이 부천 판타스틱 영화제에서 처음 공개되었다.

　　이 영화는 이명박 정권 출범 이후 MBC·KBS 양대 공영방송에서 언론노조 소속의 기자와 PD들이 어떤 탄압을 받아왔는지를 생생하게 그린 작품이었다. 최승호는 『한겨레21』 인터뷰에서 "〈공범자들〉을 만들어야겠다고 결심한 건 언젠가"라는 질문에 이렇게 답했다. "지난해 12월,

최승호가 만든 〈공범자들〉은 이명박 정권 출범 이후 MBC·KBS 양대 공영방송에서 언론노조 소속의 기자와 PD들이 어떤 탄압을 받아왔는지를 생생하게 그린 작품이었다.

촛불집회가 한창일 때였다. 대통령이 탄핵되고 대선이 있을 것 같았다. 정권이 바뀔 텐데 사장 임기가 정해진 공영방송은 '동토의 왕국'처럼 남아 바뀐 세상에 민폐를 끼칠 것 같았다. 이 상황을 타개할 무언가가 필요하다고 생각했다."236

    7월 31일 문재인이 야3당의 반대에도 방송통신위원회(방통위) 위원장에 진보적 언론학자인 이효성의 임명을 강행했다. 문재인은 8월 8일

이효성에게 임명장을 주는 자리에서 "지난 10년간 우리 사회에서 가장 심하고 참담하게 무너진 부분이 공영방송"이라고 했다. 이효성은 다음 날〈공범자들〉시사회에 참석하고, 8월 11일 기자들과 만난 자리에서 다음과 같은 파격적인 주장을 했다.

"MBC 사장과 이사회인 방송문화진흥회(방문진) 이사의 임기는 법적으로 보장돼 있지만, 다른 한 측면에서 그것이 무조건 꼭 그렇게 해야만 하는 것은 아니라고 생각한다. 방통위가 (방문진의) 이사장과 이사를 임명하는 것으로 돼 있어서 임면도 할 수 있고, 궁극적으로 사퇴를 포함한 책임을 물을 수 있는 권한도 포함되는 것이다."[237]

방통위가 방문진 이사와 KBS 이사의 해임을 통해 MBC·KBS 사장을 교체하겠다는 뜻을 분명히 했고, 이어 민주당이 지원사격을 하겠다는 뜻을 밝혔다. 민주당은 8월 31일 국회 의원회관에서〈공범자들〉시사회를 가졌는데, 여기엔 민주당 대표 추미애, 원내대표 우원식을 포함한 전 지도부와 언론노조 MBC 본부장 김연국, 언론노조 KBS 본부장 성재호, PD 최승호 등이 참석했다.

경영진 교체를 위한 MBC·KBS의 동시 파업

9월 4일부터 경영진 물갈이를 위한 MBC·KBS의 동시 파업이 시작되었다. 다음 날엔 한국언론학회·한국방송학회·한국언론정보학회 등 3개 학회 소속 학자 467명이 '공영방송 정상화를 위한 언론·방송학자 공동 성명서'를 발표했다. 이들은 "공영방송의 핵심 가치인 독립성과 공정성, 그리고 언론자유를 훼손해온 공영방송 사장과 이사장 등은 즉시 물러나야 한다"고 주장했다.[238] 9월 7일 여권과 언론노조의 강한 압박 끝에 방문진 이사 유의선이 자진 사퇴했다.

9월 8일 『조선일보』는 「여與 "KBS·MBC 야野측 이사 비리 부각시키고, 시민단체로 압박"」이라는 단독 기사를 보도했다. 민주당 전문위원실이 작성해서, 8월 25일 민주당 의원 워크숍에서 과학기술정보방송통신위원회 소속 의원들이 공유했던 내부 문건을 입수해 보도한 것이다. 이 문건에 따르면, 민주당은 MBC 사장 김장겸, KBS 사장 고대영 퇴진 문제와 관련해 "정치권이 나설 경우 현 사장들과 결탁돼 있는 자유한국당 등 야당들과 극우 보수 세력들이 담합해 자칫 '언론 탄압'이라는 역공 우려가 있다"며 '방송사 구성원 중심 사장·이사장 퇴진 운동' 전개 필요성 등을 제기했다.

이와 함께 이 문건에서는 '시민사회·학계·전문가 전국적·동시다발적 궐기대회, 서명 등을 통한 퇴진 운동 필요', '언론적폐청산촛불시민연대회의(가칭) 구성 및 촛불집회 개최 논의' 등도 제안했다. 사장 임면권을 갖고 있는 이사진에 관해선 "야당 측 이사들에 대한 면밀한 검증을 통해 개인 비리 등 부정·비리를 부각시켜 이사직에서 퇴출시켜야 한다"고 했다. 그러면서 "지난 정부에서 자행된 언론 장악·언론인 탄압, 권언유착 사례 등의 언론 적폐 실상을 국민에게 제대로 알리고 고발하는 홍보·선전전을 전개해야 한다"며 해고·정직 등 징계를 당한 피해자들의 증언 대회 개최, 영화 〈공범자들〉의 단체 관람을 제안했다.[239]

민주당은 "티타임에서 잠시 나온 말을 부풀려 보도했다"며 강하게 반발했지만,[240] 놀랍게도, 아니 어쩌면 당연하게도, 이 문건의 주요 내용은 대부분 실천에 옮겨졌고 성공을 거두었다. 임기가 보장된 공영방송

이사들을 거칠게 압박해 자진 사퇴를 이끌어내고, 이사회에서의 여야 구성비를 바꿔 사장을 해임하는 '공식'은 여야를 막론하고 정권이 바뀔 때마다 되풀이되는 악성 추태였다. 7년 전엔 국가정보원이 만든 'MBC 정상화 전략 및 추진 방안'이라는 13페이지짜리 문건이 만들어져 대부분 그대로 실행되었는데,[241] 규모와 정도의 차이는 있었을망정 정권들이 번 갈아가면서 이런 일을 벌이는 게 한국 공영방송의 슬픈 운명이었다.

72일간에 걸친 파업 종료

2017년 10월 18일 방문진 이사 김원배가 사퇴했고, 11월 2일에는 방문진 이사장 고영주에 대한 해임결의안이 가결되었다. 방통위는 2018년 1월 전체회의를 열고 '방문진 고영주 이사 해임에 관한 건'을 의결한다. 미리 말하자면, 2022년 12월 22일 서울행정법원 행정7부(수석부장판사 정상규)는 고영주가 방통위를 상대로 제기한 '해임처분 취소소송'에서 원고(고영주) 승소로 판결한다. 재판부는 "방통위 해임 처분의 사유가 대부분 인정되지 않는다"고 했다. 방통위가 고영주의 '해임 사유'로 들었던 'MBC 사장 선출 과정에서 부당노동행위 조장'에 대해 재판부는 "검사가 무혐의 처분했다. 정당한 해임 사유로 보기 어렵다"고 했다. 또 '과거 발언'과 관련해 "이사가 되기 전 행위이고, 이에 대해서는 무죄판결이 선고된 바 있어 처분 사유로 삼기 어렵다"고 했다.[242]

11월 13일 방문진 이사회는 재적이사 9명 중 6명이 참석한 가운데 찬성 5명, 기권 1명으로 사장 김장겸에 대한 해임안을 결의했고, 바로 이어 열린 MBC 주주총회에서도 사장 해임안이 의결되었다. MBC 노조는 11월 14일 승리 무드 속에 72일간에 걸친 파업을 종료했다.

　11월 15일 경북 포항에서 규모 5.4의 대지진이 발생해 수천 명의 주민이 이재민이 되었다. 그러나 제작 거부에 동참한 포항 MBC는 어떠한 취재도 하지 않았으며, 당시 전국부장이 "제보 영상만이라도 보내달라"고 읍소했으나 포항 취재부장은 "안타깝지만 도움을 줄 수 없다"고 답한 것으로 전해졌다. 파업에 참여하지 않은 기자 2명이 현장까지 내려가 기사를 보내왔지만 역부족이었다. 당시 MBC는 "공영방송의 책무를 저버렸다"는 비판을 받았다.[243]

　11월 22일 전 민주당 의원 최민희는 팟캐스팅 〈새가날아든다〉에 출연해 MBC 노조에 대해 이런 기대감을 피력했다. "지난번에 파업할 때 내부에서 토론한 내용을 보면 그중에 '이제 불편부당, 중립 이런 거 취하지 않겠다. 진실과 정의, 그리고 객관 보도의 늪에 빠져서 헤매지 말고 진짜 정론을 하겠다.' 이런 얘기들이 나온 걸 봤어요. 그래서 저는 그걸 지키기를 기대하는 거죠."[244]

최승호 사장 체제의 'MBC 잔혹사'

　12월 7일 〈공범자들〉을 만든 PD 최승호가 MBC 사장이 되었다. 출근 첫날인 다음 날 최승호가 제일 먼저 한 일은 MBC 노사 공동선언을 통해, 자신을 포함한 해고자 6명을 전원 복직시키고, 해고무효 확인 소송에 대해 회사 측이 제기한 대법원 상고를 취하한 것이었다. 두 번째 조치는 〈뉴스데스크〉의 간판을 한시적으로 내린 것이었다. 배현진과 이상현 앵커는 시청자에게 고별인사도 하지 못하고, 그날부로 방송에서 퇴

MBC 제3노조가 펴낸 『2017 MBC 잔혹사』에 따르면, 보도국장·뉴스데스크 편집부장·청와대 출입기자가 중계차 PD가 되거나 주말뉴스부장이 경영직 업무를 맡는 등 이해하기 어려운 인사발령이 났다.

출되었다(이는 KBS 황상무 앵커가 2018년 4월 13일 시청자에게 고별인사를 하고 〈뉴스9〉을 조용히 떠난 것과 대조적이었다).[245]

　　MBC노동조합(제3노조)이 펴낸 『2017 MBC 잔혹사』에 따르면, 12월 8일 오후 4시경 보도국으로 들이닥친 언론노조는 보직자석과 각 부서 내근 데스크석 등을 점거했다. "인사 발령이 없는데, 무슨 근거로 이러느냐"는 일부 보직자들의 분노와 항변이 있었지만 하나마나한 저항이 되어버렸고, 파업에 가담하지 않은 기자 88명의 이름은 그렇게 뉴스에서 사라졌다.

12월 13일, 대규모 인사발령이 났다. 도무지 이해하기 어려운 인사발령 속에서도 '생방송뉴스팀' 발령이 가장 놀라웠다고 한다. 불과 며칠 전까지 보도국을 이끌었던 보도국장은 물론, 뉴스데스크 편집부장, 청와대 출입기자가 한꺼번에 중계차 PD가 되었다. 이 자리는 현장에 나간 취재기자와 기상캐스터 등을 지원하는 포스트로, 평소 이런 일을 전혀 해보지 않았던 사람들은 추운 겨울내내 차가운 아스팔트를 딛고 무딘 손놀림과 헛발질을 반복해야 했다. 이밖에도 주말뉴스부장에게 경영직 업무를 맡기거나 보도국 소속 직원을 기술연구소로 보낸 사례도 있었다고 한다.

12월 19일 소집한 'MBC 특파원 평가 위원회'는 특파원 전원(12명)에게 2018년 2월 28일까지 귀국하라는 지시를 내렸다. "조직 개폐는 이사회 의결을 거쳐야 한다"는 절차가 무시된 공지였다. 임차 기간이 남은 탓에 뉴욕과 런던 지사가 물어야 하는 10억 원 안팎의 위약금도 회사는 아랑곳하지 않았다. 얼마 지나지 않아 언론노조가 장악한 보도국 한 가운데는 소환당한 특파원들이 '조리돌림' 당하며 격리, 고립되어 있는 '특파원의 섬'이 생겼다.[246]

20일 가까운 재정비 기간을 가진 다음, MBC는 12월 26일 전 해직기자 박성호를 메인 앵커로 하는 새로운 〈뉴스데스크〉를 선보였다. MBC는 12월 26·27일 이틀에 걸쳐 "MBC 뉴스를 반성한다"며 "권력의 입이 됐다"고 고백하는 절절한 '참회 방송'을 했다. "MBC 뉴스가 지난 5년 동안 저지른 잘못을 고백하고 반성합니다. 국정농단 국면에서 MBC 보도는 노골적인 청와대 방송, 권력의 나팔수 그 자체였습니다. 보기 힘들 정도로 청와대의 눈치만 살피며 청와대가 좋아할 만한 뉴스만 나열했고……. 정부의 입이 되어 한 방향으로 몰아간 방송, 바로 권력에 충성했기 때문이고, 공영방송의 진짜 주인인 국민을 배신했기 때문……."247

최승호가 MBC 사장을 지낸 후 『뉴스타파』 PD로 복귀한 것과 김어준의 무책임한 선전·선동 행태를 비판한 것은 매우 높게 평가할 만하다는 걸 미리 말해둘 필요가 있겠다. 최승호는 2020년 7월 4일 그간 김어준이 주장해온 '세월호 고의침몰설'과 '18대 대선 개표 조작설' 등의 음모론을 공개적으로 비판했다. 그는 세월호 고의침몰설을 반박하기 위해 『뉴스타파』가 만든 '그들에게만 보인 유령선…세월호 참사일 제주 VTS 항적 조작설 검증' 영상을 소개하면서 이 같은 비판을 했다. 최승호는 "김어준은 이해할 수 없는 현상이 발견되면 '취재'하기보다 상상·추론하고 음모론을 펼치다가도 반박이 나오면 무시한다"면서 "자신의 위상만큼 책임을 지려고 노력했으면 한다, 틀린 것은 틀렸다고 인정하고 사과해야 한다"고 지적했다. 그는 "대중들은 김어준의 이런 행동 방식에 대해 매우 관대하다, 그는 사실이 아닌 위험한 주장을 마음껏 할 수 있는 특권을 가진 것 같다"고도 했다.248

문재인의 이해할 수 없는 일탈

문재인 정권은 이전 정권에 의해 탄압을 받았던 최승호가 MBC 사장이 된 건 방송민주화의 승리요 업적이라고 생각한 건지 모르겠다. 그러나 이는 사실상 방송노조를 정치화해 민주당의 동맹 세력으로 묶어두는 효과를 낸 것으로 공영방송의 독립과 민주화를 위해 매우 불행한 일이었다. 그건 금태섭이 "국정원 댓글 사건과 관련해 수사를 방해한 부분을 그때 수사를 방해받았다는 검사들이 바로 다시 수사하는 것"의 부당성을 지적했던 것처럼, 복수 또는 보복의 악순환이라는 위험성을 내장한 것이었다.

문재인의 이해할 수 없는 일탈은 그걸로 끝난 게 아니었다. 그는 정권 출범 전 당론으로 채택한 이른바 '공영방송 장악 금지법'을 무산시켰다. '공영방송 장악 금지법'은 여당이 이사회를 독식하거나 야당이 반대하는 사람을 사장으로 임명하지 못하게 하자는 취지로 모처럼 여야 합의가 이루어진, 공영방송의 정치적 독립을 위한 개혁 조치였다.

문재인은 2017년 8월 22일 정부과천청사에서 진행된 과학기술정보통신부·방송통신위원회 업무보고에서 "법안이 통과되면 온건한 인사가 선임되겠지만 소신 없는 사람이 될 가능성도 있다. 기계적 중립을 지키는 사람을 공영방송 사장으로 뽑는 것이 도움이 되겠는가"라고 생뚱맞은 의문을 제기함으로써 법 개정을 무산시키고 말았다.[249]

훗날(2024년 7월 25일) 국회 과학기술정보방송통신위원회(과방위) 이진숙 방통위원장 후보 청문회에서 오정환 MBC 비대위원장(당시 취재센터장)은 "보도본부장에서 해임된 뒤 옛날 방송된 아침뉴스에 색인 붙이는 작업 3년 반 했다"며 "이 업무라는 게 참 모욕적인 것이, 아침뉴스는 별로 참고나 자료를 안 쓰기 때문에 그동안 색인 붙이기 작업을 안 했는데 그걸 저를 시켰다"고 말했다.

오정환은 "언론노조원들이 전에 자기들한테 신사업개발센터 등에 보낸 것을 가지고 유배지라면서 단체로 울고 그랬다"면서 "그게 그렇게 모욕적이면 저한테 왜 그랬는지 묻고 싶다"고 말했다. 아울러 "최승호, 박성제 MBC 사장 때처럼 그렇게 몇십 명 되는 기자들을 대규모로 영구히 그런 모욕적인 업무에 배치한 적은 없었다"고 주장했다.

그러자 보름 후인 8월 9일에 열린 국회 과방위 '불법적 방송문화진흥회 이사 선임 등 방송 장악 관련' 청문회에서 노종면 더불어민주당 의원이 공개한 녹취에 따르면, 2016년 MBC 단체교섭 때 당시 MBC 취재센터장이었던 오정환은 노조 측이 "왜 기자들을 많이 쫓아내셨냐"고 묻자 "쫓아내긴 뭘 쫓아내나. 다 배치한 것"이라고 말했다. 노조 측이 "기자들을 스케이트장 관리시키고 이런 게 공정 보도이고 노조 상생인가"라고 묻자 오정환은 "개인의 능력과 자질에 따라 배치한 것"이라며 "기자가 고시 패스한 거 아니다"고 말했다. 이어 오정환은 "(스케이트장 관리 일을) 잘하도록 해야 한다. 우리가 입사한 게 장원급제인 줄 아느냐"면서 "정상화되는 과정이다. 재배치를 한 것"이라고 반복했다. 이에 노조 측이 "쫓겨난 사람들이 다 그렇게"라고 하자 오정환은 "왜 쫓겨나나. 월급을 못 받나?"라고 되물었다.

노종면은 청문회에 참석한 오정환에게 "본인이 부당인사를 당한 피해자임을 증언하셨다"며 "윤석열 정부가 되돌리려는 체제가, 그렇게 MBC를 손에 넣으려는 세력이 어떤 모습을 하고 있었던 사람인지 그 실체가 무엇인지 함께 보자는 취지에서 영상을 공유했다"고 말했다.[250]

노종면을 비롯한 민주당 의원들은 문재인 정부하에서 공영방송이 공정했는지에 대해선 아무런 말이 없었다. 진보적인 방송노조가 정당들 사이에서 비교적 친親민주당이기 때문에 빚어진 오해나 착시 효과에 대해서도 말해야 공정한 게 아닌가? 과거의 악행을 고발하는 일에서 한 걸음 더 나아가 "방송인들이 정권 권력에 놀아나지 말고 방송인들 사이에서 벌어지는 복수 또는 보복의 악순환을 끊자"고 호소하거나 그렇게 할 수 있는 방안을 제시할 순 없었던 걸까? 누가 옳건 그르건 방송인들이 권력의 장단에 따라 춤을 추면서 '피장파장'이나 '도긴개긴'을 정당성의 근거로 내세우는 건 그 얼마나 초라한가?

수능을 일주일 연기시킨 포항 지진

    2017년 11월 15일 오후 2시 29분 포항시 북구에서 규모 5.4의 지진이 발생했다. 14개월 전인 2016년 9월 12일 경주에서 발생한 규모 5.8의 지진에 이어 국내에서 일어난 역대 두 번째 규모의 지진이었다. 포항 지진은 발생 깊이가 3~7킬로미터 지점으로 경주 지진(11~16킬로미터)보다 진원이 얕아 전국에서 흔들림이 감지될 만큼 충격이 컸고, 이로 인해 우리나라가 지진의 안전지대가 아니라는 경각심이 고조되었다.

    포항 지진의 피해 규모는 시설물 피해 2만 7,300여 건, 피해액 551억 원으로 경주 지진 당시 집계된 피해액 110억 원의 5배가 넘었다. 포항 지진의 여진은 2.0~3.0 미만 64회, 3.0~4.0 미만 5회, 4.0~5.0 미만 1회 등 12월 9일까지 총 70회 발생했다. 정부는 포항 지진 이튿날인 16일 치러질 예정이던 2018학년도 대학수학능력시험도 일주일 뒤인 23일로 연기했다. 수능이 자연재해 때문에 연기된 것은 1993년(1994학년도) 수

능 체제가 도입된 이후 처음이었다.[251]

약 한 달 후인 12월 21일엔 충청북도 제천시의 한 스포츠센터에서 화재가 발생해 29명이 사망하고 37명이 부상당한 끔찍한 대형참사가 일어났다. 다음 날 문재인이 현장을 방문하자 감정적으로 격앙되어 있던 일부 유가족은 대선 구호였던 '사람이 먼저다'를 상기시키면서 "이번엔 사람이고 뭐고 없었다"며 분노했고, "정부가 이런 식으로 대처하는 게 한두 번이냐", "초기 대응만 잘했어도 사람이 이렇게 많이 죽지는 않았을 것"이라며 "세월호 이후에는 좀 나아지는가 했는데 안전 시스템이 나아진 것이 없다"고 비난했다.

2019년 3월 20일 정부조사단은 "포항 지진은 인근 포항 지열발전소의 지열발전 연구 사업 과정에서 촉발된 지진이다"는 내용의 연구 결과를 발표했다. 이 지진이 인근 포항 지열발전소의 실증연구에 따른 '촉발지진'이라고 공식 발표했다. 이 조사에는 대한지질학회와 해외 전문가들이 참여했는데, 해외조사위원으로 참여한 셰민 게Shemin Ge 콜로라도대학 교수는 "포항 지열발전소에서 5번의 자극이 주어진 것으로 확인됐다"고 설명했다.[252]

2021년 7월 포항지진진상조사위원회는 수사 요청 서류를 검찰에 제출했고, 검찰은 1, 2차 피해자 81명을 특정해 피해 경위를 조사했다. 2024년 8월 19일 대구지검 포항지청은 포항 지열발전 연구 사업 주관 기관 등 3개 업체·기관 소속 5명을 업무상 과실치사상 혐의로 불구속기소했다고 밝혔다. 연구 과정에서 사용된 기법이 더 큰 규모의 지진을 일으킬 수 있다는 점을 예상했음에도 해당 기법을 계속 실시한 것 등에서 포항 지진이 발생했다는 게 검찰의 판단이다. 인재人災였다는 것이다.[253]

한류의 새로운 문법은 팬덤과 소통

"한류는 국가적 지원 때문에 가능했다"는 미신

2017년 한국의 1인당 국민총소득GNI이 처음으로 3만 달러를 돌파했다. 2006년 2만 달러를 돌파한 이래 11년이 걸린 것이다. 이른바 '선진국' 진입을 목전에 두었다고 의미를 부여하던 언론은 이후 「국민소득 4년 만에 뒷걸음…'4만 달러 시대' 멀어져」, 「1인당 국민소득, 다시 2만 달러대로 회귀하나」 등과 같은 기사를 통해 '2, 3, 4'라는 상징에 큰 관심을 기울이는데, 이런 오래된 습관은 한류 보도에서도 여전했다. 언론의 한류 보도는 산업적·애국주의적 관점과 더불어 기존 '사건 보도'의 형식을 취하고 있었다. 2017년 1월 21일 홍석경은 언론 보도의 문제점에 대해 다음과 같이 말했다.

"한국 드라마 수출 곡선이 완만해진다거나, 사드 문제로 중국 정부가 한국 연예인들의 입국을 불허하고 한국 드라마 방송에 차질이 생길 때, 그리고 일본의 혐한류 시위로 인해 시장 위축이 예상될 때, 한류는 뉴스가 된다. 우리의 현실 인식은 미디어 시스템의 이러한 작동 원리로부터 자유롭지 못하기 때문에, 한국 밖에서 벌어지는 현상인 한류에 대해 여러 가지 미망에 사로잡히기 쉽다."[254]

국내 언론의 한류 보도 방식은 나라 밖에도 영향을 미치기 때문에 "한류는 한국 정부의 국가적 지원 때문에 가능했다"는 미신을 퍼뜨리는 데에도 일조했다. 김수정은 이미 2012년 "다른 나라 정부가 소리 없이, 그리고 저작권이나 노동, 교육 등 기초 하부구조 차원에서 문화 지원을 하는 데 반해서 한국 정부는 '앞서서 나가' 외양에 치우친 과시성 지원을 하는 경우가 많은 것 같다"고 했는데,[255] 이는 시정되지 않은 채 지속되었다.

"한국 정부가 어떻게 지원하기에 대중문화가 이렇게 성공적으로 수출되고 있습니까?" 2017년 2월 홍석경은 프랑스에 사는 동안 프랑스 기자들에게서 가장 많이 들은 질문이라며 이렇게 말했다. "이 질문은 한국 정부의 문화 정책을 칭찬하는 것 같지만 사실 심각한 편견을 안고 있다. 전 세계로 자국의 대중문화를 널리 퍼뜨려온 미국·일본·영국 정부에 대해 이런 질문을 했었던가. '정부가 경제개발하듯 투자하고 계획한다고 문화가 발전하나요? 그렇다면 지원이 훨씬 많은 프랑스의 대중문화가 더 수출이 잘돼야 하겠네요.' 나는 언짢아 이런 반문을 했었다." 그들의 질문엔 "어떻게 '한국 같은' 나라가 서구로 대중문화를 수출할 수 있고, 이렇게 열렬한 팬을 만들 수 있지?"라는 다소 인종주의적 전제가 숨어 있다는 것이다.[256]

이어 홍석경은 "거리를 두고 생각해보면 외국 기자들의 이런 질문

2015년 8월 27일부터 3일간 중국 상하이 인텍스 전시장에서 열린 '코리아 브랜드 & 한류 상품 박람회 2015'는 정부 주도로 화장품과 의류 등 소비재와 콘텐츠, 서비스 등 한류 파생상품을 수출로 연결하기 위해 마련한 행사였다.

은 한국 정부의 과도한 전시적 지원의 결과이기도 하다"며 이렇게 말했다. "한류 정책이 문화 수출 정책과 동의어로 이해되는 악순환을 멈추고, 문화를 위한 지원은 이들이 배고프지 않고 죽지 않으며 창작과 제작에 전념할 수 있도록 일과 개인의 삶을 병행할 수 있는 노동환경을 만들어주는 데 투자돼야 한다. 그러니 새 정부에 당부한다. 우리에겐 새로운 한류 5.0이 필요한 것이 아니라 문화 창작 분야 종사자들에게 정당한 노동환경을 마련해주는 정책이 절실하다."257

독립PD에게 '앵벌이'를 강요하는 착취

문화 창작 분야 종사자들에게 정당한 노동환경을 마련해주는 정책을 요구하는 목소리는 오래전부터 외쳐져왔지만, 달라진 건 아무것도 없었다. 그럼에도 한류가 잘나간다면, 그건 '국가적 지원'이 아니라 혹 종사자들에 대한 인력 착취 덕분은 아니었을까?

2017년 7월 15일 남아프리카공화국에서 EBS 다큐멘터리 〈야수의 방주〉 촬영 중 교통사고로 박환성·김광일 두 독립PD가 사망했다. 『미디어오늘』은 사설을 통해 "안타까운 사고였지만 독립PD들 가운데 이 사고를 단순 교통사고로 보는 이들은 없다. 두 독립PD들 죽음 이면에 열악한 제작 현실과 방송사 '갑질' 문제가 있다고 보기 때문이다. 상당수 독립PD들이 이구동성으로 '사고사가 아니라 사회적 타살'이라고 말하는 이유다"며 다음과 같이 말했다.

"언제부터인가 방송계에서는 '제작비 후려치기'를 당연한 관행처럼 여겨왔다. 정상적으로 프로그램을 만들 수 없는 제작비를 책정한 뒤 나머지는 외주사나 독립PD들이 '알아서 해야' 하는 비정상적인 상황을 관행이라는 이름으로 합리화시켰다. 말이 관행이지 '갑'인 방송사들이 '을'인 외주사와 독립PD들에게 일방적으로 강요한 불공정 규칙이었다. 박환성·김광일 PD의 안타까운 죽음도 이런 '비정상적인 관행' 때문에 발생했다고 해도 과언이 아니다."[258]

사망 직전까지 방송사의 불공정 거래에 대한 문제 제기에 앞장섰던 박환성은 이런 말을 했다. "제가 밥줄을 내놓고 교육방송EBS과의 일을 언론에 공개하기로 마음먹은 이유는, 이 문제가 해결되지 않고서는 '한

한류를 위해 헌신했으면서도 독립PD는 갑질과 인권침해에 시달리거나 앵벌이를 강요당하기도 했다. 2017년 8월 16일 '방송사 불공정 행위 청산과 제도 개혁을 위한 한국독립PD협회 기자회견'에서 발언하고 있는 독립PD들. © 연합

국 방송 바닥에서 독립피디·외주제작사를 한다는 것은 방송사 앵벌이 그 이하도 이상도 아니다'라는 지난 15년의 생각이 굳어질 것 같아서입니다."[259]

8월 16일 한국독립PD협회가 개최한 '방송사 불공정 청산 결의대회'에서 한 독립PD는 최근 작성된 외주 계약서를 보여주었다. 그에 따르면 이 독립PD는 프로그램 제작을 위해 약 8,200만 원의 협찬(수수료 제외)을 따냈다. 하지만 실제 제작비로 쓴 돈은 5,800만 원에 불과했다. 나머지는 방송사에 '전파 사용료' 명목으로 지불해야 했다. 방송사는 손 하나 까딱하지 않고 프로그램 한 편과 2,400만 원을 챙겼다. 2차 판권 등 사후 권리에 관한 계약서 규정은 어처구니가 없을 정도였다. 독립제작자의 권리에 대해 "방송사 권리를 제외한 나머지 권리를 행사할 수 있다"고 해놓고, 방송사 권리는 "모든 권리"라고 했다. 독립제작자는 사실상 아무런 사후 권리가 없었으니, 이게 무슨 말장난인가.[260]

9월 한국독립PD협회가 공개한 MBC 본사 PD의 고백 내용을 들어보자. "문화방송MBC〈리얼스토리 눈〉의 경쟁력 상승은 외주사의 고혈을 짜내며 만들어졌다는 점에서 부도덕하다.……본사 담당 국장은 제작물의 수준이 떨어지는 경우 아예 '불방'시켰다. 그리고 거의 다 만들어온 프로그램 제작비를 지급하지 않았다. 공식적으로는 방송 보류였다. 그러면 외주사는 촬영과 편집을 보강했다. 그럼에도 계속 방송 보류가 나면 (외주사들은) '딜레마'에 빠진다. 더 열심히 해서 어떻게든 제작을 할 것인가, 아니면 이쯤에서 포기해 더 큰 손실을 만들 것인가. 회사는 그저 보류를 이야기하며 책임을 피했지만 이 잔인한 선택을 해야 하는 외주사는 불방을 스스로 선택하고 적자를 떠안아야 했다."[261] 독립PD에게 '앵벌이'를 강요하는 이런 착취가 한류의 경쟁력에 일조했다고 한다면, 우리는 과연 한류를 자랑스럽게 생각해도 괜찮은 걸까?

한류를 키운 '중국 한한령의 축복'

중국 정부의 '한한령' 충격파가 날이 갈수록 거세지자 문화체육관광부는 2017년 3월 16일 신고센터를 만들었다. 한국콘텐츠진흥원 등이 공동 운영하는 '중국 사업 피해 신고센터'에는 3월 28일까지 17건의 한한령 피해 사례가 접수되었다. 방송 5건, 애니메이션 4건, 게임 3건, 연예엔터테인먼트 2건, 캐릭터 1건, 기타 2건 등이었다.

신고 내용에 따르면, 2017년 1월 소프라노 조수미와 피아니스트

백건우의 중국 공연 무산에 이어 발레리나 김지영의 중국 공연과 베이징심포니 한국 방문이 좌초되었다. 3월 들어선 한국이 세계시장을 겨냥해 영어권 배우들을 불러와 제작비만 110억 원을 들여 만든 뮤지컬 〈지킬 앤 하이드〉 월드 투어의 중국 공연이 최종 무산되었다. 2011년 베네치아비엔날레 한국관 출품 작가였던 이용백은 4월 29일부터 중국 베이징에서 열리는 국제 미술품 장터 '아트베이징 2017'의 출품 작가로 초대받았지만 3월 중순 취소되었다.

이미 알려진 사례도 많았다. 드라마 〈화랑〉은 중국 미디어그룹 LeTV와 동시 방송 계약을 체결했지만, 2회 방영된 뒤 이유 없이 중단되었다. 후난TV에서 방송하려던 〈사임당〉도 중국 심의가 흐지부지되었다. 이미 판권이 팔려 시즌제로 방영되던 예능 프로그램은 한국색 지우기에 나섰다. 후난 위성TV의 중국판 〈나는 가수다〉는 시즌5부터 제목을 〈가수〉로 바꾸었다. 매 시즌 황치열, 더원 등 한국 가수들이 출연했는데 이 시즌에는 단 한 명도 없었다. 저장 위성TV는 중국판 〈런닝맨〉의 제목을 〈달려라 형제〉에서 〈달려라〉로 바꾸었다. 배우들의 예능 섭외도 잦아들었다. 송중기, 김수현 등 한류 스타들이 출연했던 광고도 모델이 교체되었다.

2016년 그룹 'EXO'의 중국 공연 연기 등으로 직격탄을 맞았던 대중음악 쪽도 사정은 비슷했다. 한 기획사 관계자는 "지난해 중국을 겨냥해 만든 아이돌 그룹이 데뷔하려던 찰나 한한령 때문에 접어야 했다. 대표가 '아무것도 할 수 없는 상황'이라고 말했다"고 전했다. 프로듀싱, 작곡 등에서 활발했던 중국 진출도 전면 중단되었다. 이 관계자는 "예전에는 중국 시장에서 '한국인 작곡가'가 만든 곡이라고 홍보했던 데 비해, 지

금은 곡을 받아가더라도 '이름 쓸 수 없는 것 알죠?'라고 한다"고 했다.[262]

미리 말하자면, 한한령은 오히려 '한한령의 축복'이라고 해도 좋을 정도로 한류의 글로벌 경쟁력 향상에 기여했다. 한국 대중문화 산업 스스로는 좀처럼 결단하기 힘들었던 미래지향적 체질 개선이 한한령 덕에 '자동적으로' 이루어지게 되었기 때문이다. 『조선일보』 에디터 송의달은 7년 후인 2023년 12월 13일 「한국 때리기 나선 '한한령'…중국이 오히려 피해 더 컸다」는 기사에서 다음과 같이 회고한다.

"당시 중국 사업으로 큰돈을 벌던 한국 엔터테인먼트·게임 회사들의 주가株價는 폭락했다. '이제 한류韓流는 끝났다'는 탄식과 비관론이 들끓었다. 하지만 한국 기업들은 한한령에 따른 벼랑 끝 위기를 거뜬히 이겨냈다. 중국 취향에 억지로 맞추고 그들의 간섭을 수용하던 제작 방식을 벗어던진 게 승부수勝負手였다. 김윤지 수출입은행 해외경제연구소 수석연구원은 '한한령을 계기로 K-콘텐츠는 동남아와 북미, 유럽 등으로 눈을 돌리면서 진정한 글로벌 콘텐츠로 업그레이드했다'고 말했다."[263]

BTS의 빌보드 '톱 소셜 아티스트'상 수상

한류 기업들은 유튜브 채널을 통한 다양한 모바일 콘텐츠 제공에 심혈을 기울였다. SM은 소속 셀러브리티를 적극 활용한 MCN(멀티채널네트워크) 콘텐츠 제작에 돌입한 덕분에 2017년 3월 유튜브에서 '다이아몬드 버튼'을 받았다. 다이아몬드 버튼은 구독자 수 1,000만 명이 넘는 채널에 유튜브가 수여하는 상으로 국내 채널 중에선 SM이 최초였다. 자사 아티스트들의 두터운 팬층을 기반으로, 뮤직비디오·티저 등 기존 콘텐츠에 더해 볼거리가 풍성한 '예능스러운' 콘텐츠를 배치한 것이 먹힌 결과였다.

다이아몬드 버튼 수상 이후 SM은 2017년 5월 자체 MCN 채널 '스타디움TV'를 론칭했다. 기존 콘텐츠를 SM 공식 유튜브 채널에만 업로드하던 것에서 한발 더 나아가 아예 MCN 시장을 개척하고 나선 것이다. SM엔터테인먼트의 공식 유튜브 채널 구독자 수는 2017년 7월 6일 현재 1,066만 4,350명이었다. SM 전략의 핵심은 글로벌이었는데, SM엔터테인먼트 공식 유튜브 채널의 구독자 90% 이상이 외국인이었다.[264]

2017년 5월 21일 BTS가 미국 유명 음악 매체인 『빌보드』가 주관하는 '2017 빌보드 뮤직 어워즈BMA'의 '톱 소셜 아티스트'상을 받았다. 1년간의 디지털 음원 성적과 소셜미디어 빅데이터, 글로벌 팬들의 투표를 합산해 선정한 상으로, 총 투표의 75%나 되는 3억 표를 차지한 결과였다. 2011년 처음 이 부문이 제정된 후 2016년까지 이 상을 독식했던 저스틴 비버를 제치고 얻어낸 성과였는데,[265] 이는 한국형 팬덤 문화를 그대로 받아들인 '아미'의 승리이기도 했다.

이지행이 지적했듯이, "자기 가수 신곡이 나왔을 때 숨 쉬듯 스트리밍을 해서 차트 상위권에 줄을 세우고, 연말 시상식 인기투표에 조직적으로 총공세를 퍼붓는 것이 일종의 팬 문화로 자리 잡은 K-팝 팬덤"의 열정은 단연 독보적인 것이었다. 놀랍게도, 나중에 어떤 나라들에서 BTS에 표를 던졌는지 확인해본 결과 북한에서도 비공식적으로 몇 백 표가 나온 것으로 밝혀졌다.[266]

북한이라는 철의 장막까지 파고들었을진대, 어딘들 뚫지 못하랴. BTS는 한국어로 노래하고 미국 시장 진출을 겨냥한 영어 가사 노래 하나

5월 29일 서울 중구 롯데호텔에서 열린 2017 빌보드 뮤직 어워드 '톱 소셜 아티스트' 부문 수상 기념 기자 간담회에 앞서 포토타임을 갖고 있는 BTS는 2016년까지 이 상을 독식했던 저스틴 비버를 제쳤다.

없는데도, "이 새롭게 떠오르는 아티스트의 열정을 느끼는 데 그 언어를 알 필요는 없다", "젊은 세대의 문화를 가감 없이 전적으로 날것으로 접근 한다", "한국어를 모르는 팬들을 소외시키지 않는다"는 평을 받았다.[267]

2017년 9월 서울 잠실 올림픽주경기장에서 열린 서태지의 데뷔 25주년 기념 콘서트 무대에 BTS가 스페셜 게스트로 섰다. 서태지는 전 체 27곡 중 BTS와 함께 8곡을 불렀다. 일부에선 이 공연을 "문화 대통 령과 대세돌의 만남"이라고 불렀지만, 김성철은 "이 공연은 그보다 더 큰 문화사적 의미가 있었다"며 다음과 같이 말했다.

"서태지는 콘텐츠 면에서나 산업적으로나 한국 대중가요계의 미래 를 바꿔놓았다. 방탄소년단은 서태지가 변혁시킨 대중가요 콘텐츠 흐름 과 산업 토대 위에서 싹을 틔웠고 그 토대를 자양분으로 성장해왔다. 그 리고 서태지와 다른 선배들이 내닫지 못했던 새로운 미래로 나아가고

있다.……서태지 데뷔 25주년 기념 콘서트는 과거와 미래, 두 분기점의
역사적 만남이었다."[268]

한국어를 알 필요는 없지만 배우고 싶다

2017년 10월 20일 미국 연예 주간지 『US위클리』가 선정한 '소셜
미디어에서 가장 영향력 있는 유명인The Most Influential Celebrities on Social
Media'에서 BTS는 15명 중 14위를 기록했다. 가수 비욘세Beyonce(1위),
아리아나 그란데Ariana Grande(2위), 도널드 트럼프Donald Trump(6위), 버
락 오바마Barack Obama 전 대통령(12위) 등과 함께 이름을 올렸다. 아시
아인 가운데 명단에 오른 건 BTS뿐이었다.[269]

멤버 7명이 하나의 계정을 함께 운영하는 BTS는 한국인 최초로 트
위터 팔로워 1,000만 명을 돌파한 데 이어 구글 트렌드 검색 1위에 오르
는 등 SNS에서 맹활약하고 있었다. 유튜브에는 멤버들이 직접 제작한
'방탄 밤' 에피소드를 지속적으로 올리는 등 플랫폼별로 차별화된 정책
을 꾀하면서 해당 유저에 최적화된 콘텐츠를 제공했다.[270]

2017년 11월 20일 오전 10시(한국 시각) 미국 캘리포니아주 로스
앤젤레스 마이크로소프트 공연장에서 열린 '2017 아메리칸 뮤직 어워
즈AMA' 시상식에서 BTS는 최신곡 〈DNA〉를 공연함으로써 미국 TV 데
뷔 무대를 성공적으로 마쳤다. 이들의 공연은 구글 실시간 트렌드 1위를
기록했고, 트위터에 이들을 언급한 글이 2,000만 건 넘게 올라왔다.[271]

기네스는 공식 트위터에 "지난밤 '아메리칸 뮤직 어워즈'에서 있었
던 방탄소년단의 뛰어난 퍼포먼스를 축하한다. 한국 밴드가 음악 그룹으

로는 트위터에서 가장 많이 언급되어 2018년 기네스 세계기록에 등재되었다"고 밝혔다. BTS는 '트위터 최다 활동Most Twitter engagements' 남성 그룹 부문에서 리트윗 수 15만 2,112회를 기록했으며, 19일 미국 로스앤젤레스 마이크로소프트 공연장에서 열린 '2017 아메리칸 뮤직 어워즈'에서 공연과 관련한 트윗은 2,000만 건 발생했다.[272]

한국어를 알 필요는 없지만 배우고 싶다는 것이었을까? BTS를 비롯한 K-팝 스타들과 더 많은 소통을 원하는 해외 팬들은 한국어에 빠져들었다. 외국인들의 한국어 능력을 평가하는 시험인 토픽TOPIK은 1997년 첫 시험을 치를 때만 해도 응시자가 2,500여 명으로 한국인과 결혼하는 아시아권 이민자나 재외동포가 대부분이었지만, 2016년 응시자 수는 25만 명으로 뛰었으며, 시험장도 73개국, 268개 도시로 확산되었다.[273]

교육부에 따르면 2017년 10월 기준 한국어를 제2외국어로 배우는 외국 학생은 전 세계 26개국, 11만 5,044명에 이르렀다. 한국어를 배우는 학생 규모만 놓고 보면 태국이 3만여 명으로 가장 많았고, 일본(1만 8,303명), 미국(1만 4,646명), 호주(9,235명), 우즈베키스탄(7,107명) 순이었다. 남아프리카공화국, 벨라루스, 파라과이, 타지키스탄에서도 한국어를 가르쳤다. 문화체육관광부가 세계 58개국에 설립한 144개 세종학당도 매 학기 몰려드는 신입생들로 '홍역'을 치를 정도였다. 모스크바 세종학당은 신입생 급증으로 강의실이 포화 상태에 달하자 입학시험까지 도입했다.[274]

'한류의 새로운 문법'은 팬덤과 소통

BTS의 아메리칸 뮤직 어워드 수상 무대 공연과 관련, 미국 언론엔 한 재미학자의 인터뷰 기사가 실렸다. 이 기사를 본 홍석경은 분통을 터트리며 이렇게 말했다. "방탄소년단이 정부의 지원책과 적극적인 홍보 덕으로 성공했다고 말하고 있어요. 한류가, 소프트 파워로 키워낸 국가 주도 대중문화라는 거죠. 이 재미학자뿐 아니라 서구 언론이 한류에 대해 흔히 갖는 오해죠."[275]

홍석경은 "서구의 엘리트 기자단이 들어서 좋아할 이론인 한류가 정부 지원에 의지한 수출형 문화산업의 결과이고 정부의 적극적인 홍보 효과라는 설명들이 더이상 힘을 얻지 못하기를 바란다. 세계 모든 정부가 문화산업을 위해 투자하고 해외 진출을 지원하지만, 세계적인 성공은 그것의 효과가 아니다"며 다음과 같이 말했다.

"정부는 물길이 트이도록 도울 수는 있지만 흐르는 물길을 이루는 것은 아니다. 한국 정부가 한류의 지속적 발전을 위해 무언가 해주고 싶다면, 수없이 언급되었듯이 대중문화 속에서 꿈을 이루려는 젊은이들의 노동과 삶의 조건을 개선하기 위한 기초를 정책적으로 마련해주는 것이 최선이다."[276]

윤태진은 "방탄소년단의 성공은 미디어 기술 환경, 즉 인터넷과 스마트폰이 '21세기 전 지구 문화'의 핵심적 기반이라는 점을 보여준다"며 "SNS를 통해 무대 뒷이야기를 영상으로 올리고, 사진과 메시지를 시시콜콜 제공하면서 (잠시만 방심하면 언제든 떠날 수 있는) 팬덤과의 유대감을 유지하는 것은 최근 생겨난 성공의 문법이다"고 했다.

윤태진도 이 새로운 문법을 외면하는 정부의 개입 시도에 일침을 가했다. 그는 "정부기관이 나서서 '이제는 게임, 만화, 한식, 한복까지 포함하는 K컬처의 시대! 한류 3.0을 실현시키자!'라고 목소리를 높이는 모습을 보면 창피하고 화가 난다. 아류 문화제국주의를 부추기거나 시대착오적인 국수주의를 소환할 가능성이 크기 때문이다. 그나마 정부의 한류 지원 정책이 산업 현장에 실질적인 도움을 준 적도 별로 없다"며 다음과 같이 말했다.

"방탄소년단의 성공에서 새로운 한류의 가능성을 읽지만, 한편으로는 걱정도 된다. 또 누군가가 흥분해서 뉴욕 타임스스퀘어에 한국 문화 광고를 하거나 강남 한복판에 맞춤 동상을 세우지는 않을까 하는 노파심이다. 한류의 새로운 문법은 낯설고 새로운 문화를 언제든지 쉽게, 그리고 자주 만나서 이해하고 즐기는 전 지구 문화의 문법이다. 방탄소년단과 K팝의 성장은 역사적인 문화 변동의 한 단서로 이해했으면 한다. 설마 재기 넘치는 한국의 아티스트들을 저열한 '애국주의 한류 2.0'의 포로로 만드는 일은 없겠거니 한다."[274]

이제 한류의 중심은 SNS의 상호성이다

2017년 11월 30일 홍콩에서 열린 Mnet 아시아 뮤직 어워드 MAMA 전문 부문 시상식 기조연설에서 방시혁도 BTS의 성공 비결 중 가장 큰 이유로 '소셜미디어와 미디어 환경의 변화'를 꼽았다. 그는 "서구의 음악시장은 전통적인 미디어를 중심으로 견고하게 형성돼 주류와 비주류 간의 차이가 있었다"면서 "그러나 최근 몇 년간 소셜미디어가 대

방시혁은 BTS의 성공 비결 중 가장 큰 이유로 '소셜미디어와 미디어 환경의 변화'를 꼽았다. 그는 2017년 12월 5일 삼성동 코엑스에서 열린 '2017 대한민국 콘텐츠 대상' 시상식에서 해외 진출 유공 포상 문화 교류 부문 대통령 표창을 받았다.

두하고 온라인 플랫폼이 다변화되면서 음악산업의 축이 거세게 흔들렸다"고 분석했다.

이어 방시혁은 "방탄소년단은 SNS를 적극적으로 활용하는 10~20대와 같은 플랫폼을 통해 소통하고 있다"며 "이 과정에서 발생하는 화제성이 방탄소년단을 잘 모르던 사람은 물론 기존 미디어마저 관심을 갖게했다"고 말했다. "SNS가 기존 미디어의 흐름을 바꾼 좋은 예"로 꼽은 것이다. 그는 "음악이라는 매개체를 통해 언어, 국가를 초월하는 공존의 순간이 무엇인지 보여줬다"며 "강력한 팬덤을 기반으로 새로운 주류 문화

로 떠오를 수 있는 가능성이 있다"고 덧붙였다.[278]

양성희는 "방탄은 디지털 무기 중에서도 쌍방향 소통이 가장 활발한 SNS를 내세웠고, 그와 함께 한국식 팬 문화가 해외 팬들에게 확산됐다"고 평가했다. 그는 "가령 아메리칸 뮤직 어워드AMA 무대에서 이들이 〈DNA〉를 부를 때 미국의 소녀 팬들은 마치 한국 소녀 팬들이 그렇듯 노래를 따라 부르며 눈물을 글썽였다. 한국식 '팬챈트(아이돌 팬들이 사전 학습으로 만들어낸 의례적 집단 호응)'의 완벽한 구현이다"며 다음과 같이 말했다.

"SNS 강자인 방탄은 24시간 무대 뒤 일상을 실시간 중계했고, 일일이 영어 댓글로 소통했다. 콧대 높은 서구 스타나 아이돌들과는 달리 격의 없이 친근한 관계를 맺으며 팬들은 스스로를 단순한 소비자가 아닌, 이들의 성장을 응원하는 '친구' 혹은 '후원자'로 위치시켰다. 방탄 역시 시상식 때마다 '아미(팬클럽 이름)'에게 감사를 표했다. 방탄의 성공은 스타와 팬덤이 함께 일군 일대 사건인 것이다.[279]

2017년 12월에 출간된 『This is 방탄 DNA: 방탄소년단 콘텐츠와 소셜 파워의 비밀』의 저자인 김성철도 BTS의 성공 요인으로 밀레니얼 세대의 상호성에 대한 욕구를 잘 짚어낸 SNS 마케팅을 꼽았다. BTS는 기획사가 정해주는 대로 콘텐츠를 만들지 않았고, 밥 먹는 모습부터 방에서 노래 부르는 모습까지 팬들이 원하는 모습을 적절한 때에 자연스럽게 보여주었다는 것이다. 방시혁은 "데뷔 전부터 모든 멤버들이 또래들처럼 SNS로 본인들의 생각을 공유하고 일상을 올리는 것이 자연스러웠다"며 "멤버들의 자발적이고 꾸준한 노력이 없었다면 불가능했을 일"이라고 말했다.[280]

『BTS 예술혁명: 방탄소년단과 들뢰즈가 만나다』(2018)의 저자인 이지영은 BTS가 세계적 인기를 끌 수 있었던 첫 번째 핵심적인 요인으로 '음악적 탁월성'을 들었다. 예컨대, 아메리칸 뮤직 어워드 무대에서 BTS의 라이브가 너무 완벽한 탓에 립싱크 논란까지 격렬하게 일어났고, 급기야 라이브였음을 확인해주는 언론 보도까지 등장할 정도였다는 것이다. 이어 이지영은 두 번째 핵심 요인으로 '진정성'을 꼽았다. "자신들의 삶에서 느끼는 시련과 아픔, 절망, 두려움, 희망에서 발원"한 진정성이 "전 세계 팬들의 마음에 울림을 주고 그들이 연대하여 행동하게" 만들었다는 것이다.[281]

제1부 2016년

1   박근혜, 『어둠을 지나 미래로: 박근혜 회고록 1』(중앙북스, 2024), 294~297쪽; 정상
        근·차현아, 「대통령 기자회견 '쪽대본', 또 유출됐나」, 『미디어오늘』, 2016년 1월 13일.

2   강윤주, 「한숨…울먹…"대통령이 더이상 어떻게 해야 되겠나"」, 『한국일보』, 2016년
        1월 14일.

3   유정인, 「[朴 대통령 담화문 키워드 분석] '통일' 10→0, 국회와 정치 0→26」, 『경향
        신문』, 2016년 1월 13일; 정승임, 「'국민' 38회 최다 언급…신년 단골 '통일' 0회」,
        『한국일보』, 2016년 1월 13일.

4   강윤주, 「한숨…울먹…"대통령이 더이상 어떻게 해야 되겠나"」, 『한국일보』, 2016년
        1월 14일.

5   「[사설] 北核 대책은 안 보이고 국회·노동계 비판만 한 국민 담화」, 『조선일보』, 2016
        년 1월 14일.

6   「[사설] '헌법보다 의리'라는 親朴들, 국민 뭐로 보고 그런 말 내뱉나」, 『조선일보』,
        2016년 2월 5일.

7   김진철, 「정부, 개성공단 전면 중단…한반도 평화 '안전판' 뽑나」, 『한겨레』, 2016년 2월
        10일.

8   윤영미·김진철, 「입주 기업들 '날벼락'…계약 파기로 수조 원 피해 불가피」, 『한겨레』,
        2016년 2월 10일.

9   강윤주, 「北, 하루 만에 "개성공단 폐쇄…남측 전원 추방"」, 『한국일보』, 2016년 2월

11일.

10 한준규·박민식·이동현, 「"돈 빌려주고 세금 미뤄주는 게 대책이냐" 개성공단 기업들 격앙」, 『한국일보』, 2016년 2월 13일.

11 「[사설] '대책 없는' 정부의 개성공단 손실 보전 대책」, 『한겨레』, 2016년 2월 12일.

12 김영석, 「문재인 "참으로 화가 난다…개성공단 폐쇄, 어리석고 한심한 조치"」, 『국민일보』, 2016년 2월 16일; 조갑제 외, 『문재인의 정체』(조갑제닷컴, 2017), 129~131쪽.

13 최혜정, 「박 대통령 "자다가도 통탄할 일" 책상 10여 차례 내리쳐」, 『한겨레』, 2016년 2월 25일.

14 정환보, 「새누리 '공천 살생부' 나돌아」, 『경향신문』, 2016년 2월 25일.

15 김현섭, 「정두언 "김무성, '말 바꿔달라'고 2번 전화왔다"」, 『국민일보』, 2016년 2월 29일.

16 서상현, 「친박계 윤상현 "김무성 죽여버려"…낙천 요구 욕설 파문」, 『한국일보』, 2016년 3월 8일.

17 이용욱, 「박 대통령 대구 방문… '동선'도 논란」, 『경향신문』, 2016년 3월 10일.

18 「[사설] 청와대가 이렇게 노골적으로 선거에 개입해도 되나」, 『조선일보』, 2016년 3월 11일.

19 이경미, 「박 대통령 눈 밖에 난 비박·유승민계 '공천 보복'」, 『한겨레』, 2016년 3월 15일.

20 김남일, 「'보복 공천' 낙천자들 무소속 출마 고심…심상치 않은 후폭풍」, 『한겨레』, 2016년 3월 16일.

21 「[사설] 대통령의 선거, 대통령에 의한 공천, 대통령을 위한 나라」, 『경향신문』, 2016년 3월 16일.

22 「[사설] 독재국가에서나 있을 박 대통령의 '공천 학살'」, 『한겨레』, 2016년 3월 16일.

23 성한용, 「새누리판 '찍히면 죽는다'… '비박 학살'의 진짜 이유」, 『인터넷한겨레』, 2016년 3월 17일.

24 김남일, 「"국민 편 섰다 보복당해"…진영, 대통령 겨냥한 '탈당 성명'」, 『한겨레』, 2016년 3월 17일.

25 최문선, 「"보복 공천 비난하던 朴, 스스로 원칙 허물어" 비판 무성」, 『한국일보』, 2016년 3월 22일.

26 황준범·이경미·김일우, 「내쳐진 유승민, 결국 무소속 출마…"당의 모습은 시대착오적 정치 보복"」, 『한겨레』, 2016년 3월 24일; 김진우·박순봉, 「유승민 "당이 보여준 모습 정의가 아니다"」, 『경향신문』, 2016년 3월 23일.

27 김남일, 「김무성, 탈당 유승민의 "정의가 아니란 말, 비수로 꽂혔다"」, 『한겨레』, 2016년

6월 24일.

28 황준범, 「유승민·이재오 지역구 등 3곳 무공천 확정… '옥새 전쟁' 총선 앞 일단 봉합」, 『한겨레』, 2016년 3월 25일.

29 김지은, 「새누리당, 유승민 등 탈당 의원들에 "대통령 사진 반납" 요구 '논란'」, 『한국일보』, 2016년 3월 29일.

30 박성민, 「재집권도 차별화가 핵심, 대통령·한동훈 줄타기 시작됐다」, 『중앙일보』, 2024년 7월 27일.

31 여성국, 「집단 탈북 류경식당 종업원 '기획 탈북' 논란…북송 여부 이목 쏠려」, 『중앙일보』, 2018년 5월 14일.

32 강재구·이재호, 「'류경식당 종업원 재월북 회유' 보도에 민변 "악의적 짜깁기"」, 『한겨레』, 2020년 5월 22일.

33 박상현, 「[단독] "민변의 월북 권유 거절한 뒤 위험 느껴 망명"」, 『조선일보』, 2020년 5월 23일.

34 「류경식당 종업원 집단 탈북 사건」, 『나무위키』.

35 김주하, 「[단독] "좋은 북 음악 들려줄래요" 북한 식당 집단 탈북 이지안 씨 첫 공개 인터뷰」, 『MBN 뉴스7』, 2023년 9월 28일.

36 「[사설] 분열의 야권, 기어이 여당에 '압승' 안길 텐가」, 『한겨레』, 2016년 4월 4일.

37 김진우·구혜영, 「[총선 D-8 야권 연대 무산] 180석 넘는 '공룡 여당' 예고」, 『경향신문』, 2016년 4월 4일.

38 이유주현, 「문재인 "호남 지지 못 받으면 대선 불출마·정계 은퇴"」, 『한겨레』, 2016년 4월 8일.

39 허남설, 「더민주 정장선 "새누리당 180석 이상 가능…거대 여당 출현 머지않았다"」, 『경향신문』, 2016년 4월 10일.

40 최병천, 『이기는 정치학: 현실주의자의 진보집권론』(메디치, 2024), 310~316쪽.

41 김기흥, 「문재인 "'호남 지지 없으면 정계 은퇴' 발언, 호남 지지 받고 싶은 간절한 마음"」, 『KBS뉴스』, 2017년 1월 1일.

42 이재명, 「성난 민심 '선거의 여왕'을 심판했다」, 『동아일보』, 2016년 4월 14일.

43 「[사설] 여당 참패, 박근혜 대통령 확 바뀌라는 국민의 명령이다」, 『동아일보』, 2016년 4월 14일.

44 「[사설] 박근혜 대통령과 親朴의 오만에 대한 국민적 심판이다」, 『조선일보』, 2016년 4월 14일.

45 「[사설] 중간평가에서 참패한 여권…국민 이기는 권력 없다」, 『중앙일보』, 2016년 4월 14일.

46 김지은, 「새누리 총선 대패에도 당내 입지 더 넓힌 친박」, 『한국일보』, 2016년 4월 17일.

47 강찬호, 「[강찬호의 시선] 선거 이기자 입 싹 씻은 문재인, 선거 이기자 바로 오만해진 국민의힘」, 『중앙일보』, 2021년 4월 15일.

48 김종인, 『영원한 권력은 없다: 대통령들의 지략가 김종인 회고록』(시공사, 2020), 376~377쪽.

49 강찬호, 「[강찬호의 시선] 선거 이기자 입 싹 씻은 문재인, 선거 이기자 바로 오만해진 국민의힘」, 『중앙일보』, 2021년 4월 15일.

50 최경민, 「"녹음기 켜놔야 한다"…文 대통령-김종인 만남 결렬의 이유」, 『머니투데이』, 2020년 8월 18일; 김광일, 「[김광일의 입] "문재인 대표와 대화 땐 녹음기를 켜놔야 한다"」, 『조선일보』, 2020년 8월 18일.

51 「[사설] 반성 않는 친박, 아직도 정신 못 차렸나」, 『중앙일보』, 2016년 4월 18일.

52 「[사설] 골육상쟁 끝에 참패 자초한 親朴, 이제 당권 못 잡아 안달하나」, 『조선일보』, 2016년 4월 18일.

53 김순덕, 「'싸가지 없는' 친박, 보수 시민의 역적 됐다」, 『동아일보』, 2016년 4월 18일.

54 김서영·김형규, 「어버이연합 알바 동원 의혹, 시사저널 보도」, 『경향신문』, 2016년 4월 11일; 고한솔, 「어버이연합, 세월호 반대 집회 때 '탈북자 알바' 동원」, 『한겨레』, 2016년 4월 11일.

55 방준호·고한솔·곽정수, 「'탈북자 동원 집회' 돈줄 전경련 의혹」, 『한겨레』, 2016년 4월 19일.

56 고한솔, 「"청와대가 집회 열라고 지시했다"」, 『한겨레』, 2016년 4월 20일.

57 디지털뉴스팀, 「박근혜 대통령, 어버이연합 청와대 배후설에 "사실 아니라고 보고받아"」, 『경향신문』, 2016년 4월 26일; 고영득, 「베일 벗는 어버이연합 배후」, 『경향신문』, 2016년 4월 27일.

58 고한솔·이세영, 「"어버이연합, 청와대 행정관이 집회 지시한 건 맞지"」, 『한겨레』, 2016년 4월 27일.

59 김영석, 「더민주 "어버이연합-청와대-국정원-전경련의 4각 커넥션"」, 『국민일보』, 2016년 5월 3일.

60 서영지, 「김기춘 '우파 지원' 리스트에 액수까지 적어 전경련 전달」, 『한겨레』, 2017년 2월 2일.

61 조현호, 「"똑바로 좀 해! 어떻게 이런 게 나갈 수 있어?"」, 『미디어오늘』, 2016년 5월 11일.

62 문현숙, 「"길환영 사장이 '국정원 댓글' 단독보도 빼라 지시"」, 『한겨레』, 2016년 5월 11일.

63 조현호, 「이정현, KBS 전화 걸어 "박근혜 행사가 왜 맨 뒤냐"」, 『미디어오늘』, 2016년 5월 12일.

64 「이정현(1958년 10월)/논란 및 비판」, 『나무위키』.

65 윤태곤, 「윤 대통령과 친윤은 8년 전 총선에서 무엇을 배울 것인가」, 『조선일보』, 2024년 4월 17일; 최경운, 「비대委에 非朴 많다며… '쿠데타'라는 親朴」, 『조선일보』, 2016년 5월 17일; 「정진석/생애」, 『나무위키』.

66 이명진, 「우병우 민정수석의 妻家 부동산…넥슨, 5년 전 1326억 원에 사줬다」, 『조선일보』, 2016년 7월 18일.

67 홍재원 · 유희곤, 「[우병우 민정수석 '스캔들'] 정운호 '몰래 변론' 의혹」, 『경향신문』, 2016년 7월 19일.

68 「[사설] 대통령의 '우병우 구하기' 국정 혼란 가중될 뿐이다」, 『국민일보』, 2016년 7월 21일; 이용욱 · 허남설, 「박 "대통령 흔들리면 나라 불안" 또 안보 앞세워 '우병우 구하기'」, 『경향신문』, 2016년 7월 21일.

69 윤태곤, 「윤 대통령과 친윤은 8년 전 총선에서 무엇을 배울 것인가」, 『조선일보』, 2024년 4월 17일; 최경운, 「비대委에 非朴 많다며… '쿠데타'라는 親朴」, 『조선일보』, 2016년 5월 17일; 「정진석/생애」, 『나무위키』.

70 「구의역 스크린도어 사망 사고」, 『위키백과』; 김미나, 「변창흠, 구의역 참사에 "아무것도 아닌데 개가 조금 신경 썼으면"」, 『한겨레』, 2020년 12월 18일.

71 박근혜, 「"내 몸 튀겨진다" 사드 춤췄다…가발까지 쓴 표창원 · 손혜원: '박근혜 회고록' 다시보기」, 『중앙일보』, 22024년 8월 24일.

72 전준호, 「온갖 說 · 의혹에 지자체들 사생결단…보혁 이념 대결도」, 『한국일보』, 2016년 7월 13일.

73 김아라, 「이재명, 사드 반대 6가지 이유는?」, 『국제뉴스』, 2016년 7월 11일.

74 김창균, 「역사 박물관에 '괴담과 그 주역들' 코너 어떤가」, 『조선일보』, 2024년 6월 27일.

75 박근혜, 「"내 몸 튀겨진다" 사드 춤췄다…가발까지 쓴 표창원 · 손혜원: '박근혜 회고록' 다시보기」, 『중앙일보』, 22024년 8월 24일.

76 조미덥, 「야3당, 사드 성주 배치 발표에 "졸속 결정", "안보 도박" 비판」, 『경향신문』, 2016년 7월 13일.

77 성연철, 「TK 의원 21명 "사드 입지 선정 기준 투명하게 공개하라"」, 『한겨레』, 2016년 7월 13일.

78 조현호, 「국방부 몰려온 성주 군민들 "우리를 개 · 돼지 취급하나"」, 『미디어오늘』, 2016년 7월 13일.

79 김태규, 「박 대통령 "성주, 사드 최적지…안전 우려하는 게 이상"」, 『한겨레』, 2016년 7월 14일.

80 「[사설] 사드 갈등 부추겨놓고 "불필요한 논쟁 멈추라"는 대통령」, 『경향신문』, 2016년 7월 15일.

81 「[사설] 박 대통령, 사드마저 불통과 일방통행인가」, 『한겨레』, 2016년 7월 15일.

82 최혜정, 「박 대통령 "사드 괴담·유언비어, 안보 근간 흔들어"」, 『한겨레』, 2016년 8월 2일.

83 「[사설] 다시 드러난 박 대통령의 사드 문제 설득 능력의 한계」, 『경향신문』, 2016년 8월 3일.

84 「[사설] 황당 괴담 없어지는 데 8년이나 걸린 나라」, 『조선일보』, 2024년 6월 20일.

85 김창균, 「역사 박물관에 '괴담과 그 주역들' 코너 어떤가」, 『조선일보』, 2024년 6월 27일.

86 「[사설] 대통령의 사드 배치 이전 검토 발언, 국정이 장난인가」, 『경향신문』, 2016년 8월 4일; 강주희, 「이완영 "성주 군민, 성주 내 다른 지역 배치에 전혀 찬성 안 해"」, 『뷰스앤뉴스』, 2016년 8월 4일.

87 박근혜, 「"내 몸 튀겨진다" 사드 춤췄다…가발까지 쓴 표창원·손혜원: '박근혜 회고록' 다시보기」, 『중앙일보』, 22024년 8월 24일.

88 조준형, 「중국 '사드 보복'에 정부 속수무책…커지는 외교 공백」, 『연합뉴스』, 2016년 12월 6일.

89 강찬호, 「"내가 진짜 보수…새누리당 밀어내고 그 자리 갖겠다"」, 『중앙일보』, 2016년 12월 20일.

90 정욱식, 「이재명의 〈중앙〉 인터뷰를 보고, 우려한다: 사드, 일단 들어오면 '붙박이' 된다」, 『프레시안』, 2016년 12월 21일.

91 정철운, 『박근혜 무너지다: 한국 명예혁명을 이끈 기자와 시민들의 이야기』(메디치, 2016), 100~102쪽; 이진동, 『이렇게 시작되었다: 박근혜-최순실, 스캔들에서 게이트까지』(개마고원, 2018), 165~174쪽.

92 이진동, 『이렇게 시작되었다: 박근혜-최순실, 스캔들에서 게이트까지』(개마고원, 2018), 165~174쪽.

93 최문선, 「朴 대통령, 문체-농림-환경 등 3개 부처 개각 단행」, 『한국일보』, 2016년 8월 16일.

94 최혜정·엄지원·허재현, 「'우병우 구하기' 법과 상식 뒤엎는 청와대」, 『한겨레』, 2016년 8월 19일.

95 이용욱, 「['우병우 사태' 후폭풍] 청 "부패 기득권이 식물정부 만들려 해"」, 『경향신문』,

2016년 8월 21일.

96 이진동, 『이렇게 시작되었다: 박근혜-최순실, 스캔들에서 게이트까지』(개마고원, 2018), 212쪽.

97 박순봉, 「새누리 김진태 "조선일보 송희영 주필, 대우조선서 2억 원 상당 접대받아"」, 『경향신문』, 2016년 8월 29일; 「송희영」, 『나무위키』.

98 정철운, 「'공주님' 심기 건드리면 보수언론도 철저히 '응징': 흥정이 가능했던 이명박, 흥정할 생각 없는 박근혜…박근혜 정부의 '보수신문 탄압史'」, 『미디어오늘』, 2016년 9월 7일; 정철운, 『박근혜 무너지다: 한국 명예혁명을 이끈 기자와 시민들의 이야기』(메디치, 2016), 40~44쪽.

99 이진동, 『이렇게 시작되었다: 박근혜-최순실, 스캔들에서 게이트까지』(개마고원, 2018), 220~221쪽.

100 이진동, 『이렇게 시작되었다: 박근혜-최순실, 스캔들에서 게이트까지』(개마고원, 2018), 225~230쪽; 우종창, 『대통령을 묻어버린 거짓의 산 1권』(거짓과진실, 2019), 98~103쪽.

101 류이근, 「전경련이 돈 걸고 문체부 초고속 허가… '미르' 'K스포츠' 판박이」, 『한겨레』, 2016년 9월 20일.

102 김의겸·김창금·방준호, 「K스포츠 이사장은 최순실 단골 마사지 센터장」, 『한겨레』, 2016년 9월 20일.

103 방준호, 「'권력의 냄새' 스멀…실세는 정윤회가 아니라 최순실」, 『한겨레』, 2016년 9월 20일.

104 이진동, 『이렇게 시작되었다: 박근혜-최순실, 스캔들에서 게이트까지』(개마고원, 2018), 240쪽.

105 안홍기, 「정동춘 전 K스포츠 이사장 "박근혜 숭고한 뜻 지킬 것": 탄핵 기각 집회에 연사로 나서…"고영태 일당의 음모"라 부르며 비난」, 『오마이뉴스』, 2017년 2월 11일.

106 우종창, 『대통령을 묻어버린 거짓의 산 1권』(거짓과진실, 2019), 102~103쪽.

107 김예리, 「'마사지 센터장' 표현 한겨레 보도 "명예훼손 성립 안 돼"」, 『미디어오늘』, 2020년 10월 12일.

108 윤형중, 「3야 "K스포츠·미르재단 의혹 국감서 철저히 파헤쳐야"」, 『한겨레』, 2016년 9월 20일.

109 조미덥, 「[최순실-안보론 충돌] 새누리당 "단 한 명도 안 된다" 철통 방어…교문위, 최순실 의혹 관련 증인 채택 교착」, 『경향신문』, 2016년 9월 21일.

110 장택동, 「朴 대통령 "비상 시국에 비방-폭로성 발언은 사회 혼란 가중"」, 『동아일보』, 2016년 9월 22일.

111 「[사설] 최순실·안종범 의혹에 대한 박 대통령의 인식 수준」, 『경향신문』, 2016년 9월 23일.

112 이정환, 「최순실 사태의 이면, '프레임 전쟁'이 시작됐다」, 『미디어오늘』, 2016년 11월 12일.

113 김의겸, 「조선일보 방상훈 사장님께」, 『한겨레』, 2016년 9월 29일.

114 한겨레 특별취재반, 『최순실 게이트: 기자들, 대통령을 끌어내리다』(돌베개, 2017), 91~94쪽.

115 박영석, 「개천에서 용 나기, 정보화 세대 들어 더 힘들다」, 『조선일보』, 2016년 2월 1일.

116 이진동, 『이렇게 시작되었다: 박근혜-최순실, 스캔들에서 게이트까지』(개마고원, 2018), 243쪽.

117 정철운, 「TV조선·한겨레·JTBC가 합작한 '박근혜 퇴진' 100일의 기록」, 『미디어오늘』, 2016년 11월 10일.

118 금준경, 「TV조선·한겨레·JTBC의 콜라보, 최고 권력을 무너뜨렸다」, 『미디어오늘』, 2016년 10월 26일; 한겨레 특별취재반, 『최순실 게이트: 기자들, 대통령을 끌어내리다』(돌베개, 2017), 137~138쪽.

119 조윤호, 「박근혜의 콘크리트, '달그닥 훅' 무너졌다」, 『미디어오늘』, 2016년 11월 9일.

120 홍상지, 「"능력 없으면 니네 부모 원망해…돈도 실력이야"」, 『중앙일보』, 2016년 10월 20일.

121 정철운, 「TV조선·한겨레·JTBC가 합작한 '박근혜 퇴진' 100일의 기록」, 『미디어오늘』, 2016년 11월 10일.

122 조윤호, 「박근혜의 콘크리트, '달그닥 훅' 무너졌다」, 『미디어오늘』, 2016년 11월 9일.

123 양영유, 「촛불 든 학생들의 정유라를 향한 분노」, 『중앙일보』, 2016년 11월 14일.

124 고미석, 「장시호와 정유라의 '특권 입학'」, 『동아일보』, 2016년 11월 19일.

125 정성희, 「정유라, 민주공화국의 공주」, 『동아일보』, 2016년 11월 19일.

126 「[사설] 입시특혜·학사특혜의 배후 못 밝힌 '반쪽 감사'」, 『한겨레』, 2016년 11월 19일. 이 문제와 관련된 사회적 함의는 강준만, 「왜 부모를 잘 둔 것도 능력이 되었나?: '능력주의 커뮤니케이션'의 심리적 기제」, 『사회과학연구』, 55권 2호(2016년 12월), 319~355쪽 참고.

127 이하늬, 「TV조선 몰려간 어버이연합 "시청 거부, 하지만 사랑한다"」, 『미디어오늘』, 2016년 10월 19일.

128 최선재, 「이재명 급부상 뒤엔 '손가락혁명군' 지원 사격 있다」, 『일요신문』, 2016년 11월 17일.

129 노지민, 「대법, 송희영 전 조선일보 주필 '청탁 칼럼' 유죄 취지 파기 환송」, 『미디어오

늘』, 2024년 3월 14일.

130 우종창, 『어둠과 위선의 기록: 박근혜 탄핵백서』(거짓과진실, 2021), 130쪽.

131 박근혜, 『어둠을 지나 미래로: 박근혜 회고록 1』(중앙북스, 2024), 250~251쪽.

132 전혜정, 「추미애 "노무현 탄핵, 내 정치 인생 중 가장 큰 실수"」, 『뉴시스』, 2016년 8월 12일.

133 「추미애/생애」, 『나무위키』.

134 채송무·조성우, 「더민주 전대 끝난 후…온라인 권리당원제 관심」, 『아이뉴스24』, 2016년 8월 29일.

135 안규영, 「이재명 "권리당원 2배로 늘려야"…당원도 친명 중심 재편 의지」, 『동아일보』, 2024년 4월 25일.

136 「연합뉴스 선정 2016 10대 국내 뉴스」, 『연합뉴스』, 2016년 12월 15일.

137 장인철, 「한진해운 엘레지」, 『한국일보』, 2020년 11월 14일.

138 김영춘, 『고통에 대하여: 1970~2020 살아 있는 한국사』(이소노미아, 2020), 266쪽.

139 정철운, 『박근혜 무너지다: 한국 명예혁명을 이끈 기자와 시민들의 이야기』(메디치, 2016), 196쪽.

140 정철운, 「TV조선·한겨레·JTBC가 합작한 '박근혜 퇴진' 100일의 기록」, 『미디어오늘』, 2016년 11월 10일. 이 태블릿PC 관련 보도가 조작되었다는 주장에 대해선 변희재, 『변희재의 태블릿 사용 설명서: 조작과 거짓을 양산한 공범들 세상』(미디어워치, 2021)을 참고할 것.

141 채혜선, 「'썰전' 정청래 "'종편 금지' 발의했었으나…JTBC만은 출연 결심"」, 『중앙일보』, 2017년 1월 20일.

142 정철운, 「"청와대가 JTBC '최순실 PC 보도' 막으려 했다"」, 『미디어오늘』, 2016년 10월 31일.

143 정철운, 「JTBC '뉴스룸', MBC·SBS 메인 뉴스 재쳤다」, 『미디어오늘』, 2016년 10월 27일.

144 한겨레 특별취재반, 『최순실 게이트: 기자들, 대통령을 끌어내리다』(돌베개, 2017), 219쪽.

145 우종창, 『대통령을 묻어버린 거짓의 산 1권』(거짓과진실, 2019), 113~114쪽.

146 한겨레 특별취재반, 『최순실 게이트: 기자들, 대통령을 끌어내리다』(돌베개, 2017), 217쪽.

147 우종창, 『대통령을 묻어버린 거짓의 산 1권』(거짓과진실, 2019), 121~123쪽.

148 박성민, 「민주당과 이재명이 '최순실 사태'에서 얻어야 할 교훈」, 『경향신문』, 2021년 10월 4일.

149 백승대, 『이재명, 한다면 한다: 디테일이 강한 유능한 진보』(매직하우스, 2021), 249쪽.

150 이재명연구회, 『이재명, 허구의 신화: 이재명의 대표적인 '업적'을 검증한다』(ㅍㅂ, 2022), 17쪽.

151 이재명연구회, 『이재명, 허구의 신화: 이재명의 대표적인 '업적'을 검증한다』(ㅍㅂ, 2022), 18, 20, 28쪽.

152 한겨레 특별취재반, 『최순실 게이트: 기자들, 대통령을 끌어내리다』(돌베개, 2017), 317쪽.

153 한겨레 특별취재반, 『최순실 게이트: 기자들, 대통령을 끌어내리다』(돌베개, 2017), 317~318쪽.

154 우상호, 『민주당 1999-2024』(메디치, 2024), 190쪽.

155 손석희, 『장면들: 손석희의 저널리즘 에세이』(창비, 2021), 134쪽.

156 손석희, 『장면들: 손석희의 저널리즘 에세이』(창비, 2021), 137쪽.

157 조윤호, 「박근혜의 콘크리트, '달그닥 훅' 무너졌다」, 『미디어오늘』, 2016년 11월 9일.

158 오윤희, 「분노? 무관심이 더 무섭다」, 『조선일보』, 2016년 11월 8일.

159 이진동, 『이렇게 시작되었다: 박근혜-최순실, 스캔들에서 게이트까지』(개마고원, 2018), 292~307쪽.

160 한겨레 특별취재반, 『최순실 게이트: 기자들, 대통령을 끌어내리다』(돌베개, 2017), 319쪽.

161 우종창, 『대통령을 묻어버린 거짓의 산 1권』(거짓과진실, 2019), 5~8쪽.

162 최선재, 「이재명 급부상 뒤엔 '손가락혁명군' 지원 사격 있다」, 『일요신문』, 2016년 11월 17일.

163 김도연, 「JTBC엔 "환호" KBS엔 "니들도 공범" MBC "…"」, 『미디어오늘』, 2016년 11월 13일.

164 강성원, 「"MBC 로고 떼고 집회 중계, 쪽팔려서 눈물이 났다"」, 『미디어오늘』, 2016년 11월 17일.

165 문현숙, 「"100만 촛불집회서 MBC 태그 뗀 채 취재해야 했어요"」, 『한겨레』, 2016년 11월 18일.

166 「[사설] '선거의 여왕' 애타게 찾던 그들은 어디 '꼭꼭' 숨었나」, 『미디어펜』, 2016년 11월 16일.

167 최선재, 「이재명 급부상 뒤엔 '손가락혁명군' 지원 사격 있다」, 『일요신문』, 2016년 11월 17일.

168 백상진, 「역대 최대 '최순실 특검법' 국회 통과」, 『국민일보』, 2016년 11월 18일.

169 이충형, 「정두언 "묘청의 난보다 심각한 사건"」, 『중앙일보』, 2016년 11월 21일.

170 김지훈·박수진, 「시민들 일상 바꾼 국정농단…막장 현실에 "드라마보다 뉴스가 재밌어"」, 『한겨레』, 2016년 11월 22일.

171 오수현, 「3위로 치고 나온 이재명, 초조해진 대선 가도 잠룡들」, 『매일경제』, 2016년 11월 24일; 박중재, 「이재명, 지지율 급등…호남서 문·안과 3강 구도」, 『뉴스1』, 2016년 11월 24일; 김평석, 「'변방장수' 이재명 돌풍…2002년 盧風 데자뷔?」, 『뉴스1』, 2016년 11월 24일.

172 이윤정, 「블룸버그 "한국의 버니 샌더스? 포퓰리스트 이재명"」, 『경향신문』, 2016년 11월 25일.

173 김경민, 「이재명 성남시장, '한국의 트럼프' 보도에 "나는 트럼프 아닌 샌더스" 네티즌 의견 물어」, 『서울경제』, 2016년 11월 27일.

174 조은정, 「이재명 "트럼프 승리는 기성정치에 대한 탄핵"」, 『CBS노컷뉴스』, 2016년 11월 9일.

175 채진원, 『공화주의와 경쟁하는 적들』(푸른길, 2019), 156쪽.

176 김도훈, 「'팩트 불신의 시대'에 '사이다' 못 끊겠네」, 『한겨레』, 2016년 12월 14일.

177 김수영, 「문재인 "가짜 보수, 횃불로 모두 태워버리자"」, 『CBS노컷뉴스』, 2016년 11월 26일.

178 「[사설] 자고 나면 쏟아지는 의혹들, 이게 정권의 실상이었나」, 『경향신문』, 2016년 11월 25일.

179 손석희, 「[인터뷰] 문재인 "박 대통령, 즉각 퇴진이 답…버텨봤자 탄핵"」, 『JTBC 뉴스』, 2016년 11월 28일.

180 손석희, 『장면들: 손석희의 저널리즘 에세이』(창비, 2021), 171쪽.

181 하성태, 「'조기 대선' 올인 손석희 vs. '즉답' 피한 문재인」, 『오마이뉴스』, 2016년 11월 29일.

182 김향미·정원식, 「주말마다 광장에 서는 사람들…움츠린 가요·영화·공연」, 『경향신문』, 2016년 11월 28일.

183 최희선, 「12월 3일 촛불집회, 이재명 "박근혜 대통령 무덤 파 박정희 유해 옆으로 보내자"」, 『뉴스인사이드』, 2016년 12월 4일.

184 엄지원, 「파이터? 막말꾼? 품격 없다지만 갈증도 없는 '성남 사이다'」, 『한겨레』, 2016년 12월 14일.

185 백승대, 『이재명, 한다면 한다: 디테일이 강한 유능한 진보』(매직하우스, 2021), 253쪽.

186 정장열, 「이재명 "우아한 정치 언어 진짜 싫어한다…한국의 샌더스 되고 싶어"」, 『조선일보』, 2016년 12월 4일.

187 한현우, 「박원순에 "교통방송 달라" 김어준, 뉴스공장으로 '접수'」, 『조선일보』, 2020년

11월 6일, A25면.

188 한현우, 「박원순에 "교통방송 달라" 김어준, 뉴스공장으로 '접수'」, 『조선일보』, 2020년
11월 6일, A25면.

189 우상호, 『민주당 1999-2024』(메디치, 2024), 194~195쪽.

190 한겨레 특별취재반, 『최순실 게이트: 기자들, 대통령을 끌어내리다』(돌베개, 2017),
292~293쪽.

191 정윤섭·강병철, 「朴 대통령 "피눈물난다는 말 알겠다"…관저 칩거 '정치적 연금'」,
『연합뉴스』, 2016년 12월 11일.

192 김도연, 「KBS 이사 "JTBC·중앙일보, 좌익 상업주의에 매몰"」, 『미디어오늘』, 2016년
12월 15일.

193 조갑제, 「친박은 '보수의 敵' 조중동과 싸워야 살 길이 열린다!」, 『조갑제닷컴』, 2016년
12월 12일.

194 엄지원, 「파이터? 막말꾼? 품격 없다지만 갈증도 없는 '성남 사이다'」, 『한겨레』, 2016년
12월 14일.

195 김도훈, 「'팩트 불신의 시대'에 '사이다' 못 끊겠네」, 『한겨레』, 2016년 12월 14일;
「이재명/비판 및 논란」, 『나무위키』.

196 김아진, 「"黨政 협의 말라" "국가 대청소를"…정권 잡은 듯 나서는 민주」, 『조선일보』,
2016년 12월 12일.

197 「[사설] 文 '법으로 안 되면 힘으로', 이는 탄핵감 아닌가」, 『조선일보』, 2016년 12월
19일.

198 엄보운, 「10주 만에 지지율 떨어진 이재명 "등 뒤 꽂히는 비수, 정말 아프다"」, 『조선
일보』, 2016년 12월 20일.

199 고한솔·박수지, 「『한겨레』 기자에 "사탄 물러가라"…맞불 집회 참가자들 '말말말'」,
『한겨레』, 2016년 12월 17일.

200 조갑제, 『언론의 난: 마녀사냥·인민재판·촛불우상화·졸속탄핵·오보와 왜곡』(조갑
제닷컴, 2016), 7쪽.

201 강성원, 「KBS 기자들 "'수신료 JTBC 주자' 해도 할 말 없다"」, 『미디어오늘』, 2016년
12월 26일.

202 송호근, 「'난 몰라' 공화국」, 『중앙일보』, 2016년 12월 27일.

203 차순우, 「최순실 "국정 보느라 머리 아프다" 짜증」, 『TV조선』, 2016년 12월 30일.

204 강성원, 「MBC, 최순실 태블릿PC에 대한 '집착' 이유 있다」, 『미디어오늘』, 2017년 1월
4일.

205 김도연, 「KBS 구성원 '부글부글' 고대영 사장 사퇴 요구 확산」, 『미디어오늘』, 2017년

1월 3일.

206 고한솔, 「1천만 넘은 촛불…'송박영신'의 소망 "비리 없는 나라로"」, 『한겨레』, 2017년
     1월 2일.

207 김서영, 「페미니즘 전위 '메갈리아' 1년…'혐오'를 '혐오'로 지우려 한 그녀들은 유죄
     인가」, 『경향신문』, 2016년 7월 9일.

208 김리나, 「메갈리안들의 '여성' 범주 기획과 연대 : "중요한 건 '누가' 아닌 우리의 '계
     획'이다."」, 『한국여성학』, 33권 3호(2017년 9월), 112, 126쪽.

209 윤보라, 「메갈리아의 '거울'이 비추는 몇 가지 질문들」, 윤보라 외, 『그럼에도 페미니
     즘: 일상을 뒤집어보는 페미니즘의 열두 가지 질문들』(은행나무, 2017), 16쪽.

210 정민경, 「서버 폐쇄에도 죽지 않았던 '소라넷'…유사 사이트 고개 든다」, 『미디어오
     늘』, 2017년 4월 25일.

211 구민정, 「[강남역 사건 100일 ①] 끝나지 않은 혐오…사회 곳곳으로 '일파만파'」, 『헤
     럴드경제』, 2016년 8월 24일.

212 원선우, 「문재인 '묻지 마 살인 희생자'에 "다음 생 남자로 태어나요" 인용 논란」, 『조
     선일보』, 2016년 5월 19일; 강성원, 「문재인이 "다음 생엔 남자로 태어나라" 말한 게
     아니다」, 『미디어오늘』, 2016년 5월 20일.

213 김서영, 「작업 후기: 강남역 10번 출구에서 엿본 추모와 희망」, 경향신문 사회부 사건
     팀 기획·채록, 『강남역 10번 출구, 1004개의 포스트잇: 어떤 애도와 싸움의 기록』(나
     무연필, 2016), 175~176쪽.

214 도유진, 「여성 혐오와 한국 사회, 도망칠 것인가 변화시킬 것인가」, 『ㅍㅍㅅㅅ』, 2016년
     5월 26일.

215 김홍미리, 「'여성이 죽는다' 호소에 "같이 문제 풀자" 응답해야」, 『한겨레』, 2016년 5월
     21일; 홍지아, 「젠더화된 폭력에 대한 뉴스 보도 : 4개 언론사(조선일보, 동아일보, 한겨
     레, 경향신문)의 강남역 여성 살인 사건 보도를 중심으로」, 『한국언론정보학보』, 83권
     (2017년 6월), 186~218쪽.

216 송평인, 「'메갈리아'식 여성 혐오 편집증」, 『동아일보』, 2016년 6월 1일.

217 이나영, 「여성 혐오와 젠더 차별, 페미니즘 : '강남역 10번 출구'를 중심으로」, 『문화와
     사회』, 22권(2016년 12월), 171~172쪽.

218 홍승은, 「페미니즘을 알려줘」, 『일다』, 2016년 9월 8일.

219 박현철, 「페미니즘은 선택이 아니라 생존의 문제예요」, 『한겨레』, 2016년 10월 15일.

220 권김현영, 「모든 것이 달라질 것이다」, 한국여성민우회 엮음, 『거리에 선 페미니즘: 여
     성 혐오를 멈추기 위한 8시간, 28800초의 기록』(궁리, 2016), 200~201쪽.

221 노도현, 「섬마을 성폭행 '엉뚱한 여교사' 신상 턴 일베 회원들 덜미」, 『경향신문』,

주

2016년 7월 12일.

222 최민호, 「섬마을 여교사 사건, 주민들 집단 성폭행 선처해 달라 탄원서까지?」, 『헤럴드
경제』, 2018년 4월 10일.

223 이세아, 「남성연대라는 권력」, 『여성신문』, 2017년 8월 8일; 여성신문 뉴미디어팀,
「[2016 여성의 기억 16장면] 여성 혐오 넘어 젠더 민주주의 외치다」, 『여성신문』,
2016년 12월 12일.

224 이재윤, 「캠퍼스 '양성평등' 갈 길 먼데…사라지는 총여학생회」, 『머니투데이』, 2016년
3월 8일; 황보연·김미향, 「여성 '무시'에서 '적대'로…SNS와 결합해 공격성 증폭」,
『한겨레』, 2016년 5월 24일.

225 김서영, 「[메갈리아 1년] 〈2〉 '남성 메갈리안'의 시각」, 『경향신문』, 2016년 7월 13일.

226 노혜경, 「메갈리아로부터 떠날 때」, 『레디앙』, 2016년 9월 12일.

227 이민경, 「"성우 교체 반성하라" 100여 명, 넥슨 앞서 시위」, 『블로터』, 2016년 7월 24일.

228 김미영, 「"페미니즘 대중화…소비자로서 여성 문제도 고민해야"」, 『한겨레』, 2017년
2월 10일.

229 이선옥, 「메갈리안 해고 논란? 이건 여성 혐오의 문제가 아닙니다」, 『미디어오늘』,
2016년 7월 25일.

230 정민경, 「정의당, 메갈리아 관련 논평 '철회'」, 『미디어오늘』, 2016년 7월 25일.

231 정민경, 「정의당 논평 철회에 출당 요구까지 계속되는 의견 충돌」, 『미디어오늘』,
2016년 7월 28일.

232 정민경, 「"'메갈리아 싫다고 떠나 아쉽다'는 정의당을 떠난다"」, 『미디어오늘』, 2016년
8월 10일.

233 손국희, 「"너 메갈리아지" 이것도 죄가 된다…모욕죄의 진화」, 『중앙일보』, 2018년 7월
19일.

234 남지은, 「"중국 시장 때문에"… '웃픈' 드라마 사전제작 열풍」, 『한겨레』, 2015년 12월
2일.

235 김유리·차현아, 「"콘텐츠 수출 큰 시장? 중국은 한류에 관심 없다"」, 『미디어오늘』,
2015년 12월 30일.

236 박민희, 「한류의 중국화, 쯔위의 경고」, 『한겨레』, 2016년 1월 21일.

237 「쯔위 청천백일만지홍기 사건」, 『위키백과』.

238 박민희, 「한류의 중국화, 쯔위의 경고」, 『한겨레』, 2016년 1월 21일.

239 윤태진, 「쯔위 사건의 그림자들」, 『경향신문』, 2016년 1월 27일.

240 박주연, 「쯔위 사태·엑소 분쟁… '다국적 아이돌' 도대체 무슨 일이」, 『경향신문』,
2016년 1월 30일.

241 김윤정, 「남중국해 입장 표명 강요받는 소녀시대 윤아…그저 인기 탓?」, 『오마이뉴스』, 2016년 7월 13일.

242 차현아, 「"'별그대' 중국 성공 이후, 시간여행 방송 금지됐다"」, 『미디어오늘』, 2016년 1월 27일.

243 차현아, 「"중국이라는 거대한 틈새 시장, 먹으려다 먹힐 수도"」, 『미디어오늘』, 2016년 1월 27일.

244 신효령, 「'태양의 후예' 중국 난리, 조회수 20억↑」, 『뉴시스』, 2016년 4월 6일.

245 윤재식, 「방송 콘텐츠 글로벌화 전략: 동남아 지역을 중심으로」, 『방송문화』, 408호 (2017년 봄), 116쪽.

246 이민자, 「[차이나 인사이트] 인터넷 관리 고삐 조이는 중국…한류 사업은 안전한가」, 『중앙일보』, 2016년 4월 6일.

247 김규찬, 「중국으로 달려가는 한국 문화산업…유출인가 진출인가」, 『중앙일보』, 2016년 4월 13일.

248 김현경, 「포기할 수 없는 중국 시장, 전략의 다변화 필요」, 『방송문화』, 408호(2017년 봄), 101쪽.

249 윤재식, 「방송 콘텐츠 글로벌화 전략: 동남아 지역을 중심으로」, 『방송문화』, 408호 (2017년 봄), 118~119쪽.

250 고성연, 「CJ, 한류의 첨병…국가대표 문화 기업으로 성큼」, 『동아일보』, 2016년 5월 30일.

251 정철운, 「CJ엔 있고 지상파·종편엔 없는 결정적인 다섯 가지」, 『미디어오늘』, 2016년 6월 29일.

252 임채원, 「CJ E&M의 해외 진출 전략인 OSMT(One Source Multi Territory)에 관한 고찰」, 『글로컬 창의 문화연구』, 7권 1호(2018년 7월), 25~26쪽.

253 금준경, 「'방송법 광고 위반 최다', 미디어 공룡 CJ E&M의 그늘」, 『미디어오늘』, 2016년 10월 7일.

254 금준경, 「미디어 공룡 CJ E&M 규제 법안 나왔다」, 『미디어오늘』, 2017년 5월 25일.

255 양승준, 「방탄소년단, 빌보드 어워즈 후보 올라」, 『한국일보』, 2017년 4월 11일.

256 김성철, 『THIS IS 방탄 DNA: 방탄소년단 콘텐츠와 소셜 파워의 비밀』(독서광, 2017), 52~63쪽.

257 윤여광, 「방탄소년단(BTS)의 글로벌 팬덤과 성공 요인 분석」, 『한국엔터테인먼트산업학회논문지』, 13권 3호(2019년 4월), 15, 20~21쪽; 정지은, 「케이팝(K-POP)을 위한 스토리텔링 전략에 관한 연구: 방탄소년단(BTS)을 중심으로」, 『문화산업연구』, 19권 3호(2019년 9월), 67쪽; 이규탁, 「방탄소년단: 새로운 세대의 새로운 소통 방

식, 그리고 감정노동」, 『문화과학』, 93호(2018년 봄), 285~286쪽.

258   이지행, 『BTS와 아미 컬처』(커뮤니케이션북스, 2019), 1~10쪽.

259   이지행, 『BTS와 아미 컬처』(커뮤니케이션북스, 2019), 10~11쪽.

260   김성철, 『THIS IS 방탄 DNA: 방탄소년단 콘텐츠와 소셜 파워의 비밀』(독서광, 2017), 41쪽.

261   이지행, 『BTS와 아미 컬처』(커뮤니케이션북스, 2019), 12쪽.

262   김영대, 『BTS: The Review 방탄소년단을 리뷰하다』(RHK, 2019), 18~21쪽.

263   임희윤, 「방탄소년단 신드롬 어떻게 가능했을까」, 『관훈저널』, 154호(2020년 봄), 182~183쪽.

264   박영웅, 「방탄소년단, 북미 투어 "K팝 역사상 최단 시간 매진"」, 『스포츠조선』, 2016년 12월 19일.

265   김영대, 「하위문화로부터 탈한류 담론의 가능성까지: 케이콘과 방탄소년단을 중심으로」, 이기형·이동후 외, 『문화연구의 렌즈로 대중문화를 읽다: 변화하는 한국 대중문화 지형도』(컬처룩, 2018), 175~182쪽.

266   김영대, 『BTS: The Review 방탄소년단을 리뷰하다』(RHK, 2019), 220쪽.

267   이규탁, 『갈등하는 케이, 팝』(스리체어스, 2020), 52~53쪽.

268   이지행, 『BTS와 아미 컬처』(커뮤니케이션북스, 2019), 62~63쪽.

269   박광기 외, 『산업한류혁명: 대한민국의 지구촌 허브 전략』(한국경제신문, 2018), 228쪽. 2017년 한류 동호회는 전 세계 92개국에 1,590개였고, 회원수는 7,300만 명에 이르렀다. 장원호, 「한류의 전개와 글로벌 수용의 변화」, 『지식의지평』, 27호(2019년 11월), 7쪽.

270   정용수, 「이영호, 미키마우스에 밀리다」, 『중앙일보』, 2012년 7월 20일.

271   주성하·김정안, 「남한 스타일 머리 해주면 요금 3배…평양 아파트엔 삼성 TV」, 『동아일보』, 2015년 9월 17일.

272   백지은, 「[The New York Times] 한국 드라마가 북한을 변화시킨다」, 『중앙일보』, 2016년 12월 21일.

273   김수경, 「탈북 유도하는 K팝?」, 『조선일보』, 2019년 8월 23일, A20면.

274   헨리 지루(Henry A. Giroux), 성기완 옮김, 『디즈니 순수함과 거짓말』(아침이슬, 2001), 37쪽.

제2부 2017년

1   금준경, 「박근혜 기자회견 보도, 공영방송은 이렇게 달랐다」, 『미디어오늘』, 2017년 1월

2일.

2 「[사설] 새해 첫날부터 변명만 늘어놓은 뻔뻔한 대통령」, 『한겨레』, 2017년 1월 2일.

3 「[사설] 국민 분노에 불 지른 대통령 신년 간담회」, 『중앙일보』, 2017년 1월 2일.

4 금준경, 「박근혜 기자회견 보도, 공영방송은 이렇게 달랐다」, 『미디어오늘』, 2017년 1월 2일.

5 「[사설] 촛불은 민심 아니라는 박근혜의 정신상태」, 『경향신문』, 2017년 1월 6일.

6 신나리·김준일·장관석, 「최순실 "공직 기강 잡아야" 대통령 행세했다」, 『동아일보』, 2017년 1월 6일.

7 고대훈, 「국정농단보다 더 큰 죄」, 『중앙일보』, 2017년 1월 14일.

8 조백건·신수지, 「헌재 처음 나온 최순실 "모른다" 130여 차례」, 『조선일보』, 2017년 1월 17일.

9 「[사설] 대통령이 수석들 모아놓고 거짓말 모의했다니」, 『조선일보』, 2017년 1월 18일.

10 양은경·박상기, 「누가 보면 연인인 줄」, 『조선일보』, 2017년 1월 19일.

11 서영지, 「유진룡 "블랙리스트, 김기춘 지시…역사 30년 전으로 후퇴"」, 『한겨레』, 2017년 1월 24일.

12 「[사설] 극우단체 뒷돈 대서 여론조작·민의왜곡 했다니」, 『경향신문』, 2017년 1월 25일.

13 신수지, 「고래고래 소리 지른 최순실」, 『조선일보』, 2017년 1월 26일.

14 이정애·박태우, 「박 "태극기 집회, 촛불 두 배라는데…보면서 가슴 미어진다"」, 『한겨레』, 2017년 1월 26일; 정녹용, 「"최순실 사태, 날 끌어내리려 오래전부터 기획된 느낌"」, 『조선일보』, 2017년 1월 26일.

15 박수진·허승, 「박 대통령 '촛불 음모론'에…시민들 "당신이야말로 거짓 쌓은 산"」, 『한겨레』, 2017년 1월 27일.

16 「[사설] 극우단체 지원-관제 시위 지시, '주범'은 결국 청와대」, 『한겨레』, 2017년 1월 31일.

17 「[사설] 시대착오적인 청와대·삼성·극우단체의 3각 커넥션」, 『경향신문』, 2017년 2월 1일.

18 「[사설] 관제 데모는 정치공작이나 다름없다」, 『중앙일보』, 2017년 2월 1일.

19 서동철·김명일, 「[직격인터뷰] 이재명 성남시장 '전투형 노무현' 존재감 부각」, 『일요신문』, 2017년 1월 2일.

20 김도연, 「이재명 "TV조선 반드시 폐간시킬 것"」, 『미디어오늘』, 2017년 1월 2일.

21 「JTBC '신년토론' 유시민, 이재명에게 "감정 조절 능력 약간 하자 아니냐"」, 『부산일보』, 2017년 1월 3일.

22   김도연, 「이재명, TV조선에 형사 고소·정정보도 요청·손해배상까지」, 『미디어오늘』, 2017년 1월 3일.

23   이상헌, 「이재명 "주한미군 철수 각오하고 자주국방정책 수립해야"」, 『연합뉴스』, 2017년 1월 3일.

24   「[사설] '개헌을 野숍으로 몰아붙이자'는 게 文 생각인가」, 『조선일보』, 2017년 1월 4일.

25   엄지원, 「박원순 '민주 개헌 보고서'에 직격탄」, 『한겨레』, 2017년 1월 7일; 이정애·엄지원, 「박원순 "문재인은 청산돼야 할 기득권 세력" 직격탄」, 『한겨레』, 2017년 1월 9일.

26   모동희, 「성남시청 스케이트장 폐쇄 허위사실 유포자 '고소'」, 『성남일보』, 2017년 1월 5일; 최가영, 「"성남 스케이트장 폐쇄 문서" 시의원이 고소」, 『YTN PLUS』, 2017년 1월 6일.

27   김용민, 『마이너리티 이재명: 당연한 게 당연하지 않습니다』(지식의숲, 2020), 301쪽.

28   김대성, 「'썰전' 유시민 "이재명 시장은 노무현과 트럼프 반반 섞여 있다"」, 『이뉴스투데이』, 2017년 1월 8일.

29   노진호, 「[오늘의 JTBC] 이재명 "나는 노무현 반, 샌더스 반 섞은 후보"」, 『중앙일보』, 2017년 2월 16일; 신동욱, 「'썰전' 이재명 출연…"내가 반반후보? '반기문' 반(潘)은 아니겠지"」, 『국제신문』, 2017년 2월 16일.

30   김평석, 「이재명 시장 "미 대통령 중 롤 모델은 루스벨트"」, 『뉴스1』, 2016년 12월 7일.

31   박홍두, 「이재명 "지난 대선은 전대 미문의 부정선거…투표소 수개표로 부정 방지해야"」, 『경향신문』, 2017년 1월 7일.

32   서민선, 「이재명 "세월호 참사는 제2광주학살…특검법 통과돼야"」, 『뉴스1』, 2017년 1월 7일.

33   김아진, 「박원순 "서울대 없애야"…이재명 "이재용 재산 몰수"」, 『조선일보』, 2017년 1월 13일.

34   홍수민, 「문재인 "북한도 선거 연령 17세…19세 부끄러운 것"」, 『중앙일보』, 2017년 1월 14일.

35   조갑제 외, 『문재인의 정체』(조갑제닷컴, 2017), 106쪽.

36   「손가락혁명군」, 『나무위키』.

37   이재명, 『이재명은 합니다: 무엇을 시작하든 끝장을 보는 사람, 이재명 첫 자전적 에세이』(위즈덤하우스, 2017), 146쪽.

38   박세회, 「이재명이 네거티브의 화살로 문재인을 직접 조준했다」, 『허핑턴포스트코리아』, 2017년 1월 16일.

39   송경화, 「이재명 "국토보유세 신설해 기본소득 주자"」, 『한겨레』, 2017년 1월 16일.

40 「[사설] 군 복무 기간이 선거 도박판 판돈 된 나라」, 『조선일보』, 2017년 1월 19일.

41 김수영, 「文 "공인이라면 그런 문자 받을 줄도 알아야"」, 『CBS노컷뉴스』, 2017년 1월 20일; 「[사설] 문재인, 문자 테러까지 옹호하나」, 『중앙일보』, 2017년 1월 23일.

42 나혜윤, 「[전문] 이재명 성남시장 대선 출마 선언문」, 『뷰스앤뉴스』, 2017년 1월 23일.

43 최선재, 「이재명 손가락혁명군 선거인단 모집 방식 구설」, 『일요신문』, 2017년 2월 2일.

44 박상준, 「문빠, 힘인가 독인가」, 『한국일보』, 2017년 2월 18일.

45 유재일, 『문재인과 친노 죽이기』(왕의서재, 2017), 36쪽.

46 최인호 외, 『김어준이 최순실보다 나쁘다』(이맛돌, 2021), 37~38쪽.

47 장혜원, 「혜경궁 김씨 사건, 트윗 어땠길래…전·현직 대통령·이재명 친형까지 비판」, 『세계일보』, 2018년 11월 2일.

48 최선재, 「이재명 손가락혁명군 선거인단 모집 방식 구설」, 『일요신문』, 2017년 2월 2일.

49 https://www.youtube.com/watch?v=QPz4jobOTJw

50 이세영, 「이재명 "이승만은 친일매국의 아버지…박정희는 인권침해의 독재자"」, 『서울경제』, 2017년 1월 31일.

51 「[사설] 반기문 불출마, 정치 교체 밑거름 되길」, 『중앙일보』, 2017년 2월 2일.

52 「[사설] 최순실을 평범한 가정주부로 알았다는 박근혜표 거짓말」, 『경향신문』, 2017년 2월 7일.

53 「[사설] 해도 해도 너무하는 대통령의 특검 수사 방해」, 『한겨레』, 2017년 2월 9일.

54 정진우·송승환, 「"박 대통령·최순실, 국정농단 의혹 제기 뒤에도 127회 통화"」, 『중앙일보』, 2017년 2월 16일.

55 「[사설] 박 대통령은 왜 獨 도피한 최순실과 '대포폰' 통화했나」, 『동아일보』, 2017년 2월 16일.

56 이호중, 「이재용의 구속, 신화를 허문 촛불의 힘」, 『미디어오늘』, 2017년 2월 18일.

57 이명수, 「이재용을 구속할 가장 적당한 때」, 『한겨레』, 2017년 2월 21일.

58 「[사설] 대통령 측 "아스팔트에 피", 경악할 法治 거부 선동」, 『조선일보』, 2017년 2월 23일.

59 김민경·김지훈·현소은, 「김평우 변호사 '헌재 농단' 발언은 구치소 감치 사유」, 『한겨레』, 2017년 2월 24일.

60 「[사설] 헌법기관 위협하고 유혈사태 선동하는 '태극기 집회'」, 『한겨레』, 2017년 2월 27일.

61 「[사설] 헌재 재판관·특별검사의 신변 보호까지 해야 하는 나라」, 『경향신문』, 2017년 2월 27일.

62 「[사설] 탄핵 사유 하나도 없다는 박 대통령의 기막힌 최후 변명」, 『경향신문』, 2017년

2월 28일.

63   「[사설] 대통령의 '망상과 기만', 인내의 한계 넘었다」, 『한겨레』, 2017년 3월 1일.

64   홍수민, 「특검 "'입시 비리' 의혹 최경희 전 이대 총장 등 구속기소"」, 『중앙일보』, 2017년 2월 28일.

65   「연합뉴스 선정 2017 10대 국제 뉴스」, 『연합뉴스』, 2017년 12월 14일; 「김정남 피살 사건」, 『나무위키』.

66   고명현, 「성공한 암살, 그러나 치명적 실책」, 『조선일보』, 2017년 3월 1일.

67   「[사설] 북한의 VX 암살, 대량살상무기 차원에서 제재할 때」, 『중앙일보』, 2017년 2월 27일.

68   윤지원, 「"김정일 후임으로 김정남을" 장성택 발언이 암살 배경」, 『뉴스1』, 2018년 2월 13일.

69   권승준·이준우·이동휘, 「낮엔 反彈, 밤엔 贊彈」, 『조선일보』, 2017년 3월 2일.

70   방준호·안영춘, 「김평우 "쓰레기 소추장" 조갑제 "쓰레기 언론"…친박 집회 막말 행렬」, 『한겨레』, 2017년 3월 6일.

71   김규남·박수지·박수진, 「탄핵 찬성 여론이 31%라고?…헌재 선고 앞두고 극우 '가짜 뉴스' 극성」, 『한겨레』, 2017년 3월 7일.

72   우종창, 『어둠과 위선의 기록: 박근혜 탄핵백서』(거짓과진실, 2021), 60쪽; 이대희, 「최순실 재산 2730억 원…토지·건물만 36개」, 『프레시안』, 2017년 3월 6일; 최현준, 「박근혜·최순실 재산 2700억 원, 환수 가능성은?」, 『한겨레』, 2017년 3월 10일.

73   이영주, 「"최순실 은닉재산 수조 원" 발언 안민석, 명예훼손 혐의로 기소」, 『연합뉴스』, 2023년 11월 2일.

74   곽희양·윤승민, 「[박근혜 파면-8인 재판관의 선택] '최순실 국정 개입·대통령 권한 남용'만으로 '탄핵' 충분했다」, 『경향신문』, 2017년 3월 11일; 「[사설] 헌재의 대통령 파면은 국민의 명령이다」, 『중앙일보』, 2017년 3월 11일.

75   박근혜, 「박근혜 "왜 더러운 사람 만드냐"…검사 면전서 서류 밀쳤다: '박근혜 회고록' 다시보기」, 『중앙일보』, 2024년 8월 27일.

76   유오상·정세희·홍태화, 「[박근혜 대통령 탄핵] '파면' 생중계에 탄기국 측 "충격"… 현장은 아수라장」, 『헤럴드경제』, 2017년 3월 10일.

77   한영익·윤정민, 「폭력 사태 번진 태극기 집회, 탄핵 결정되자 "헌재로 가자"」, 『중앙일보』, 2017년 3월 11일.

78   박근혜, 「박근혜 "왜 더러운 사람 만드냐"…검사 면전서 서류 밀쳤다: '박근혜 회고록' 다시보기」, 『중앙일보』, 2024년 8월 27일.

79   김경필, 「[기자수첩] 샴페인·축하 퍼레이드…승리에 취한 '촛불'」, 『조선일보』, 2017년

3월 11일.

80   김지은, 「국민 86% "박근혜 파면 잘했다"」, 『한겨레』, 2017년 3월 11일.

81   오태규, 「'대통령 박근혜 파면' 이후」, 『한겨레』, 2017년 3월 14일.

82   박근혜, 「박근혜 "왜 더러운 사람 만드냐"…검사 면전서 서류 밀쳤다: '박근혜 회고록' 다시보기」, 『중앙일보』, 2024년 8월 27일.

83   「[사설] 대선 정국, 박근혜 블랙홀에 빠지지 말아야」, 『중앙일보』, 2017년 3월 14일.

84   최경운·양승식, 「친박 '私邸정치' 움직임…野는 비난, 한국당 지도부도 경계」, 『조선일보』, 2017년 3월 14일.

85   안성열, 「[박근혜 전 대통령 혐의 13개는 무엇] 최순실과 삼성 뇌물 수수혐의 핵심」, 『내일신문』, 2017년 3월 21일.

86   최재훈·김정환, 「박 前 대통령 검찰청서 21시간 30분 만에 귀가」, 『조선일보』, 2017년 3월 23일; 윤호진·송승환, 「고침줄 빼곡한 조서…'7시간 검토' 검찰도 예상 못했다」, 『중앙일보』, 2017년 3월 23일.

87   박근혜, 「박근혜 "왜 더러운 사람 만드냐"…검사 면전서 서류 밀쳤다: '박근혜 회고록' 다시보기」, 『중앙일보』, 2024년 8월 27일.

88   「[사설] 세월호 앞에서 옷깃을 여미며」, 『한겨레』, 2017년 3월 24일.

89   박근혜, 「박근혜 "왜 더러운 사람 만드냐"…검사 면전서 서류 밀쳤다: '박근혜 회고록' 다시보기」, 『중앙일보』, 2024년 8월 27일.

90   이은혜, 「박근혜 구속된 날, 세월호는 마지막 항해 "사필귀정"」, 『아시아경제』, 2017년 3월 31일.

91   이철희, 「[이철희의 돌아보고 내다보고] 적개심이 된 '지못미'…검찰 정치보복성 수사가 부추겨」, 『한겨레』, 2024년 3월 29일.

92   「미안하다 고맙다」, 『나무위키』.

93   최연진, 「진중권 "세월호 아이들에게 '고맙다'니…그때 文 대통령에게 크게 뜨악했다"」, 『조선일보』, 2020년 8월 10일, A6면.

94   양상훈, 「'2016 탄핵' 때 닮은 꺼림직한 정치 풍경」, 『조선일보』, 2024년 7월 4일.

95   이재명, 『이재명은 합니다: 무엇을 시작하든 끝장을 보는 사람, 이재명 첫 자전적 에세이』(위즈덤하우스, 2017), 144, 146~147쪽.

96   「이재명 측 "후원회 출범 하루 만에 2억 7000만원…無수저, 흙수저의 이변"」, 『동아닷컴』, 2017년 2월 10일; 신종철, 「이재명 무수저 돌풍…후원회 하루 만에 2억 7천만 원 모금」, 『로이슈』, 2017년 2월 10일.

97   박상휘, 「이재명 '흙수저 후원회' 출범 사흘 만에 5억 원 돌파」, 『뉴스1』, 2017년 2월 13일.

98 신종철, 「이재명 흙수저후원회 방긋…3주 만에 후원금 10억 돌파」, 『로이슈』, 2017년 3월 3일.

99 조은정, 「이재명 "한상균 사면시켜 노동부 장관 시킬 것"」, 『CBS노컷뉴스』, 2017년 2월 15일; 정영태, 「이재명 "노동부 장관에 한상균 민주노총 위원장 적격"」, 『SBS 뉴스』, 2017년 2월 15일.

100 정성희, 「문재인은 왜 토론을 피하나」, 『동아일보』, 2017년 2월 16일.

101 「관훈토론회: 이재명 성남시장」, 『관훈저널』, 통권 142호(2017년 봄), 300~305쪽.

102 「관훈토론회: 이재명 성남시장」, 『관훈저널』, 통권 142호(2017년 봄), 330~331쪽.

103 「관훈토론회: 이재명 성남시장」, 『관훈저널』, 통권 142호(2017년 봄), 332쪽.

104 최민우, 「"문재인 병원 가라" 손가혁, 이재명 지지 단체 취지 무색한 인격 모독 논란」, 『국민일보』, 2017년 3월 5일.

105 김창균, 「'이재명 次期' 괜찮을까, 文의 잠 못 이루는 밤」, 『조선일보』, 2021년 2월 25일; 최병국, 「윤석열 등장에 속셈 바빠진 여권」, 『경북일보』, 2021년 3월 9일

106 이재명, 『이재명은 합니다: 이재명 첫 자전적 에세이』(위즈덤하우스, 2017), 210~211쪽.

107 「[사설] 탄핵 정권이 도둑처럼 사드 배치하다니, 용납할 수 없다」, 『경향신문』, 2017년 3월 8일.

108 「[사설] 사드 배치가 '주권 침해'라는 민주, 어느 나라 黨인가」, 『동아일보』, 2017년 3월 9일.

109 이정재, 「롯데의 비명」, 『중앙일보』, 2017년 3월 9일.

110 「[사설] 안팎에서 난타당하는 롯데, 무슨 죄 지었다고 괴롭히나」, 『조선일보』, 2017년 3월 18일.

111 손진석·최종석, 「文 앞으로…줄서기 바쁜 관료들」, 『조선일보』, 2017년 3월 17일; 손진석·윤주헌, 「"저 양반이 盧 정부 때 잘 나갔었지"…공무원끼리도 끈 대기」, 『조선일보』, 2017년 3월 17일.

112 윤주헌, 「文 캠프 '폴리페서' 벌써 1000명」, 『조선일보』, 2017년 3월 17일; 김태익, 「[만물상] 폴리페서 점입가경」, 『조선일보』, 2017년 3월 17일.

113 신은정, 「도 넘은 흑색선전 '문재인 치매설'…일베·이재명 카페까지」, 『국민일보』, 2017년 3월 13일.

114 서승욱·유성운, 「"문재인은 당 통합도 못해" vs "안희정 대연정론은 독단"」, 『중앙일보』, 2017년 3월 15일.

115 김정윤, 「文, '박근혜 경제교사' 영입…安 "대연정 비판 논리 모순"」, 『SBS 뉴스』, 2017년 3월 15일.

116 위문회·김상진,「'10초만 더' 해명 기회 요구…능력 검증 없는 '앵무새 토론'」,『중앙일보』, 2017년 3월 20일.

117 손병관,『노무현 트라우마: 보복을 넘어 공존의 정치로』(메디치, 2022), 195~196쪽.

118 이정애,「호남 경선 앞두고 '지역감정 수렁' 자초하는 민주당」,『한겨레』, 2017년 3월 21일.

119 이민석,「"文, 어떤 지적도 용납 않는 권위적 가부장 모습…安, 박근혜 세력과 손잡으려 해"」,『조선일보』, 2017년 3월 23일.

120 손병관,『노무현 트라우마: 보복을 넘어 공존의 정치로』(메디치, 2022), 196쪽.

121 이민석,「"文, 어떤 지적도 용납 않는 권위적 가부장 모습…安, 박근혜 세력과 손잡으려 해"」,『조선일보』, 2017년 3월 23일.

122 이승욱,「대통령의 인품」,『한겨레』, 2017년 4월 3일.

123 김태형,『대통령 선택의 심리학』(원더박스, 2017), 140쪽.

124 이재원,「[현장+] 손가혁의 〈임을 위한 행진곡〉…그리고 '낄끼빠빠'」,『머니투데이』, 2017년 3월 27일.

125 구민주,「민주당 호남 대첩, 文 먼저 웃었다」,『시사저널』, 2017년 3월 27일.

126 유재일,「김부선 이야기를 하겠다」, 2018년 6월 11일; https://www.82cook.com/entiz/read.php?num=2579370

127 서승욱,「문자 폭탄, 대청소, 대통합」,『중앙일보』, 2017년 4월 7일.

128 오남석,「"文의 적은 文"…'親文패권' 논란 재점화」,『문화일보』, 2017년 3월 24일.

129 이재덕·김지환,「문재인 '문자 폭탄 양념 발언'에…안희정 측 박영선 "상처에 소금 뿌려"」,『경향신문』, 2017년 4월 4일.

130 이민석,「"문자 폭탄이 양념? 상처에 소금 뿌리나"」,『조선일보』, 2017년 4월 5일.

131 김진국,「[김진국이 만난 사람] 김무성 의원: 한국당, 태극기 목소리 커지면 총선 필패…친박 물러나야」,『중앙선데이』, 2019년 3월 9일.

132 윤태진,「종교가 된 대한민국 정치」,『경향신문』, 2017년 4월 10일.

133 뉴시스,「이해찬 "극우보수 세력 완전히 궤멸시켜야"」,『중앙일보』, 2017년 4월 30일.

134 강성원,「유시민 "야권의 집권, 정치권력만 잡은 것일 뿐"」,『미디어오늘』, 2017년 5월 6일.

135 이태경,「유시민이 옳다」,『허프포스트코리아』, 2017년 5월 8일.

136 정희준,「정녕, '나꼼수'를 무릎 꿇리려는 것인가?」,『미디어스』, 2016년 2월 5일.

137 장덕진,「결손민주주의 vs 결손민주의」,『경향신문』, 2019년 10월 8일, 31면.

138 조갑제,「친박은 '보수의 敵' 조중동과 싸워야 살 길이 열린다!」,『조갑제닷컴』, 2016년 12월 12일.

139 김지은, 「국민 86% "박근혜 파면 잘했다"」, 『한겨레』, 2017년 3월 11일.

140 우상호, 『민주당 1999-2024』(메디치, 2024), 202쪽.

141 오창민, 「'진보 어용 언론'은 없다」, 『경향신문』, 2017년 5월 11일.

142 손희정, 『페미니즘 리부트: 혐오의 시대를 뚫고 나온 목소리들』(나무연필, 2017), 156~157쪽.

143 권태호, 『공짜 뉴스는 없다: 디지털 뉴스 유료화, 어디까지 왔나?』(페이퍼로드, 2019), 98, 101쪽.

144 김도연, 「"덤벼라. 문빠들" 한겨레 간부, 댓글 폭탄에 사과」, 『미디어오늘』, 2017년 5월 16일; 한승곤, 「한겨레 "안수찬 기자 경위 파악 후 엄중 경고"(공식)」, 『아시아경제』, 2017년 5월 17일.

145 정지용, 「"덤벼라. 문빠들" 한겨레 기자, '증오와 거짓 사과' 논란」, 『국민일보』, 2017년 5월 16일; 김소정, 「문 대통령 지지자는 '개떼'…미디어오늘 기자 '정직 1개월'」, 『동아닷컴』, 2017년 5월 23일.

146 「[사설] 독자 행동주의와 언론 개혁」, 『미디어오늘』, 2017년 5월 17일.

147 길윤형, 「소심한 21」, 『한겨레21』, 제1185호(2017년 10월 30일).

148 정철운·금준경, 「"조중동 종편, 폐지보다 민주노조 세워야"」, 『미디어오늘』, 2017년 5월 17일.

149 이준상, 「"한경오-문빠 대립은 진보언론과 새 미디어 진영의 갈등"」, 『미디어스』, 2017년 6월 22일.

150 뉴시스, 「"돼지 흥분제 구해줬다"…홍준표 저서에 '성범죄 모의' 서술 논란」, 『동아닷컴』, 2017년 4월 20일.

151 안상현, 「홍준표, '돼지 발정제' 논란 "이제 그만 용서해달라"」, 『조선일보』, 2017년 4월 22일; 하종대, 「솔직한 고백, 위험한 진실」, 『동아일보』, 2017년 4월 22일; 이민석, 「민주당이 '洪 자서전 흥분제' 뒤늦게 비판한 까닭은」, 『조선일보』, 2017년 4월 22일; 「[사설] 성범죄 혐의마저 '선거 마케팅'에 쓰겠다는 건가」, 『한겨레』, 2017년 4월 24일.

152 최지용, 「첫 민생 행보는 '1만 명 정규직화' 문재인 등장에 인천공항 노동자들 '환호'」, 『오마이뉴스』, 2017년 5월 12일.

153 김종인, 『왜 대통령은 실패하는가: 킹메이커는 왜 정치의 패러다임을 바꾸려고 하는가』(21세기북스, 2022), 295~296쪽.

154 박근혜, 『어둠을 지나 미래로: 박근혜 회고록 2』(중앙북스, 2024), 259~260쪽.

155 김기찬, 「인국공 논란에도 밀어붙였는데…정규직 전환 역대 최저」, 『중앙일보』, 2021년 2월 23일.

156 박준철, 「"장시간 노동에 저임금"…인천공항 노동자, 처우 개선 외치며 청와대 도보

행진」,『경향신문』, 2021년 6월 1일.

157 곽래건,「비정규직 제로 정책, 비정규직 더 늘렸다…文 정부서 20% 돌파」,『조선일보』, 2022년 8월 26일; 손해용,「공공기관 '무늬만 정규직' 전환…10만 명 중 일반 정규직은 14%」,『중앙일보』, 2022년 9월 21일; 박상기,「비정규직 150만 명 늘어 800만 명 돌파…풀타임 일자리는 185만 개 사라져」,『조선일보』, 2022년 10월 3일.

158 박종성,「'좋은 일자리'의 함정」,『경향신문』, 2019년 1월 3일.

159 유지영,「[조돈문 인터뷰 ①] 강단과 거리에서 27년…"실천 않는 연구자는 포주 같은 존재": 실천하는 학자 조돈문 정년퇴임식에서 '막춤' 춘 사연」,『오마이뉴스』, 2019년 9월 14일.

160 유지영,「[조돈문 인터뷰 ①] 강단과 거리에서 27년…"실천 않는 연구자는 포주 같은 존재": 실천하는 학자 조돈문 정년퇴임식에서 '막춤' 춘 사연」,『오마이뉴스』, 2019년 9월 14일.

161 「[사설] 밀려오는 4차 산업혁명의 '일자리 충격'」,『한겨레』, 2017년 1월 3일.

162 김기식,「우리 시대 진보란 무엇인가」,『한겨레』, 2020년 11월 11일, 26면.

163 우석훈 외,『리셋 대한민국: 우석훈 박용진 김세연의 대한민국 미래대담』(오픈하우스, 2021), 99쪽.

164 곽정수,「"우린 신자유주의 아니다…시장 중시와 시장 만능은 전혀 달라"」,『한겨레』, 2021년 6월 2일.

165 「연합뉴스 선정 2017 10대 국내 뉴스」,『연합뉴스』, 2017년 12월 14일.

166 김영훈,「최저임금에 대한 보수언론 '저주'는 정당한가」,『미디어오늘』, 2021년 7월 26일.

167 임형섭,「문 대통령 "최저임금 인상, 긍정적 효과 90%"…비판 정면 돌파」,『연합뉴스』, 2018년 5월 31일.

168 김형원·김지섭,「文 대통령 '최저임금 긍정 효과 90%' 발언 뒤엔…靑이 통계청 압박해 빼낸 자료로 '엉터리 보고서'」,『조선일보』, 2019년 10월 11일.

169 배성규,「윤희숙 "이재명은 포퓰리스트에 파시스트까지 결합…모골이 송연"」,『조선일보』, 2021년 8월 10일.

170 노정태,『불량 정치: 우리가 정치에 대해 말하지 않은 24가지』(인물과사상사, 2021), 199~201쪽.

171 「연합뉴스 선정 2017 10대 국내 뉴스」,『연합뉴스』, 2017년 12월 14일;「[사설] 신고리 5·6호기 짓되 '탈원전' 하자는 게 국민 뜻이다」,『한겨레』, 2017년 10월 21일.

172 최보식,「[최보식이 만난 사람] "탈원전 뒤로 직원 사표를 매일 다섯 명꼴로 받았다…내가 罪人 같았다"」,『조선일보』, 2019년 12월 2일, A31면.

173 최현묵, 「탈원전 독주 2년, 돈도 사람도 환경도 잃었다」, 『조선일보』, 2019년 11월 8일, A1면.

174 「탁현민」, 『나무위키』.

175 이종근·이종훈, 「확 바뀐 청와대」, 『YTN』, 2017년 5월 12일; 신혜정, 「'청와대 얼굴 패권주의' 웃어넘기기엔 불편한 이유」, 『한국일보』, 2017년 5월 15일; 김창균, 「'이 벤트'로 떴다가 '레토릭'으로 지나」, 『조선일보』, 2019년 1월 3일.

176 이하원, 「[만물상] '남자 마음 설명서'」, 『조선일보』, 2017년 5월 27일.

177 이현재, 「'페미니스트 대통령' 제대로 보좌하라-탁현민 사건을 보며」, 『여성신문』, 2017년 5월 29일.

178 박수지, 「'여성 비하' 탁현민 청 행정관 내정에 여성단체 발끈」, 『한겨레』, 2017년 5월 31일.

179 「문성근, '여성 비하 논란' 탁현민 두둔?…"흔들리지마"」, 『서울신문』, 2017년 6월 9일.

180 홍지예, 「김미화, 탁현민 옹호 "'여혐' 비난받는 탁현민, 홍보대사로서 봐온 나로서는 안타까워"」, 『중부일보』, 2017년 6월 9일.

181 윤조원, 「청와대의 젠더 감수성을 묻는다」, 『경향신문』, 2017년 6월 9일.

182 김아진, 「탁현민 "고1 때 여중생과 성관계…임신한 선생님들도 섹시했다"」, 『조선일 보』, 2017년 6월 22일; 「[사설] 양식과 품위 훼손한 탁현민 행정관에 대한 청와대의 침묵」, 『매일경제』, 2017년 6월 24일.

183 성호준, 「욕설·협박 조직적 문자 폭탄, 여론 빌미 위임독재 부를 수도」, 『중앙선데이』, 2017년 6월 25일.

184 박준호, 「'탁현민 구하기' 청원까지 올라왔지만…사퇴 여론 고조」, 『뉴시스』, 2017년 6월 25일.

185 최태섭, 『억울한 사람들의 나라: 세월호에서 미투까지, 어떤 억울함들에 대한 기록』 (위즈덤하우스, 2018), 224쪽.

186 박종면, 「안경환과 탁현민의 성의식」, 『머니투데이』, 2017년 6월 26일.

187 문소영, 「진영 논리는 성(性) 무뢰한의 마지막 도피처」, 『중앙일보』, 2017년 7월 3일.

188 하준호, 「여성단체들 "페미니스트 대통령 되려면 탁현민 즉각 경질해야"」, 『중앙일 보』, 2017년 7월 8일.

189 김영진, 「인터넷에 "초등생 성폭행" 예고…안동 경찰, 사건 날까 '초비상'」, 『매일신 문』, 2017년 5월 17일.

190 「'호식이 치킨 꽃뱀'이라니…악플러 고소도 못해」, 『서울신문』, 2017년 6월 26일.

191 김현정, 「'호식이' 성추행 목격자 "꽃뱀 악플 폭탄, 이러면 누가 돕나"」, 『CBS 김현정 의 뉴스쇼』, 2017년 6월 28일.

192 윤이나, 「[2030 세상보기] 여자를 돕는 여자들」, 『한국일보』, 2017년 6월 30일.

193 정재호, 「탁현민 이번엔 '성매매 찬양' 논란…"동방예의지국의 아름다운 풍경"」, 『한국일보』, 2017년 7월 4일; 한승곤, 「탁현민 "터키탕, 안마시술소…동방예의지국 풍경, 칭찬하지 않을 수 없어" 성매매 찬양 논란」, 『아시아경제』, 2017년 7월 5일.

194 박길자, 「야당의 때늦은 색깔론 공세에 여당 "젠더 전문가" 엄호」, 『여성신문』, 2017년 7월 4일.

195 윤조원, 「민주주의와 성평등」, 『경향신문』, 2017년 7월 7일.

196 하준호, 「여성단체들 "페미니스트 대통령 되려면 탁현민 즉각 경질해야"」, 『중앙일보』, 2017년 7월 8일.

197 정희진, 「문재인 정부의 발목을 잡는 '남자들'」, 『경향신문』, 2017년 7월 10일.

198 윤지영, 「미투라는 혁명의 해일-페미니즘 프리즘으로 강간 문화 해부하기」, 『새한영어영문학회 학술발표회 논문집』(새한영어영문학회, 2018년 5월), 108쪽.

199 박국희, 「우병우처럼 누구도 손 못 대는…'王행정관' 탁현민」, 『조선일보』, 2017년 7월 14일.

200 윤형준, 「이혜훈 "文 대통령 오찬서 탁현민 해임 건의했다"…文 대통령, 입장은 안 밝혀」, 『조선일보』, 2017년 7월 19일.

201 손제민, 「'잡스 스타일' 100대 과제 발표 행사 기획자는 탁현민」, 『경향신문』, 2017년 7월 20일.

202 정희진, 「[정희진의 어떤 메모] 탁현민」, 『한겨레』, 2017년 7월 22일.

203 박수지, 「페미니즘 교지 몰래 버리고, 대자보 찢고…대학가 '여혐' 기승」, 『한겨레』, 2017년 7월 24일; 나영, 「모순과 혐오를 넘어 페미니즘 정치를 향하여」, 『황해문화』, 97호(2017년 12월), 108~109쪽.

204 이민석, 「북핵·계란 언급 없는…일요일 밤의 정권 홍보쇼」, 『조선일보』, 2017년 8월 21일.

205 최연진, 「"쇼통" "정치쇼" "자화자찬 디너쇼"… 野3당, 文 대통령 '대국민 보고' 비판」, 『조선일보』, 2017년 8월 22일.

206 박순봉, 「보수 야당, 정부 100일 '대국민 보고 대회'에 "자화자찬", "쇼통의 끝"」, 『경향신문』, 2017년 8월 20일.

207 이옥진, 「'여성 비하' 탁현민 경질 꺼냈다가…오히려 경질 압박받는 여성부 장관」, 『조선일보』, 2017년 8월 31일.

208 정희진, 「'베스트 청원'이라는 슬픈 광기」, 『경향신문』, 2017년 9월 4일.

209 손희정 외, 「손희정 『페미니즘 리부트: 혐오의 시대를 뚫고 나온 목소리들』(나무연필, 2017)」, 『문화과학』, 92호(2017년 12월), 235쪽.

210 허진, 「[단독] 드루킹 측 "탁현민 이미 사과"…총영사 갈등 뒤 "총선 때 보자"」, 『중앙일보』, 2018년 4월 20일.

211 박민희, 「시진핑은 왜 '한국은 중국의 일부였다'고 했을까」, 『한겨레』, 2024년 8월 28일.

212 이민석, 「맥매스터 "文, 김정은에게 핵은 방어용'이라고 말하더라"」, 『조선일보』, 2024년 8월 27일; 강태화·임선영, 「"문 전 대통령, 펜스에 김정은의 핵개발은 방어용이라 말해"」, 『중앙일보』, 2024년 8월 28일.

213 「연합뉴스 선정 2017 10대 국내 뉴스」, 『연합뉴스』, 2017년 12월 14일; 「북한 6차 핵실험」, 『나무위키』.

214 송호근, 「하필 이때에 공신 외교라니」, 『중앙일보』, 2017년 9월 5일.

215 윤형준, 「기관장 45%·감사 82% '캠코더 인사'」, 『조선일보』, 2018년 7월 31일; 안효성, 「"문 정부서 임명된 공공기관 임원 1722명 중 372명 캠코더"」, 『중앙일보』, 2018년 10월 26일; 김준영, 「지원서에 '대선 기여로 민주당 1급 포상'…교육부 산하 기관장 합격: 25곳 임명직 187명 중 61명 캠코더」, 『중앙일보』, 2019년 9월 26일, 14면; 윤정민, 「[단독] "文 정부 3년, 특임공관장 67% 캠프·여권 출신 캠코더"」, 『중앙일보』, 2020년 9월 22일.

216 박효목·이후연, 「낙하산 타고? "公共 기관 가실 분~" 문자 돌린 민주당」, 『문화일보』, 2017년 10월 25일.

217 함성득, 『위기의 대통령』(청미디어, 2024), 106~107쪽.

218 송호근, 『정의보다 더 소중한 것: 송호근의 시대진단』(나남출판, 2021), 93~94쪽.

219 「연합뉴스 선정 2017 10대 국내 뉴스」, 『연합뉴스』, 2017년 12월 14일; 김윤덕, 「[김윤덕이 만난 사람] 이병호 "文의 '국정원 사냥'은 역사적 범죄…정치로 안보 흔들지 마라': '좌파 정권은 왜 국정원을…' 회고록 낸 이병호 前 국정원장」, 『조선일보』, 2024년 10월 14일. 이병호는 회고록에서 "이를 지켜본 직원들은 자신들이 하는 일이 언젠가 범죄로 둔갑해서 감옥에 갈 수도 있겠구나 하고 두려움으로 의기소침해졌고 무사안일에 안주하게 됐다"며 "그렇게 국정원은 철저히 망가졌다"고 했다. 이병호, 『좌파정권은 왜 국정원을 무력화시켰을까』(기파랑, 2024), 226쪽.

220 손병관, 『노무현 트라우마: 보복을 넘어 공존의 정치로』(메디치, 2022), 215쪽.

221 강원택, 「잃어버린 10년과 적폐청산」, 『조선일보』, 2017년 10월 2일.

222 금태섭, 「문재인 정권 검찰개혁은 한 편의 코미디 아니었을까」, 『신동아』, 2023년 2월호, 150~151쪽; 손병관, 『노무현 트라우마: 보복을 넘어 공존의 정치로』(메디치, 2022), 215~216쪽.

223 이춘재, 『검찰국가의 탄생: 검찰개혁은 왜 실패했는가?』(서해문집, 2023), 74~77쪽; 강희철, 『검찰외전: 다시 검찰의 시간이 온다』(평사리, 2020), 37쪽.

224 금태섭, 「문재인 정권 검찰개혁은 한 편의 코미디 아니었을까」, 『신동아』, 2023년 2월
     호, 150~151쪽.

225 문재인, 『대한민국이 묻는다: 완전히 새로운 나라, 문재인이 답하다』(21세기북스,
     2017), 256쪽.

226 김형원·김정환, 「文 대통령, 강경화와 45회 식사…홍남기·김현미 9회」, 『조선일보』,
     2020년 10월 29일, A4면.

227 안용현, 「[만물상] 끝까지 '혼밥'」, 『조선일보』, 2021년 4월 13일.

228 정우상, 「문희상 "적폐청산 1년 내 끝냈어야, 피로한 국민 '보복'으로 느껴"」, 『조선일
     보』, 2021년 4월 12일.

229 「[사설] 文 대통령 앞 中 경호원의 韓國 기자 집단 폭행 사태」, 『문화일보』, 2017년
     12월 15일; 임일영·이창구, 「대통령 국빈 방문 중 초유…韓 기자 멱살 잡고 구둣발
     집단 구타」, 『서울신문』, 2017년 12월 15일.

230 「[전문] 문재인 대통령 베이징대 연설 전문」, 『연합뉴스』, 2017년 12월 15일.

231 윤석만, 『정의라는 위선, 진보라는 편견』(나남출판, 2021), 246~247쪽.

232 박상훈, 『청와대 정부: '민주정부란 무엇인가'를 생각하다』(후마니타스, 2018), 161쪽.

233 주진우, 「[단독] '삼성 장충기 문자' 전문을 공개합니다」, 『시사IN』, 제517호(2017년 8월
     10일).

234 「삼성 장충기 문자 청탁 사건」, 『나무위키』.

235 김정훈·심나리·김항기, 『386 세대유감: 386세대에게 헬조선의 미필적 고의를 묻다』
     (웅진지식하우스, 2019), 176~177쪽.

236 박수진, 「"공범자들 민낯 보여주고 싶었다": 공영방송 몰락 10년 담은 다큐 영화 연출
     한 최승호 PD」, 『한겨레21』, 제1174호(2017년 8월 7일).

237 김도인, 『적폐몰이, 공영방송을 무너뜨리다: 언론노조의 MBC 장악 기록』(프리뷰,
     2019), 55~56쪽.

238 김도인, 『적폐몰이, 공영방송을 무너뜨리다: 언론노조의 MBC 장악 기록』(프리뷰,
     2019), 56~58쪽.

239 김아진·이옥진, 「[단독] 與 "KBS·MBC 野측 이사 비리 부각시키고, 시민단체로 압
     박"」, 『조선일보』, 2017년 9월 8일.

240 황기현, 「[미디어 브리핑] 2017 MBC 잔혹사 ①-점령군의 입성」, 『데일리안』, 2023년
     1월 2일.

241 오수진, 「MBC 노조 "국정원 문건 내 지침 대부분 실행됐다"」, 『연합뉴스』, 2017년 9월
     20일.

242 박서연, 「고영주 전 방문진 이사장, 방통위 상대 '해임처분 취소소송' 승소」, 『미디어

오늘』, 2022년 12월 22일.

243 황기현, 「[미디어 브리핑] 2017 MBC 잔혹사 ①-점령군의 입성」, 『데일리안』, 2023년 1월 2일.

244 김도인, 『적폐몰이, 공영방송을 무너뜨리다: 언론노조의 MBC 장악 기록』(프리뷰, 2019), 110~111쪽.

245 김도인, 「MBC는 어쩌다 이렇게 정파적인 방송이 되었나?」, 『펜앤드마이크』, 2022년 10월 28일.

246 황기현, 「[미디어 브리핑] 2017 MBC 잔혹사 ②-88인의 조리돌림」, 『데일리안』, 2023년 1월 3일.

247 선우정, 「자칭 '권력의 나팔수' MBC」, 『조선일보』, 2020년 7월 8일, A30면.

248 신동흔, 「최승호 前 MBC 사장 "김어준, 취재 안 하고 상상으로 음모론 펴"」, 『조선일보』, 2020년 7월 6일, A18면.

249 최혜정 외, 「문 대통령, 방송법 수정 언급…보수 야당 "언론 장악 의도"」, 『한겨레』, 2017년 8월 25일; 나혜윤·강주희, 「민주당, 文 대통령 한마디에 '방송법 개정안' 뜯어고치기로」, 『뷰스앤뉴스』, 2017년 8월 25일; 김도연, 「방송 개혁 의지 강한 文 '방송법 개정안 재검토 지시'」, 『미디어오늘』, 2017년 8월 25일.

250 박재령, 「국회 방송 장악 청문회서 2016년 MBC 단체교섭 녹취가 등장한 이유」, 『미디어오늘』, 2024년 8월 9일.

251 「연합뉴스 선정 2017 10대 국내 뉴스」, 『연합뉴스』, 2017년 12월 14일.

252 「제천 스포츠센터 화재」, 『위키백과』; 「2017년 포항 지진」, 『위키백과』.

253 이예지, 「"무리한 자극으로 포항 지진 촉발"…檢, 연구 책임자 등 5명 불구속기소」, 『동아일보』, 2024년 8월 19일.

254 홍석경, 「시장중심적 사고에서 벗어나야」, 『중앙일보』, 2017년 1월 21일.

255 김수정, 「'민족'과 '경제' 렌즈 빼고 제대로 들여다보자: 문화 탈중심화 사건으로서의 한류」, 『신문과방송』, 498호(2012년 6월), 9쪽.

256 홍석경, 「소프트 파워? 한류에 대한 국가주의의 함정」, 『중앙일보』, 2017년 2월 18일.

257 홍석경, 「한류 5.0을 만들지 말자」, 『중앙일보』, 2017년 5월 13일.

258 「[사설] 두 독립PD의 '죽음'과 '언론적폐' 청산」, 『미디어오늘』, 2017년 8월 7일.

259 김효실, 「독립피디들, '열정 착취'와 방송사 '갑질' 근절 나선다」, 『한겨레』, 2017년 8월 18일.

260 노진호, 「방송 외주 생태계 개선, 지금 아니면 답 없다」, 『중앙일보』, 2017년 8월 21일.

261 박준용, 「제작비 일방 삭감에 "×× 새끼" 언어폭력…방송사는 '슈퍼갑'」, 『한겨레』, 2017년 11월 4일.

262 손원제 외, 「거세지는 한한령, 얼어붙는 한류」, 『한겨레』, 2017년 4월 3일.

263 송의달, 「한국 때리기 나선 '한한령'…중국이 오히려 피해 더 컸다」, 『조선일보』, 2023년 12월 13일; 이문원, 「韓流 도약 계기된 限韓令: 한국, 중국의 限韓令 이후 일본과 가까워지면서 시너지 효과 창출」, 『월간조선』, 2024년 9월호.

264 용지수, 「SM·YG엔터테인먼트 "방송국? 우리가 만들지 뭐"」, 『미디어오늘』, 2017년 7월 6일.

265 김영대, 『BTS: The Review 방탄소년단을 리뷰하다』(RHK, 2019), 261~262쪽.

266 이지행, 『BTS와 아미 컬처』(커뮤니케이션북스, 2019), 19~23쪽.

267 홍석경, 「방탄소년단의 비상」, 『중앙일보』, 2017년 6월 3일.

268 김성철, 『THIS IS 방탄 DNA: 방탄소년단 콘텐츠와 소셜 파워의 비밀』(독서광, 2017), 80~81쪽.

269 노도현, 「방탄소년단, US위클리 선정 'SNS서 가장 영향력 있는 15인'」, 『경향신문』, 2017년 10월 22일.

270 민경원, 「"K팝, 주류 문화로 떠오를 가능성"」, 『중앙일보』, 2017년 12월 4일.

271 강동철, 「방탄소년단 "美 900만 명 시청, 3대 토크쇼 출연…우리도 신기해요"」, 『조선일보』, 2017년 11월 22일.

272 추영춘, 「방탄소년단, SNS 영향력 최고 '2018 기네스북' 등재」, 『세계일보』, 2017년 11월 22일.

273 안석배, 「[만물상] '한국어 능력 시험' 열풍」, 『조선일보』, 2017년 10월 9일.

274 김형원, 「韓流에 빠진 태국, 한국어 교과서 만들고 대입과목 채택」, 『조선일보』, 2017년 10월 9일.

275 양성희, 「문화를 '진흥'한다는 낡은 프레임」, 『중앙일보』, 2018년 1월 6일.

276 홍석경, 「방탄소년단 그 후, 한류 팬덤의 진화」, 『중앙일보』, 2017년 11월 27일.

277 윤태진, 「방탄소년단, 한류의 새로운 문법」, 『경향신문』, 2017년 11월 27일.

278 민경원, 「"K팝, 주류 문화로 떠오를 가능성"」, 『중앙일보』, 2017년 12월 4일.

279 양성희, 「방탄소년단, 한국 팬 문화를 수출하다」, 『중앙일보』, 2017년 12월 8일.

280 김성철, 『THIS IS 방탄 DNA: 방탄소년단 콘텐츠와 소셜 파워의 비밀』(독서광, 2017), 3~32쪽; 이혜인·고희진, 「SNS 중심에 있는 그들, 한류의 중심이 된다」, 『경향신문』, 2018년 1월 1일.

281 이지영, 『BTS 예술혁명: 방탄소년단과 들뢰즈가 만나다』(파레시아, 2018), 10~11쪽.

한국 현대사 산책 2010년대편 4권

ⓒ 강준만, 2024

초판 1쇄 2024년 11월 29일 찍음
초판 1쇄 2024년 12월 10일 펴냄

지은이 | 강준만
펴낸이 | 강준우
인쇄·제본 | 지경사문화

펴낸곳 | 인물과사상사
출판등록 | 제17-204호 1998년 3월 11일

주소 | (04037) 서울시 마포구 양화로7길 6-16 서교제일빌딩 3층
전화 | 02-325-6364
팩스 | 02-474-1413

www.inmul.co.kr | insa@inmul.co.kr

ISBN 978-89-5906-782-4 04900
      978-89-5906-778-7 (세트)

값 22,000원